복 있는 사람

오직 여호와의 율법을 즐거워하여 그 율법을 주야로 묵상하는 자로다.
저는 시냇가에 심은 나무가 시절을 좇아 과실을 맺으며 그 잎사귀가 마르지 아니함 같으니
그 행사가 다 형통하리로다. (시편 1:2-3)

베풂과 용서

Miroslav Volf

Free of Charge

값없이 주신 은혜의 선물

베풂과 용서

미로슬라브 볼프 지음 | 김순현 옮김

복 있는 사람

베풂과 용서

2008년 4월 4일 초판 1쇄 발행
2025년 1월 10일 초판 4쇄 발행

지은이 미로슬라브 볼프
옮긴이 김순현
펴낸이 박종현

(주) 복 있는 사람
주소 서울특별시 마포구 연남동 246-21(성미산로23길 26-6)
전화 02-723-7183(편집), 7734(영업·마케팅)
팩스 02-723-7184
이메일 hismessage@naver.com
등록 1998년 1월 19일 제1-2280호

ISBN 979-11-7083-221-8 03230

Free of Charge
by Miroslav Volf

Copyright © 2005 by Miroslav Volf
Originally published in English under the title *Free of Charge*
by The Zondervan Corporation L.L.C., a division of HarperCollins Christian Publishing, Inc.
501 Nelson Place, Nashville, Tennessee 37214, U.S.A.
All rights reserved.

This Korean translation edition © 2008 by The Blessed People Publishing Co.,
Seoul, Republic of Korea.
This Korean edition is published by arrangement with The Zondervan Corporation L.L.C.,
a division of HarperCollins Christian Publishing, Inc. through rMaeng2, Seoul, Republic of
Korea.

이 한국어판의 저작권은 알맹2 에이전시를 통해 Zondervan과 독점 계약한 (주) 복 있는 사람에 있습니다. 신
저작권법에 의하여 한국 내에서 보호받는 저작물이므로 무단 전재와 무단 복제를 금합니다.

나의 두 아들 나다나엘과 아론

그리고

관대하게 베풀어진 선물들

경탄스럽게 베푸는 사람들

용서하기 쉽게 뉘우치는 가해자들

비교할 수 없을 만큼 용서를 베푸는 이들에게

이 책을 바칩니다.

| 차례 |

추천의 글 9
전주곡_ 장미 13
1장_ 하나님, 베푸시는 분 25
2장_ 어떻게 베풀어야 하는가 83
3장_ 어떻게 베풀 수 있는가 137
간주곡_ 다니엘 형의 죽음 189

4장_ 하나님, 용서하시는 분	199
5장_ 어떻게 용서해야 하는가	249
6장_ 어떻게 용서할 수 있는가	303
후주곡_ 한 회의론자와의 대화	353
후기	369
감사의 말	373
주	377
옮긴이의 글	385

추천의 글

본서는 참 하나님을 예배하려면 어찌해야 하는지, 참 하나님이 우리 안에서 활동하시게 하려면 어찌해야 하는지를 다룬 책이다. 본서는 끊임없이 베푸시고 끊임없이 용서하시는 하나님이 참 하나님이라고 말할 뿐 아니라, 베풀고 용서하는 특권을 하나님의 손으로부터 받으려면 반드시 참 하나님을 알아야 한다고 평이하게 말한다.

우리 시대의 가장 유명한 신학자 가운데 한 사람인 미로슬라브 볼프는 단순히 기독교 신앙의 교리를 설명하는 것이 아니라, 베푸시고 용서하시는 하나님이야말로 가장 신뢰할 만한 하나님이라고 설득력 있게 말한다. 그는 진지한 성찰, 자신의 생생하고도 아픈 이야기, 베푸시는 하나님에 대한 순전한 찬미를 뒤섞어 제시한다. 그는 있을지도 모를 결함들, 자신이 말한 것이 자칫 속 빈 강정이 되거나 공허하게 될 수도 있음을 충분히 염두에 두고, 대화의 실질적인 요소를 끌어들여 논증한다. 그 점에서 본서는 대단한 설득력과 호소력으로 독자들의 마음을 끌어당긴다.

예수께서 우리를 위해 고난당하셨다고 말하는 것은 "우리의 입장에서" 무엇을 의미하는가? 수많은 책이 그것을 설명하고 있지만, 나는 본서만큼 그 역할을 잘 감당하고 있는 책을 읽지 못했다. 그는 감상적이고 용서할 줄 모르는 사회에서 기독교적인 용서가 당면하고 있는 도전들을 분석한다. 마뜩찮고 염려스러운 이 시대에 서구 세계를 이해하고자 하는 사람이라면 누구나 그의 분석을 일독할 필요가 있다. 그의 표현 가운데 일부가 가시처럼 마음을 찌른다. "죄가 없으면 우리는 아기 곰이 어미 곰을 닮듯이 하나님을 닮을 것이다. 하나님이 본래 베푸시고 사랑하신다는 것은 오리가 날 때부터 꽥꽥 우는 것만큼이나 분명한 사실이다. 하나님의 사랑은 습득된 솜씨가 아니다." 그는 몸소 아버지가 되어 경험한 것과, 잔인한 폭력이 떠나지 않는 유럽의 한 지역에서 가족과 함께 경험한 것을 주의 깊게 활용하여 자신의 순도 높은 묵상에 깊이를 더한다.

    맺음말인 '회의론자와의 대화'에서, 미로슬라브의 대화 상대인 회의론자가 이렇게 말한다. 성서의 하나님은 "여느 신들과 마찬가지로 상당히 너그러운 신입니다. 하지만 나는 그런 신들을 믿지 못해서 고민입니다." 미로슬라브는 이렇게 답한다. "당신은 건강하고 아름다운 인생이 어떤 모습일지 나름대로 생각하는 게 있을 것입니다. 방금 전에 말씀하신 하나님 상像과 당신이 생각하는 인생의 모습이 서로 잘 어울린다면, 그게 무슨 뜻일까 생각해 보십시오. 그리고 시간을 들여 그러한 상에 몰입해 보십시오." 이 훌륭한 책은 온통 그러한 초대로 이루어져 있다. 그의 초대는 신자와 비신자의 마음을 강하게 잡아끈다. 본서는 잔잔하면서도 깊이를 갖춘 책이다. 나는 본서가 가장 절박하고 가장 감동적이며 가장 전향적인 내용을 선포한 책으로 기억되기를 바란다.

로완 윌리엄스 박사(전 캔터베리 대주교)

전주곡_ 장미

　열 살 소녀의 커다란 갈색 눈에는 눈물이 맺혀 있었다. 그녀의 그렁그렁한 눈물을 지금도 잊을 수 없다. 그녀의 어머니도 눈물을 흘리고 있었다. 그들의 고통이 얼마나 극심했는지를 강조라도 하려는 듯, 그들의 눈물 속에는 기쁨과 아픔이 뒤섞여 있었다. 소녀의 남동생이자 어머니의 아들인 생후 3개월의 아기를 다시 보게 되어 느끼는 기쁨과, 생후 이틀밖에 안된 그 아이와 이별의 키스를 하고나서 3개월 동안 그를 보지 못해서 겪은 고통이 그들의 눈물에 서려 있었다. 낯모르는 손님 둘이 양부모의 자격으로 그 아이를 데리고 잠시 모녀를 방문했을 때, 모녀는 자신들의 골육인 아이를 보고 눈물을 흘렸다. 나는 모녀의 눈물을 보면서 아픔을 느꼈다. 그 아이를 사랑하는 기쁨은 이제 그들 모녀이 차지가 될 수 없었다. 모녀는 그 사실을 알고 몹시 괴로워했다.

　나는 그들의 눈물에 서려 있는 기쁨과 아픔을 보고 뉘우쳤다. 자녀를 입양시키는 어머니들에 대한 나의 느낌은 그 아버지들에 대한 느낌만큼 나쁜 것은 아니었으나 꼭 긍정적인 것만도 아니었다. 나는 그러한 행위에는 무언가 모자란 구석이 있다는 느낌을 떨쳐버릴 수 없었다. 친권포기라는 오점이 그런 느낌을 더욱 짙게 했다. 친권포기는 이해하지 못할 비극은 아니었지만 그래도 엄연한 포기행위였다. 아이를 남에게 주는 것은 어머니 본연의 의무, 곧 무슨 일이 있어도 사랑해야 할 의무를 저버리는 행위로 여겨졌다.

그들의 눈물을 곰곰이 생각하는데 갑자기 아리스토텔레스의 「니코마코스 윤리학」에 나오는 한 구절이 떠올랐다. "어머니들이 자녀를 사랑하면서 느끼는 기쁨을 살펴보라. 아기를 보모에게 맡기는 수가 있지만, 어머니는 자기의 아이를 알고 사랑한다. 그럼에도 불구하고 그 아이에게 보답으로 자기를 사랑해 달라고 요구하지 않는다. 설령 아이가 어머니를 사랑하지 않아도, 어머니는 아이가 잘 자라는 것을 보는 것으로 만족한다. 비록 자식이 어머니를 알아 주지 않고 은혜를 갚지 않는다고 해도, 어머니는 그 자식을 사랑한다."[1] 인용구는 아리스토텔레스가 우정에 관해 논하는 대목에서 따온 것이다. 그가 어머니들을 예로 든 것은 "우정의 본질은 사랑받는 데 있는 것이 아니라 주는 데 있다"는 것을 그럴듯하게 표현하기 위해서였다. 아리스토텔레스에게 "생모生母"는 사랑의 지표였고, 그 사랑은 참된 벗의 특징이었다. 그것은 관계를 이용해 이익을 구하는 사랑이 아니라 벗을 위해 훈련된 사랑이었다.

나다나엘의 생모는 우리 부부에게 보낸 첫 번째 편지에서 이렇게 말했다. "당신이 이 세상에 아이 하나를 낳았는데, 그 아이가 당신에게서 멀리 떨어져 있다고 상상해 보십시오. 아마 상상하기 어려울 것입니다." 상상하기 어려운 것은 사랑받는 자의 현존을 사랑이 간절히 원하기 때문이다. 하지만 똑같은 사랑이라도 신중하고 조심스럽게 행해지면, 그 사랑은 사랑받는 자의 부재를 초래하기도 한다. 나다나엘의 생모는 나다나엘이 다 자라면 읽으라고 한 통의 편지를 썼다. 그녀는 그에게 말했다. 그를 입양시키기로 결심한 것은 그를 위한 것이었다고. 그녀는 "나는 너를 위해 그렇게 했단다"라고 거듭 말한 뒤에 "때가 되면 너도 이해하게 될 것이다"라고 부언했다.

그녀의 사랑은 그를 위한 것이었다. 그녀는 자기가 보는 앞에서 아들이 고생하며 살기보다는 차라리 아들을 보지 못하는 고통을 겪더라도 아들이 잘 자랄 수 있는 쪽을 택했다. 입양만 시키면 고생을 면할 수 있는데 그러지 않아서 아들이 고생하며 자라게 되었다면, 그것은 그녀에게 커다란 슬픔이 될 것이었다. 그 슬픔이 아들을 눈앞에 두고 보는 기쁨보다 컸으리라. 사랑하는 자는 설령 내어줌의 행위가 자신의 가슴을 찌를지라도 받는 것보다는 주는 것을 더 복된 행위로 여긴다. 나는 자식을 입양아로 내어주는 어머니들을 달리 생각하게 되었다. 전에는 그들을 "경솔한 여자"로 여겼지만, 이제는 그들을 "사심 없이 내어주는 여자"로 여기게 되었다. 우리 부부가 떠날 때, 생모의 얼굴에서는 미소가 눈물을 대신했다. 이번에는 내가 울 차례였다. 집으로 돌아온 나는 한 쪽 팔에는 나다나엘을 안고, 다른 팔에는 그의 생모가 그를 위해 마련한 텅 빈 사진첩을 들고서 그녀의 아름답고 비극적인 모정을 떠올리며 눈물을 흘렸다.

석 달 전 어느 평일에, 평범한 산부인과 병동에서 세 명의 보통 사람 사이에 특별한 일이 벌어졌다. 나다나엘의 생모가 우리 부부와 30분가량 대화를 나누었다. 우리 부부가 아이를 맡아 키우기에 적합한 부모인지 확인하기 위해서였다. 그런 다음 그녀는 간호사를 불러 생후 이틀 된 자신의 아이를 데려와 달라고 부탁했다. 아기는 유아용 침대에

뉘여 우리 부부 앞으로 실려 왔다. 그 모습이 눈물이 날 정도로 경이로웠다. 산모가 아기를 들어올려 양팔로 안았다. 산모의 마지막 포옹이었다. 그러고 나서 그녀는 아기를 나의 아내 주디에게 건넸다. 그것은 그녀에게는 대단히 가슴 아픈 일이었고, 우리 부부에게는 대단히 기쁜 일이었다. 그녀는 그 간단한 행위로 아기를 우리에게 맡겼다. 어쩌면 우리를 아기에게 맡긴 것인지도 모른다.

그녀가 우리 부부에게 가장 놀라운 선물을 선사한 것은 3월의 어느 화창한 날 아침 11시경이었다. 그 일이 있기 불과 한 시간 전에는, 거무스름한 제복과 검은색 선글라스를 착용한 한 남자가 우리 부부에게 전혀 다른 것을 베풀었다. 그가 내 차의 운전석 차창으로 다가왔다. 내가 차창을 내리자, 그의 장화가 규칙적으로 도로를 구르는 기분 나쁜 소리가 들렸다. "운전 면허증과 자동차 보험증서!" 그때까지만 해도 나는 경찰관이 무슨 이유로 내 차를 세웠는지 알지 못했다. 붉은색과 파란색 경광등警光燈이 내 뒤에서 번쩍이는 것을 보고 나서도 나는 그저 어리둥절할 뿐이었다. 그가 순찰차로 돌아가고 나서야 나는 사태를 파악할 수 있었다. 우리는 때를 놓친 아침식사 대용으로 간단히 요기하기 위해 교차로에 있는 도넛 모양의 구역에 정차했던 것이다. 한 아이가 우리에게 주어지리라는 것을 알고 나서 우리 부부는 보금자리를 마련하느라 꼬박 24시간을 보냈고, 아이의 이름을 짓느라 새벽 4시까지 잠을 자지 못한 상태였다. 도넛 구역 앞의 주차장에서 보니 우리 우측 길은 일방통행로였다. 빵을 한 입 물고 커피를 한 모금 마시니 피로와 흥분이 밀려오고 현기증이 일었다. 나는 그만 일방통행로로 들어서는 잘못을 저지르고, 병원으로 우회전하기 위해 잠시 정차했다. 바로 내 차 맞은편 교차로의 다른 쪽에 순찰차가 있었다. 곧이어 사이렌이 울렸고,

나는 차를 길가로 붙여야 했다.

　미국에서는 경찰관과 이야기한답시고 차에서 내려서는 안된다. 나는 그 사실을 모른 채 문을 열고 한 걸음 떼면서 말했다. "경찰관 아저씨, 우리는 방금 전에 엄청난 소식을……" 그러자 그가 내 이야기의 허리를 끊으면서 "당신의 차로 돌아가시오!"라고 윽박질렀다. "제가 설명하겠습니다……" 하고 다시 시도하자, 그가 재차 소리쳤다. 이번에는 더 화난 목소리였다. "당신의 차로 돌아가라고 했소!" 제복을 입고 검은 가리개로 두 눈을 감춘 그가 곧 권력이요 법이었다. 그의 인간미는 어찌된 것일까? 그의 인간미는 반들거리는 혁대 장식 아래 깊은 곳 어딘가에 감금되어 있었다. 그의 아량은 어찌된 것일까? 그의 아량은 경찰 배지 뒤에 은폐되어 있었다. 그 한 시간 사이에 나는 퉁명스러운 경찰관에게서 불쾌한 딱지를 떼이고, 사랑 넘치는 산모에게서 부드러운 아기를 받았다.

　나는 경찰관들이 교통법규 위반자들에게 사탕을 주리라고는 기대하지 않는다. 하지만 공산주의 국가임에도 불구하고 내가 어린 시절을 보낸 유고슬라비아에서는 교통경찰과 인간미 넘치는 대화를 할 수 있었다. 어쩌면 내가 캘리포니아 남부 도로에서 경험한 것은 예외였을지도 모른다. 하지만 그것은 우리 문화 전반에 걸쳐 서서히 퍼지고 있는 폭넓은 형태의 야박함이나 다름없다. 혹자는 우리가 50년 전이나 두 세기 전보다 더 나은 형편에서 살고 있다고 말할 것이다. 나도 그렇게 생각한다. 하지만 나의 주된 요지는 퇴보를 말하자는 것이 아니라 문제를 제기하자는 것이다. 실로 우리는 관대함이 넘치는 문화 속에서 살고 있다. 하지만 동시에 그 문화는 매력을 잃어가고 있다.

　언뜻 보면 그렇지 않은 것처럼 보이지만, 사실 우리의 대화 전반에 깔려 있는 것은 다름 아닌 야박함이다. 만일 내가 오늘날은 모든 것이 판매되기만 할 뿐 거저 주어지는 것이 없다고 말한다면, 그것은 과장된 말일 것이다. 하지만 모든 풍자만화가 그렇듯이, 과장은 특징적인 것에 주의를 끌기 위해 실재를 일그러뜨리는 기법이다. 대체로 우리는 주고받는 일에 골몰하는 것이 아니라 매매賣買하는 일에 골몰한다. 우리는 무언가를 거저 주거나 거저 받는 일이 없다. 로버트 커트너 Robert Kuttner는 「모든 것을 판매합니다 Everything for Sale」에서 이렇게 말한다. "시간을 내어 자원봉사 하는 사람, 낯선 자를 도와주는 사람, 약간의 급료를 받고 공공의 이익을 위해 헌신하는 사람, 지켜보는 이가 없는데도 주변을 말끔히 청소하는 사람은 아무래도 풋내기라는 생각이 든다."[2] 그냥 주는 것은 잃는 것이나 다름없다는 것이다.

후한 사람이 되지 못하고 타산적인 사람이 된다고 해서 그것이 옳은 것은 아니다. 우리는 사고파는 일에도 공정하지 못할 때가 종종 있다. 속담은 "제 값 주고 얻지 말고, 흥정해서 얻으라"고 말한다. 우리는 우리 자신의 이익만을 생각하는 까닭에 거래자들로부터 마지막 한 방울의 이익까지 짜내려고 한다. 게임에서 이기는 자는 정정당당한 자나 관대한 자가 아니라 힘 있는 자다. 우리는 육체의 힘, 정치적 연줄, 돈다발, 방중술, 신랄한 논평, 거짓말, 반편 진리를 동원하여 우리 자신의 권리와 이익을 옹호한다. 저급한 전쟁이라 불리는 삶 속에서 무기가 될 수 있는 것이면 무엇이든 동원한다. 우리는 싸워서 이익을 취하거나 패배를 맛보기도 한다. 사업, 정치, 가정, 교육 분야에서도 강자가 약자를 삼킨다. 지나친 공격을 제한하기 위해 법률과 법규가 존재하지만, 사실 그것들은 다툼이 벌어지는 구역의 한계를 정한 것일 뿐이다. 그것들로는 다툼을 종식시킬 수 없다.

관대함, 자기만족, 이윤의 극대화, 판매와 교환, 거친 싸움을 다 관찰할 수는 있는 영역으로는 섹스만한 것이 없다. 예컨대 '섹스 앤 더 시티Sex and the City'나 '위기의 주부들Desperate Housewives'처럼 현재 유행하고 있는 TV 드라마를 보라. 그러면 평생을 함께하겠노라고 서약한 두 사람 사이에 섹스가 선물, 곧 영원한 사랑의 성사聖事라는 생각이 들지 않을 것이다. 저마다 임의로 상대를 호린다. 분명한 대상도 없고 채워질 수도 없는 욕망을 섹스로 충족하려 한다. 초콜릿이 먹고 싶으면 초콜릿을 움켜쥐듯이, 그들은 섹스하고 싶으면 곧바로 최선의 자원자를 낚아챈다. 설상가상으로 섹스 때문에 싸움이 벌어지기도 한다. 섹스는 사교적인 사람과 그렇지 않은 사람을 구분하는 기준이 되기도 한다. 또한 섹스는 달콤한 복수에 이용되거나 협조에 대한 보답으로 이용되기도 한다. 섹스는 상대를 조종하거나 지배하는 수단이 되기도 한다. 우리는 섹스를 하면서 기쁨을 주고받기보다는, 소중한 연인으로서 서로 주고받기보다는 전혀 다른 일을 하기가 쉽다.

관대함의 상실은 우리를 성적으로 불만족하게 하여 더욱 강렬해지기만 할 뿐 결코 채워지지 않는 쾌락을 추구하게 할 뿐이다. 관대함의 상실을 저지하지 못하면, 개인과 공동체의 번영을 좌우하는 소중한 문화가 사라지고 말 것이다. 관대함의 상실이 몰고 올 수 있는 손실 몇 가지를 말해 보자. 관대함이 없으면, 우리의 경제 체제는 비틀거리고 말 것이다. 재화와 서비스의 교환은 가난한 자들을 상대로 한 부자들의 착취가 되기 쉬울 것이다. 관대함이 없으면, 우리의 민주 정치 체제는 쇠퇴하고 말 것이다. 힘 있는 이익집단들이 유권자들 상당수를 배제하고 그들을 지배하게 될 것이다. 관대함이 없으면, 우리의 교육 제도도 유지될 수 없을 것이다. 훌륭한 교사들이 설 자리를 잃게 될 것이다. 판매자도 아니고 소비자도 아니며, 급료를 받기는 해도 결코 매수되지 않는 교육 제공자들을 찾아보기 어렵게 될 것이다. 관대함의 상실이 몰고 올 수 있는 손실 목록은 끝없이 이어질 수 있다.

생텍쥐페리의 「어린 왕자」에는 한 송이 "장미"에 관한 이야기가 나온다. 그것은 우리가 관대함을 상실할 때 그보다 더 인간적인 것을 잃게 된다고 말한다. 그것은 친밀함을 잃는 것이자 의미 세계 전체를 잃는 것이다. 어린 왕자는 한 별에서 세 개의 화산을 관리하고 한 송이뿐인 장미를 가꾸다가 지구로 오게 된다. 그는 지구에 사는 사람들의 정원에서 수천 송이의 장미를 발견한다. 그는 자신의 친구인 비행사에게 이렇게 말한다. "아저씨가 살고 있는 곳의 사람들은 한 정원 안에 5천 송이의 장미를 가꾸고 있어. ······하지만 그곳에서는 그들이 찾고 있는 것을 발견할 수 없어. ······그들이 찾고 있는 것은 단 한 송이의 장미꽃에서만 발견될 수 있어. ······하지만 눈은 보지를 못해. 마음으로 보아야 해."[3]

그러나 마음으로 보기보다는 그대가 찾고 있는 것을 한 송이 장미꽃에서 발견하는 것이 더 낫다. 마음이 제대로 보려면, 손이 관대하게 베풀어야 한다. 그것이야말로 어린 왕자가 계속해서 알리려고 하는 심원한 지혜다.

장미꽃이 어린 왕자에게 "나를 보살펴 주실 수 있는지요?"라고 묻자 어린 왕자는 장미꽃의 단순한 부탁에 응한다. 그러면서 어린 왕자와 장미꽃의 신비한 사귐이 시작된다. 보살핌이라는 선물이 그 장미꽃을 그만의 장미꽃으로, 곧 세상에서 단 하나뿐인 장미꽃으로 만들어 준 것이다. 슬기로운 여우가 어린 왕자에게 이렇게 말한다. "네 장미꽃이 그토록 소중하게 된 것은 네가 그 꽃을 보살피기 위해 시간을 들였기 때문이야." 보살핌이라는 선물을 없애 보라. 그러면 그 특별한 장미는 십만 송이의 다른 장미들 속에 섞이고 말 것이다. 잠시 동안은 아름답고 흥미롭겠지만, 결국은 평범하고 시시한 장미가 되고 말 것이다.

보살핌이라는 선물은 장미만을 변화시킨 것이 아니었다. 어린 왕자가 지구에서 별들을 쳐다보자, 그 별들이 새롭게 반짝였다. 그 별들 가운데 어느 한 별에 그가 사랑하는 장미꽃이 있었기 때문이다. 그의 장미꽃이 하늘 전체를 매력 덩어리로 바꾸어 놓은 것이다. 어느 섬에 보물이 묻혀 있다고 상상해 보라. 그러면 당신은 그 섬에 흠뻑 매료될 것이다. 한 송이 장미꽃이 어린 왕자의 세계 전체를 뒤바꾸어 놓았다. 어린 왕자가 한 송이 꽃에게 성심을 다하자, 그 꽃은 그를 어떻게 대했는가? 그 꽃은 어린 왕자에게 새로운 광채, 광휘, 눈으로는 볼 수 없으나 분명히 알 수 있는 무언가를 주었다. "어린 왕자가 잠자는 동안에도, 그 장미꽃의 모습이 램프의 불꽃처럼 그의 마음속에서 빛나고 있구나"라고 비행사는 속으로 말했다. 어린 왕자는 사랑에 빠진 소년, 욕망에 들뜨면서도 이상하게 편안한 소년이었다. 그는 자기가 찾고 있던 것을 발견한 것이다.

3월의 어느 상쾌한 날 오전에 우리는 무뚝뚝한 경찰관과 헤어진 뒤에 "장미" 한 송이를 받았다. 그리고 4년이 지난 뒤, 7월의 어느 무더운 날 정오에 또 다른 장미 한 송이를 받았다. 나다나엘과 아론이 바로 그 장미들이다. 그들 각자는 우리 부부에게 "나를 보살펴 주실 수 있는지요?"라고 물었다. 물론 그들은 말로 물은 것이 아니라, 귀를 찢는 듯한 아기의 울음소리로 물었다. 그들은 저마다 울음소리로 음식과 어루만짐, 부드럽게 달래는 말, 안아줌, 자랄 공간과 시간을 갈망했다. 한마디로 말해, 아기의 울음소리는 사랑을 갈망하고 있었다. 우리 부부는 그들을 보살폈고, 수백만 명의 어린이 중에서 그들만이 우리 부부의 아이들이 되었다. 그들은 우리 부부에게 더할 나위 없이 독특하고 소중한 아이들이 되었다.

우리의 두 아들이 그러하듯이, 우리도 너나없이 날 때부터 하나의 선물이었다. 독특하고 가장 아름다운 선물, 한 번밖에 받을 수 없는 선물이었다. 우리는 저마다 부모에게 기쁨과 즐거움을 주는 선물이었다. 우리의 부모는 우리에게 베풀면서 기쁨을 느꼈을 것이고, 우리가 잘 자라는 것을 보고 즐거움을 경험했을 것이다. 대다수의 부모는 주기 위해 최선을 다한다. 부모는 충분히 되돌려 받지 못하리라는 것을 알면서도 그렇게 한다. 자식은 또 자신의 자식에게 주거나, 인생의 여정에서 만난 누군가에게 줄 것이다. 어쩌면 이것이 부모에게 주어지는 보답인지도 모르겠다.

우리는 받는 것이 얼마나 좋은지 알고 있다. 우리는 아이 시절은 물론이고 어른이 되어서도 받는 복을 받았다. 하지만 예수는 주는 것이 받는 것보다 더 복이 있다고 가르치셨으며(행 20:35), 베푸는 기술을 익히는 것이야말로 성장에 꼭 필요한 요소라고 가르치셨다. 우리가 그 기술을 익히지 못한다면, 우리의 삶은 미완으로 끝나게 될 것이고, 결국 노예의 사슬이 우리의 공동체를 결속시켜 주는 띠를 대신하게 될 것이다. 만일 우리가 받기만 하고 거래하려고만 한다면, 우리는 우리 자신을 잃고 말 것이다. 만일 우리가 베푼다면, 우리는 자아를 실현하게 될 것이고, 공동체의 번영을 몰고 오게 될 것이다.

하지만 베푸는 것은 어려운 일이다. 베푸는 능력을 발견하려면 어찌해야 하는가? 베푸는 것은 탁월한 예술이기도 하다. 베풀려면 어찌해야 하는가? 닳고 닳은 이기심이 가장 합리적인 것처럼 보이는 시대에, 베푸는 것은 무의미한 것처럼 보인다. 베푸는 것이 과연 의미 있는 일이 될 수 있을까? 이 물음이야말로 우리가 본서의 전반부에서 시종일관 씨름할 주제다.

1장_ 하나님, 베푸시는 분

표도르 도스토예프스키는 「카라마조프가의 형제들 *The Brothers Karamazov*」에서 선행을 한번도 하지 못하고 죽은 한 사악한 시골 노파에 대해 이야기한다. 그녀의 소행은 모두 그녀 자신만을 위한 것이었다. 그녀는 자신이 빼앗을 수 있는 것이면 불법적으로 빼앗고, 자신이 획득할 수 있는 것이면 정당한 수단을 동원하여 획득했다. 그녀는 누군가에게 무언가를 준 적이 없고, 훌륭한 일을 한 적도 없으며, 유익한 일을 한 적도 없다. 게다가 얼굴이 잘 생긴 것도 아니었다. 그녀가 죽자, 악마가 그녀를 붙잡아 불의 호수에 처넣었다. 이야기는 아래와 같이 이어진다.

그녀의 수호천사가 일어서서 그녀의 행위 가운데 어떤 선한 행위가 있는지 떠올린 다음 하나님에게 이렇게 말했다. "언젠가 그녀는 채마밭에서 양파 한 뿌리를 뽑아, 구걸하는 여인에게 준 적이 있습니다."

그러자 하나님이 대답했다. "그렇다면 그 양파를 가져다가 저 호수에 있는 그녀에게 주어라. 그런 다음 그녀가 그 양파를 붙잡고 끌려올라오게 하여라. 네가 그녀를 호수에서 끌어올릴 수만 있다면, 내가 그녀를 낙원에 들이겠다. 하지만 양파가 부서지면, 그녀는 지금 있는 곳에 머물러야 한다." 천사가 그 여자에게 달려가 양파를 건네주었다. "그것을 꼭 붙잡으시오. 내가 그대를 끌어올리겠소." 천사는 그녀를 조심조심 끌어올렸다. 그녀를 끌어당기고 있는데, 때마침 호수에 있는 죄인들이 그녀가 끌려올라가는 것을 보고 그녀를 붙들기 시작했다. 그녀와 함께 끌려올라가기 위해서였다. 하지만 그녀는 대단히 악한 여자였다. 그녀는 그들을 발로 차기 시작했다. "끌려올라가야 할 사람은 너희가 아니라 바로 나라고. 이 양파는 너희 것이 아니라 내 것이란 말이야." 그녀가 그렇게 말하자마자, 양파가 부서졌다. 그 여인은 호수로 떨어져 지금까지 불타고 있다. 천사는 눈물을 흘리며 떠나갔다.[1]

혹자는 이 이야기를 고지식하게 읽을지도 모르겠다. 최소한의 노력으로 낙원에 이르는 비법을 알려 주는 이야기로 받아들일지도 모르겠다. 그대가 선행을 단 한 번만 한다고 해도, 하나님은 관대함이라는 가느다란 실로 그대를 묶어 불의 호수에서 끌어올리실 것이다. 하지만 그 행위가 선해야만 한다. 참된 관대함으로 남에게 행해진 것이어야만 한다. 만일 그대가 그대 자신을 위해서만, 지옥에서 벗어나기 위해서만 선을 행한다면, 그 실이 끊어지고 말 것이다. 영원한 불꽃이 그대를 삼킬 것이다.

이 놀라운 이야기가 낙원에 이르는 비법을 소개한 것에 불과하다면, 그것은 좋은 이야기라고 할 수 없다. 한 가지는 옳다. 말하자면 하나님이 악인에게도 대단히 선하시다는 것이다. 하나님은 악인을 구원하려고 시도하시지만, 악인들이 죄를 고수하는 것을 보실 때마다 눈물을 흘리신다. 하지만 그 이야기의 요점은 틀렸다. 우리의 관대함이 우리를 구원하는 것이 아니기 때문이다. 우리의 관대함이 우리를 구원한다는 견해는 적어도 기독교 전통과는 어울리지 않는다. 우리를 구원하는 것은 하나님의 관대하심이다.

그러나 그 이야기는 낙원에 이르는 방법을 소개한 것이 아니라 지옥을 피하는 방법을 소개한 것이다. 그 지옥은 우리의 목숨이 다하고 세계 역사가 끝나는 날에 임하는 불의 호수가 아니라 지금 여기에 있는 지옥이다. 그 지옥은 탐심, 이기심, 냉정한 계산, 자만심, 무관심, 배타심 등의 불꽃으로 이루어져 있다. 관대함이 없으면 여하한 생명도 살아남을 수 없다. 관대함이 없다면, 식물처럼 연약한 갓난아이가 과연 생존이나 할 수 있을지 의문이다.

처음부터 우리는 욕구 충족과 관심을 부르짖는 갈망 덩어리로 태어나는 것 같다. 하지만 욕구는 쉬이 채워지지 않는 것처럼 보이고, 관심은 쉬이 사라질 것처럼 느껴진다. 그것이야말로 개인이든 집단이든 인간의 삶에 자리한 엄청난 간격이 아닐 수 없다. 그것은 자기중심성과 참된 관용 사이에 자리한 커다란 간격이다.

우리가 그 간격을 매울 수 있을까? 우리가 자기중심적이기는 하지만 그럼에도 불구하고 궁극적으로 사랑을 갈망하고, 사랑받고 사랑 베풀기를 갈망하는 한, 우리는 그 간격을 능히 매울 수 있다. 그러한 인식을 다리로 삼을 때에만, 우리는 사람들이 자기중심적이면서도 관대한 것처럼 가장하는 땅에서 관대함을 참된 자기 유익으로 삼는 땅으로 나아갈 수 있다. 그러한 다리를 놓으려면 어찌해야 하는가? 세속의 물질로는 그러한 다리를 놓을 수 없다. 나는 세속의 물질로 그러한 다리가 놓인 것을 본 적이 없다. 나는 세속의 물질로 그러한 다리를 놓을 수 있다고는 생각하지 않는다. 그러한 다리를 놓으려면 하나님이 필요하다. 사랑이신 하나님, 베푸시고 용서하시는 하나님, 사람을 지으셔서 사랑 안에서 완성을 보게 하신 하나님이 필요하다. 이번 장은 물론이고 본서는 온통 그러한 다리를 놓으려는 시도라고 할 수 있다. 그것은 한 쪽에서 다른 쪽으로, 자기중심성에서 관대함으로 나아가라는 초대이기도 하다.

그렇게 하려면 "하나님은 누구신가?"라는 물음을 먼저 해결해야 한다.

하나님의 이미지, 하나님의 실재

하나님도 계시고, 하나님의 이미지도 존재한다. 사람들 중에는 그 둘의 차이를 전혀 알지 못하는 자들이 있다.

귀스타브 플로베르Gustave Flaubert의 단편소설 '순박한 마음A Simple Heart'에는 펠리시테Félicité라는 이름의 하녀가 등장한다. 일 잘 하기로 소문난 그녀는 충직하고 마음 착한 하녀였다. 하지만 그녀는 하나님과 우상을 혼동했다. 그녀는 혼자였고 아무도 그녀의 진가를 알아주지 않았다. 그녀에게는 앵무새 룰루가 "거의 자식이자 연인"이었다. 룰루가 죽자 그녀는 그를 박제剝製했다. 얼마 지나지 않아 그녀는 박제된 앵무새를 보면서 복음서에 나오는 비둘기 같은 성령의 이미지를 떠올리기 시작했다. 그녀는 "박제된 앵무새 앞에 무릎을 꿇고 기도를 바치는 습관에" 빠지고 말았다. 플로베르는 그녀가 숨을 거둘 때의 모습을 이렇게 기록했다. "그녀는 하늘이 열리면서 거대한 앵무새가 자신의 머리 위에 맴도는 것을 보고 있다고 생각했다."² 남들에게 버림받은 그녀는 자신의 사랑을 앵무새에게 쏟았고, 앵무새를 신격화했다. 지상의 한 이미지가 신적인 실재로 둔갑한 것이다.

아무리 하나님의 이미지와 하나님의 실재를 혼동하는 사람이라고 해도 그 정도로 고지식하지는 않을 것이다. 저명한 종교 비평가들 가운데 일부는 이렇게 주장한다. "신神은 인간의 관념을 천상의 스크린에 투사한 것에 불과하다." 말하자면 신은 불행에 처했을 때 위로받고자 하는 인간의 필요, 약점에 대처하고자 하는 인간의 필요를 반영한 것에 불과하다는 것이다. 그게 칼 마르크스의 생각이었다. 그들은 신이 인간과 무관하게 독립된 실재로서 존재한다고 생각하지 않는다. "신"은 어리석은 자들, 불행한 사람들, 약자들이 인간 상상력의 유용한 산물에 부여한 이름일 뿐이라는 것이다.

나는 그러한 비평가들을 제쳐두고, 하나님의 실재와 하나님의 이미지 사이에서 우왕좌왕하는 가장 심각한 혼동, 어수룩한 펠리시테와 빈틈없는 마르크스 사이에서 서성거리는 혼동에 초점을 맞추고자 한다. 그러한 혼동에 희생되는 이들은 대개 신자들이다. 그들이 앵무새 앞에 무릎을 꿇는 것은 아니다. 그들은 "하나님은 인간이 고안해 낸 것에 불과하다"고 떠들지도 않는다. 그들은 "하나님은 존재하지 않는다. 하나님의 이미지가 존재할 뿐이다"라고 뻔뻔하게 말하지도 않는다. 오히려 그들은 "하나님은 우리의 마음에 좌우되지 않는 독립적인 실재다. 하나님은 앵무새나 여하한 피조물과 같은 분이 아니다"라고 단언한다.

하지만 그들은 우상을 숭배하면서도 그 사실을 모른다. 그들이 섬기는 신들은 펠리시테의 앵무새와는 다르다. 그들이 섬기는 신들은 이 세상의 딱딱한 물질로 되어 있지 않다. 그들의 신들은 신성한 주각柱脚 위에 안치되지도 않는다. 오히려 그 신들은 숭배자들이 고이 간직한 관념들로 이루어져 숭배자들의 마음속에 머무른다. 숭배자들은 자신들이 믿는 하나님과 있는 그대로의 하나님이 같은 분이라고 추정한다. 그들이 무한자를 어떤 식으로 존재하게 하느냐에 따라 하나님이 커지기도 하고 작아지기도 한다. 그들이 하나님에 대해 품는 확신은 요지부동이다.

하지만 사실상, 우리가 만든 하나님 이미지는 하나님의 실재와 다르다. 우리는 유한하고, 하나님은 무한하시다. 하나님은 우리가 신적인 실재에 관해 우리의 작은 마음속에 품는 생각보다 훨씬 광대하시다. 유한하고 자기중심적인 우리는 예언자 이사야가 전한 하나님의 경고를 종종 망각한다. "하늘이 땅보다 높듯이, 나의 길은 너희의 길보다 높으며, 나의 생각은 너희의 생각보다 높다"(사 55:9). 그것을 망각하는 순간, 우리는 부지중에 하나님의 길을 우리의 길로 축소시키고, 하나님의 생각을 우리의 생각으로 축소시키게 마련이다. 우리의 마음은 우상 공장이 되고 만다. 하나님을 우리의 필요와 바람에 맞게 개조하는 것이다.

하지만 우리가 마음속으로 만든 하나님 이미지가 가장 강력하고 유혹적인 것은 아니다. 가장 강력하고 유혹적인 하나님 이미지는 우리가 TV를 시청하거나 책을 읽거나 쇼핑센터에서 쇼핑을 하거나 이웃과 사귈 때 우리의 마음속을 비집고 들어오는 것들이다. 있는 그대로의 참 하나님이 서서히 이 세상 신들의 모습을 획득하기 시작하는 것이다. 예컨대, 우리의 욕망을 자신의 아름다운 속성에 맞게 뜯어고치시는 것이 아니라 오히려 우리의 욕망을 충족시켜 주는 분으로 바뀌는 것이다. 예수 그리스도 안에서 하셨던 것처럼 원수들의 행위 때문에 죽는 분이 아니라 오히려 원수를 죽이는 분으로 바뀌고 만다. 플로베르의 은유를 차용해서 말하면, 비둘기 형상의 성령이 앵무새 형상으로 바뀌는 것이다. 앵무새의 현란한 깃털은 우리 문화의 가치와 놀랍도록 닮았다.

손수 만든 우상을 섬기지 않고 참 하나님을 섬기려면, 하나님으로 하여금 우리가 만든 우상들을 타파하게 해야 한다. 그 일은 우리의 삶 속에 계신 성령의 가차 없고 친밀한 역사를 통해 이루어져야 한다. 먼저, 우리는 참 하나님을 아는 지식을 어디서 찾아야 할 것인지를 알아야 한다. 우리를 둘러싸고 있는 세계에서 그 지식을 찾을 수 있다고 생각하면 오산이다. 하나님은 이 세상에 있는 어떤 객체가 아니다. "여기가 거기다"라고 말해 주는 지도는 없다. 우주 저편의 무한 속에서 하나님을 발견할 수 있다고 생각하는 것도 오산이다. 하나님은 우주의 시공 저쪽에 이름 없이 계신 분이 아니다. 우리는 성서에서 증언하는 것처럼 하나님의 말씀이 육화한 예수 그리스도 안에서, 하나님의 기록된 말씀 안에서 하나님을 찾아야 한다.

하지만 하나님을 어디서 찾을 것인지를 아는 것으로는 충분치 못하다. 하나님을 아는 참 지식을 만났을 때 그것을 알아보는 눈과 귀가 필요하다. 예언자 이사야가 지적한 대로, 우리는 예수 그리스도를 보고 성서를 읽으면서 "듣기는 들어도 깨닫지 못하고, 보기는 보아도 알지 못하는"(사 6:9) 수가 있기 때문이다. 예수가 가르치고 치료하고 하나님의 생명을 구체화하는 장면을 감시했던 사람들을 떠올려 보라. 그들은 예수를 보면서 "거짓 예언자"나 "정치적 반역자"밖에 보지 못했다. 우리의 눈과 귀는 거짓 신들의 위안을 갈망하는 마음이 아니라 하나님의 실재에 관한 진리를 받아들일 줄 아는 마음이 필요하다.

끝으로, 바른 자리에서 바른 마음으로 본다고 해도, 우리는 여전히 있는 그대로의 참 하나님을 놓칠 수 있다. 우리는 하나님을 알고자 하는 노력을 우리의 손아귀에서 내려놓고, 끊임없이 지속되는 하나님의 갑작스러운 자기계시에 손을 뻗을 필요가 있다. 그렇지 않으면, 이솝우화에 등장하는 개처럼, 진짜 고깃덩어리를 떨어뜨리고 수면에 비친 고깃덩어리를 붙잡을 수 있기 때문이다.

우리들 대다수가 아무 저항 없이 무의식적으로 받아들이는 잘못된 하나님 이미지는 특히 두 가지다. 나는 그 두 이미지를 흥정꾼 하나님과 산타클로스 하나님으로 명명하고자 한다. 두 이미지 모두 우리의 이익을 떠받들도록 만들어진 것이지만, 서로 대립되는 의미를 가지고 있다. 한편, 우리는 우리에게 유리한 거래를 하고 싶어 하고, 다른 한편으로는 온화한 미소와 선물꾸러미를 받고 싶어 한다. 우리는 두 이미지 사이를 오락가락한다. 그 이미지들의 특징 가운데 일부는 예수 그리스도의 하나님을 떠올리게 한다. 하지만 그것들은 우리가 살고 있는 문화의 두 흐름에서 끄집어낸 것들이다. 한 흐름은 무뚝뚝하고 야박한 경제 현실이다. 그 흐름 속에서 우리는 이윤을 극대화하기 위해 물건을 교환한다. 다른 흐름은 부드럽고 심지어는 천진스럽기까지 한 욕망이다. 그 욕망 속에서 우리는 우리가 존재한다는 이유만으로 선물 공세를 받고 싶어 한다.

흥정꾼 하나님

영화 '아마데우스'에는 비엔나의 유명한 작곡가 안토니오 살리에리가 소년 시절에 십자가 앞에 무릎 꿇고 하나님과 거래를 시도하는 장면이

나온다. "주님, 저를 위대한 작곡가로 만들어 주십시오. 저로 하여금 음악을 통해 당신의 영광을 기리게 해주십시오. 그리고 저도 기림 받게 해주십시오. 하나님, 저로 하여금 전 세계에 이름을 떨치게 해주십시오. 저로 하여금 불후의 작곡가가 되게 해주십시오!" 그는 하나님이 자기의 바람을 들어주면 답례로 다음과 같이 하겠노라고 맹세한다. "저는 답례로 저의 순결을 당신께 바치겠습니다. 제 생의 순간순간마다 저의 근면함과 가장 깊은 겸손을 바치겠습니다. 할 수 있는 한 제 동료 인간을 힘껏 돕겠습니다."[3] 그는 하나님께 거래조건을 제시한 것이나 다름없었다. "제가 당신을 위해 희생할 테니, 그 보답으로 불멸과 영광을 바라는 저의 욕망을 채워 주십시오."

어찌하여 살리에리는 하나님이 그러한 제안을 고려하실 것이라고 생각하게 되었을까? 우리들 다수가 그러하듯이, 그도 하나님이 흥정꾼이라고 믿었음에 틀림없다. 우리가 하나님을 위해 무언가를 하겠다고 제안하면, 하나님도 우리를 위해 무언가를 해주시기로 합의하신다는 것이다. 역으로, 하나님이 우리에게 무언가를 요구하시고, 우리가 그 요구를 들어드리면, 하나님도 우리에게 무언가를 주신다는 것이다. 그런 논리가 계속되는 한, 하나님은 그런 식으로 머무를 수밖에 없다. 흥정꾼이 될 수밖에 없다.

우리가 하나님의 이미지를 흥정꾼으로 그리는 한, 우리는 살리에리보다 나을 것이 없을 것이다. 하나님의 이미지를 흥정꾼으로만 그린다면, 우리는 늘 푸대접을 받게 될 것이다. 첫째, 하나님은 우리가 제공하려고 하는 것을 필요로 하지 않으신다. 하나님은 어떤 제안에도 아랑곳하지 않고 움직이실 수 있다. 흥정꾼이라면 익히 아는 사실이지만, 그러한 조건에서는 거래가 성사될 수 없다. 살리에리가 음악적 천재성을 받는 보답으로 자신의 순결과 근면과 겸손을 하나님께 바친다고 해도, 하나님은 "나는 네가 원하는 것을 가지고 있지만, 너는 내가 원하는 것을 가지고 있지 않구나"라고 말씀하시고, 살리에리의 네메시스에게 볼프강 아마데우스 모차르트라는 이름의 한 젊은이를 제시하실 수 있는 것이다.

둘째, 우리가 하나님을 꼬드겨 우리와 거래하게 한다고 해도, 우리는 승낙을 받아 낼 재간이 없다. 하나님은 어떤 것도 필요로 하지 않으시고, 하나님의 능력은 인간보다 무한히 뛰어나시다. 그러하기에 하나님은 계약을 파기하고 우리에게 몇 푼의 "돈"을 던져 주신 다음 우리를 추위 속에 방치하실 수도 있다.

우리가 하나님에게서 무언가를 얻고자 애쓰는 사람으로만 머문다면, 즉 "음악적 천재성을 주시면 당신께 이것을 바치겠습니다"라고 말하는 자가 우리라면, 우리는 불리한 입장에 놓이게 될 것이다. 우리가 하나님을 흥정꾼으로만 여긴다면, 우리의 불리한 입장은 그것으로 끝나지 않을 것이다. 우리가 하나님께 무언가를 바치겠다고 생각하기 전에, 이미 하나님께서 우리에게 강력한 요구사항을 제시하셨다. 십계명으로 요약된 모세의 율법을 예로 들어 보자. 십계명은 하나님께서 인간에게 요구하신 것의 요약이라고 할 수 있다. 그것은 이스라엘 백성에게 무거운 짐이었다. 하나님께서 이스라엘 백성의 행복을 위해 그것을 주셨지만, 이스라엘 백성이 그것을 이행하는 것은 대단히 힘든 일이었다. 그것은 지금도 우리의 기를 꺾는다.

우리가 예수 그리스도의 하나님을 흥정꾼으로 본다면, 우리는 그리스도의 법을 모세의 율법보다 더 무거운 짐으로 경험하게 될 것이다. 산상설교에서 그리스도는 구약의 계명들을 강화하고, 그것들을 외적

행위만이 아니라 내적 상태와 연관지어 해석했다. 그는 살인금지 계명을 화내지 말라는 계명으로 강화했고(마 5:21-23), 간음금지 계명을 정욕금지 계명으로 변형시키셨으며(마 5:27-30), 이웃 사랑의 계명을 확대하여 그 속에 원수 사랑의 계명을 포함시키셨다(마 5:43-47). 십계명보다 훨씬 엄격하지만, 예수께서 산상설교에서 우리에게 촉구하신 것은 다음과 같은 명령이다. "하늘에 계신 너희 아버지께서 온전하신 것 같이 너희도 온전한 사람이 되어라"(마 5:48). 미욱한 인간이 이행하기에는 실로 어려운 계명이 아닐 수 없다! 흥정꾼 하나님과 관계하려면, 거래 목적을 이행하여 하나님으로부터 무언가를 받기 전에 먼저 하나님처럼 온전한 사람이 되어야 할 것이다.

하지만 하나님은 흥정꾼이 아니시다. 성경이 하나님을 그러한 이미지와 유사하게 그리고 있음은 분명한 사실이다. 예컨대 우리는 구약성경에서 이런 말씀을 읽는다. "너희가 주 너희 하나님의 말씀을 귀담아 듣고, 내가 오늘 너희에게 명한 그 모든 명령을 주의 깊게 지키면…… 너희가 주 너희 하나님의 말씀에 순종하면, 이 모든 복이 너희에게 찾아와서 너희를 따를 것이다"(신 28:1-2). 하지만 계명들이 이스라엘 백성에게 주어지기에 앞서, 하나님께서 그들을 이집트의 속박에서 먼저 건져 내셨다. 그럼에도 불구하고 하나님은 그들에게서 어떤 것도 받지 않으셨다. 그들이 구출된 것은 단지 하나님께서 그들의 신음소리를 들으시고, 그들의 조상 아브라함에게 하신 약속을 지키시고, 구출과 신실하심을 통하여 하나님의 사랑이 얼마나 위대한지를 세상에 알리고자 하셨기 때문이다.

왜 하나님은 이미 노예 상태에서 구출된 백성에게 계명들을 주셨는가? 그들의 복종을 받고 그들에게 보답으로 좋은 것을 주기 위해서였는가? "보답"의 의미에서 말하면, 계명들 자체는 하나님을 위해 주어진 것이 아니라 이스라엘 백성의 행복을 위해서 주어진 것이다(신 10:13을 보라). 계명들은 하나님이 임의로 주신 규례가 아니다. 계명들은 죽음의 길이 아니라 삶의 길을 따른다.

영화 '아마데우스'에서 살리에리는 원한에 사무친 노인이 되어 자살 시도라고 말해도 좋을 정도로 하나님과 세상과 자신에게 화를 퍼부으며 숨을 거둔다. 그는 자기의 인생 여정 전체를 걸고 하나님과 거래했지만, 그 하나님은 그의 말대로 "사악한" 자라는 게 드러났다. 그 하나님이 그에게 "32년간의 덧없는 명성"만을 주고, 그를 영원한 망각의 강으로 밀어 넣었던 것이다.[4]

하지만 살리에리와 하나님 사이에 거래가 이루어진 것이 아니었다. 살리에리는 십자가 아래 무릎 꿇고 하나님께 제안을 했지만, 하나님은 그의 제안을 받아들이지 않으셨다. 어찌하여 하나님은 그의 제안을 받아들이지 않았는가? 왜냐하면 세상을 구원하기 위해 십자가에 달리신 하나님은 흥정하는 하나님이 아니었기 때문이다! 십자가에 달리신 하나님은 인간이 자기가 바라는 것을 얻기 위해 이행해야 할 계약 조건을 제시하시지 않는다. 십자가에 달리신 하나님은 "나는 너를 위해 죽었다. 그러니 너는 이제 내가 말하는 것을 이행해야 한다"고 말씀하시지도 않는다. 오히려 하나님은 십자가에서 인류의 죄를 위해 자기 자신을 내어주셨다. 우리는 그것을 4장에서 살펴보게 될 것이다.

하나님의 선하심은 팔려고 있는 게 아니다. 돈이나 선행으로는 그것을 살 수 없다. 하나님은 거래하시지 않는다. 하나님은 그냥 베푸신다.

산타클로스 하나님

하나님과 거래하려고 시도하면, 우리는 불리한 입장에 놓일 수밖에 없다. 그래서 우리는 우리에게 선물 공세를 펼칠 하나님에게로 뛰어든다. 우리는 하나님이 우리의 멋진 산타클로스가 되기를 바란다.

성탄절 한 주 전에, 나는 어린 아들 둘을 데리고 우리마을 길포드의 빌리지 그린(마을 중심부에 있는 연극 상연용 광장)으로 걸어가고 있었다. 모퉁이를 돌자 키가 크고 위압적인 모습의 산타클로스가 보였다. 그는 검은색 부츠와 붉은색 셔츠 그리고 흰색 턱수염을 착용했으며, 뺨은 장밋빛이었다. 나이가 두 살인 아론은 산타가 있다는 것은 알았지만 실물을 본 적이 없었다. 산타의 거대하고 생소한 모습에 잔뜩 겁을 집어먹었는지 녀석이 내 바짓가랑이를 붙잡고 뒷걸음질하기 시작했다. 그러자 나이가 여섯 살인 나다나엘이 소리쳤다. "아냐, 아론! 두려워하지 마! 이분은 산타야! 그가 우리에게 무언가를 줄 거야!" 나의 아들 녀석들을 보자 산타는 아무 이유 없이 그들에게 사탕 몇 개를 주었다.

산타는 거저 준다. 산타는 선물을 주기 전에 여하한 조건도 제시하지 않는다. 비록 부모가 "산타는 착한 아이에게만 선물을 준단다"라고 말하면서 꼬마 개구쟁이들을 어설프게 훈계하기는 하지만 말이다. 산타는 선물을 주고 나서도 요구사항을 전혀 제시하지 않는다. 그는 깊이를 알 수 없는 선물 자루를 짊어지고 어디에서 왔는지 모르게 불쑥 나타난다. 그는 아이들의 바람을 충족시켜 주고 나서 어디로 갔는지 모르게 사라진다.

대중 종교를 연구하는 몇몇 학자는 산타를 소비자 중심의 유물론을 대변하는 신神으로 기술한다. 그 신은 주는 것을 유일한 목표로 삼는다. 산타클로스가 손쉽게 신격화되면서 실로 수많은 사람이 하나님을 그런 식으로 생각하고 있다. 이를테면 하나님은 무한히 부유하고, 쓸모 있고, 매우 관대하게 베푸는 분이라는 것이다. 적어도 신이라면 의당 그래야 한다는 것이다. 하나님은 아무런 조건이나 요구 없이 그냥 주신다는 것이다. 태양이 빛을 발하고, 샘물이 흐르듯이, 하나님도 그렇게 주시고 우리의 문제를 해결해 준다는 것이다. 산타클로스 하나님은 우리에게 아무것도 요구하지 않는다. 신적인 산타는 닥치는 대로 주는 원천, 존재하는 모든 것의 무진장 풍부한 원천, 우리의 수중에 들어오는 모든 것의 원천이다.

하나님은 모든 것의 무한정 풍부한 원천이시다. 하지만 하나님이 아무것도 요구하시지 않는다는 것이 참말일까? 그게 참말이라면, 어찌 예수님이 산상설교에서 "하늘에 계신 너희 아버지께서 온전하신 것처럼 너희도 온전한 사람이 되라"고 촉구하실 수 있었겠는가? 산타클로스 하나님을 숭배하는 이들은 곧잘 이런 짓을 범한다. 그들은 하나님이 온갖 선의 무한정 관대한 원천이라고 확신하면서도 우리가 함축적인 의미에서 하나님처럼 되도록 하나님의 형상대로 지음 받았다는 사실을 쉽게 잊는다. 하나님처럼 되어야 한다는 말은 하나님의 신성 그대로 되어야 한다는 뜻이 아니다. 왜냐하면 우리는 신이 아니라 인간이기 때문이다. 하나님처럼 되어야 한다는 말은 하나님처럼 "참으로 의롭고 거룩하게" 살고(엡 4:24), 하나님처럼 원수를 사랑해야 한다는(마 5:44) 뜻이다. 인간으로서 제대로 사는 것은 있는 그대로의 하나님과 하나가 되어, 하나님이 행하시는 것과 똑같이 행하며 사는 것을 의미한다.

아기 곰은 어미 곰이 살아가는 방식을 그대로 따른다. 죄를 짓는 성향만 없다면, 우리도 하나님이 사시는 것과 똑같이 살 것이다. 하지만 안타까운 사실은, 우리가 하나님의 방식과 정반대로 생각하고 행동하고 존재할 수 있다는 것이다. 사실, 우리 모두는 너나없이 하나님을 거역하며 살고 있다. 하나님과 관계하면서 살도록 지음 받았건만, 우리는 그 기대를 저버리고 산다. 우리는 하나님처럼 살도록 지음 받았다. 우리는 하나님이 이 세상에서 어떤 분인지를 드러내 보이도록 지음 받았다. 우리는 하나님의 형상대로 지음 받았다. 우리는 하나님을 기억나게 하는 자로 살도록 지음 받았다. 그 점에서 무한히 관대하신 하나님은 요구하시는 하나님이기도 하다. 우리의 연약함을 돕기 위해 하나님은 율법을 주시면서 "너희는 ~하여라" 말씀하신다.

산타와 달리, 하나님은 우리가 무엇이 되건 무엇을 하건 아랑곳하지 않고 우리를 있는 그대로 지지하며 선물을 뿌리는 분이 아니다. 하나님은 "이렇게 해라, 저렇게 하지 말라"고 우리를 다그치기도 하신다. 4장에서 살펴보겠지만, 우리가 마땅히 살아야 할 바를 살지 못하고 우리 자신에게는 물론이고 주위 사람들에게까지 해를 끼칠 때, 하나님의 낯은 실망의 빛으로 일그러진다.

하나님은 관대하게 베푸신다. 그러므로 하나님은 흥정꾼이 아니다. 하나님은 요구하신다. 그러므로 하나님은 무한한 산타클로스가 아니다. 베푸시는 하나님과 요구하시는 하나님은 어떤 관계가 있는가? 바꿔 말해서 산타클로스 하나님과 선물을 주시는 하나님의 차이는 무엇인가? 미흡하기는 해도 그 대답은 다음과 같다. 산타클로스 하나님이 그냥 주는 이유는 우리가 물건을 가지고 즐기게 하기 위해서이고, 참 하나님이 베푸시는 이유는 우리로 하여금 자기 이익만 꾀하는 수취인이 아니라 흔쾌히 베푸는 자가 되게 하기 위해서다. 하나님은 우리로 하여금 베푸는 자가 되게 하기 위해 우리를 지으셨다. 그런 까닭에 우리는 베풀지 않으면 안된다. 이제 그 사상을 설명해 보자.

창조주 하나님

아버지에게 목이 마르다고 말했는데도 아버지가 컵을 주지 않자 아이가 화가 나서 소리친다. "아빠! 내 우유는요?" 어린아이는 자기가 필요로 하면 곧바로 음식이 주어지리라 기대한다. 그러다가 음식을 곧바로 얻지 못하면 발끈하고 만다. 어린아이는 "~해도 될까요", "죄송하지만", "감사합니다" 같은 말을 쓰는 법이 없다. 어린아이가 달라고 보채는 이유는 엄마와 아빠가 자기를 받들기 위해 존재한다고 생각하기 때문이다. 자기만 위하는 어린아이의 심보는 바닥을 알 수 없는 블랙홀 같다. 어린아이는 자신이 부모로부터 받는 대부분의 것이 부모의 관대한 마음에서 비롯된다는 것을 알지 못한다. 엄밀히 말하면, 부모는 어린아이에게 빚이 없다.

하지만 그의 아빠 역시 아이와 유사한 실수를 범한다. 그는 자신의 음식과, 달라고 보채도 그저 어여쁘게만 보이는 아이와 기타 모든 것이 자신의 것이 아니라는 것을 망각한다. 그것은 하나님이 지으신 것이다. 그것은 하나님의 선물이다. 이따금 그런 생각이 어렴풋이 떠오르지만, 그런 일은 우연히 찾아올 따름이다. 멋진 일출이 불시에 그를 압도한다. 그는 해돋이를 보면서 특별한 새 날이 자신에게 인사하고 있음을 느낀다. 그 일출은 금빛 계열의 빛깔들, 푸른빛 계열의 빛깔들, 오렌지색 계열의 빛깔들, 회색 계열의 빛깔들, 색조와 형태를 달리하는 갈색 계열의 빛깔들이 뿌려진 한 폭의 멋진 그림처럼 여겨진다. 혹은 청록빛깔의 아드리아 해 북부에 살고 있다면, 크로아티아의 우글잔 섬에 위치한 성 제롬 성당의 솔숲에 앉아, 나무 사이를 뚫고 대지를 어루만지는 기기묘묘한 노을빛에 넋을 잃을 수도 있다. 볼 줄 아는 사람이라면, 그토록 생생한 은총의 순간이 우주 자체의 출처를 들여다보는 창窓이나 다름없다고 생각할 것이다. 우주는 그냥 "저기에" 있는 것이 아니다. 그것은 하나님이 주신 것이다. 사도 바울이 로마서의 최고점에서 담백하고 힘차게 말했듯이, "만물은 그(하나님)에게서 나왔고, 그로 말미암아 있고, 그를 위하여 있다"(롬 11:36).

하지만 사도 바울은 정말로 모든 것이 하나님의 선물이라고 말한 것일까? 다른 사람에게서 빼앗은 것도 하나님의 선물일까? 남을 학대하면서 얻는 그릇된 즐거움도 하나님의 선물일까? 사도 바울은 니코스 카잔차키스의 「그리스인의 수난 *The Greek Passion*」에(이 책은 「예수 다시 십자가에 못 박히다」라는 제목으로 일컬어지기도 한다―옮긴이) 등장하는 아그하Agha(아그하는 그리스를 다스리던 터키 지방관들의 통칭이다―옮긴이), 곧 리코브리시Lycovrissi의 폭군을 닮았는가? 아그하는 선한 하나님이 이 세계에 완전한 선물들을 쏟아 부으셨다고 생각했다. "그대가 노하면, 그는 채찍과 라이아의 엉덩이를 대령한다. 그대가 우울해 하면, 그는 멜로디를 대령한다. 그대가 세상의 모든 슬픔과 걱정을 잊고자 하면, 그는 발랄한 소년을 대령한다."[5] 사도 바울은 아그하를 닮지 않았다. 바울은 도덕적인 악의 원천은 하나님께 있는 것이 아니라 우리에게 있다고 말하기 때문이다.

사도 바울은 모든 고통과 고난이 하나님의 선물이라고 생각하는 것일까? 그는 질병이 원기왕성하고 아름답고 풍성한 삶을 불구로 만드는 것을 한번도 보지 못한 것인가? 그는 쓰나미가 사랑스런 한 아이를 쓸어가기도 한다는 것을 생각해 보지 못한 것인가? 그런 일이 일어나면, 선물이 가시로 바뀌는 것처럼 보인다. 사도 바울은 그러한 가시를 너무나 잘 알고 있었다. 그는 자신의 병든 몸에서 그러한 가시를 생생히 느꼈다. 그는 하나님께서 모든 상황을 회복시키실 수 있다고 확신하면서도 자기 몸의 가시가 하나님에게서 온 것이라고 믿지 않았다(롬 8:28-39을 보라).

사도 바울처럼 우리도 선하고 전능한 하나님을 믿지만, 어찌하여 이 세계를 괴롭히는 끔찍한 악이 존재하는 것인지 알지 못한다. 하나님만이 그러한 악을 막아 주실 수 있다. 그러나 우리가 선하고 전능한 하나님을 믿지 않는다면, 우리는 그러한 악에 맞서 싸울 수 없을 것이다. 그러면 이 세계는 지각이 움직이고, 화산이 불을 뿜고, 면역체계가 깨지고, 강자가 약자를 삼키는 장소로 남고 말 것이다. 그리고 우리는 손실을 가슴 아파하면서도 더 나은 것을 기대할 만한 근거를 갖지 못하게 될 것이다. 옴짝달싹할 수 없는 처지에 놓였다고 느끼게 될 것이다.

인간에게서 비롯되었건, 자연에서 비롯되었건 간에, 악이 하나님의 선물일까? 절대로 그렇지 않다. 어찌된 이유인지는 모르지만, 악은 그냥 존재한다. 그것은 하나님이 창조하신 것이 아니다. 그것은 하나님의 창조물을 뒤틀고, 창조물이 본래부터 지니고 있던 선함을 부정하고, 급기야는 하나님께 반기를 든다. 하지만 결국에는 하나님께서 그것을 이기실 것이다. 지금도 하나님은 악과 맞서 싸우고 계신다. 십자가에 달리신 분 안에 계셨듯이, 하나님은 지금도 우리의 고난 한가운데 계시면서 모든 한숨소리를 귀 기울여 들으시고, 모든 눈물을 닦아 주시고, 공포에 짓눌려 떠는 모든 마음을 어루만지신다. 부활하신 분 안에 계셨듯이, 하나님은 지금도 도움의 손길을 펼치는 사람, 자기를 희생하는 사람, 남을 위해 목숨을 내던진 사람 속에 계신다. 하나님은 인간의 도움 없이 치료와 보호를 수행하실 때도 있다. 몸소 고난을 당하시고, 몸소 도우시는 것이다.

하나님은 악과 고난에 반대하신다. 하지만 하나님은 신적 능력이 무한하시고 신적 지혜가 무한하시기에 악과 고통을 통해서 일하기도 하신다. 로마서 5장에서 사도 바울은 고난을 당하면서도 기뻐한다고 말한다(3절). 무엇을 기뻐한단 말인가? 고난이 그가 받은 재산이나 상이라도 된다는 말인가? 고난을 슬퍼하는 것이 더 합당한 일 아닌가? 하지만 그는 고난이 주는 거스를 수 없는 불행을 본 것이 아니라 하나님께서 고난을 통해 가져다주실 선을 바라보았다. 하나님께서 십자가에 달려 죽은 예수를 죽은 자들 가운데서 다시 살리셨기 때문이다.

악과 고난의 가시는 창조물의 선함을 망가뜨리거나 훼손하지 못한다. 이 세계가 악과 죄에 물들지 않고, 하나님의 선한 창조물이 유지되면 유지될수록, 하나님께서 악을 사용하여 선한 것을 만들어 내면 만들어 낼수록, 이 세계에 있는 것들은 하나님의 선물이 된다. 일몰과 늪, 고요한 바다와 폭풍우, 꿀과 침針이 모두 하나님의 선물이 되는 것이다.

어떻게 침針이 선물이 되는지 내 경험을 예로 들고 싶다.

불임의 선물

불임도 선물이 될 수 있을까? 우리 부부가 임신할 수 없다는 소식에 나는 독毒과 저주가 영원토록 지속될 것처럼 느꼈다. 우리 부부는 9년간 우리만의 아이를 갖기 위해 애썼다. 그 세월은 달이 가고 해가 갈수록 독초에서 뽑아 낸 쓴물을 마시는 것 같았다. 어떤 것도 우리 부부의 삶에 난데없이 찾아든 불임이라는 불행한 감옥을 깨부수지 못했다. 전문가의 조언에 매달려도 보고, 기도도 해보고, 최근의 불임 치료기술을 받아도 보고, 단식도 해보았지만, 그 무엇도 불임의 감옥을 부수지 못했다. 백여 달 동안 희망을 걸어 보았으나, 아이를 낳을 수 없게 된 우리 부부의 신체적 현실에 부딪혀 모든 희망이 물거품이 되었다. 때때로 아브라함처럼 요행을 바라기도 했지만, "죽은 사람들을 살리시며, 없는 것을 있게"(롬 4:17) 하신다는 하나님은 우리 부부의 몸이 우리에게 우리만의 이삭을 낳아 주도록 도와주지 않으셨다.

　기독교 공동체도 그다지 도움이 되지 못했다. 예배하러 갈 때면, 예배당을 어지러이 돌아다니는 어린아이들의 웃음소리와 떠들썩한 소리가 우리의 이루지 못한 꿈을 상기시켰다. 강림 절기가 되면 우리 부부는 최악의 상태가 되었다. 나는 누군가가 "한 아기가 우리에게서 태어나겠고, 한 아들을 우리에게 주신 바 되었다"(사 9:6)고 낭독하거나 여러 사람이 다양한 소리로 노래하는 것을 듣곤 했다. 하지만 하나님은 내게 아이를 주시지 않았다. 마리아의 기적 같은 임신, 그녀의 갓난아기를 보고 천사들이 즐거워하는 장면, 엘리사벳이 기뻐하는 모습 등은 내게 하나님의 고통스러운 부재를 상징했다. 하나님의 강림은 내게서 이루어지지 않았다. "그 어깨에는 통치권이 메어지겠고……." 통치자라는 하나님의 아드님이 우리를 위해 손가락 하나 까딱하지 않으시는 것처럼 보였다. 성탄절이 되면, 나는 대가족 속의 한 아이, 곧 부모가 선물 주는 것을 깜박 잊어버린 유일한 아이처럼 느껴졌다. 다른 사람들의 기쁨이 나의 슬픔을 가중시켰다. "그의 이름은 기묘자, 전능하신 하나님이라고 불릴 것이다……." 하지만 그분은 내게 기묘자가 아니라 나를 당혹케 하는 분이었다. 그분은 전능하신 하나님이 아니라 호의적이면서도 나를 낙심시키는 방관자이셨다.

그러다가 정말로 잊지 못할 순간이 다가왔다. 캘리포니아의 치노에 있는 한 산부인과 병동에서 한 간호사가 생후 이틀 된 나다나엘을 유아용 침대에 눕혀 그의 생모 엘리자베스가 있는 방으로 실어온 것이다. 엘리자베스는 그 아이를 잠시 안아 본 뒤 우리 부부에게 넘겨주었다. 그 아이는 이제 우리 부부의 아이가 된 것이다. 선물 가운데 가장 믿기지 않는 선물이 된 것이다! 그 일이 있고 몇 년 뒤에, 아론의 생모인 미셸이 나의 아내 주디에게 자신의 출산 장면을 목격하게 했고, 아론을 우리 부부에게 넘겨 우리 아들로 삼게 했다. 그때 나다나엘의 나이가 네 살이었다. 그날 이후 나다나엘은 상냥한 형이 되어 자그마한 아론을 안고 흔들어 재웠다. 그들을 지켜보면서 나는 아버지로서 더할 나위 없는 기쁨을 느꼈다.

불임으로 보낸 9년 동안 나는 내게 오기를 완고히 거부하는 한 아이를 기다리고 있었다. 하지만 돌아보건대, 나는 그 아이를 기다리고 있었던 게 아니다. 나는 지금 데리고 있는 두 아이, 곧 나다나엘과 아론을 기다리고 있었던 것이다. 나는 그들을 사랑하고, 무엇과도 바꿀 수 없을 만큼 특별한 그들을 아낀다. 그들은 특별한 본보기가 되기 위해 태어났기 때문이다.

갑자기 이런 생각이 떠올랐다. 우리 부부의 임신이 가능했다면 지금의 두 아이를 만나지 못했을 것이다. 현재의 유리한 입장에서 보건대, 만일 우리 부부의 임신이 가능했다면, 나는 내가 너무나 사랑하는 것을 얻지 못했을 것이다. 불임은 이토록 경이로운 두 선물을 받기 위한 조건이었다. 그렇게 이해하고 나자 불임에 대한 나의 생각이 바뀌었다. 불임이 두 아이를 내게 주었고, 이제 나는 그들 없이 사는 것을 상상도 할 수 없게 되었으니, 독毒이 변하여 선물, 하나님의 낯선 선물이

된 셈이다. 물론 불임의 아픔이 여전히 남아 있지만, 독은 사라졌다. 필사적인 노력을 하면서 보낸 9년의 세월은 길고 고통스러운 분만 같았다. 하나님께서 우리에게 나다나엘과 아론을 주기 위해 그토록 고통스러운 분만기를 안겨 주신 것이다. 사실, 우리 부부의 몸에서 아이들이 태어났다면, 나는 그들을 사랑하고 아꼈을 것이고, 더 이상 불임의 아픔을 겪지 않아도 되었을 것이다. 그런 일이 일어났더라면 좋았겠지만, 그런 일은 일어나지 않았다. 나는 지금 나다나엘과 아론을 키우고 있다. 내가 사랑하는 자는 그들이다. 내가 원하는 자도 그들이다. 우리는 그들을 얻기까지 험로를 걸었고, 그 험로를 보상해 준 것은 다름 아닌 그들이다.

하나님의 선한 선물을 망가뜨리는 독은 어떻게 될까? 하나님께서 그것을 약으로 변화시키시거나 아니면 완전히 제거하실 것이다. 그리고 선물이 남을 것이다. 선물은 우리 자신과, 우리를 둘러싼 모든 것이다.

생명의 숨

앞에서 말했듯이, 하나님을 흥정꾼으로 대하는 것은 우리에게 불리한 일이다. 왜냐하면 하나님은 우리가 가지고 있는 것을 전혀 필요로 하지 않으시고, 우리가 드릴 수 있는 것 그 이상을 요구하시기 때문이다. 모든 것이 하나님에게서 왔다면, 하나님을 흥정꾼으로 대하는 것 또한 현명하지 못한 처사가 될 것이다. 사도 바울은 모든 것이 하나님에게서 왔다고 선언하기 전에 이렇게 질문한다. "누가 먼저 무엇을 드렸기에 주의 답례를 바라겠습니까?"(롬 11:35) 누구도 하나님의 정당한 상대자가 될 수 없다. 누구도 먼저 하나님께 선물을 드리지 않았으니, 누구도 답례로 선물을 받을 수 없다는 것이다. 사도 바울의 논법은 간결하지만 빈틈이 없다. 모든 것이 하나님에게서 왔으니, 누구도 하나님에게 무언가를 드릴 수 없으며, 하나님으로 하여금 답례하게 할 수 없다는 것이다.

고대의 수많은 종교들은 신들을 부양하기 위해 희생물을 바쳤다. 인간이 자양분을 공급하지 않았다면, 그 신들은 죽고 말았을 것이다. 신들은 희생물을 필요로 하고, 희생물은 신들로부터 무언가를 얻어 낼 수 있었다. 자신들이 필요로 하는 것을 얻기 위해 신들은 인간이 바라는 것을 주어야 했다. 사도 바울에 의하면, 한분이신 하나님은 그런 신이 아니었다. 어떤 희생물도 하나님에게서 무언가를 얻어 낼 수 없다는 것이다. 왜냐하면 희생물로 바쳐진 것은 모두 하나님에게서 온 것이기 때문이다. 하나님께 바치는 행위는 하나님의 오른손에서 취하여 하나님의 왼손으로 돌려드리는 행위라는 것이다.

그것이 늘 명료한 것은 아니다. 혹자는 이렇게 말할 것이다. "하지만 나는 열심히 일했습니다. 나는 구구단을 배우고, 피아노 교습도 받았습니다. 나는 대학을 졸업하여 좋은 직장을 구했습니다. 나는 집을 장만하고, 가족을 부양하고, 가난한 자들을 후원했습니다. 나는 많은 것을 받았지만, 또한 무언가도 성취했습니다! 나는 '자수성가한 사람'은 아니지만 어느 정도 내 힘으로 이루었습니다! 내 힘으로 이룬 것을 가지고 하나님께 드릴 수 없다는 말인가요?" 그런 논법은 어느 정도 쓸모가 있다.

다음의 논법도 쓸모가 있다. 창세기에 기록된 두 번째 창조 이야기는 하나님의 지속적인 창조 활동에서 인간이 차지하는 역할을 매혹적으로 밝힌다. 그 이야기는 "주 하나님이 땅과 하늘을 만드실 때에" "땅에 나무가 없고, 들에 풀 한 포기 돋아나지 않은" 이유를 두 가지로 제시한다. 첫째 이유는 하나님과 관계가 있다. 즉 "주 하나님이 땅 위에 비를 내리지 않으셨기" 때문이라는 것이다. 둘째 이유는 사람과 관계가 있다. 즉 "땅을 갈 사람이 아직 없었기" 때문이라는 것이다(창 2:4-6). 그 이야기는 심오한 견해를 피력하고 있다. 삼라만상이 인간의 환경으로 존재하려면, 하나님과 인간이 저마다 해야 할 몫이 있다는 것이다. 인간은 창조를 수행하시는 하나님의 동역자다.

그렇다면 인간이 하나님으로부터 받기만 하는 것이 아니라 스스로의 힘으로 이룬 것을 바칠 수 있는 것처럼 보일 것이다. 하지만 그런 결론은 섣부른 결론이다. 위에서 언급한 창조 이야기는 이렇게 말한다. "주 하나님이 땅의 흙으로 사람을 지으시고, 그의 코에 생명의 숨을 불어넣으시니, 사람이 생명체가 되었다"(창 2:7). 바꾸어 말해서, 사람의 참 존재는 하나님에게서 온다는 것이다. 우리는 빌린 숨으로 사는 것이 아니라 거저 주어진 숨으로 산다. 우리가 일하고 우리가 창조하고 우리가 주지만, 일할 수 있는 능력과 일하고자 하는 마음과 생명 자체는 하나님이 주신 선물이다.

게다가 그것들은 우리가 스스로의 힘으로 취하여 가지고 다닐 수 있는 선물이 아니다. 그것들은 숨과 마찬가지로 우리가 존재하기 위해 거듭해서 받아야 하는 선물이다. 우리가 무언가를 이룰 수 있는 것은 그것들 때문이다. "여러분이 가지고 있는 것 가운데서, 하나님께로부터 받지 않은 것이 무엇이 있습니까?"라고 사도 바울은 묻는다(고전 4:7). 우리가 하나님께로부터 받지 않은 것은 하나도 없다.

우리들 대다수는 머리로는 납득하면서도 하나님이 주시는 선물을 제대로 "이해하지" 못하고 있다. 우리는 다소간 마이클 말론Michael

Malone이 쓴 「범죄 다루기 *Handling Sin*」의 주인공 롤리 헤이스 Raleigh Hays처럼 살고 있다. 롤리 헤이스는 "법을 지키고 옳은 일을 하고자 애쓰는" 점잖은 시민이자 책임감 있고 가정적인 사람이었다. 그는 자신의 힘으로 중산층의 품위 있는 생활을 하게 되었다고 생각했다. 하지만 그의 생각은 틀린 생각이었다. 있음직하지 않은 사건들이 연이어 일어나자, 그는 "자신이 벌었다고 생각한 모든 것, 스스로의 의지로 부양했다고 생각한 모든 것, 자신이 자격이 있어서 얻었다고 생각한 모든 것이 사실은 은총에 의해 뜻밖의 선물처럼 아무 이유 없이 주어졌다"는 사실을 깨닫는다.[6] 하나님이 우리에게 "모든 것"을 주셨다고 믿을 때 우리는 비로소 하나님이 베푸시는 분이심을 알게 된다.

선물을 사절하고, 베푸시는 분을 곡해하는 행위

성경은 창조 이야기 외에도 구원 이야기를 전한다. 앞서 말했듯이, 인간은 하나님의 피조물일 뿐만 아니라 죄스러운 피조물이기도 하다. 그런 까닭에 하나님은 창조주도 되시고 구원자도 되신다.

    죄가 하나님과 어떤 관계가 있는지 살펴보자. 모든 것이 하나님으로부터 하나님을 통해 오건만, 우리는 하나님으로부터 독립하여 살기를 바라고, 자립해서 살기를 바라며, 하나님의 선물을 제 것이라고 주장한다. 칼 마르크스는 겨우 26세의 나이에 그러한 생각을 대담하게 제시했다. 그의 생전에 출간되지 않은 상태로 남아 있던 「경제 철학 수고 *Economic and Philosophical Manuscripts*」라는 문서에서, 그는 하나님께 반항하는 자신의 심정을 아래와 같이 표현했다.

존재는 자립할 때에만 스스로를 독립자로 여길 수 있다. 존재는 스스로의 힘으로 존재할 때에만 자립할 수 있다. 남의 도움으로 살아가는 사람은 스스로를 독립적인 존재로 여길 수 없다. 남의 도움으로 살아간다는 말은, 남의 도움으로 생계를 유지하고, 남이 나의 생명을 창조했고, 남이 내 생명의 원천이라는 말과 같다. 나의 생명이 나의 창조물이 아니라면, 그것은 외부에 근거를 두고 있는 것이다.[7]

마르크스는 인간의 독립을 확고히 고수했다. 그에게는 인간의 독립이 모든 가치를 뒷받침하는 하나의 가치였던 것 같다. 그가 하나님의 존재를 부정한 것은, 창조주 하나님의 실재가 인간의 독립과 양립할 수 없었기 때문이다.

우리들 대다수, 특히 우리네 신앙인들은 우리의 독립을 확보한답시고 하나님의 존재를 부정하지는 않을 것이다. 오히려 우리는 하나님의 존재를 인정함과 동시에 인간의 독립도 확보할 수 있다고 생각한다. 우리는 하나님으로부터 독립하여 우리의 두 발로 설 수 있다고 믿으면서 동시에 하나님이 만물의 창조주시라고 주장한다. 하지만 그것은 틀린 것이다. 우리는 하나님을 의지하면서 자유로울 수 있다. 하나님을 의지하는 것이 우리 존재, 우리네 자유의 근원이기 때문이다. 설령 우리가 하나님에 의해 지어지지 않고 독립적으로 살고 있다고 생각할지라도, 하나님은 여전히 피조물을 떠받치면서 피조물을 존재하게 하시고 자유하게 하신다.

자신의 독립을 주장하고, 하나님에게서 온 것을 제 것이라고 주장하는 것은 하나님을 부당하게 대하는 것과 다름없다. 적어도 그것은 원저자의 사상을 제 것으로 속여 파는 행위나 다름없다. 우리가 롤리 헤이

스처럼 스스로를 어느 정도 정직하고 근면한 시민으로 여기는 한, 우리는 우리에게 마땅히 자격이 있어서 무언가를 소유하게 된 것이라고 생각할 것이고, 심지어 악한 세계가 우리의 마땅한 보상을 사취하고 있는 것이라고 생각할 것이다. 우리는 우리가 소유하고 있는 무언가에 대해 특별히 감사하지 않아도 된다고 생각할 것이다. 그것을 받았다고 생각하기보다는 자기가 벌었다고 생각하기 때문이다. 또한 우리는 자신이 힘들여 번 재화들을 제멋대로 처분하려고 한다. 재화들은 누리고 베풀라고 주어진 선물이 되지 못하고, 우리의 독점적인 소유가 되고 만다.

독립을 주장하고, 업적을 자랑하고, 자격이 있다고 생각하고, 재화를 제멋대로 처분할 권리를 주장하는 것은 우리의 참 바탕에 맞게 하나님과 관계하며 사는 것이 아니라 정반대로 사는 것이다. 이렇듯 우리는 점잖은 시민이기는 하지만 상습적인 죄인들로 살아가고 있다. 자신의 참 바탕에 맞게 살려면, 자신의 호흡이 하나님의 도우심 덕분임을 인정하고, 온갖 좋은 것들이 은혜로 주어진 것임을 인정해야 한다. 또한 자신의 참 바탕에 맞게 살려면, 베푸시는 분에게 감사하고, 선물들이 무슨 이유로 주어졌는지 세심히 살펴야 한다.

구원자 하나님

이쯤에서 우리는 하나님이 쩨쩨한 흥정꾼이 되어 뒤로 물러서실 것이라고 생각할지도 모르겠다. 우리는 선물들을 우리 자신이 성취한 것으로, 우리가 자격이 있어서 받은 것으로 생각한 나머지 수취인 역할을 제대로 하지 못했다. 우리가 선물을 선물로 인정하지 않고 오히려 제 힘으로 얻은 소유라고 주장하고 있다면, 베푸시는 분께서 우리에게서 선물을 박탈하셔야 하지 않을까? 무언가를 베푼 사람은 그런 식으로 행동할 것이다. 하지만 하나님은 전혀 다르게 행동하신다. 하나님은 끊임없이 베푸신다. 그분은 우리가 선물을 제대로 받고 있는지 그렇지 않은지를 살피시며 베푸시는 분이 아니시다. 실로, 우리의 참 존재는 하나님의 은혜의 결과다. 그렇기에 하나님이 베푸시는 일을 그만두시면, 우리는 존재하기를 멈출 것이다.

우리가 수취인 역할을 하지 못했는데도 끊임없이 베푸시겠지만, 하나님은 적어도 관계를 재설정하려고 하셔야 하는 게 아닐까? 하나님은 이렇게 말씀하실는지 모른다. "너는 선물을 받는다는 게 무슨 뜻인지 모르고 있구나. 그러니 나는 이제부터라도 네가 네 소행을 인정하고 책임 있게 행동할 때에만 줄 생각이다. 먼저 너는 네 죄로 인해 깊게 패인 구덩이에서 너 자신을 건져 내야겠구나. 그런 다음 내 기준에 맞게 살면, 그에 합당한 보상을 얻게 될 것이다."

하지만 우리가 죄의 구덩이에서 기어 나올 수 있는 방법은 존재하지 않는다. 우리가 스스로의 힘으로 기어 나오려고 시도하면 시도할수록 우리는 점점 더 깊이 빠져들 뿐이다. 그것은 생소한 요구인 것처럼 보인다. 하나님이 우리 모든 선의 근원이시라면, 그분은 또한 우리를 죄로부터 자유롭게 하시는 근원이심에 틀림없다. 우리가 우리 스스로의 힘으로 우리 자신을 자유롭게 하려고 시도한다면, 그것은 우리의 선의 참된 근원을 부정하고, 하나님의 것을 우리 것이라고 주장함으로써 하나님을 모욕하는 짓이 되고 말 것이다. 사도 바울의 말을 차용해서 말하면, 그것은 "하나님의 은혜를 헛되게 하고", "그리스도께서 헛되이 죽으신 것"(갈 2:21)이라고 선언하는 행위가 될 것이다.

마찬가지로, 하나님의 계명을 준수하는 것도 우리의 업적이 될 수 없다. 하나님과 견주어 볼 때 우리의 업적은 아무것도 아니기 때문이다. 위대한 종교개혁자 마르틴 루터가 다음과 같이 말한 것은 그 때문이다. "그대의 발바닥에서부터 그대 머리의 정수리에 이르기까지 온통 선행만 있다고 해도, 그대는 의로워지거나 하나님을 공경하거나 첫 번째 계명을 지킨 것이 아니다. 그대가 참됨과 모든 선의 영광을 하나님께 돌려드리지 않는 한, 하나님은 그대의 예배를 받지 않으실 것이다."[8] 우리가 하는 일 중에서 어떤 것도 우리를 죄의 구덩이에서 건져 내지 못하고, 우리가 그 구덩이에 빠지는 것을 막아 주지 못한다. 하나님만이 그렇게 하실 수 있다.

그렇다면 하나님은 우리를 어떻게 대하시는가? 우리가 하나님의 선물들을 잘못 다루고 그것들을 받기에 역부족이건만, 하나님은 더 많은 것을 베푸신다. 그분은 죄의식과 죄의 힘에서 벗어날 수 있도록 자유를 선물로 주신다. 사도 바울은 이렇게 말했다. "모든 사람이 죄를 범하였습니다. 그래서 사람은 하나님의 영광에 못 미치는 처지에 놓여 있습니다. 그러나 사람은, 그리스도 예수 안에서 얻는 구원으로 말미암아, 하나님의 은혜로 값없이 의롭다는 선고를 받습니다. 하나님께서는 이 예수를 속죄제물로 내주셨습니다. 그것은 그의 피를 믿을 때에 유효합니다"(롬 3:23-25). 하나님은 선물들을 베푸시고, 우리가 그 선물들을 부적절하게 받음으로써 졌던 빚을 탕감해 주신다. 그런 다음 하나님은 우리로 하여금 선물들을 제대로 받을 수 있게 하신다.

루터의 하나님

창조주이자 구원자이신 하나님은 무한히 부요하신 분, 가장 시원케 베푸시는 분, 아무것도 되돌려 받지 않으시는 분이다. 2장에서 우리는 하나님이 훨씬 근본적으로 베푸시는 분이심을 알게 될 것이다. 이 세상과 달리 하나님의 영원한 생명 안에서는 선물들이 성 삼위 사이를 돌아다닌다. 성 삼위는 주고받으신다. 반면에 이 세상에서는 하나님의 선물들이 끊임없이 흘러나오기만 한다.

기독교 전통 안에서 이 사상을 루터만큼 힘차게 역설한 사람도 없을 것이다. 그는 고통스러운 젊은 날에 흥정꾼 하나님 앞에서 그러한 힘을 발휘했다. 그는 하나님께서 죄 많은 사람들에게 베풀어 주시는 의인義認을 재발견한 것으로 알려져 있다. 자비가 넘치는 하나님은 죄인들에게 유죄 판결을 내리지 않으시고 오히려 그들의 공로와 죄과에 상관없이 그들을 의롭다 인정해 주신다. 죄인에게 베풀어지는 의인 한가운데에는 하나님의 관대한 사랑이 자리하고 있다. 창조주이자 구원자이신 하나님은 순전히 베푸시는 하나님이시다.

이제까지 그리스도교 신학자가 제시한 가장 심오한 진술 가운데 하나는 루터가 1518년에 써서 제기한 「하이델베르크 논쟁 *Heidelberg Disputation*」의 마지막 명제(스물여덟 번째 명제—옮긴이)가 아닐까 싶다. 그가 하이델베르크 논쟁을 제기한 것은, 그가 비텐베르크 성城 교회 정문에 95개 조항의 면죄부 반박문을 붙이고 거의 6개월이 지난 뒤였다. 95개 조항의 반박문은 교회의 폐해에 맞설 것을 주문하는 호소문이었다. 「하이델베르크 논쟁」의 마지막 명제는 그러한 호소를 촉발시킨 "이데올로기"의 요약이라고 할 수 있다. 루터는 인간적인 사랑과 신적인 사랑을 대비시켜 이렇게 공식화했다. "하나님의 사랑은 자신을 기쁘게 하는 무언가를 찾아다니지 않고 만들어 낸다. 인간의 사랑은 자신을 기쁘게 하는 무언가를 통해서 생겨난다."[9]

먼저 루터가 말한 인간적인 사랑을 고찰해 보자. 우리는 그것을 뒤틀린 사랑으로 표현하는 게 더 나을 것이다. 그것은 사랑의 대상에게 끌리는 사랑이다. 그것은 사랑의 대상에게 예속되어 있다. 그런 점에서 그것은 수동적인 사랑이라고 할 수 있다. 루터에 의하면, 그것은 "무언가를 받을" 때에만 능동적이라고 한다.[10] 인간은 아름다움이나 선이나 진리를 보면 그것을 소유하고 싶어 한다. 그런 식으로 사랑하는 사람들은 자신들이 사랑하는 것들 속에서 "자신들만의 이익"을 얻으려고 애쓴다. 그들은 자신들이 사랑하는 것들을 이롭게 하는 법이 없다. 한 남자가 한 여자에게 선물 공세를 취하는 것도 따지고 보면 그녀의 환심을 사서 그녀와 함께 즐기고, 그녀를 독차지하기 위해서다. 더 나쁘게 말하면, 그녀를 전리품으로 과시하기 위해서다. 그런 식으로 사랑하는 사람은 베푸는 자가 아니라 수취인에 불과하다.

이처럼 소유욕이 강한 사랑과 신적인 사랑을 대조해 보자. 첫째, 신적인 사랑은 생겨난 적도 없고, 사랑의 대상에게 끌린 적도 없다. 신적인 사랑은 그냥 존재한다. 신적인 사랑은 자신이 사랑하는 대상의 진·선·미에 종속되지 않는다. 둘째, 루터가 말했듯이, 하나님의 사랑은 사랑스럽지 못한 사람들, 곧 "죄인들, 악인들, 어리석은 사람들, 약한 사람들"까지 "사랑하고, 그들을 의롭고 선하고 슬기롭고 강하게" 할 수 있다. 하나님의 사랑은 대상에게 끌리지 않기 때문이다. 루터가 결론 내린 대로, "하나님의 사랑은 자신의 이익을 구하는 것이 아니라 그저 흘러나와 이롭게 할 뿐이다." 그러한 신적 사랑이 가장 잘 구현된 곳이 십자가, 곧 예수께서 세상의 죄를 짊어지고 달리셨던 십자가다. "이것은 십자가의 사랑, 십자가에서 태어난 사랑이다. 그것은 이익을 찾아 누리는 쪽으로 움직이지 않고, 오히려 악한 사람과 궁핍한 사람에게 이익을 베푸는 쪽으로 움직인다."[11] 인간적인 사랑과는 달리, 신적인 사랑은 베풀기만 할 뿐 받는 법이 없다.

몇몇 신학자는 하나님의 모든 바람이 단 하나의 바람에서 절정에 이른다고 주장한다. 말하자면 하나님께서 자신의 영광을 주장하고 싶어 하신다는 것이다. 하나님이 영광을 구하신다고 하는 견해는, 하나님이 베푸시는 분이라기보다는 궁극적인 수령자라고 말하는 것 같다. 20세기의 위대한 신학자 칼 바르트가 비난 투로 말했듯이, 그런 하나님은 "거룩한 자기 추구 속에서…… 자신에게만 골몰하는" 하나님일 것이다.[12] 그런 하나님이 창조하고 구원을 베푸는 것은 영광을 얻기 위해서일 것이다. 루터의 어투로 말하면, 그런 하나님은 신적인 사랑보다는 인간적인 사랑을 증명하는 하나님일 것이다.

하지만 우리는 하나님이 자신의 영광을 구하신다고 하는 견해를 버려서는 안된다. 다만 하나님의 사랑, 곧 사랑하는 자를 이롭게 하는 창조적 사랑이 하나님의 참 본성이자 하나님의 영광이라고 말하면 된다. 이로써 우리는 자기를 추구하는 하나님 문제를 해소하고, 하나님의 사랑이 신적이라고 주장할 수 있게 된다. 하나님은 자신의 영광을 구하시되 인간을 향해서는 베푸시는 하나님이 되겠다고 고집하신다. 루터는 하나님을 그런 식으로 상상했다. 우리도 그렇게 해야 한다.

하지만, 나는 빙 돌아서 제자리로 돌아온 것이 아닐까? 아무것도 요구하지 않고 그저 베풀기만 하는 산타클로스 하나님을 무심코 껴안은 것이 아닐까? 그렇지 않다. 산타클로스의 선물은 받는 것으로 끝이지만, 하나님의 선물은 우리에게 그 이상의 것을 요구한다. 하나님의 선물은 우리에게 무엇을 요구하는가? 그 요구의 본질은 무엇인가? 두 번째 물음부터 먼저 살펴보자.

하나님, 선물, 의무

어떤 선물들은 아무 부대조건 없이 수령자에게 전달된다. 나는 사마리아인의 지갑Samaritan's Purse이라는 선물상자에 맛있는 과자들을 채워 넣고, 그 상자를 한 가난한 소년에게 보낸다. 나는 그 상자의 수령자에게 아무것도 바라지 않으며, "감사합니다"라는 말 한마디조차 바라지 않는다. 하지만 수많은 선물들이 이런저런 방식으로 수령자에게 요구한다. 몇 해 전 「뉴요커 New Yorker」에 이런 시사만화가 실렸다. 두 쌍의 부부가 호텔 현관 입구의 휴게실에 서 있는 삽화였는데, 한 부부가 다른 부부의 손님이었다가 막 자리를 뜨려 하고 있었다. 그 삽화 밑에는 이런 설명문이 있었다. "우리는 답례용 저녁식사를 대접할 수 없을 것 같습니다. 그러니 그에 상응하는 유쾌한 저녁을 보내시도록 80달러를 드려도 되겠습니까?" 대개의 경우, 선물은 수령자에게 "환불"을 요구한다. 선물은 답례를 요구한다.

어떤 사람들은 다른 견해를 가지고 있다. 그들은 "진짜 선물은 완전한 공짜 선물, 순수한 선물입니다"라고 주장한다. 우리가 선물에 채무관계를 덧붙인다면, 그것은 선물을 망가뜨리는 짓이 되고 말 것이다. 그것은 선물이 아니라 빌려 준 것이 되고 말 것이다. 하지만 우리들 대다수는 "선물"이라는 말을 "순수한 선물"의 의미로 사용하지 않는다. 우리의 일상적인 삶과 대다수의 문학 그리고 성경의 본문들조차 순수한 선물은 선물의 한 종류일 뿐이라고 말한다. 답례를 바라지 않고 주었다고 해도, 대다수의 선물은 순수하지 않다. 인간이 주는 선물 가운데서 순수한 선물은 하나도 없을지 모른다.

많든 적든 그대가 답례를 바란다면, 선물을 주는 행위는 빌려 주는 행위 내지 계약을 맺는 행위와 어떻게 다른가? 선물을 주는 행위가 빌려 주는 행위 내지 계약을 맺는 행위와 다른 것은, 채무관계가 없기 때문이 아니라 채무관계가 사전에 정해지지 않았기 때문이다. 선물을 주기 전에는 보답으로 무엇을 원하는지 말할 수 없다. 내가 선물을 주지도 않고 보답으로 무엇을 원하는지 말했다면, 그것은 선물을 준 것이 아니라 거래를 제안한 것이다. 하지만 내가 주는 선물은 답례를 요구한다. 나중에 더 큰 선물을 답례로 받고 싶어 할지도 모른다. 하나님도 그러한 답례를 바라고 선물을 주시는 것일까?

앞에서 살펴보았듯이, 우리는 하나님에게 무언가를 드려서 그분으로 하여금 우리에게 무언가를 보답하게 할 수가 없다. 하나님으로 하여금 보답하게 하려면, 하나님이 우리에게 주시기 전에 우리가 먼저 무언가를 드려야 할 것이다. 하지만 우리가 소유하고 있는 것은 모두 하나님에게서 온 것이다. 최초의 수여자이신 하나님은 늘 베푸시기만 할 뿐 결코 보답하지 않으신다. 살리에리가 자신의 순결과 근면함을 바치고도 하나님으로부터 음악적 천재성을 보상받지 못한 것은 그 때문이다. 우리의 "선물들"은 어떤 식으로도 하나님께 요구할 수 없다. 하지만 하나님의 선물들은 우리에게 무언가를 요구한다. 그렇지만 "그대를 저녁식사에 초대했으니 이제 그대도 '답례로' 나를 그대의 저녁식사에 초대해야 한다"는 식은 아니다.

우리에게 무언가를 베푼 사람들에게 우리가 해야 할 도리를 먼저 살펴보자. 만일 우리가 우리를 초대한 사람들에게 한 주 내지 그 이후에 초대장을 보낸다면, 우리는 그들에게 답례용 선물을 보내고 있는 것이다. 최초의 선물이 우리를 선물 교환의 동그라미 안으로 밀어 넣었다. 고대 그리스 세계와 로마 세계 사람들은 그러한 동그라미를 세 자매의

춤으로 상상했다. 그들은 세 자매를 일컬어 세 가지 은총이라고 불렀다. 말하자면 한 자매는 선물을 베풀고, 두 번째 자매는 그 선물을 받고, 세 번째 자매는 그것을 되돌려 주는 것이다. 1세기 로마의 정치지도자이자 철학자인 세네카Seneca는 자신의 유명한 『선물론 *On Benefits*』(「자선론」이라고도 부른다―옮긴이)에서 이런 질문을 던진다. "그들 세 자매가 동그라미 안에서 손을 맞잡고 춤추는 이유는 무엇인가?" 그런 다음 그는 이렇게 답한다. "왜냐하면 선물이 손에서 손으로 전달되는 과정을 거쳐 맨 처음 베푼 사람에게로 되돌아가기 때문이다. 그 과정이 어딘가에서 끊어질 경우, 전체의 아름다움도 망가지게 마련이다. 그 과정이 지속되고, 아무런 방해를 받지 않고 이어질 때에만, 전체는 아름다움을 유지할 수 있다."[13] 그 동그라미는 닫힌 동그라미일 것이고, 선물은 되돌아올 것이다. 물론 다른 모습으로 되돌아올 것이다. 그대의 벗이 그대에게 준 것과 동일한 포도주를 그대가 그대의 벗에게 준다면, 그것만큼 멋쩍은 일도 없을 것이다! 하지만 그대가 건넨 것이 다른 종류의 포도주이건 꽃다발이건 간에, 그것은 답례나 다름없을 것이다.

하지만 그 동그라미는 하나님과 관련해서는 결코 닫힌 동그라미가 아니다. 우리는 하나님에게 선물을 돌려드릴 수 없다. 우리가 그분에게 드리는 것이 무엇이건 간에, 그것은 그분이 먼저 주신 것이기 때문이다. 혹자는 이런 식으로 설득될는지도 모른다. "하지만 부모가 자녀에게 돈을 주어 자녀가 부모에게 선물을 하게 하는 일도 있잖습니까? 그리하여, 자녀는 자신들이 부모를 얼마나 사랑하는지 표현할 수 있는 수단을 얻고, 베푸는 법을 익히는 게 아니던가요?" 하지만 부모와 자녀의 유비는 우리에게 베풀어 주시는 하나님을 설명하기에는 마땅치 않다. 부모가 자녀에게 돈을 주면, 그 돈은 더 이상 부모의 것이 아니다. 그

돈은 자녀의 것이고, 자녀의 처분에 맡겨진다. 하지만 하나님은 그런 식으로 베푸시지 않는다.

루터가 창조주 하나님에 대해 말한 것을 생각해 보자. "하지만 하나님은 목수나 건축가 같은 분이 아니시다. 목수나 건축가는 집을 다 지은 다음 그것을 소유주에게 넘기고 떠나 버린다. ······하나님 아버지는 말씀을 통하여 만물의 창조를 시작하시고 수행하셨다. ······그분은 창조가 마무리되는 것을 보실 때까지 손수 지으신 것들과 함께 머무르신다."14 하나님의 베푸심은 물건의 이동이 아니다. 우리가 하나님으로부터 무언가를 받을 수 있는 것은, 그분이 그것을 이곳(자신이 계신 곳)에서 저곳(우리가 있는 곳)으로 옮기셔서가 아니라, 그분이 우리가 있는 곳에 계시면서 우리가 가지고 있는 것들과 재능을 끊임없이 베푸시기 때문이다. 하나님에게 무언가를 보답한다면, 그것은 그분의 베푸시는 손을 밀어내는 짓과 다름없을 것이다.

우리가 하나님에게 답례용 선물을 드릴 수 없는 또 다른 이유는, 그분께서 이미 모든 것을 가지고 계시기 때문이다. 하나님은 더할 나위 없이 풍부하신 분이시며, 인간에게서 온 선물로 만족하실 만큼 궁핍하신 분이 아니시다. 우리가 하나님에게 여하한 것도 보답할 수 없다면, 그것은 하나님이 우리에게서 어떠한 것도 받으시지 않으신다는 뜻인가? 성경은 하나님이 받으실 수 있고 받고 싶어 하신다고 말한다. 하지만 꼭 필요한데 자기에게 없어서 무언가를 받으시는 것이 아니다. 하나님이 받으시는 것은 다름 아닌 기쁨이다. 그것은 사랑하는 자가 사랑받는 자를 보면서 얻는 기쁨이다. 사랑받는 자가 눈앞에 있는 것이야말로 사랑하는 자가 가장 좋아하는 선물이다. 하나님은 또한 고통도 받으신다. 사랑하는 이는 사랑이 배반당했을 때 고통을 겪는다.

신적 연인이신 하나님의 선물들은 인간들을 향해 아래로 내려온다. 루터가 조리 있게 사용한 이미지는 유출이라는 이미지다. 그는 「하이델베르크 논쟁」에서 이렇게 말한다. "하나님의 사랑은 흘러나와 유익하게 한다." 액체는 이곳에서 저곳으로, 한쪽 방향으로만 흐른다. 흘러나왔던 길로 되돌아가는 법이 없다. 그 움직임은 일방적이다.

우리가 하나님에게 답례용 선물을 드릴 수 없다면, 우리는 우리에게 선물을 베푸시는 하나님에게 어떻게 해드려야 하는가? 사도 바울은 로마서 11장 끄트머리에서 누구도 먼저 하나님에게 무언가를 드려 그분으로 하여금 우리에게 보답하게 할 수 없으며, 만물이 하나님에게서 나고, 하나님을 통하여 있고, 하나님을 위하여 있다고 말한다. 그런 다음 그는 로마서 12장을 이런 말로 시작한다. "형제자매 여러분, 그러므로 나는 하나님의 자비하심을 힘입어 여러분에게 권합니다. 여러분의 몸을 하나님께서 기뻐하실 거룩한 산 제물로 드리십시오. 이것이 여러분이 드릴 합당한 예배입니다"(롬 12:1). 베푸시는 하나님은 산 제물을 기대하시는 하나님이시다. 그분이 베푸신 선물 속에는 산 제물을 기대하신다는 뜻이 깔려 있다. "그러므로 나는······ 여러분에게 권합니다"라는 말을 바꾸어 표현하면 이런 뜻이다. "여러분은 받았습니다. 그러니 여러분은 산 제물을 드리십시오." 하나님께 드릴 선물도 아니고 답례용 선물도 아니라면, 그 산 제물은 도대체 무엇을 의미하는가? 하나님의 선물은 우리를 시켜 무엇을 하게 하는가? 하나님의 선물이 우리를 시켜 무언가를 하게 하는 것은 어떤 이유에서인가? 너무 늦게 시작한 것 같기는 하지만, 이제 그 물음들을 하나씩 조사해 보자. 논의가 진척되면서, 우리의 이기심과 하나님에게 바탕을 둔 우리의 베풂 사이에 놓여 있는 다리의 윤곽이 서서히 드러나게 될 것이다.

믿음

먼저 하나님의 선물은 우리로 하여금 수용성의 자세를 취하게 한다. (하나님을 그분의 요구를 채워 드려야 할 인색한 흥정꾼으로 여기는 한) 우리는 그분의 선물을 얻어 내려고 안간힘을 쓸 것이고, (하나님을 후견자로 여겨 그분의 너그러움에 기대는 한) 우리는 우리가 보인 약간의 호의에 대한 답례로 그분의 선물을 받으려고 할 것이다. 하지만 그렇게 해서는 안된다. 우리는 우리 자신을 있는 모습 그대로, 즉 수취인으로 보아야 한다. 우리는 그저 수취인일 뿐이다. 믿음으로 하나님과 관계할 때에만 우리는 우리 자신이 수취인에 불과하다는 사실을 받아들일 수 있다. 하나님의 선물이 우리에게 부과한 첫 번째 일은 믿음이다.

우리가 믿지 않으면 안된다고 말하거나 우리가 수용성의 자세를 취하지 않으면 안된다고 말하는 것은 낯설게만 느껴질 것이다. 어쨌든, 선물은 자유롭게 주어져야 하고, 자유롭게 받아들여져야 한다. 설령 계약을 맺었다고 해도 이익을 꼭 얻어야 하는 것은 아니다. 계약은 한 쪽으로 하여금 다른 쪽에게 특정한 이익을 베풀게 하지만, 누구나 그러한 이익을 꼭 받아들이는 것은 아니다. 계약을 맺은 한 쪽이 계약을 파기하지 않은 채 이익을 거부할 수도 있다. 그 경우, 우리는 선물이 아닌 처벌을 받을 수밖에 없다. 누군가가 우리를 강제하여 선물을 받게 한다면, 그것은 선물이 아니라는 느낌이 들 것이다. 인간의 선물은 꼭 받지 않아도 되지만, 하나님의 선물은 우리가 받지 않으면 안된다. 어째서 그런가?

하나님으로부터 이익을 얻으려고 하거나 그것을 답례품으로 받으려고 하는 것은 세 가지 잘못된 것을 동시에 말하는 것이 되고 만다. 그

세 가지 잘못된 것은 다음과 같다. (1)하나님은 흥정꾼이시다. (2)우리는 하나님께 무언가를 드리고 우리가 바라는 것을 얻을 수 있다. (3)우리는 하나님으로부터 독립된 존재들이지만 마음이 내키면 어떤 식으로든 하나님과 관계할 수 있다. 그러나 그러한 것 가운데 어떤 것도 참된 것이 아니다. 하나님은 흥정꾼이 아니라, 그저 베푸는 분이시다. 우리는 하나님께 아무것도 드릴 것이 없지만, 하나님으로부터 모든 것을 받았다. 그리고 우리는 하나님으로부터 독립하여 사는 것이 아니라, 하나님이 주신 숨을 쉬며 살고 있다. 이 세 가지 사실을 인정하지 않으면, 우리는 막무가내로 살게 되고, 하나님의 선물을 우리 자신의 업적으로 여기게 될 것이다. 그 진리들을 인정하면, 우리는 우리가 정녕 누구인지를 알게 되고, 우리 자신을 수취인으로 여기게 될 것이다.

바로 거기에서 믿음이 싹튼다. 믿음은 우리가 하나님께 드리는 무언가가 아니다. 하나님께 드리는 무언가를 믿음이라고 하면, 믿음은 공로, 곧 어리석은 공로가 되고 말 것이다. 왜냐하면 우리가 쌓는 공로는 누구에게도 이롭지 않기 때문이다. 믿음은 정반대. 하나님을 믿는 믿음을 소유하는 것은 "아무 공로 없이"(롬 4:5) 하나님 앞에 있는 것을 의미한다. 믿음은 수취인인 우리가 베푸시는 분인 하나님과 적절한 관계를 맺는 방식이다. 믿음은 하나님께서 채워 주시도록 빈손을 활짝 펴서 내미는 것이다. 루터가 말한 대로, 믿음은 "하나님께 경의를 표한다." 믿음은 하나님에 관한 진실, 우리와 신성한 수여자의 관계에 관한 진실을 말해 준다. 믿음은 하나님께서 받으셔야 할 것을 하나님께 돌려드리는 것이다. 반면에 하나님께 바쳐진 선행은 하나님의 이름을 더럽히고 만다. 공로는 하나님에 대하여 거짓을 말하고, 우리와 신성한 수여자의 관계에 대해서도 거짓을 말한다. 공로는 하나님께서 받으셔야

할 것을 가로챘다.¹⁵

거지들은 무언가를 받고자 하는 간절한 자세로 두 손을 활짝 펴서 내민다. 루터는 대단히 힘차고 영향력 있게 살았던 인물이다. 그가 지치고 병들어 삶을 마감하는 시점에서 기록한 임종의 말은 다음과 같다. "우리는 거지들이다. 그것은 참말이다."¹⁶ 그의 말은 오늘을 살고 있는 수많은 사람에게 체념조로 들릴 것이다. 현대인들은 스스로를 거지로 여기기보다는 공로자로 여기고 싶어 한다. 구걸은 굴욕적이다. 우리는 우리의 생명줄이 끝날 때가 되어서만 자기를 낮추고 구걸할 것이다. 우리는 이웃에게 구걸하는 것과 하나님에게 구걸하는 것이 아무 차이가 없다고 생각한다. 그러나 루터는 이웃에게 구걸하는 것과 하나님에게 구걸하는 것은 커다란 차이가 있다고 생각했다. 그는 믿음으로 하나님에게서 받는 것을 존엄한 인간이 할 수 있는 행동 가운데 가장 고귀한 행동이라고 생각했다.

혹자는 당혹감에 휩싸여 눈을 치뜬 채 "존엄한 인간이 그렇게 한단 말인가?" 하고 묻거나 이런 식으로 이의를 제기할 것이다. "믿음은 우리를 왜소하게 하는 것 같아! 그것은 우리의 능력보다는 우리의 무능을 강조하는 것 같아!" 하지만 그렇게 왜소해지는 느낌과 굴욕감은 우리와 하나님의 관계를 잘못 이해한 데에 기인하는 것이다. 우리가 서로 독립해서 사는 것과 똑같이 하나님에게서도 독립해서 살려고 하는데, 하나님께서 우리가 그저 받기만을 바라신다면, 하나님은 딸이 제멋대로 사는 것이 좋지 않음을 알고 그렇게 살지 못하게 하는 아버지와 같은 분일 것이다. 그러나 우리는 하나님과 동떨어져 살 수 없다. 우리의 살 힘과 행동할 힘은 하나님에게서 온다. 믿음은 그저 그 사실을 인정하는 것이다. 믿음은 우리가 왜소하다고 말하거나 무능하다고 말하지 않는다. 오히려 믿음은 우리의 가장 알맞은 지위, 곧 우리가 하나님으로부터 힘을 공급받는 피조물에 불과하다는 사실을 알리고, 우리를 풀어 주어 가장 위대한 일을 완수하게 한다.

믿음은 우리에게 말한다. 우리가 존재하는 것은, 그저 일흔 살 동안 전혀 고통을 겪지 않고 안락함과 즐거움을 누리면서 재산이나 권력이나 지식을 쌓고, 작위를 받고, 자아를 확장하기 위해서가 아니라고. 그러한 삶은 허망하기 그지없다! 믿음은 우리에게 말한다. 우리가 존재하는 것은, 무한하신 하나님께서 우리 안에 머무르시면서 우리를 통하여 피조물 전체의 행복을 도모하시기 위해서라고. 우리는 별을 붙잡으려고 손을 뻗으면서도 땅에 붙잡혀 희망 없이 살아가는 작은 골칫덩이, 자기도취에 빠진 골칫덩이, 자기만 아는 골칫덩이에 불과한가? 믿음은 그렇지 않다고 말한다. 믿음은 자기만 아는 삶에서 베푸는 삶으로 나아가는 데 꼭 필요한 첫 번째 요소다.

감사

둘째, 하나님의 선물은 우리에게 감사를 요구한다. 사도 바울은 예루살렘에 있는 가난한 신자들을 도와야 한다는 취지로 고린도 교회의 신자들에게 한바탕 연설을 한 뒤 "이루 형언할 수 없는 선물을 주시는 하나님께 감사합니다!"(고후 9:15)라는 감탄문으로 끝을 맺었다. 선물에는 감사가 제격이다. 하나님은 베푸시고, 우리는 감사를 드린다. 사도 바울이 "의무"라는 표현을 쓴 것은 아니지만, 그 감탄문에는 그런 의미가 확실히 내포되어 있다. 사람이든 하나님이든 간에, 베푸는 이는 감사의 인사를 받아 마땅하다.

감사는 우리가 수여자에게 되갚는 선물인가? 우리는 "감사로 되갚는다"고 말하지 않는가? 감사가 선물이라면, 우리가 하나님께 감사하는 것은, 무언가를 되갚는 행위가 되고 말 것이다. 그러나 앞서 살펴보았듯이, 하나님께 되갚는 것은 불가능하다. 그런데도 수많은 사람이 감사를 답례용 선물로 여기고 있다. 그러므로 우리는 감사가 정말 그런 것인지 물어볼 필요가 있다.

감사가 정말 답례용 선물이라면 어떤 일이 빚어질까? 첫째, 감사하는 사람은 감사를 표하는 것 외에 달리 보답할 필요가 없게 될 것이다. 우리에게 성찬을 대접한 주인들과 헤어지면서 그들에게 심심한 사의를 표하면, 그것으로 도리를 다한 셈이 될 것이다. 그러나 그럴 수 없고, 그래서도 안된다. 호의에 보답하든가, 그들을 대접하든가, 꽃을 보내든가, 다른 어떤 선물을 보내지 않으면 안된다는 생각이 드는 것이다.

둘째, 감사가 정말로 하나의 답례라면, 이미 갚은 사람들은 감사할 필요가 없게 될 것이다. 우리를 초대했던 사람들을 초대하면, 그것으로 할 도리를 다한 셈이 되는 것이다. 굳이 우리를 초대해 주어서 "감사하다"고 말할 필요가 없게 되는 것이다. 그러나 그럴 수 없다. 우리가 갚든 그렇지 않든 간에, 우리는 베푼 사람에게 사의를 표하지 않으면 안된다. 감사는 답례용 선물이 아니라, 답례용 선물에 덧붙여 표시하는 인사다.

"감사하다"는 인사로는 수여자에게 아무것도 주지 못한다. 우리가 사의를 표하는 것은, 수여자에게 신세를 졌기 때문이 아닌가? 우리가 "감사하다"고 말하는 것은, 수여자들이 우리에게 베풀어 준 은혜를 잊지 않고 있다는 표시나 다름없다. 물론, 우리는 보답으로 그들을 위해 모종의 조치를 취할 수도 있다. 그러나 그것은 감사가 아니다. 그것은 우리가 고마워하고 있음을 나타내는 표시일 뿐이다.[17] 하나님께 사의를 표하는 것도 마찬가지다. 하나님께 "감사합니다"라고 말하는 사람들은, 자신들이 선물을 받았음을 잊지 않겠다고 신성한 수여자에게 말하는 것이나 다름없다. 그들이 하나님께 경의를 표하는 것은 그 때문이다.

하나님께 감사하는 것은 하나님을 믿는 믿음의 당연한 귀결이다. 믿음이 있는 사람은, 자기가 하나님의 은혜를 받는 수취인에 불과하고, 은혜를 베푸는 수여자는 하나님이심을 인정하게 마련이다. "감사합니다"라고 말하는 사람은, 하나님이 수여자이심을 분명하게 인정하고, 자신은 하나님의 선물을 받는 수취인에 불과하다는 것을 암묵적으로 인정하는 것이다. 어쨌든 믿음과 감사는 한 동전의 앞뒷면이라고 할 수 있다. 믿음과 감사는 맞물려 있다. 믿음이 하나님의 선물을 선물로 받아들이는 것이라면, 감사는 하나님의 선물을 제대로 받아들이는 것이다.

선물을 받고서 그것을 맛보려고 급히 자리를 뜨는 아이에게 우리는 이런 식으로 타이른다. "'감사합니다'라고 말해야지!" "급히 자리를 뜨면 되겠니? '감사합니다'라고 말해야지!" "알아듣지 못하게 중얼거리면 되겠니?" "그렇게 돌아서서 말하면 되겠니? 사람의 눈을 보고 말해야지!" "그렇게 냉큼 넘겨받으면 되겠니? 감사의 뜻을 표시해야지!" 이것들은 우리가 "감사합니다"라고 말하기 위해 어릴 때부터 배우는 몇 가지 가르침이다. 그것들은 날 때부디 좀처럼 사의를 표하려 하지 않는 사람들에게 제시되는 가르침이다.

선물은 우리를 돕거나 기쁘게도 하지만, 우리의 자존심에 상처를 주기도 한다. 선물은 의존 관계 내지 열등의식을 만들어 내거나, 막연하고 거북한 의무감을 만들어 내기도 한다. 받는 것이 수치스러울 때가 종종 있다. 랠프 왈도 에머슨은 다소 지나친 표현이기는 하지만 이렇게

1장_ 하나님, 베푸시는 분 69

말했다. "우리는 베푸는 사람을 그다지 달가워하지 않는다. 베푸는 사람의 손은 물어뜯길 위험이 있다."[18] 받는 것이 수치스러운 일일진대, 베푸는 사람에게 사의를 표하는 것은 얼마나 수치스러운 일이겠는가. 혹독한 예절교육을 받은 우리 어른들의 경우에도 "감사합니다"라고 말하는 것이 거북할 때가 가끔씩 있다.

베푸는 사람들과 받는 사람들 사이에서 그런 일이 빚어진다. 특히 베푸는 사람이 부자이면서 힘 있는 사람이고, 받는 사람이 가난하고 힘 없는 사람일 경우에 그러하며, 부유하고 힘 있는 사람이 자신의 선물을 받는 사람들을 모욕하고 그들에게 부당한 것을 요구할 경우에 더욱 그런 일이 빚어진다. 그러한 선물은 받는 사람에게 유익이 되기는커녕 도리어 받는 사람의 마음을 상하게 한다.

하나님은 전혀 다르게 베푸신다. 실로 하나님은 인간보다 훨씬 부유하시고 인간보다 훨씬 힘 있는 분이시다. 하나님과 인간은 동격이 아니다. 하나님과 인간은 같은 재화를 놓고 경합을 벌이는 경쟁자가 아니다. 우리 자신을 하나님과 비교하는 것은 무의미하다. 우리 인간들은 서로 비교하여, 자신이 남보다 가난하거나 무능할 경우 왜소함을 느끼지만, 하나님은 비교할 수 없을 만큼 위대하시다. 하나님의 수준은 우리의 수준과는 전혀 다르다. 하나님의 선물은 인간을 왜소하게 하지 않는다. 인간이 존재하는 것은 하나님의 선물 때문이다. 굶주린 아이가 음식물을 공급받지 못하면 죽고 마는 것처럼, 인간도 하나님께서 베풀어 주시지 않으면 죽을 수밖에 없다. 인간이 생존하는 것은, 하나님께서 은혜를 베풀어 주셨기 때문이다.

하나님의 선물은 받는 사람들을 왜소하게 하지 않는다. 하나님의 선물은 "나는 위대하고 중요한데, 너는 보잘것없고 하찮구나"라는 메시지와 함께 다가오지 않는다. 하나님의 선물은 우리를 안정시킨다. 하나님의 선물은 "너는 사랑받고 있다. 그래서 네가 존재하는 것이다"라는 메시지와 함께 다가온다. 그런 메시지를 받으면, 자연스레 감사의 마음이 솟구친다. 왜냐하면 그것은, 우리에게 없는 것을 얻거나, 왜소함을 느끼지 않고도 무언가를 얻게 되어서 감사하는 것이 아니라, 하나님께서 창조하시고 복을 내리신 결과로 이렇게 살아 있는 것이라는 사실에 놀라 감사하는 것이기 때문이다.

하나님이 쓰실 수 있는 사람이 되기

우리가 베푸시는 하나님을 믿고 그분께 감사해야 하는 이유는, 그분이 수여자이시기 때문이다. 믿음은 우리의 모든 것이 하나님에게서 오는 것임을 인정하는 행위이고, 감사는 우리의 모든 것이 하나님에게서 오는 것임을 잊지 않는 행위다. 그러나 하나님의 선물은 우리에게 믿음과 감사 그 이상을 요구한다. 하나님의 선물은 하나님께서 그것을 주시는 목적과 관계가 있다. 실로 하나님은 우리의 생존과 번성을 위해 베푸시지만, 꼭 그것을 위해서만 베푸시는 것은 아니다. 하나님은 우리가 다른 사람들의 생존과 번성에도 도움이 되도록 베푸신다. 하나님의 선물은 우리를 그저 행복한 수취인으로 머물게 하지 않고, 관대한 수여자가 되게 한다.

하나님의 선물은 우리에게 하나님께서 쓰실 수 있는 사람이 되라고 요구한다. 사도 바울은 감사를 가리켜 우리가 하나님께 "드리는" 어떤 것으로 기술했지만, 감사는 하나님께 무언가를 드리는 행위가 아니다. 바울은 하나님께서 쓰실 수 있는 사람이 되는 것에 대해 말하면서

"드림giving"이라는 표현을 사용한다. 그는 마케도니아 지역의 그리스도인들이 "먼저 자기를 주님께 드리고, 하나님의 뜻을 따라 우리에게 바쳤습니다"(고후 8:5)라고 하면서 칭찬한다. 우리가 우리 자신을 주님께 드리는 행위는 선물을 드리는 행위인가? 그렇지 않다. 우리는 그저 하나님께서 우리를 지으셔서 살게 하신 대로 사는 것일 뿐이다. 우리가 하나님께 드릴 수 있는 것은 아무것도 없다. 우리 자신조차 하나님께 드릴 수 없다. 왜냐하면 우리는 애초부터 우리 자신의 주인이 아니기 때문이다. 우리는 하나님 안에서 살고, 숨쉬고, 존재한다. 우리가 할 수 있는 최선의 일은, 우리 자신을 하나님께서 쓰실 수 있게 하여, 하나님의 도구로 쓰임 받는 것일 뿐이다.

하나님이 쓰시도록 우리 자신을 드린다고 해서, 그것이 곧 하나님께 호의를 베푸는 것은 아니다. 하나님이 쓰시도록 우리 자신을 드리는 것은, 피조물을 위한 것이지 하나님을 위한 것이 아니다. 하나님이 쓰시도록 우리 자신을 드리는 것은 "산" 제물이 되는 것을 의미한다. 사도 바울은 로마의 그리스도인들에게 "산 제물"이 되라고 다그친다(롬 12:1). 고대 종교의식에서 신들을 부양하고 신들을 이롭게 하기 위해 바쳐진 제물은 대개 죽은 제물이다. 그러나 죽은 제물을 요구하는 신은 흥정꾼 하나님일 뿐이다. 수여자이신 하나님은 하나님의 세계에서 하나님의 일을 하려고 하는 산 제물을 요구하신다.

그렇다면 하나님은 자기가 가지고 있지 않은 것을 "받으시는" 분인가? 하나님은 자신에게 바쳐진 자아와, 그 자아가 세상에서 이룬 일을 받으시는가? 어떤 점에서는 그렇다고 할 수 있다. 그러나 하나님이 받으시는 것은 엄밀히 말해서 그분께서 이미 지으신 것일 뿐이다. 인간은 하나님의 도구로 지음 받았을 뿐이다. 응석꾸러기를 둔 불행한 부모는, 아이가 숙제를 마치면 그 아이가 자신들에게 특별한 은혜를 베풀었다고 느끼게 마련이다. 그러나 우리는 하나님을 그런 식으로 그려서는 안된다. 우리의 쓸모가 하나님께 기쁨을 안겨드리기는 하지만, 그것은 하나님께서 우리와 이 세계를 위하여 베풀어 주신 선물이지, 우리가 하나님께 드릴 수 있는 선물이 아니다.

그러한 쓸모는 우리에게 어떤 의미가 있는가? 첫째, 그것은 우리가 우리 자신의 목표를 추구하지 않고, 하나님의 목표를 추구할 준비가 되어 있음을 의미한다. 하나님께서 목표를 세우시고, 우리에게 그것을 달성하라고 명령하시니, 우리는 하나님이 바라시는 것에 귀를 기울이고, 신성한 명령자의 뜻대로 행할 채비가 되어 있어야 한다는 것이다. 둘째, 그것은 우리가 이 세계에서 제멋대로 살지 않고, 하나님께서 살아 움직이고 계심을 보면서 기꺼이 그렇게 살고 움직이는 것을 의미한다. 하나님께서 모범을 보이고 계시니, 우리도 그분을 기꺼이 따르고 본받아야 한다는 것이다.

그러나 하나님께서 목표를 세우시고 우리에게 모범을 보이시는 모습 이면에는 하나님과 사람 사이의 훨씬 친밀한 관계가 자리하고 있다. 하나님은 사람과 관계를 맺으실 때 최고 사령관이나 전형적인 통치자의 모습을 하지 않으신다. 사람 역시 하나님과 관계를 맺을 때 고분고분한 신하나 충성스러운 모방자의 모습을 하지 않는다. 하나님은 우리의 사령관이나 전형적인 통치자라고 할 수 없을 만큼 우리와 가까우시다. 5세기에 활동한 위대한 교부 아우구스티누스가 말한 대로, 아주 멀리 초월해 계신다고 해도, 하나님은 우리가 우리 자신에게 가까운 것보다 우리에게 더 가까이 계신다. 하나님은 우리 밖에만 계신 것이 아니라, 우리 안에도 계신다. 하나님께서 우리와 관계를 맺으시는 주된 방식은 우리 안에 머무르시면서 우리를 통하여 일하시는 것이다. 아시시의 프란체스코는 자신이 직접 지은 기도문에서 이렇게 기도했다. "나를 ~의 도구로 써주소서."[19] 이 기도의 해답은 하나님께서 쓰실 수 있는 사람이 되는 것이다.

    오늘날 우리들 대다수는 도구보다는 작인 作因이 되고 싶어 한다. 우리는 작용하는 누군가의 영향을 받거나 쓰임을 받기보다는 스스로 영향을 미치고 싶어 한다. 우리는 도구가 되면 단순한 수단으로 전락할지도 모른다고 생각한다. 18세기 독일의 위대한 철학자 임마누엘 칸트는 "우리는 사람을 목적으로 대해야지 수단으로 대해서는 안된다"고 가르치지 않았는가?[20] 하나님께서 쓰실 수 있는 사람이 되는 것, 하나님의 도구가 되는 것은 학대에 이용될 소지가 있다는 것이다. 언뜻 보면 그런 것처럼 보인다. 그러나 정말 그런가? 답은 하나님께서 우리를 쓰신다는 게 무엇을 의미하느냐에 달려 있다. 이 물음은 우리를 네 번째 의무로 이끈다.

참여

앞서 말한 대로, 루터는 신적 사랑의 본성을 기술하면서 흐름flowing이라는 은유를 사용한다. 인간의 뒤틀린 사랑과는 달리, 하나님의 사랑은 다른 존재에게서 발견되는 선을 빨아들이는 법이 없다. 그것은 그저 "흘러나와 이롭게 할 뿐이다."[21] 흐름이라는 은유가 드러내는 속뜻은 이것이다. 말하자면 하나님의 선물은 밖을 향해 움직이고, 한 방향으로만 움직인다는 것이다.

    그 흐름이 우리에게 도달한 다음에는 어떻게 되는가? 선물을 수여하고 목표를 달성했으니 그만 멈추고 말까? 그 흐름이 멈추면, 우리는 베푸는 자가 되기는커녕 받는 자밖에 되지 못할 것이다. 우리는 하나님 안에 있는 가장 신적인 것을 닮지 못하게 될 것이다. 하나님은 순전히 베푸시는 분이시건만, 우리는 베푸는 자가 되지 못할 것이다. 우리는 하나님으로부터 받기만 하고, 베풀 엄두를 내지 못하게 될 것이다. 합법적인 교환을 통해 얻거나, 강압적으로 빼앗으려 하게 될 것이다. 그러나 우리는 하나님처럼 살고 행동하도록 창조되었다. 신적 선물의 흐름은 우리에게 도달하자마자 멈추는 것이 아니다. 밖을 향한 운동은 계속되어야만 한다. 실로, 우리를 번성케 하는 것은 물론이고, 다른 사람들에게 베푸는 것도, 하나님께서 우리에게 선물을 베푸신 목적이다. 다른 사람들에게 하나님의 선물을 전하는 것, 곧 하나님의 선물을 베푸는 일에 참여하는 것은, 하나님의 선물이 우리에게 부과하는 네 번째 의무다.

루터는 자신이 1520년에 쓴 「그리스도인의 자유 *The Freedom of the Christian*」라는 책에서 그리스도교 신앙을 요약하는 가운데 흐름이라는 은유를 다시 택하여 하나님께 적용할 뿐 아니라 하나님의 특별한 사랑을 받는 인간에게도 적용한다.

좋은 것들이 그리스도에게서 흘러나와 우리 안으로 흘러들어오고 있다. 그리스도는 우리 가운데 한 사람이기라도 하다는 듯이 우리와 똑같은 모습을 취하셨고, 우리를 위해 행동하셨다. 이 좋은 것들은 우리에게서 흘러나와, 그것들을 필요로 하는 사람들에게로 흘러들어간다. 그것은, 이웃의 죄가 우리 자신의 죄라도 되는 것처럼 우리가 그들의 죄를 짊어지고, 덮어 주고, 중재하고, 그들을 위해 수고하고, 그들을 섬김으로써, 우리의 믿음과 의를 하나님 앞에 제시하게 하려는 것이다.[22]

우리는 하나님의 선물이 흘러드는 최종 도착지가 아니다. 우리는 말하자면 강의 중류나 다름없다. 선물은 우리에게로 흘러들어와, 우리에게서 흘러나간다. 선물은 그리스도에게서 우리들 각자에게로 흘러들어와, 그것들을 필요로 하는 사람들에게로 흘러나간다. 그리스도께서 "우리 가운데 한 사람이기라도 하다는 듯이" "우리를 위해 행동하신" 것처럼, 우리도 이웃의 죄가 "우리 자신의 죄라도 되는 것처럼" 짊어져야 한다. 우리는 수취인이면서 동시에 수여자이기도 하다. 우리는 그리스도에게서 받고, 서로 주고받는다.

루터는 이 사상을 표현하기 위해 도관導管이라는 이미지를 사용한다. 말하자면 우리는 하나님의 선물을 이웃에게 흘려보내는 도관이라는 것이다. 그 이미지는 유용하다. 좋은 것들을 전달하기만 할 뿐 그것들로부터 이익을 전혀 얻지 못한다는 흠이 있기는 하지만 말이다. 그러나 우리는 좋은 것들로부터 이익을 얻는 것은 물론이고 그것들을 다른 사람들에게 베풀기까지 한다. 우리는 선물을 받기만 하는 것이 아니라, 선물을 받고 변화되기까지 한다.

루터는 그리스도(와 그리스도 안에 계신 하나님)께서 선물의 원천이며, 인간이 수행하는 베풂의 모범이라고 생각한다. 그는 한 걸음 더 나아가 하나님의 베풂과 인간의 베풂을 연결시켜 설명한다. 그는 그리스도야말로 우리가 수행하는 베풂의 원동력이라고 생각한다. 말하자면 우리의 베풂은 그분께서 수행하시는 베풂의 메아리라는 것이다. 바로 여기서 "내재하시는 그리스도" 사상이 등장한다.

사도 바울은 이렇게 썼다. "나는 그리스도와 함께 십자가에 못 박혔습니다. 이제 사는 것은 내가 아닙니다. 그리스도께서 내 안에 사시는 것입니다. 내가 지금 육신 안에서 사는 것은 나를 사랑하셔서, 나를 대신하여 자기 몸을 내주신 하나님의 아들을 믿는 믿음 안에서 사는 것입니다"(갈 2:19). 역설적이기는 하지만 신자들의 삶은 그들 자신의 것이기도 하고("내가 지금 사는 것"), 그들 자신의 것이 아닌("이제 사는 것은 내가 아닙니다") 그리스도의 것이기도 하다("그리스도께서 내 안에 사시는 것입니다"). 그리스도께서는 좋은 것을 우리에게로 흘려보내실 뿐만 아니라, 우리에게서 흘러나가게도 하신다. 그분은 실로 우리 안에 머무르시고, 우리에게 동기를 부여하시며, 우리를 통해 움직이신다. 루터가 생뚱맞은 것처럼 보이는 주장, 곧 "그리스도인은 다른 사람들에게 또 하나의 '그리스도'다"라는 주장을 개진한 것은 그런 이유에서다. "실로 우리는 그리스도의 이름을 따서 명명되었다. 그것은 우리에게 그리스도가 없어서가 아니다. 그리스도께서 우리 안에 머무르고 계시기 때문이다. 우리는 그분을 믿기에 서로에게 그리스도나 다름없다. 우리는 그리스도께서 우리를 대하신 것과 똑같이 우리의 이웃을 대한다."[23] 하나님의 선물이 우리에게서 다른 사람들에게로 흘러가는 것은, 그리스도께서 친히 우리 안으로 가지고 들어오신 선물이 넘쳐흐르는 것이다. 우리가 하나님의 옹골찬 선물, 곧 우리 안에 머무르시면서 우리를 통해 활동하시는 그리스도를 받아들이는 순간, 선물이 우리에게로 흘러들어오고 우리에게서 흘러나가는 일이 일어난다.

그리스도께서 우리 안에 머무르신다는 사상은, 우리가 하나님의 도구가 되려고 할 때 생길 수 있는 우려, 곧 하나님의 도구가 되면 단순한 수단으로 전락할지도 모른다는 우려를 불식시키는 데 도움을 준다. 하나님은 망치, 곧 생명이 없고 목적이 없는 도구를 쓰는 목수와 같은 분이 아니시다. 그렇다고 우리가 생명과 의지를 부여받은 망치인 것도 아니다. 우리가 단순한 수단이 되는 것도 우리가 동의해서 그리 되는 것이다. 우리의 동의 없이 사용되기보다는 그렇게 하는 것이 낫지만, 그렇다고 크게 나을 것도 없다.

　　루터는 하나님께서 우리 안에서 활동하시는 방식을 잊지 못할 구절로 말한다. "하나님은 우리 안에서 우리를 제쳐 놓고 일하시는 법이 없다." 하나님께서 우리 안에서 우리와 함께 일하신다는 말은 무슨 뜻인가? 하나님은 우리 안에 머무르시면서, 우리의 의지를 주관하는 우리의 자아 속으로 들어가신다. 하나님은 "나는 이것을 원해"라고 하거나 "나는 저것을 원하지 않아"라고 말하는 "나"라는 공간에 자리하신다. 그곳은 바라고 생각하고 행동하는 내가 있는 곳이면서 동시에 내 안에서 나를 통해 움직이시는 그리스도께서 계신 곳이다. 사도 바울은 죽음과 부활이라는 은유를 사용하여 그것을 표현한다. 옛 자아가 죽고, 새 자아가 태어난다. 새 자아야말로 선물을 베푸시는 하나님이 머무르시면서 다른 사람들에게 좋은 것을 베푸시는 곳이다. 그리스도께서는 우리의 의지를 앞지르지 않으신다. 우리는 우리의 의지와 무관하게 베풀지 않는다. 우리는 그리스도의 손에 들린 생명 없는 도구가 아니다. 그리스도께서는 우리의 의지를 굴복시키지 않으신다. 우리는 우리의 의지를 거스르며 베푸는 법이 없다. 우리는 그리스도께 반항하는 종, 그리스도께 불평하는 종이 아니다. 내재하시는 그리스도께서 우리를 기꺼이 베푸는 사람으로 만드시고, 우리는 그리스도께서 이 세상을 위해 베푸시는 일에 기꺼이 참여하는 자가 된다.

　　그러나 그것은 우리의 자아가 사라지고 그리스도가 그 자리를 대신한 것이 아닌가? 자아의 죽음에 달리 무슨 뜻이 있는 것인가? 사실상, 자아는 사라진 것이 아니라, 새로운 자아, 본래의 자기로 거듭난 것이다. 내재하시는 그리스도께서 우리를 자기만 알던 삶에서 해방시켜,

두 방향의 삶을 살게 하신 것이다. 하나님과 관련해서는 좋은 것들을 믿음으로 받아들이고, 이웃과 관련해서는 좋은 것들을 사랑으로 베푸는 것이다. 루터가 「그리스도인의 자유」에서 결론지은 대로, 그리스도인은 "자기 안에서 사는 것이 아니라, 그리스도와 이웃 안에서 산다. ……그는 그리스도 안에서는 믿음으로 살고, 이웃 안에서는 사랑으로 산다."[24]

어찌하여 "자기 안에서" 살면 안되는 것인가? 자아는 그렇게 살도록 되어 있는 것이 아닌가? 그렇지 않다. 그것은 자아가 바라는 삶일 뿐이다. 자기 안에서 자기를 위해서만 사는 자아는 자기를 잃게 마련이다. 자아는 자기의 이익만을 추구하려고 한다. 그러나 자아가 자기의 이익을 추구하면 추구할수록, 그만큼 만족도는 떨어지게 마련이다. 그것이 바로 자기애의 역설이다. 그대가 자아를 채우면 채울수록, 자아는 아직 다 차지 않았다고 아우성칠 것이다. 자아가 자기 안에서 자기를 위해 살면서도 만족할 줄 모르다니 이상한 노릇이 아닌가. 하나님께서는 자아를 그리스도의 거처가 되도록 지으셨다. 그러므로 자아는 무한한 사랑의 원천에서 생수를 길어 올려 이웃에게 건넬 경우에만 채워질 것이다. 참 사랑의 역설은 자기애의 역설과 정반대다. 자아는 참 사랑을 할 때에만 자기에게서 벗어나 하나님 및 이웃과 더불어 살 수 있고, 편안해질 수 있다. 그런 일이 일어나면, 우리는 자기만 알던 삶에서 참되고 만족스러운 삶, 후히 베푸는 삶으로 건너간 것이다.

일상의 삶 속에 자리한 하나님의 생명

하나님의 생명이 우리를 관류貫流하고 있다는 사상이야말로 고귀한 사상이 아닐 수 없다. 하나님의 생명을 모셔 들이려고 할 때, 우리는 신성한 시공간을 떠올리고, 거기에서 하나님을 만나려고 한다. 거룩한 성가에 심취하거나, 기도에 깊이 침잠하거나, 제단 앞에 무릎을 꿇고 성찬을 받을 때, 우리는 하나님께서 우리 가까이 계심을 느끼고, 하나님께서 우리 안에, 우리가 하나님 안에 있음을 느낀다.

물론 하나님의 임재를 그러한 시공간과 연결시키는 것이 옳다. 하나님은 백성의 찬양 속에 머무르신다(시 22:3). 우리가 기도할 때 성령께서 기도하시고, 이따금 "말로 다할 수 없는 탄식으로 우리를 대신해 간구하신다"(롬 8:26). 그리고 그리스도께서는 우리가 그분의 성체를 받아 모실 때 진실로 현존하신다. 그러나 우리가 그러한 시공간에서만 하나님의 생명을 경험할 수 있는 것은 아니다.

우리가 하나님의 생명 경험을 신성한 사건들에 국한된 것으로 여긴다면, 그 흐름이 어찌되겠는가? 그것은 우리에게로 흘러들어오기만 할 뿐, 우리를 통하여 다른 사람들에게로 흘러가지 못하게 될 것이다. 우리는 성찬식에서 이렇게 기도한다. "우리가 이 식탁에 나아갈 때 위로만 받게 하지 마시고, 성찬식을 통해 다가오는 힘과 거듭남도 받게 하소서." 그러나 우리가 하나님 뵙기를 거부하고 이웃 대하기를 거부하면, 그것은 하나님께서 베푸시는 선물의 흐름을 억류하는 짓이 될 것이고, 우리는 성찬식을 통해 다가오는 힘과 거듭남의 목적을 놓치고 말 것이다. 우리가 우리의 이웃, 곧 가족과 친지를 섬길 때에만 선물의 흐름을 막고 있던 댐이 터져, 하나님의 선물이 예정대로 그 흐름을 이어갈 것이다.

공동체가 예배를 위해 모이는 거룩한 시간과 거룩한 공간 속에서 그러한 섬김이 일어날 수 있다. 공동체의 모든 구성원이 영적 은사를 받고, 가르침이나 권고나 자비의 실천이나 하나님께서 합당하게 여기시는 방식으로 서로 섬기게 되는 것이다(고전 12장). 그러나 공동체가 하나님의 임재로 충만해져 흩어지고, 구성원이 저마다 집으로 돌아가거나, 목수나 은행원이나 의사나 웨이터나 교사로 일할 때에는, 하나님의 선물이 다른 사람들에게로 흘러간다. 모든 말과 행실, 모든 생각과 몸짓, 주의를 기울이는 간단한 행동까지도 우리 안에 살아 계신 하나님의 선물이 될 수 있고, 하나님의 메아리가 될 수 있다.

소파에 앉아서 맥주나 탄산수를 들고 옆에는 즉석식품을 차려 놓고서 몇 시간씩 TV를 시청하는 사람이 있다. 그것은 평범한 삶이다. 식구를 부양하려는 이유가 아니라 이웃사람이 소유한 것보다 더 비싼 자동차를 차고에 주차시키려는 이유로 24시간 내내 일하는 사람이 있다. 그것 역시 평범한 삶이다. 그러나 소파에서 일어나 자녀와 놀아 주거나, 시간과 에너지를 들여 죄수를 가르치거나, 노인들의 이야기를 귀담아 들어주는 사람도 있다. 그것은 비범한 삶이다. 왜 그런가? 무언가를 베풀고 있기 때문이다. 모든 선물은 성聖과 속俗 사이에 가로놓인 장벽을 무너뜨리고, 속된 것을 성스럽게 변화시킨다. 선물을 베푸는 사람의 삶은 비범하다. 그 사람은 하나님께서 자신의 선물을 흘려보내시는 통로가 되었기 때문이다.

2장_ 어떻게 베풀어야 하는가

옛적에 두 형제가 있었다. 형은 부유하고, 동생은 가난했다. 동생은 농부였다. 그는 힘써 밭을 갈고, 순무와 여타의 푸성귀를 길렀다. 공교롭게도, 그가 기른 순무 가운데 하나가 엄청나게 컸다. 겨릿소가 끄는 달구지에 실어야 겨우 옮길 수 있는 크기였다. 그는 그것을 먹거나 팔 생각이 없었다. 그는 그것을 임금에게 진상하기로 마음먹었다. 임금이 엄청난 크기의 순무를 보고 놀라서, 그 농부에게 "그대는 대단한 행운아임에 틀림없구나" 하고 말했다. 그러자 그 농부가 이렇게 답했다. "그렇지 않습니다. 저는 행운아가 아닙니다. 저는 밭이나 가는 가난뱅이일 뿐입니다. 저는 가진 것도 없고, 저를 거들떠보는 사람도 없습니다." 임금이 그를 측은히 여겨, 그에게 황금과 토지와 밭과 가축을 넉넉히 하사하였다.

부유한 형이 자기의 가난한 동생이 순무 하나로 어마어마한 부자가 되었다는 소식을 듣고 샘이 나서, 어떻게 해야 동생보다 더 많이 받을 수 있을 것인지 골똘히 생각했다. 그는 동생이 답례로 받은 것보다 더 큰 선물을 기대하고서, 순무 하나를 바치지 않고, 황금과 말 여러 필을 임금에게 바쳤다. 동화는 이렇게 전한다. "임금이 그 선물을 받고 말했다. '저 거대한 순무만큼 귀하고 가치 있는 것도 없으니, 너에게 그것을 하사하노라.' 그래서 그 부유한 형은 자기 동생이 바친 순무를 달구지에 싣고 집으로 돌아갔다."[1]

위의 이야기를 읽는 한 독법은 이렇게 말하는 것이리라. 가난한 동생은 사심 없는 선물을 임금에게 바쳤기에 큰 재산을 보답으로 받은 것이고, 부유한 형은 자기를 부유하게 하려고 선물을 바쳤기에 다소 가치가 떨어지는 것을 보답으로 받은 것이다. 우리는 가난한 동생이 바친 선물의 순수성을 의심해 볼 수도 있다. 그는 자기가 기른 거대한 순무로 임금의 환심을 사려고 하다가 성공한 것일지도 모른다. 그가 순무를 바친 것은 임금에게 경의를 표하려는 것이 아니라, 임금의 마음을 움직여 하사품을 내리게 하려는 것이었다. 그는 형만큼 이기적인 마음으로 바쳤지만, 형보다 빈틈이 없었다. 바친 모습으로 보건대, 둘 다 무언가를 얻고자 시도한 것 같다.

우리는 다양한 상황에서 여러 가지 목적으로 무언가를 선물한다. 그리고 위의 두 형제 가운데 한 사람이나 두 사람 모두의 선물처럼, 우리가 베푸는 선물 가운데 상당수는 결코 선물이 아닌 것들도 있다. 예컨대, 우리는 타락하여 녹이 슬어버린 관료 조직의 추진력에 기름을 치기 위해 책상 밑으로 봉투를 밀어 넣는다. 우리는 친절로 가장한 모욕을 안겨 주고 싶어 한다. 그래서 우리는 풍자만화의 주인공처럼 상점 진열창에 써 붙여진 글귀, 곧 "누구도 원하지 않는 것"이라는 글귀를 보고 친구에게 "그녀에게 적선이나 조금 할까" 하고 말한다. 우리는 어떤 사람을 혹사시키면서 그 짓을 계속 하고 싶을 때, 선물 공세를 펴서 관계의 진실을 은폐하려고 한다. 우리는 어떤 사람을 해치려고 할 때, 유다처럼 입을 맞춤으로써 그를 배신한다. 우리는 우리의 우위를 과시하고 싶을 때, 터무니없이 성대한 파티를 벌인다. (최근에는 미켈란젤로의 다비드 상을 본떠 만든 얼음 조각품을 설치하고, 그 조각품의 남성 상징물을 통해 보드카를 분출시키는 파티도 있었다.) 크리스마스 선물을 마지못해 교환할 때처럼, 관습 때문에 어쩔 수 없이 선물하는 경우도 있다.

위와 같이 베풀 경우, 그런 베풂은 필경 나빠지고 만다. 그런 식으로 베풀 것까지는 없는 것 같다. 그러면 어떻게 베풀어야 제대로 베푼 것이 되는가? 물음에 답하기 전에, 먼저 몇 가지를 구별해 보자.

빼앗기, 얻기, 베풀기

나탈리 데이비스Natalie Davies는 사람과 사람 사이에서 이루어지는 관계를 세 가지로 분류한다. 강압적인 관계, 판매하는 관계, 선물하는 관계.[2] 강압적인 관계는 다양한 방식의 도둑질과 관련이 있다. 그 관계 속에 있는 사람은 자기의 것이 아닌 것, 자기에게 주어지지 않은 것을 빼앗는다. 우리는 내부 정보로 무장한 채 우리의 주식을 주가가 폭락하기 전에 팔아치운다. 그러면 운 나쁜 매입자는 손해를 보게 마련이다. 좀 더 순진한 예를 들면, 우리는 일터에서 쓰던 펜을 슬그머니 지갑에 꽂아 집으로 가져가기도 한다.

판매하는 관계는 매매가 이루어지는 장터와 관련이 있다. 우리는 장터에서 무언가를 주고 그에 상응하는 것을 얻는다. 자전거가 필요하면, 그에 상응하는 금액을 상점 주인에게 지불한다. 돈을 지불하지 않고 물물교환을 하기도 한다. 아들이 다 자란 사람은 아들이 쓰던 스키를 더 긴 스키와 맞바꾸기도 한다.

끝으로, 선물하는 관계는 수여자와 수령자 사이에서 이루어지는 관계다. 우리가 신세를 진 것도 아니고 수령자가 받을 자격이 있는 것도 아니지만, 우리는 은혜를 베푼다. 수령자가 자발적으로 은혜에 보답하는 경우도 있는데, 그때에는 시차를 두고 다른 형태로 보답한다. 내가 친구의 우정에 대한 감사의 표시로 그의 생일에 책 한 권을 선물한다고 가정해 보자. 내가 선물한 것과 똑같은 책을 선물로 받기를 바라지는 않더라도, 나는 그가 나의 생일을 기억해 주겠지 하는 막연한 생각을 갖게 될 것이다. 강압적인 관계에서는 불법적으로 빼앗고, 교환관계에서는 합법적으로 취득하고, 선물하는 관계에서는 시원스럽게 베푸는 일이 일어난다.

성경에도 이와 똑같은 범주들이 들어 있다. 에베소서 4장은 우리의 삶을 정돈하는 법, 옛 자아가 아닌 새 자아로 사는 법을 소개한다. 그 본문은 옛 생활과 새 생활을 대조하면서 앞서 언급한 세 가지 관계 방식, 곧 탈취와 취득과 베풂에 대하여 간략하게 언급한다. 특별히 28절을 읽어 보자. "도둑질을 하는 사람은 다시는 도둑질을 하지 말고, 수고를 하여, 제 손으로 떳떳하게 벌이를 하십시오. 그리하여 오히려 궁핍한 사람들에게 나누어 줄 것이 있게 하십시오." 도둑은 제 것이 아닌 것을 불법적으로 탈취한다. 그들은 사람들에게 폭행을 가하고, 그들의 재화를 강탈하고, 그들의 인격을 짓밟는다.

우리는 뻔뻔하게 빼앗을 때도 있다. 영화 '잡을 테면 잡아봐 Catch Me If You Can'의 주인공 프랭크 아비그네일처럼, 나는 팬아메리칸 항공사의 조종사, 의사, 변호사, 사회학 교수 행세를 하면서 사기 행각을 벌여 불법 소득을 챙기고, 250만 달러어치의 부정수표를 현금으로 바꿀 수도 있을 것이다. 그러나 이보다 훨씬 교묘하게 빼앗는 자들도 있다. 예컨대, 내가 음식물과 숙소와 의복 등을 이용하면서도 일하려고 하지 않는다면, 나는 부당하게 빼앗고 있는 것이다. 물론 내가 일할 수 없는 상태일 수도 있다. 그러면 다른 사람들이 어쩔 수 없이 나를 부양해야 할 것이다. 그러나 내가 일할 수 있는데도 하려고 하지 않는다면, 나는 불법적으로 빼앗고 있는 것이다. "일하기를 싫어하는 사람은 먹지도 말라"(살후 3:10)고 한 것은 그 때문이다. 이 가르침은 공식적으로 무신론을 표방한 옛 소련의 마르크스주의 헌법에도 도입되었다. 에베소서에서 말한 대로, 빼앗는 자는 합법적으로 얻는 자가 되어야 한다.

합법적으로 얻는 자들은 재화를 교환한다. 그들은 사용자에게 노동을 제공하고, 사용자는 그들에게 보수를 제공한다. 정직한 노동의 의미는 그런 뜻이다. 말하자면, 더도 덜도 아닌 뿌린 만큼만 거두는 것이다. 그대가 뿌린 것보다 덜 거두면 그대가 사용자에게 관대한 사람이거나, 아니면 사용자가 그대의 것을 몰래 빼앗은 것이다. 그대가 뿌린 것보다 더 많이 거두면 그대는 사용자의 것을 몰래 빼앗았거나, 아니면 사용자가 그대에게 관대하게 베푼 것이다.

빼앗는 자는 합법적으로 얻는 자가 되어야 하고, 합법적으로 얻는 자는 베푸는 자가 되어야 한다. 에베소서에서 말한 대로, 우리는 노동을 재화나 급료와 맞바꿈으로써, 남의 것을 빼앗지 않고 자신의 필요를 충족시키는 것은 물론이고 궁핍한 사람들까지 도울 수도 있다. 노동이 갖는 중요한 의미는 "궁핍한 사람들에게 나누어 줄 것이 있게 하는 것"이다. 합법적으로 얻는 자가 되는 것과 베푸는 자가 되는 것은 상호 배타적인 길이 아니다. 부富가 우리에게로 뛰어들지 않는 한, 우리는 합법적으로 얻는 자가 되어야만 베푸는 자가 될 수 있다. 우리가 베푸는 것이 돈이든, 유용한 물품이든, 끊임없는 관심이든 간에, 먼저 일해야만 베풀 수 있는 것이다.

우리는 소득의 일부, 가령 구약성서의 율법에 명시된 대로 십분의 일 내지 그 이상을 베풀 수 있다. 게다가 우리의 노동 자체가 선물이 될 수도 있다. 내가 무료 급식 시설에서 자원봉사하거나 공영 라디오 방송 기금 모집 운동에 응할 경우, 나는 "땀의 분담sweat equity"을 제공하는 셈이 되는 것이다('땀의 분담', '땀의 균형', '노동 제공형 가옥 소유제도 등으로 번역되는 'sweat equity'는 어떤 사업이나 프로젝트에 자신의 시간과 노력을 쏟는 것을 의미한다. 'sweat equity'의 대표적 성공 사례로는 해비타트HABITAT 운동이 꼽힌다—옮긴이). 끝으로, 보수를 받을 경우, 최고의 일꾼이라면 자기가 받을 보수 그 이상의 노동력을 제공할 것이다. 피아노를 가르치는 선생이 지혜롭고 재치가 있으며, 게다가 음악을 사랑하고 제자들을 사랑하는 전문가라고 가정해 보자. 그녀 역시 보수를 받고, 어쩌면 더 나은 보수를 받을지도 모른다. 그러나 그녀는 자기의 보수가 보상하는 것보다 더 많은 것을 베풀 것이다.

왜 베푸는가

왜 우리는 처음부터 베푸는 자가 되어야 하는가? 우리는 그것이 무엇이든 사회가 용인하는 수단을 동원하여 우리의 이익을 극대화하는 데 혈안이 되어 있지 않은가? 왜 우리는 남에게 짐을 지우지 않고 제 손으로 떳떳하게 일해서 스스로 벌어먹는 존재로 만족해서는 안되는가?

위의 물음에 에베소서가 답하는데, 그 답변을 살펴보기 전에 먼저 1장 끝 부분에서 다루었던 옛 자아와 새 자아의 문제를 되새겨 보자. 옛 자아가 자기중심적이라면 새 자아는 그리스도께서 머무르시는 공간이면서, 믿음으로는 하나님을 향해 열려 있고, 사랑으로는 이웃을 향해 열려 있는 공간이기도 하다. 나는 사도 바울이 로마서에서 한 대로 죽음과 부활이라는 은유를 사용하여 그 주제를 다루었다. 옛 자아가 죽고, 새 자아가 일으켜 세워졌다(롬 6:1-11). 에베소서는 전혀 다른 은유, 곧 입음과 벗음이라는 은유를 사용하여 옛 자아와 새 자아를 설명한다. "지난날의 생활방식에 얽매여서 허망한 욕정에 따라 살다가 썩어 없어질 옛 자아를 벗어 버리고, 하나님의 모상을 따라 참된 의와 거룩함으로 지어진 새 자아를 입으십시오"(엡 4:22-24). 옛 자아를, 기회가 닿으면 당장이라도 벗어 버리고 싶은 옷, 닳아서 너덜너덜해지고 더러워진 옷이라고 한다면, 새 자아는 입고 싶어서 좀이 쑤시는 옷, 맵시 있는 새 옷, 상점에서 갓 나온 옷이라고 하겠다.

새로운 삶으로의 이행과 맵시 있는 새 옷의 착용이라는 다소 다른 두 은유들을 연결시켜 말하면 이렇게 될 것이다. 즉, 우리는 옛 자아에 대하여 죽고, 그리스도께서 머무르시는 새 자아로 살고 있으니, 낡은 옷을 벗어 버리고 새 옷을 입어야 한다는 것이다. 여기서 전제로 깔아야 할 사항은 이것이다. 말하자면 옛 자아가 완전히 죽은 것도 아니고, 새 자아가 완전히 살아 있는 것도 아니라는 것이다. 옛 자아를 벗어 버리고 새 자아를 입는 일은 끊임없이 지속되는 죽음과 부활의 과정이다.

에베소서에 따르면, 그 지속되는 과정 한가운데에 하나님을 본받음imitation of God이 자리하고 있다고 한다. "그러므로 여러분은 사랑을 받는 자녀답게, 하나님을 본받는 사람이 되십시오. 그리스도께서 우리를 사랑하셔서, 우리를 위하여 하나님 앞에 향기로운 예물과 제물로 자기 몸을 내주신 것같이, 여러분도 사랑 안에서 살아가십시오"(엡 5:1-2). 우리는 부서지기 쉽고 죄 많은 인간이지만, 그리스도께서 머무르시는 존재인 까닭에 우리 나름의 방법으로 하나님을 본받는다.

그러면 어째서 베풂이 새 자아의 일부인가? 첫째 이유는, 우리가 예배하는 하나님과, 우리 안에 머무르시는 그리스도는 빼앗는 자나 얻는 자가 아니라 베푸는 분이시기 때문이다. 둘째 이유는, 하나님께서 우리에게 베푸셔서 남들과 나누게 하셨기 때문이다. 1장에서 설명한 대로, 우리는 하나님의 선물을 받는 수령자일 뿐만 아니라, 하나님의 선물을 흘려보내는 도관導管이기도 하기 때문이다. 루이스C. S. Lewis 의 「나니아 나라 이야기: 사자와 마녀와 옷장 The Chronicles of Narnia: The Lion, the Witch, and the Wardrobe」에서 아슬란Aslan이 아이들에게 준 선물을 떠올려보라. 예컨대, 루시가 받은 감로주는 그녀와 그녀의 친구들을 위한 것이었다. 아슬란이 이렇게 말한다. "너나 네 친구들이 상처를 입으면, 이 감로주 몇 방울이 낫게 해 줄 것이다."[3] 그녀는 도관導管이었고, 우리도 그래야 한다.

하나님의 선물을 흘려보내는 도관이 된다는 생각을 분석해 보라. 그러면 그대는 그 생각이 하나님의 세 가지 의도와 맞물려 있다는 것을 알게 될 것이다. 첫째는 베푸는 자인 우리와 관계가 있고, 둘째는 선물과 관계가 있으며, 셋째는 수령자인 이웃과 관계가 있다.

우리를 향하신 하나님의 첫 번째 의도를 살펴보자. 도관인 우리가 존재하는 것은, 재화를 얻어 누리는 것만이 아니라, 또한 그것을 전하기 위해서다. 우리의 목표는 이중적이다. 한편으로는 우리 자신을 번성케 하고, 다른 한편으로는 다른 사람들을 도와서 번성케 하는 것이다.

하나님께서는 아브라함을 부르신 다음 두 가지를 약속하셨다. 첫째는 "내가 너에게 복을 주겠다"는 것이고, 둘째는 "내가 너를 복의 근원이 되게 하겠다"는 것이다(창 12:1-3). 우리 역시 똑같은 이중의 복을 받았다. 우리가 좋은 것들을 받기만 하고 나누지 않는다면, 우리가 복을 받기만 하고 복의 근원이 되지 않는다면, 우리는 도관이 되어야 할 목표를 저버리는 셈이 될 것이다. 우리가 베푸는 자가 될 수밖에 없는 것은, 우리가 그렇게 살도록 지어졌기 때문이다. 우리가 베풀지 않는다면, 우리는 우리 자신을 저버리는 셈이 될 것이다.

하나님의 두 번째 의도는 선물 자체와 관계가 있다. 그 선물은 (음식물이나 집처럼) 물질적 재화일 수도 있고, (사상처럼) 정신적인 것일 수도 있고, (음악을 연주하는 능력 같은) 기량일 수도 있고, (근육의 힘 같은) 완력일 수도 있다. 우리가 그 선물들을 받도록 예정된 최종 수령자라면, 그것들로 재미를 보고 이익을 얻는 게 마땅할 것이다. 그것들은 하나님께서 우리에게 베푸시는 복의 소재가 될 것이다. 그것들은 우리를 기쁘게 하기 위해 주어지고, 어느 면에서는 우리 마음대로 처분하도록 주어진 것이라고 할 것이다.

그러나 우리가 도관이라면, 그것들은 우리 마음대로 처분할 수 있는 것들이 아니다. 그것들은 하나님의 이름과 함께 와서 우리 자신의 것이 되기보다는 다른 사람들에게로 향한다. 우리 수중에 있다고 해도, 그것들은 어딘가 다른 곳으로 떠나게 마련이다. 그것들을 직접 누리면서 동시에 다른 사람들에게 베풀 수도 있다. 다른 사람들 앞에서 음악을 연주하거나, 매혹적인 주제를 놓고 친구들과 토론할 때가 그러하다. 그 경우 우리는 베푸는 재미를 보게 된다. 그러나 자기만 즐길 것인지 아니면 베풀 것인지를 결정해야 할 때도 있다. 메뚜기 떼가 모리타니 공화국의 곡창지대를 황폐화시킬 때, 나는 새 자전거를 구입할 수도 있고, 아니면 모리타니 공화국의 끔찍한 곤경을 덜어 주기 위해 의연금을 낼 수도 있다.

마지막으로, 도관이 되는 것은 우리의 이웃을 향한 하나님의 의도와 관계가 있다. 어떤 것들이 내게 주어졌다고 해서, 그것이 꼭 내 것인 것은 아니다. 비록 내 수중에 있기는 하지만, 그 가운데 일부는 궁핍한 이웃의 것이기도 하다. 나는 그것들을 나누어 줄 의무가 있는 것이다. 만일 내가 하나님께서 베푸시는 선물들의 흐름을 막는다면, 나는 선물을 베푸시는 하나님께 실패한 것임은 물론이고, 그것들을 받기로 되어 있는 사람들에게도 실패한 것이다. 그들은 하나님의 선물을 받을 권리가 있고, 나는 주어야 할 의무가 있다. 그들에게 권리가 있고, 내게 의무가 있는 것은, 내게 선물들을 주셔서 그들에게 전하게 하시는 하나님 때문이다.

합법적으로 획득한 것을 자기만 누리지 않고 베풀어야 하는 이유가 무엇인가? 첫째, 베푸시는 분이시며 우리네 모든 소유의 원천이신 하나님을 본받아야 하기 때문이다. 둘째, 우리는 단순히 수령자인 것만이 아니라, 하나님께서 우리에게 베풀어 주신 온갖 선물과 우리가 힘들여 번 돈을 흘려보내는 통로이기도 하기 때문이다.

시원스레 베푸시는 하나님을 본받기

하나님께서 베푸시는 것처럼 베풀라는 것은 지나친 요구다. 과연 우리가 그렇게 할 수 있겠는가? 그것은 궁핍한 모든 사람에게 항상 베푸는 것만큼이나 불가능한 것 같다.

십자군전쟁이 한창이던 12세기 말의 예루살렘을 무대로 이야기를 전개하는 고트홀트 레싱 Gotthold E. Lessing의 「현자 나탄 Nathan the Wise」에는 나탄 Nathan과 알 하피 Al-Hafi의 대화가 나온다. 나탄은 부유하고 관대한 유대인이었고, 알 하피는 예루살렘을 통치하는 무슬림 지도자 술탄 살라딘 Sultan Saladin의 출납관이자 무슬림 수도사였다. 살라딘은 백성이 구걸할 수밖에 없는 현실이 몹시 싫어서, "자신이 거지이기라도 하다는 듯이, 그들을 거지 신세에서 벗어나게 하기로 마음먹는다."[4] 그의 베풂이 어찌나 컸던지 그의 금고가 텅 비고 말았다. 살라딘은 알 하피를 나탄에게 보내어, 돈을 꾸어오게 하였다. 대화 도중에 알 하피가 나탄에게, 살라딘이 미친 사람처럼 베풀고 있다고 불평을 늘어놓으며 수사학적인 물음을 던진다. "하나님께서는 평지와 사막, 화창한 날과 궂은 날을 가리지 않고 선한 사람과 악한 사람에게 아무 편견 없이 후하게 베풀어 주십니다. 하나님만큼 손이 큰 것도 아니면서 하나님을 흉내 내려고 하는 것은 어리석은 짓이 아닐까요? 그것은 건방진 짓이 아닐까요?"[5] 부유한 술탄이 하나님처럼 베풀려고 하는 것은 어리석은 짓이자 건방진 짓이다. 그가 아무리 군주라고 해도 "하나님만큼 손이 큰 것"은 아니다. 알 하피는 신처럼 관대하게 행동하겠다는 살라딘의 어리석은 교만을 충족시켜 주기 위해 돈을 꾸어다 줄 수밖에 없었다.

우리는 하나님이 아니다. 따라서 우리는 베풀 때 하나님과는 다른 방식으로 베풀어야 한다. 그 첫째 이유는, 하나님이 가장 먼저 베푸는 분이시기 때문이다. 수세기 동안 그리스도교 철학자들은 하나님을 "부동의 동자 unmoved mover" 내지 "제일 원인 uncaused cause"으로 설명해 왔다. 이와 유사한 방식으로 말하면, 하나님은 "아무것도 받지 않고 베푸시는 분non-receiving giver"이라고 할 수 있을 것이다. 하나님은 무엇에도 영향을 받지 않고 영향을 미치는 분이시면서, 그 무엇도 받지 않고 베푸는 분이시다. 앞서 말한 철학자들의 표현을 빌려 말하면, 인간은 "누군가에 의해 움직여지는 동자moved movers" 내지 "누군가에게 영향을 받는 원인caused causes"일 것이다. 우리는 먼저 받았기 때문에 베푸는 것이다. 하나님은 애초부터 자신의 것을 베푸시는 것이고, 우리는 하나님께서 우리에게 끊임없이 베풀어 주시기에 베푸는 것이다.

(우리가 하나님과는 다른 방식으로 베풀어야 하는) 두 번째 이유는, 하나님이 무한히 베푸는 분이시기 때문이다. 하나님은 한없이 존재하시고, 한없이 베푸신다. 하나님의 자원은 고갈되는 법이 없고, 하나님의 생명력은 쇠하는 법이 없다. 인간은 유한해서 기껏해야 일정한 한도 안에서 베풀 수 있을 뿐이다. 가장 부유한 사람의 손도 살라딘의 손처럼 빈손이 되어 축 늘어질 수밖에 없다. 하나님은 끊임없이 베푸시지만, 우리의 베풂에는 끊임이 없으면 안된다. 우리는 쉬면서 재충전하고 새로 보충하지 않으면 안된다.

(우리가 하나님과는 다른 방식으로 베풀어야 하는) 세 번째 이유는, 하나님께서 오로지 사랑으로만 베푸는 분이시기 때문이다. 하나님은 그냥 사랑하시는 것이 아니다. 하나님께서 사랑하시는 이유는, 그분께서 사랑이시기 때문이다. 하나님은 자신의 이익을 도모하지 않고 다른 이들에게 좋은 것들을 베푸신다. 실로, 하나님은 신적인 영광을 시샘하시고 지키시지만, 그분의 신적인 사랑이야말로 그분의 영광이다. 하나님의 영광은 피조물의 행복을 위한 것이지 하나님의 유익을 위한 것이 아니다. 반면에 인간은 이기적으로 사랑하는 자들이다. 인간은 어느 정도

까지만 사랑한다. 왜냐하면 그의 행복이 깨어지기 쉽기 때문이다. 우리의 사랑이 가장 순수할 때조차, 우리는 선물을 주면서 어느 정도 우리 자신의 유익을 구하지 않을 수 없다.

우리의 모든 베풂은 이차적이고 유한하고 이기적이다. 그것이 우리 베푸는 자들의 본모습이다. 근원적이고 무한하신 하나님은 오로지 사랑으로 베푸시지만, 우리는 하나님처럼 베풀 수는 없는 것 같다. 하지만 신약성서 전체의 반영이라고 할 수 있는 에베소서는 다음과 같이 명령한다. "하나님을 본받는 사람이 되십시오. 그리스도께서 우리를 사랑하신 것처럼, 사랑 안에서 살아가십시오"(엡 5:1-2). 이 명령은 무엇을 의미하는가? 그것은 우리의 무능에 주의를 환기시키고, 루터가 생각한 것처럼, 절망적인 우리를 은혜로우신 하나님의 품으로 내던지는가? 그렇기는 하지만 꼭 그런 의미인 것만은 아니다. 그것은 우리가 자기만 아는 삶에서 베푸는 삶으로 건너가서 실제로 살아갈 수 있는 비결을 대략적으로 제시한 것이기도 하다.

그것은 우리에게 하나님과 똑같이 될 것을 요구하는 것이 아니라, 하나님과 닮기를 요구한다. 우리는 신이 아니므로, 하나님이 하시는 것과 똑같이 베풀 수 없다. 그러나 우리는 하나님이 베푸시는 것과 비슷하게 베풀 수 있고, 의당 그래야 한다. 우리는 하나님의 형상대로 창조되었다(창 1:27). 우리의 새 자아, 곧 구원받은 자아는 "하나님이 모상을 따라 지음 받았다"(엡 4:24). 우리는 늘 사심 없이 행동할 수는 없지만, 우리의 유한한 자원과 한정된 힘이 허락하는 한도 내에서, 우리가 받은 좋은 것들을 가지고 하나님을 본받을 수 있다. 그것이 바로 에베소서가 신약성서의 나머지 책들과 함께 우리에게 권고하는 사항이다.

물론, 하나님을 본받을 때에 위험이 전혀 없는 것은 아니다. 한없이 베풀려고 하다가는 우리 자신은 물론이고 가까운 사람들까지 몰락시킬 수 있다. 받을 필요가 있는데도 그것을 인정하지 않고 오히려 베풀려고만 한다면, 우리는 건방진 사람이 되어, 우리의 도움을 받는 사람들에게 모욕감을 안겨 줄 수도 있다. 자기본위의 사람들은 어리석은 자만심 때문에 하나님을 본받는 사람이 되기보다는 오히려 전적으로 사랑하시는 하나님을 기괴하게 흉내 내는 사람이 되기 쉽다.

하나님께서 베푸시는 것처럼 베풀되, 사람이 할 수 있는 한도 내에서 베푸는 것이야말로 훌륭한 기술이다. 그러나 그것은 하나님께서 인간에게 주신 여러 선물 가운데 하나다. 그러하기에 우리는 그것을 익힐 수 있다. 우리는 슬기롭고 겸손하게 베푸는 법을 익힐 수 있다. 에베소서에서 그러한 베풂은 "그리스도를 배우는" 일의 일부이기도 하다(엡 4:20). 루터가 대담하게 "우리는 서로에게 그리스도다"라고 말했던 것을 기억할 것이다. 그리스도는 우리를 통하여 생활하고 계신다. 우리 안에 머무르시기 때문이다. 에베소서 4장은, 그리스도께서 우리 안에 머무르신다는 사상을 명령형으로 바꾸어 말한다. "그리스도를 입어라." 또한 그리스도께서 우리를 통하여 생활하고 계신다는 사상, 곧 "우리는 또 하나의 그리스도들이다"라는 사상을 이렇게 바꾸어 말한다. "그리스도를 배워라." 하나님께서 그리스도 안에서 베푸시듯이, 우리도 성령의 능력으로 말미암아 그렇게 베푸는 법을 배울 수 있다.

우리는 무엇을 배워야 하는가? 하나님은 어떻게 베푸시는가? 하나님을 본받는 자인 우리는 어떻게 베풀어야 하는가?

하나님의 자유

하나님은 흔쾌히 베푸신다. 창조를 예로 들어보자. 하나님은 무언가의 강요를 받아서 창조하신 것이 아니다. 하나님께서 창조하시기 전에는 아무것도 없었다. 하나님보다 크거나, 그분보다 작거나, 그분과 동등한 것이 전혀 존재하지 않았다. 그리스도교 신학자들이 하나님께서 세상을 무로부터 ex nihilo 창조하셨다고 말한 것은 그 때문이다. 하나님이 창조하실 때 사용하신 "무無"라는 어떤 알 수 없는 것이 태초에 있었던 것이 아니다. 무無를 어떤 것으로 상정하는 것은 어리석은 짓일 것이다. 실로 하나님이 아닌 것은 무엇이나 하나님께 존재를 빚지고 있다. 하나님은 창조주이시면서 동시에 베푸는 분이시기도 하다. 하나님 이외의 어떤 것도 하나님을 시켜 창조하게 할 수 없다.

창조해야겠다는 충동은 안에서, 곧 하나님 자신의 본성에서 온 것일까? 신플라톤학파의 위대한 철학자 플로티누스Plotinus는 그렇게 생각했다. 에티엔느 질송 Étienne Gilson이 지적한 대로, 플로티누스가 최고의 원리로 꼽은 일자一者는 "존재하지 않으면 안되는 자"이며, "움직이지 않으면 안된다는 듯이 움직이는 자다. 왜냐하면 그는 반드시 존재하는 자이기 때문이다."6 플로티누스가 말하는 창조주 하나님은 달리 어찌할 수 없어서 베푸는 하나님일 것이다. 플로티누스가 보기에, 하나님은 "나I"보다는 "그것It"에 가깝고, 사람보다는 사물에 가까운 분이었다. 그러나 그리스도인들이 보기에, 하나님은 정반대이시다. 하나님은 "그것"보다는 "나"에 가깝고, 사물보다는 사람에 가까운 분이시다. 하나님은 의지를 가지고 결정하는 분이시다. 하나님은 의지를 가지고 결정하시되, 무엇에도 구애받지 않고 스스로 결정하신다.

그러나 스스로의 결정이 신적 자유의 전부인 것은 아니다. 스스로의 결정이 신적 자유의 전부가 될 경우, 하나님의 자유는 독단적인 것이 되고 말기 때문이다. 그 경우 하나님은 불가사의한 신적 의사意思에 의해서만 이러저러한 것을 결정하는 분이 될 것이다. 하나님께서 그렇게 임의로 창조하셨다면, 피조물은 그분께서 동전을 튕겨 올려, 창조할 것인지 말 것인지를 결정하고 창조한 것이 되고 말 것이다. 그러면 무언가가 존재하는 것은 아무 이유 없이 존재하는 것이 되고 말 것이다. 이는 내가 파란색 펜을 사용하지 않고 검정색 펜을 사용하여 글을 쓰겠다고 결정할 때 아무 이유 없이 결정하는 것과 같고, 내가 스웨터를 입지 않고 재킷을 입겠다고 결정할 때 아무 이유 없이 결정하는 것과 같다.

그러나 하나님의 베푸심은 변덕스럽지 않다. 창조주 하나님은 충만한 신적 사랑이 바닥날 때까지 베푸신다. 구세주 하나님은 동일한 사랑으로 영원한 생명과 죄로부터의 해방이라는 선물을 타락한 세상에 내리신다. 사랑 안에서 스스로 움직이는 것이야말로 신적인 자유다. 스스로 움직이는 자는 억지로 움직이는 자가 아니다. 사랑의 인도를 받는 자는 변덕스럽지 않다.

자원해서 베푸는 선물

하나님은 흔쾌히 베푸신다. 우리도 그래야 한다. 그것이 바로 사도 바울이 베풂에 대해 가졌던 생각이다. 말하자면 베풂은 자발적으로 이루어져야 한다는 것이다. 그는 마케도니아 여러 교회의 신자들이 예루살렘의 가난한 신자들에게 "자원해서" 베푼 것을 칭찬한다(고후 8:3). 또한 그는 자기가 모으러 갈 테니, "억지로가 아니라 마음에서 우러난 선물"을 마련해 달라고 고린도 교회 신자들에게 권면한다(고후 9:5).

흔쾌히 베푸는 것이 그토록 중요한 것은 어째서인가? 선물의 의의는 물건을 베푸는 데 있는 것이 아니라 기꺼이 베풀겠다는 마음에 있기 때문이다. 그 점에서, 사도 바울은「선물론」을 쓴 위대한 스토아 철학자 세네카와 견해가 같은 것 같다. 세네카는 이렇게 말한다. "선물을 예로 들어 보자. 선물의 주된 기쁨은 그것을 베푸는 자의 의지에서 온다. 주저하는 모습을 보이며 마지못해서 베푼 사람은 '베푼' 것이 아니라, 어쩔 수 없어서 준 것이다."[7] 세네카와 마찬가지로 사도 바울도 베푸는 자의 "베풀려고 하는 간절한 마음"을 선물의 양보다 더 중요한 것으로 꼽는다. 하나님은 "기쁜 마음으로 베푸는 사람"을 사랑하신다(고후 8:12, 9:7).

하지만 앞서 살펴본 대로, 우리는 베풀지 않으면 안된다. 하나님의 선물 자체가 우리에게 의무를 지우고, 하나님의 명령이 그 의무를 뒷받침한다. 우리에게는 흔쾌히 베풀 의무가 있다. 문제는 그것이다. 우리에게 베풀 의무가 있다면, 어떻게 해야 흔쾌히 베풀 수 있는가? 흔쾌히 베풀면, 베풂의 의무를 다 이행한 것인가? 흔쾌히 베푸는 것은 우리가 지킬 수 있는 의무인가?

사도 바울은 그렇다고 생각한다. 실로 그는 고린도 교회 신자들에게 베풀라고 명령하지 않고, 그서 베풂을 강조할 뿐이다(고후 8:8). 그러나 그는 그들에게 몇 가지 유효한 수사적 수단을 활용해 엄청난 압박을 가한다. 그는 부끄러워할 줄 아는 그들의 마음을 이용한다. 즉, 그들이 베풀지 않으면 부끄러움을 당하게 되리라는 것이다(고후 9:4). 그는 고린도 교회 신자들을 다른 기증자들과 경쟁시키기도 한다. 이를테면 마케도니아 교회 신자들이 베풀었으니, 고린도 교회 신자들도 약속을 지키고 베풀어야 한다는 것이다(그것은 그가 고린도후서 9:2에서 마케도니아 교회 신자들에게 말한 내용이기도 하다). 그는 자신에게 진 빚을 갚으라고 고린도 교회 신자들에게 호소하기도 한다. 그들이 베풀지 않으면, 그가 부끄러움을 당하게 되리라는 것이다(고후 9:4). 또한 그는 "마지못해서 하거나 억지로 하지 말고" 자원하는 마음으로 베풀라고 팔꿈치로 슬쩍 찌르기까지 한다(고후 9:7).

사도 바울이 그들에게 압력을 가한 것은 그들을 자유롭게 하기 위해서였는가? 그것은 다소 낯선 자유임에 틀림없다! 우리는 자유를 어떤 압력도 받지 않고 행동하는 것으로 생각하지만, 우리의 그런 생각이 틀린 것인지도 모른다. 우리는 자유롭게 행동하기 위해서는 자율적이고 자발적인 사람이 되어야 한다고 생각하는 경향이 있다. 그러한 자유와 자율적 자발성의 동일시 배후에는 사람을 자발적으로 자유로이 움직이는 존재로 여기는 생각이 자리하고 있다. 말하자면 "그대에게서 시간과 공간의 모든 영향을 벗기고, 문화와 교양을 제거해 보라. 그러면 그대는 그대의 진정한 중심에 닿게 될 것이다. 그 중심이야말로 그대의 본바탕이고, 생각이 이루어지는 곳이다. 그 곳은 독특하고 형태가 없고 무엇에도 구애받지 않는 자유로운 곳이다"라는 것이다.

그러나 그것은 인간의 자아를 정확하게 묘사한 것이라기보다는 신적 자아를 흉내 낸 것에 가깝다. 루터는 짐승의 이미지를 활용하여 "인간은 늘 자신의 등에 누군가를, 곧 하나님이나 악마를 태우고 있다"고 주장한다.[8] 그의 주장은 투박하기는 해도 근본적으로 옳은 주장이다. 하나님이나 악마가 우리에게 강제한다는 말이 아니다. 하나님이나 악마가 우리에게 강제한다면, 우리의 의지는, 루터가 지적한 대로, "무의지unwill"가 되고 말 것이다. 하나님과 달리, 우리는 늘 우리의 의지를 길들인다. 우리의 의지는 수많은 요소, 곧 언어, 부모의 양육, 문화, 대중매체, 광고, 동료 집단의 사회적 압력에 길들여진다. 우리는 그 모든 것을 통하여 하나님이나 악마에게 길들여진다. 우리는 우리 자신이 길들여지고 있다는 것을 눈치 채지 못한다. 눈으로 볼 수 있거나 손으로 만질 수 있게 압력을 받지 않으면, 우리는 우리가 자율적으로, 자발적으로, 참되게 행동하고 있다고 생각하기 쉽다. 그러나 우리는 틀렸다.

한 청량음료를 다른 청량음료보다 더 선호하는 것을 예로 들어 보자. 목이 마르면 나는 상점으로 걸어 들어가서 펩시콜라를 사 가지고 나온다. 그러면서 내가 자율적으로 행동했다고 철석같이 믿는다. 그러나 내가 코카콜라나 생수를 고르지 않고 펩시콜라를 고른 것은 어째서인가? 내가 펩시콜라의 맛을 더 좋아할 수도 있다. 하지만 내가 펩시콜라를 고른 것은, 코카콜라의 광고보다 펩시콜라의 광고가 더 내 마음에 들었기 때문일 것이다. 나는 자원해서 펩시콜라를 마시는 사람이 되고 싶은 마음이 없다. 단지 펩시콜라를 마시는 사람이 되도록 길들여진 것일 뿐이다. 그럼에도 불구하고 내 손에는 내가 자유롭게 골랐다고 하는 펩시콜라 캔이 들려 있다.

앞에서 옛 자아와 새 자아에 대해 이야기한 것을 떠올려 보자. 옛 자아가 죽고, 새 자아가 태어났다. 새 자아는 그리스도께서 머무르시는 곳이자, 그리스도께서 활동하시는 통로이며, 그리스도를 입고, 그리스도를 "배우는" 자아다. 우리는 새 자아들이다. (그리스도인이 아닌 자들은 다른 수많은 이유로 베풀 수 있지만) 우리는 새 자아이기 때문에 베푼다. 우리는 하나님의 명령을 받거나, 하나님께서 보내신 심부름꾼들의 명령을 받았기 때문에만 베푸는 것이 아니다. 만일 우리가 그랬다면, 그것은 억지로 베푼 것이거나 마지못해서 베푼 것이 되고 말 것이다.

오히려 우리가 베푸는 까닭은, 우리가 베푸는 자들이기 때문이고, 우리 안에 살아 계신 그리스도께서 베푸시는 분이기 때문이다. 외관상 보잘 것없는 행위처럼 보여도 꾸준히 베풀다 보면, 우리의 존재가 변하게 마련이다. 불법적으로 빼앗거나 합법적으로 얻는 사람에서 은혜롭게 베푸는 사람으로 바뀌는 것이다. 3장에서 설명하겠지만, 우리가 그렇게 변화된 사람들이라고 해도 여전히 성장하여 베풂의 기쁨을 맛볼 필요가 있다. 베풀라는 명령은 우리로 하여금 우리 자신을 거스르게 하는 것처럼 여겨지지만 사실은 그렇지 않다.

베풀라는 명령이 우리를 거스르는 것처럼 여겨지고, 그래서 마지못해서 베푸는 것처럼 보이지만, 그런 인상은 근거가 없는 것이다. 우리가 "옛 생활방식"을 청산하지 못하면, 새 자아가 의무가 되어, 옛 자아의 뿌리 깊은 습관과 충돌할 수밖에 없다. 거북한 느낌이 들 때도 있지만, 베풀라는 압력은 우리에게 손해를 입히지 않고 오히려 우리를 이롭게 한다. 그것은 우리의 참된 본바탕에 어울리게 행동하도록 우리를 다그친다. 우리가 흔쾌히 베풀 수밖에 없는 것은 그 때문이다. 말하자면 옛 자아가 우리를 방해하지 않을 때, 의무가 우리의 옆구리를 슬쩍 찔러, 새 자아의 일을 하게 하는 것이다.

당신의 삶을 음악작품, 이른바 바흐의 첼로 조곡이라고 상상해 보라. 당신은 거장의 연주를 듣고, 그 곡이 좋아서, 그것을 연주하고 싶어 한다. 그러나 연주해 보려고 시도하지만 실패하고 만다. 교습 선생의 실력이 좋지 않아서도 아니고, 그대의 연습이 부족해서도 아니다. 그대가 연주에 실패한 것은, 그대의 왼손에 결함이 있기 때문이다. 악보를 만들어 보지만, 예상했던 바와 다른 소리가 난다. 그래서 당신은 메스를 든 마법사를 찾아가서 외과수술을 받는다. 그대의 손이 낫는다. 그대는 새로 힘을 내어 교습을 받는다. 그러던 어느 날, 그대는 그 곡을 거의 완벽하게 연주해 낸다. 그대는 기쁨에 차서 이렇게 외친다. "그래 맞아! 나는 이 곡이 좋아! 이 소리가 바로 내 인생의 악곡이 내야 할 소리야!" 악보를 따를 수밖에 없어서 거북했는가? 그랬을 것이다. 그러나 그 압박을 매순간 즐기고, 그것을 압박으로 느끼지 않는 게 좋다. 그 압박이 아름다움과 기쁨을 강화해 주기 때문이다.

흔쾌히 베푸는 사람이 되는 것도 그와 같다. 하나님은 우리에게 베풂을 강요하신다. 그러나 우리가 흠 없는 진정성과 자유를 얻을 수 있는 것은, 우리가 의무에 맞게 행동할 때뿐이다. 그렇게 가장 이상적인 경우가 될 때에만 우리는 하나님의 명령을 잊고, 당연히 기대되는 방식으로 베풀 수 있을 것이다. 우리는 발동기를 단 돛배처럼 "달리게" 될 것이다. 선원들은 이렇게 말한다. "발동기를 단 배의 뒤쪽에서 바람이 불면, 일체의 저항이 사라진다. 배는 바람이 데려가려고 하는 곳에 늘 있게 된다." 우리가 흔쾌히 베풀 때에도 똑같은 일이 일어난다. 새 자아로 살 때, 우리는 하나님의 명령이 우리를 데려가려고 하는 곳에 늘 있게 될 것이다.

다른 사람의 이익

우리는 누군가를 매수하려고 베풀 수도 있고, 누군가를 모욕하거나 속이려고 베풀 수도 있고, 우리 자신을 과시하려고 베풀 수도 있고, 다른 사람들의 기를 꺾으려고 베풀 수도 있고, 착취를 감추려고 베풀 수도 있고, 이와 유사하게 천박한 여타의 수많은 이유로 베풀 수도 있다. 그런 경우는 도리대로 베푸는 것이 아니다. 그런 식의 베풂은 정반대, 곧 모욕이 되고 만다. 그런 식의 베풂은 기쁘게 하려는 척하면서 속이고, 돕는 척하면서 상처를 주고, 관대한 척하면서 뻔뻔스럽게 빼앗는다.

하나님은 베푸실 때, 다른 존재의 행복을 추구하신다. 그것은 1장에서 살펴본 대로, 하나님께서 시행하시는 베풂의 본질이다. 하나님은 어떤 것도 필요로 하지 않으신다. 하나님께서는 부족한 것이 없다. 베풂이 얻음의 길이었다면, 하나님은 결코 베풀지 않으셨을 것이다. 하나님은 만물을 소유하고 계신 분이시니 무언가를 얻을 필요가 없으셨을 것이다. 따라서 무언가를 얻겠다고 무언가를 베풀지는 않으셨을 것이다. 하나님께서 베푸시는 것은 무언가를 얻으시려는 것이 아니다. 하나님의 사랑은 이기적이지 않다. 이것이야말로 하나님이 어떤 분이신지를 드러내는 핵심이다. 하나님은 다른 존재들의 이익을 위해서 베푸신다.

우리도 그래야 한다. 다른 사람들의 이익을 위해 베푸는 것이야말로 베풂의 진정한 의미다. 우리는 사거나 팔 때 돈이나 재화를 주고 이러저러한 것을 받는다. 우리는 대개 우리를 위하여 거래한다. 우리 자신의 이익이 거래 과정 전체를 움직인다. 우리가 빌려 줄 때에도 똑같은 일이 일어난다. 대개 우리는 이익을 얻으려고 빌려 준다. 일반적으로 대금업자는 자기가 빌려 준 것보다 더 많은 것을 얻는다. 그들은 이윤을 내기 위해 빌려 준다. 세네카는 이렇게 말한다. "은혜를 베푸는 사람은 신을 닮았고, 보답을 구하는 자는 대금업자를 닮았다."[9] 베푸는 사람들은 자신의 이익을 포기하고 그것을 다른 사람들에게 주는 자들이다.

제대로 베푸는 때는 언제인가? 다음과 같이 주요한 세 가지 상황 가운데 하나가 될 때다. 우리는 누군가를 좋아할 때 베푼다. 사랑하는 사람들은 선물 공세로 자신들의 사랑을 표현하고 살찌운다. 그들이 주는 선물은 미소, 장미 한 송이, 애무, 반지 등등이다. 아주 작은 것도 선물이 될 수 있다. 또한 우리는 다른 사람들이 궁핍할 때 베푼다. 우리는 궁지에 빠진 나그네에게 도움의 손길을 펴고, 아픈 사람들이나 실직한 사람들을 도와서 필요한 것을 얻게 할 수 있다. 마지막으로, 우리는 다른 사람들이 베푸는 것을 돕기 위해 베푼다. 우리는 우리가 인정하는 대의를 위해 일하는 사람들에게 기부할 수 있다. 교육 단체에 기부하여 훌륭한 도서관을 짓고 유지할 수도 있고, 교회에 기부하여 성직자들의 급료를 댈 수도 있고, 구호 단체에 기부하여 세계적 질병인 에이즈를 감소시킬 수도 있고, 예술 단체에 기부하여 젊은 예술가들이 전시회를 열도록 할 수도 있다. 이같이 세 가지 유형의 상황에서 베풀 때, 그것은 다른 사람의 이익을 구하는 것이 된다. 그럴 때 우리는 하나님을 본받는 자가 된다.

영원한 선물

베풂의 첫 번째 이유, 곧 다른 사람을 좋아하는 것을 고찰해 보자. 나는 지금까지 앞 장과 이 장에서 세계와 관련하여 베푸시는 하나님에 대하여 기술해 왔다. 예컨대, 하나님은 창조주로서 베푸시고, 구세주로서 베푸신다. 나는 하나님을 세계와 연과지어 고찰하면서 "하나님은 근본적으로 베푸시는 분이다"라고 주장하기까지 했다. 그 주장은 하나님과 세계의 관계 배후를 가리킨다.

앞서 주장했듯이, 하나님께서 세계에 꼭 베푸셔야 하는 것은 아니다. 하나님께는 창조할 자유도 있고, 창조하지 않으실 자유도 있다. 그러나 일단 세계를 창조하신 다음에는 끊임없이 베푸시면서 수령자의 선을 구하신다. 하나님은 어찌하여 그러시는가? 하나님은 내가 자전거를 탈 때 하는 것처럼 베푸시는 분이 아니다. 나는 운동이 필요할 때 자전거를 탄다. 나는 활기가 넘치고, 게다가 날씨까지 좋을 때 자전거를 탄다. 하나님은 끊임없이 계속해서 베푸신다. 하나님은 사랑이신 것과 마찬가지로 베푸시는 분이기 때문이다. 루터는 하나님을 생생히 "뜻매김" 한다. "하나님은 뜨거운 사랑이시며, 사랑으로 온통 달아오른 오븐이다."[10] 이것은 하나님이 하시는 활동 가운데 일부의 특징인 것만이 아니라 하나님의 존재 특징이기도 하다. 하나님은 내가 자전거를 탈 때 하듯이 베푸시는 분이 아니라 오리가 꽥꽥 하는 것처럼 베푸시는 분이다.

그러나 혹자는 이렇게 물을 것이다. "그 본질적이고 영원한 수여자는, 선물 세례를 베풀 세계가 존재하기 전에는 무엇을 하고 있었나요?" 베풂의 구조는 대단히 단순하고 견고하다. 말하자면 갑이라는 사람이 을이라는 사람에게 어떤 것을 주는 것이다. 갑이라는 사람과 을이라는 사람 그리고 어떤 것, 이 세 가지 가운데 어느 하나라도 없애 보라. 그러면 그대는 선물을 얻을 수 없을 것이다. 그 결과 그대는 그대 자신에게도 선물을 줄 수 없게 될 것이다. 실로 우리는 이따금 "나는 나 자신에게 큰 기쁨을 베풀 생각이야!"라고 말하고 자기를 만족시키려 한다. 그러나 그러한 "베풂"은 말장난에 불과하다. 자기가 베풀고 자기가 받는다면, 그것은 준 것도 아니고 받은 것도 아니기 때문이다. 세계를 창조하시기 전에, 하나님은 홀로 계셨다. 하나님이 근본적으로 베푸시는 분이라면, 하나님은 주위에 누가 있든 없든 간에, 주위에 무엇이 있든 없든 간에 베푸셔야 한다. 하지만 어떻게 베풀어야 하는가?

우리 그리스도인들은 한분이시면서 셈을 초월해 계신 하나님이 삼위일체이심을 믿는다. 요한복음 서두의 공식을 활용해서 말하면, 하나님은 말씀하시는 분이시고, 말씀이시며, 생명의 숨이시다(요 1:1-3). 삼위일체 하나님에 대해 말하는 방법에는 보다 전통적이고 보다 적절한 방법이 있다. 마태복음 끝부분의 공식을 활용해서 말하면, 하나님은 아버지이시고, 아들이시며, 성령이시다(마 28:19). 흔히들 하나님 안에 있는 세 가지 것을 일컬어 "삼위"라고 부른다. 그리고 성 삼위 사이에서만 선물을 가장 근본적으로 베풀 수 있다. 하나님이 창조와 상관없이 베푸시는 것은, 그분이 성 삼위일체시기 때문이다.

몇몇 고대인들은 고대 그리스-로마 사람들이 말하는 세 가지 은혜를 이런 식으로 생각했다. "한 사람은 은혜를 베풀고, 다른 한 사람은 받고, 나머지 한 사람은 보답한다."[11] 몇몇 신학자들도 하나님의 세 위격을 그런 식으로 생각한다. 말하자면, 성부 하나님은 베풀고, 성자 하나님은 받고, 성령 하나님은 보답한다는 것이다. 그러나 세 위격 모두 베풀고, 세 위격 모두 받고, 세 위격 모두 보답하는 것 같다. 저마다 나머지 두 위격을 사랑하고 찬미한다. 저마다 나머지 두 위격의 사랑과 찬미를 받는다. 한 위격이 먼저 베풀어서, 나머지 두 위격이 빚을 지게 하는 일이 없다. 세 위격 모두 영원히 지속되는 주고받음의 관계 속에서 베푼다. 그리고 모두 그런 식으로 베풀기 때문에, 세 위격은 자신을 서로 구분하는 것만 빼고는 모든 것을 공유한다. 그렇게 사랑어린 선물을 주고받는 기쁨이야말로 세 위격의 영원한 기쁨이다.

나는 1장에서 "하나님의 선물은 밖을 향해 움직이고, 한 방향으로만 움직인다"고 말했다. 그 흐름이야말로 세상을 향하신 하나님의 사랑이다. 그것은 은혜를 베풀기만 할 뿐 돌려받는 일이 없다. 선물이 흘러나가기만 하는 것이다. 그러나 이제 우리는 신적 영생의 참 요소인

완전한 원圓의 이미지를 얻게 되었다. 그 원 안에서 하나님은 은혜를 베푸시고 받기도 하신다. 선물이 돌고 도는 것이다.

하나님의 선물은 아무 목표 없이 흘러 다니지 않는다. 하나님의 선물은 베푸는 사람들을 만들어 내고, 죄에 빠진 자들을 건져 내고, 그들을 영화롭게 하여 하나님과 온전히 사귀게 하고, 그들끼리 서로 교제하게 하는 것을 목표로 삼는다. 하나님의 선물은 하나님의 두 팔에서 세상으로 흘러나와, 영원한 신적 생명과 최상의 신적 기쁨을 창출하는 선물 교환에 우리를 참여시킨다. 영원한 신적 생명과 최상의 신적 기쁨이야말로 우리가 장차 다가올 세상에서 가장 누리고 싶어 하는 것이다. 말하자면, 신적인 선물을 받음으로써 "하나님을 맛보아 알고", 서로 선물을 주고받는 가운데 하나님 안에서 서로 즐거워하는 것이다.[12] 하나님의 선물이 밖을 향해 흐르는 것은, 우리가 영원한 원천이신 하나님으로부터 생수를 얻어, 하나님의 사랑어린 선물을 서로 주고받게 하려는 것이다. 하나님의 선물은 영원무궁토록 사람을 향해 흐를 것이다. 그것은 하나님께서 보답을 받으시려는 것이 아니라, 우리가 수여자이신 하나님을 맛보아 알고, 그분을 통하여 서로 기뻐하게 하려는 것이다.

연인의 선물

이따금 지금 여기에서, 그리고 죄로 망가진 삶을 살고 있는 사람들 사이에서, 놀랍게도 선물의 완전한 원운동이 일어나기도 한다.

연인들은 애정이 깃든 성행위 속에서 그러한 기적을 경험할 수 있다. 방금 나는 그들이 그러한 기적을 경험할 수 있다고 말했다. 그러나 그들은 그러지 못할 때도 종종 있다. 성적 결합은 종종 관대한 베풂이 되기보다는 난폭한 약탈(불법적인 약탈)이 되기 쉽다. 약탈하기 위해, 굳이 누군가를 성폭행하거나 섹스로 누군가를 지배하고 조종할 것까지 없다. 톰 울프Tom Wolfe가 자신의 소설 「나는 샬럿 시몬스다 *I am Charlotte Simmons*」에서 묘사한 것같이,[13] 다른 사람의 육체를 이용하다가 버리라는 이기주의적 유혹만으로도 충분하다. 섹스는 상품 교환이 되기 쉽다. 서로 상대에게 베풀지만, 그들의 목적은 상대에게 기쁨을 주는 데 있는 것이 아니라, 자신이 원하는 것을 얻는 데 있다. 거기에도 베풂이 있기는 하지만, 그것은 무언가를 얻기 위해서만 존재하는 베풂이다. 그런 식의 성행위는 한 개인의 삶 속에서 가장 이기적인 순간에 이루어질 가능성이 있다.

그러나 성적 결합은 사랑의 성사聖事가 될 수 있다. 그것은 인간적인 사랑의 성사가 될 수 있음은 물론이고, 신적인 사랑을 표현하고 전달하는 수단이 될 수도 있다. 육체의 기쁨이든 영혼의 기쁨이든 간에, 다른 사람에게 기쁨을 주고 다른 사람을 위해 기쁨을 베풀면, 다른 사람이 기쁨을 얻는다. 다른 사람이 기쁨을 얻으면, 베푼 사람도 기쁨을 얻는다.

꼭 성적 배우자가 아니더라도, 가족이나 벗 사이에서도 신적 선물 교환을 경험할 수 있다. 멋진 성탄절을 예로 들어 보자. 실로, 크리스마스 선물 증정시은 이따금 우스운 것이 되기 쉽다. 내 경우에는 선물 구입에서부터 고민이 시작된다. 현란한 제품들에 둘러싸여 있을 때면, 내 마음에 드는 선물이 무엇인지, 선물하기에 적당한 것이 무엇인지가 가늠되지 않는다. 그러니 다른 사람이 어떤 선물을 좋아할지 어찌 가늠하겠는가. 선물 교환이 이루어질 때면 고민이 한층 깊어진다. 그런 식의 선물 교환은 서로의 감정을 숨긴 채 관대한 척하고, 기뻐하는 척하고,

그럴싸하게 칭찬하고, 감사하는 척하는 지루한 행사가 되기 쉽다.

그러나 우리들 대다수는 가장 멋진 크리스마스 선물 증정식을 그려 볼 수 있다. 선물 구입을 끝내고, 사려 깊게 고른 선물들을 크리스마스트리 아래에 늘어놓는다. 대망의 선물 증정식이 시작된다. 모든 사람이 주고, 모든 사람이 받는다. 어느 한 사람이 먼저 주어서, 다른 사람들이 "나도 갚아야지" 하고 느끼게 해서는 안된다. 모든 사람이 동시에 주고받는다. 아니면 각 사람이 차례로 받는다. 그러면 모든 사람이 서로 기뻐할 수 있다. 저마다 고마움을 표현하고, 저마다 관대해진다. 서로 기뻐하는 가운데 모두가 즐거움을 누린다. 선물 자체는 사람들이 필요로 하거나 좋아하거나 바라는 것으로 머물지 않는다. 그것은 사랑의 성사聖事가 된다. 그것은 신적인 사랑의 성사이자 인간적인 사랑의 성사이기도 하다. 선물을 주는 사람은 동시에 자기도 주는 것이다. 자기를 주지만, 잃는 것이 전혀 없다. 그는 선물을 주면서, 자기가 주는 것보다 더 많은 것을 얻기 때문이다. 의식 전체가 기쁨의 축제가 된다. 기쁨은 받은 선물에서도 솟구치고, 주고받는 행위에서도 솟구치고, 주고받는 사람들에게서도 솟구치며, 그 과정 전체로 말미암아 공동체 안에서도 솟구친다.

우리는 그러한 베풂에 참여함으로써 사랑이 지배하는 세상, 곧 하나님의 새 세상이 임하는 것을 경험하였다. 베푸는 자의 기쁨과 받는 자의 감사가 함께 넘치는 공동체만큼 하나님의 영의 임재를 잘 표현한 것이 있을까? 차츰 살펴보겠지만, 공동체 안에서 이루어지는 선물 교환은 크리스마스 때에만 시행할 것이 아니다. 선물은 동아리圓의 경계선을 넘어서기도 해야 한다. 하지만 공동의 즐거움이 있는 공동체의 축제야말로 장차 임할 하나님의 새 세상을 두고 우리가 그려 볼 수 있는 최선의 이미지가 아닐까 싶다.

우리는 동아리圓를 더 좋게 할 수 있는가? 랠프 왈도 에머슨이 자신의 평론에서 참된 선물을 어떻게 논했는지 살펴보자.

> 선물이 참된 것이 되려면, 베푸는 자에게서 내게로 흘러오는 것과, 내게서 그에게로 흘러가는 것이 대등해야 한다. 호수의 수면이 같은 높이일 때, 나의 물건이 그에게로 가고 그의 물건이 내게로 온다. 그의 모든 것이 나의 것이 되고 나의 모든 것이 그의 것이 된다. 나는 그에게 이렇게 말한다. "그대의 기름과 포도주가 모두 나의 것인데, 어찌 그대가 이 기름 한 단지와 이 포도주 한 병을 나에게 준단 말인가? 그대의 모든 것이 내 것이라는 확신을 이 선물이 부정하는 것만 같네, 그려."[14]

주는 쪽에서 선물의 소유권을 포기할 때에만, 선물 증정은 완료된다. 모든 것을 주고 나서 또 준다는 것이 말이 되느냐고 에머슨은 넌지시 말한다. 그럴 수는 없다. 물론 주는 자가 소유권을 잃지 않고 줄 수 있는 (지식 같은) 것도 있다. 그러나 내가 무언가를 주고 나서 여전히 그것을 가지고 있다면, 그것은 준 것이 아니다. 내가 받기는 했는데, 그것이 내 차지가 되지 못하고 여전히 주는 쪽의 차지로 머물러 있다면, 그것은 받은 것이 아니다. 내가 기름 한 단지를 그대에게 주었으면, 그것은 그대의 것이지 내 것이 아니다. 내가 그대의 포도주 한 병을 받았으면, 그것은 내 것이지 그대의 것이 아니다. 우리는 그런 식으로 서로 베풀고, 선물을 주고받는 기쁨을 맛볼 수 있다.

마르크스주의자들이 그리는 유토피아는 "모든 것이 공동 소유이니, 선물이라는 것은 있을 수 없다"고 말한다. 장차 다가올 세상을 두고 그리스도교가 그리는 비전은 "선물은 가장 후하게 베풀어진 것이다. 그러니 모든 것이 공동 소유다"라고 말한다. 영원하신 하나님의 생명 안에서는 모든 것이 공동 소유다. 왜냐하면 선물 증정이 이미 완료되었기 때문이다. 하나님의 은혜의 생수가 인간의 영혼에 쇄도해 들어오면, 선물 증정이 인간의 일이 될 것이다.

하나님의 선물, 인간의 필요

신성한 세 위격은 서로를 기쁨으로 삼는다. 그래서 서로 베푼다. 그러나 선물이 신성 안에서 돌고 돌기 때문에만 기뻐하는 것이 아니다. 하나님의 선물이 피조물에게로 흘러가기 때문에도 기뻐한다. 하나님은 우리를 보고 기뻐하신다. 그래서 베푸신다. 하나님이 피조물을 보고 기뻐하시는 것은, 우리가 우리의 자녀를 보고 기뻐하는 것과 조금은 비슷하다. 우리는 그들의 재롱, 그들의 성공, 그들의 미모를 보고 기뻐한다. 더 근본적으로 말하면, 우리는 그들이 그저 존재하고 있다는 사실만으로도 기뻐한다. 그들이 있다는 사실이 우리를 기쁘게 한다. 우리가 존재한다는 사실이 하나님을 기쁘시게 한다. 하나님은 그래서 베푸신다. 그리고 우리의 존재하는 모습과 기뻐하는 모습을 보고 기뻐하신다.

필요는 하나님께서 베푸시는 또 다른 이유라고 할 수 있다. 그러나 하나님께서 베푸시는 것은 자신의 필요 때문이 아니다. 물론 그대는 사랑하는 자의 번성을 보고 기뻐하고자 하는 하나님의 갈망, 곧 영원토록 충만한 갈망을 일컬어 "필요"라고 부르고 싶을지도 모르겠다. 하나님은 그런 경우를 제외하면 어떤 필요도 갖지 않으신다. 하나님에게는 부족한 것이 없다. 하나님께서 베푸시는 것은 피조물의 필요를 채워 주려는 것이다. 사랑은 상호관계의 원으로 이루어진 삼위일체의 테두리 밖으로 넘쳐흐른다. 은혜는 피조물에게로 흘러간다.

창조주께서 베푸시는 이유는, 그러한 베풂이 없으면, 우리가 번성은커녕 존재조차 할 수 없기 때문이다. 우리가 존재하는 것은, 우리 자신의 자원 덕분이 아니라 본질적으로 하나님의 도우심 덕분이다. 철학자는 우리를 가리켜 존재론이 필요한 자들이라고 말할 것이다. 말하자면 우리의 존재는 살아갈 힘을 필요로 한다는 것이다. 구세주께서 베푸시는 이유는, 하나님이 베풀어 주시지 않으면 우리가 죄로 망가진 우리의 삶을 고칠 수 없기 때문이다. 신학자는 우리를 일컬어 구원론이 필요한 자들이라고 부를 것이다. 말하자면 우리의 행복과 구원이야말로 우리가 필요로 하는 것이라는 것이다. 완성자께서 베푸시는 이유는, 하나님이 베풀어 주시지 않으면, 우리가 흙으로 돌아가 영원히 죽고 말 것이기 때문이다. 다시 신학 용어로 말해서, 우리는 종말론이 필요한 자들이라고 할 수 있다. 이를테면 영원한 생명이 우리에게 필요하다는 것이다. 창조주는 존재와 확고한 신뢰를 주시고, 구세주는 구원과 적극적인 사랑을 베푸시고, 완성자는 영원한 생명과 생생한 희망을 주신다. 우리에게는 그 모든 것이 다 필요하다. 하나님은 그 모든 것을 베푸신다.

하나님이 베푸시는 것은, 우리가 헐벗어서이지, 말쑥하고 우아한 사회적 지위와 공로라는 옷을 입고 있어서가 아니다. 사회적 지위와 공로라는 옷을 입고 있어서라면, 하나님은 공로 때문에 베푸시는 것이 될 것이고, 그 경우에 선물은 보상이 되고 말 것이다. 그러나 하나님은 우리가 죄과라는 너덜너덜하고 더러운 누더기를 입고 있어도 베풂을 멈추지 않으신다. 우리가 하나님의 선물을 다른 사람들에게로 흘려보내지 않으면, 흐름이 물방울로 바뀌고 말 것이다. 이는 우리가 하나님의 선물을 다른 사람들에게로 흘려보낼 때, 흐름이 거대한 분수로 바뀌는 것과 같은 이치다. 또한 하나님은 베풀지 않는 사람들에게도 베푸시며, 그들을 부양하시고, 그들의 결함에도 불구하고 더 많은 것을 베푸신다. 루터는 「그리스도인의 자유」에서 이렇게 주장한다. "우리가 공로를 통해 하나님의 은혜를 받고자 한다면, 그것은 선하신 하나님을 모욕하는 짓이 될 것이다."[15] 또 다른 자리에서는 그 주장의 이면을 이렇게 주장한다. "선하신 하나님은 감사하지 않는 사람에게까지 선을 기꺼이 베푸신다."[16]

궁핍한 사람에게 베푸는 선물

하나님은 "가난한 사람들에게 아낌없이 뿌려 주신다"(고후 9:9). 우리도 그래야 한다. 잠시 크리스마스 선물 증정식으로 돌아가 보자. 앞서 나는 가족이나 친구들로 이루어진 동아리에서 행해지는 선물 교환을 공동 기쁨의 축제로 묘사하였다. 그러나 성탄을 축하하면서 즐거운 마음으로 주고받는 공동의 사귐을 의례적인 행사로만 치를 경우, 그것은 한쪽으로 치우친 것이 되기 쉽다. 다른 사귐과 견주어 볼 때, 그러한 공동의 사귐은 손색없는 사귐이기는 하다. 하지만 광범위하고 무자비한 궁핍의 세계에서 그러한 사귐이 안에만 틀어박히려고 하는 것은 죄스러운 짓이다. 선물은 공동체 안에서만 돌고 돌아서는 안되며, 공동체의 구성원들만을 즐겁게 해서도 안된다. 선물은 공동체 바깥에 있는 사람들에게로 흘러가서 그들의 궁핍을 덜어 주어야 한다.

    우리는 크리스마스가 되면 진짜 선물을 경축한다. 그 선물은 다름 아닌 하나님의 강림이다. 사도 바울은 크리스마스 이야기를 이렇게 전한다. "여러분은 우리 주 예수 그리스도의 은혜를 알고 있습니다. 그리스도께서는 부요하나, 여러분을 위해서 가난하게 되셨습니다. 그것은 그분의 가난하심으로 여러분을 부요하게 하시려는 것입니다"(고후 8:9). 그리스도께서는 신성 안에서 이루어지는 행복한 선물 교환을 보여주기 위해서만 사람들 가운데 머무르신 것이 아니다. 그분은 천상의 부요를 내던지시고 가난한 아이가 되셨다. 그것은 연약한 육신을 가진 인간을 하나님의 품으로 이끌기 위함이었다. 영원토록 친밀한 성 삼위의 동아리가 활짝 열렸고, 선물이 그 경계선을 넘어 궁핍한 사람들에게까지 미쳤다. 우리의 선물은 주는 이와 받는 이가 서로에게 기쁨을 주는 쌍방향 관계로만 소통되어서는 안된다. 우리의 선물은 일방적인 것, 곧 가난한 사람들을 돕고, 보답할 능력이 없는 사람들에게까지 베푸는 것이 되어야 한다.

 크리스마스가 되면, 우리는 한 가지 선물 증정식이 아니라 두 가지 선물 증정식을 거행해야 한다. 크리스마스는 친밀한 사람들의 동아리 안에서 서로 선물을 증정하는 축제, 곧 장차 도래할 하나님의 세상을 미리 앞당겨 잠시 맛보는 축제이기도 하지만, 동아리 바깥에 있는 사람들에게도 선물을 증정하는 축제, 곧 죄와 궁핍으로 얼룩진 세상을 장차 다가올 사랑의 세상과 연결하는 작은 기회이기도 하다. 빛이 캄캄한 세상 한가운데 임하는 것이 목표가 아니다. 그것은 목표를 향해 나아가는 운동의 일부일 뿐이다. 크리스마스는 그 운동을 익힐 수 있는 좋은 기회다. 선물은 궁핍한 사람들에게로 흘러가야지, 친구들 사이에서 돌고 돌아서는 안된다.

 하나님처럼, 우리도 나그네와 친척, 자격 있는 사람과 없는 사람을 불문하고 베풀어야 한다. 궁핍한 사람들의 출신, 그들의 피부색, 그들의 행동방식은 중요하지 않다. 중요한 것은 그들의 궁핍, 그들의 무능이다. (그들이 자신들의 빈곤을 해결할 수 있는데도 그렇게 하려고 하지 않을 경우, 그들은 합법적인 수령자가 되지 못하고 불법적인 약탈자가 되고 말 것이다.) 어느 정도가 빈곤한 상태인지를 정하는 것은 어려운 일이다. 예컨대, 한 지역(부유한 서양 나라)에서 빈곤한 사람이 다른 지역(사하라 사막 이남의 아프리카)에서는 부유한 사람일 수도 있다. 베푸는 사람이 다양하듯이 빈곤의 정도도 다양하다. 그러나 어떤 평가가 이루어지든 간에, 필요가 생기면 그것이 누구의 필요이든 상관없이 베풂이 시행되어야 한다.

「현자 나탄」에서 술탄 살라딘은 고행자이자 빌어먹는 사람인 알 하피를 자신의 출납관으로 임명하려고 시도한다. 그 이유는 빌어먹는 사람만이 거지들에게 적절히 베푸는 법을 알기 때문이다. 살라딘은 알 하피를 설득하고, 그에게 거는 기대가 크다고 말한 다음, 전임 출납관을 비난하면서 이렇게 말한다. "그는 베풀 때면 불쾌하게 베풀었소. 먼저 수령자가 처해 있는 상황을 꼬치꼬치 캐묻고, 수령자가 필요로 하는 것을 채워주지도 않으면서 왜 필요로 하는지를 따지고, 그 이유를 알고 나서는 베풀기를 거부했소. 그는 너무나 인색한 사람이었소."[17]

베푸는 사람은 궁핍의 이유를 따지지 않고 베푼다. 궁핍이 존재한다는 사실만으로도 보살필 이유가 되기 때문이다. 궁핍의 이유를 따져 묻고, 그 적법성에 따라서 은혜를 베푸는 것은, 무례하게 베푸는 사람, 마지못해서 베푸는 사람만이 하는 짓이다.

궁핍한 수령자들 중에는 받을 자격이 없는 사람도 더러 있을 것이다. 은혜를 모르는 사람, 받은 선물로 자기의 궁핍을 덜기는커녕 그저 무책임하게 다 써 버리는 사람, 자기의 식탁에서 떨어지는 빵 부스러기조차 자기보다 훨씬 궁핍한 이웃에게 베풀려고 하지 않는 탐욕스러운 사람 등이 그들 부류에 속할 것이다. 실로 그들은 받는 법과 주는 법을 배울 필요가 있다. 베푸는 사람들에게서는 배우지 않아도 될 것이다. 자칫 그들에게 배우다가는 마지못해서 베푸는 사람, 거들먹거리며 베푸는 사람, 바람직하지 않게 베푸는 사람이 될 수도 있기 때문이다. 그러나 수령자가 궁핍한 사람이라면, 그에게 마땅히 베풀어야 한다. 받는 사람의 딱한 처지야말로 베풂의 유일한 이유라고 할 수 있다.

모든 사람에게 무엇이든 베풀어야 하는가

이 세계의 요구는 우리의 집단적인 능력이라면 능히 감당할 수 있겠지만, 어느 한 개인의 능력으로는 감당할 수 있는 것이 아니다! 우리의 자원은 한정되어 있는데, 사방에서 요구가 빗발친다. 그리고 그 요구는 들어주지 않으면 안된다. 그러나 모든 요구를 들어주는 것이 각 사람의 책임일까? 모든 요구를 들어주는 것이 각 사람의 책임이라면, 우리의 책임은 거의 무한 책임이 되어 결코 완수되지 못할 것이다. 한 사람을 구하겠다는 결심은 자칫 다른 모든 사람을 희생시키는 결심이 될 수도 있다![18]

  우리는 모든 사람의 모든 요구를 들어주기는커녕 어느 한 개인의 모든 요구도 다 들어줄 수 없는 유한한 존재다. 모든 이의 선물이 될 수 있는 분은 예수 그리스도 "한분" 뿐이다(롬 5:15-21을 보라). 내가 주는 선물들은 고작 몇 사람을 위한 것일 뿐이다. 가장 먼저 베푸시고 무한히 베푸시는 분은 하나님 한분뿐이시다. 모든 사람에게 베푸는 것은 하나님의 몫이지 나의 몫이 아니다. 우리들 각자는 하나님의 선물을 흘려보내는 수많은 도관 가운데 하나일 뿐이다. 선한 사마리아 사람의 경우처럼 우리 근처에 있는 요구를 들어주는 것이든, 고린도 교회 신자들이 예루살렘에 있는 가난한 사람들을 도운 것처럼 멀리 떨어져 있는 사람의 요구를 들어주는 것이든 간에, 우리가 살면서 맞닥뜨리는 요구들을 들어주는 것, 그것이 우리가 할 일이다.

당연히, 내게는 모든 궁핍한 사람들에게 베풀 의무가 없다. 그러나 내가 몇몇 사람에게 베푼다면, 그들에게 내가 가진 모든 것을 베풀어야 하는가? 전부가 아니라면 얼마나 베풀어야 하는가? 몇몇 철학자는 그런 물음을 던지는 것은 베풂의 특성에 위배된다고 말한다. 그들은 베풂이 모든 계산을 뛰어넘어야 한다고 말한다. 말하자면 베푸는 사람의 전부를 쏟아 부어야 한다는 것이다. 그렇다면 단 하나의 참된 선물은 "죽음"밖에 없을 것이다.[19] 그러나 하나님은 우리가 선물을 다른 사람들에게 흘려보내게 하기 위해서만 베푸시는 것이 아니다. 하나님은 우리가 살고 번성하게 하기 위해서도 베푸신다. 하나님은 우리가 시무룩하게 베푸는 사람이 아니라 번영을 구가하며 베푸는 사람이 되도록 베풀어 주신다.

우리 가운데 몇몇 사람은 하나님이 여러 은사를 베풀어 주셔서 우리로 하여금 그것들을 누리고 전하게 하셨을 뿐만 아니라, 그 은사들을 사양할 만한 또 하나의 은사도 주셨다는 것을 알 것이다. 사도 바울은 그리스도의 몸 안에 있는 여러 은사들, 곧 "하나님께서 우리에게 주신 은혜를 따라" 우리가 받은 여러 은사들 중에는 베푸는 사람이 되는 은사도 있다고 말한다(롬 12:6-8). 그렇게 베푸는 자들은 우리들 대다수가 도달할 수 없을 정도로 "관대하게" 베푸는 자들일 것이다(8절). 그들은 소유를 포기하고 가장 가난한 사람들 사이에서 일하거나, 전염병에 노출되는 것을 마다하지 않고 다른 사람들의 고통을 덜어 주려고 애쓰거나, 그리스도의 이름을 알지 못하는 곳에 복음을 전하기 위해 목숨을 걸거나, 그렇게 하다가 짐승처럼 살해당하기까지 한다. 그들은 한없이 베푸는 자들이다. 그들은 다른 사람들을 축복하고 축복받기도 하지만, 자신이 "이 세상의 쓰레기, 만물의 찌꺼기"처럼 되었음을 경험하기도 한다(고전 4:13).

그리스도께서 우리의 구원을 위하여 죽으신 것처럼, 연인이 자기의 목숨을 내어주고 애인을 구하는 것처럼, 우리는 연약하고 죄스러운 세상에서 이따금 "죽음이라는 선물"을 요구받기도 한다. 세상은 사람들이 그토록 불가능한 선물을 주고받을 수밖에 없을 정도로 멍들어 있다! 연인이 자기의 목숨을 희생하지 않고도 애인을 살릴 수 있다면 얼마나 좋겠는가! 애인은 자기의 연인이 겪는 고통을 보고 두려워하면서 크게 상심할 것이다. 그녀는 연인의 목숨을 희생하여 자기의 목숨을 건지느니 차라리 자기의 목숨을 버리려고 할 것이다! 세상에서는 쓸데없고 불가능한 것으로 여겨지지만, 죽음이라는 선물은 "돌아오리라"는 기약, 곧 연인이 애인에게 돌아오고, 애인이 연인에게 돌아오리라는 희망에 둘러싸여 있을 때에만 이해될 수 있다.

진심으로 베푸딥시고 우리의 목숨까지 내어줄 필요는 없다. 신세진 것보다 더 많이 베풀되, 보답을 바라는 마음이나 우리의 도덕적 청렴으로 덕을 보려는 마음이 없으면, 그것으로 족하다. 모호하기는 해도 선물 증정은 그런 것이다. 그것은 평범한 선물이면서도 더할 나위 없이 좋은 선물이다. 우리가 평범한 선물을 준다고 해서, 우리에게 불평할 사람은 없을 것이다. 불가능한 선물을 이야기하는 철학자나 수령자라고 해도 불평하지 못할 것이다. 불평은 거만한 배은망덕이 될 것이다.

사도 바울이 고린도 교회 신자들에게 하라고 권한 것은 다름 아닌 평범한 선물이다. 그것은 힘 "닿는 대로" 하는 선물일 뿐만 아니라 힘에 "지나도록" 하는 선물이기도 하다(고후 8:3). 그것은 수령자들을 편안하게 하고 베푸는 사람들을 괴롭히는 선물이 아니라, 베푸는 사람들의 "넉넉한 살림"과 수령자들의 궁핍 사이에 "평형"을 이루는 선물이다(고후 8:13-14). 하나님이 베풀어 주시는 선물은 우리에게 흘러드는 것은 물론이고 다른 사람들에게도 흘러들게 되어 있다. 우리가 베풀 수 있는 것은 하나님의 선물이 "넘쳐흐르기" 때문이다(고후 8:2). 하나님의 선물은 하나님의 영원한 생명의 테두리 밖으로 넘쳐흐를 뿐만 아니라 우리가 필요로 하는 것의 가장자리 밖으로도 넘쳐흐른다.

베푸는 사람들에게 베풀기

우리는 유한하여서 모든 것을 다 베풀 수도 없고, 모든 사람에게 베풀 수도 없다. 게다가 가진 것을 베풀고 싶지만 전하지 못할 때도 더러 있다. 우리는 베푸는 기술도 부족하고 시간도 부족하며 동시에 두 장소에 있을 수도 없다. 다른 일들이 우리의 에너지를 빼앗기도 한다. 그래서 우리는 믿을 만한 사람들에게 성금을 기탁하여 그들로 하여금 궁핍한 사람들에게 베풀게 한다. 살라딘은 알 하피를 고용하여 구제의 일을 맡겼다. 고린도 교회 신자들과 마케도니아 교회 신자들은 저마다 약간씩 갹출한 금품을 모으고, 그것을 바울과 디도에게 맡겨 예루살렘의 가난한 교우들에게 전하게 하였다. 우리도 개인이나 단체에 맡겨, 우리 대신 베풀게 할 수 있다. 혈액은행에 헌혈하여 필요가 생겼을 때 그것을 나눠 주게 할 수도 있다. 커다란 재해가 일어났을 때 적십자사나 월드비전에 의연금을 기탁할 수도 있다. 대학교에 기부하여 교육기관이 본연의 임무를 계속 수행하게 할 수도 있다.

놀랍게도 그것은 하나님께서 베푸시는 방법이기도 하다. 하나님은 다른 사람들을 통해서도 베푸시고, 우리를 통해서도 베푸신다. 우리는 직접 베푸는 일을 늘 할 수도 없고, 그렇게 하기에는 여러 가지 제약이 따른다. 그래서 우리는 다른 사람들을 시켜 베푼다. 하나님은 전혀 제약을 받지 않으시고, 모든 이에게 직접 베푸실 수 있지만, 그렇게 하지 않으신다. 어찌하여 하나님은 우리를 통하여 베풀려고 하시는가? 하나님이 우리를 지으신 것은, 우리가 받는 사람으로만 살지 않고, 베푸는 사람으로도 살게 하시려는 것이다. 앞서 말했듯이, 누구도 베풀기만 하는 사람일 수는 없다. 모든 사람은 받는 자이기도 하다. 그 역도 마찬가지다. 누구도 받기만 하는 사람일 수는 없다. 모든 사람은 베푸는 자이기도 하다.

앞서 말한 대로, 우리가 하나님의 선물을 받는 자로 살아가는 한, 우리가 바람직한 사람이건 그렇지 않은 사람이건 전혀 문제가 되지 않는다. 하나님께서 베푸시는 것은 우리가 궁핍하기 때문이기도 하지만, 하나님께서 우리의 있는 모습 그대로와 우리의 기뻐하는 모습을 보고 즐거워하시기 때문이기도 하다. 그러나 우리가 하나님의 선물을 베푸는 자가 되고자 한다면, 우리는 바람직한 사람이 되지 않으면 안된다. 베풀어 주라고 받은 것을 나눠 주는 사람은 하나님의 기대와 바람을 더 많이 빋게 될 것이다. 그러나 베풀어 주라고 받은 것을 움켜쥐고만 있는 사람은 하나님의 기대와 바람을 점점 적게 받게 될 것이다. 베푸는 사람들은 "모든 일에서 부요해져, 후히 베풀게 될" 것이고(고후 9:11),

하나님의 뜻대로 베풀어야 할 것을 독차지하고 쟁여놓기만 하는 자들은 자기가 소유한 것을 잃게 될 것이다. 귀에 거슬리는 원리로 들리겠지만, 이는 궁핍한 사람들에게는 복음이나 다름없다. 하나님께서 다른 사람들을 위해서 베풀어 주신 것을 홀로 움켜쥐려고 하는 자들만이 그 원리를 싫어할 것이다. 불법적으로 빼앗은 것을 잃지 않으려고 하다니, 어찌 그럴 수 있는가?

사도 바울의 목회에는 "베푸는 자들에게 베풀기"라는 주제가 들어 있다. 앞서 말한 대로, 그는 예루살렘 교회의 가난한 신자들에게 헌금을 전달하는 도관 역할을 하였다. 또한 그는 복음을 전하는 은사도 받았다. 그는 여기저기 다니면서 복음을 전하고, 예수의 이름을 알지 못하는 곳에 교회를 세우고(롬 15:20), 자기가 설립한 교회들을 다시 찾아가서 바른 길로 이끌기도 했다. 흥미롭게도 그는 자기가 맡아 섬기는 교회에서 주는 생활비를 받지 않았다. 그는 데살로니가 교회 신자들에게 이렇게 편지했다. "우리는 아무에게서도 양식을 거저 얻어먹은 일이 없고, 도리어 여러분 가운데서 어느 누구에게도 짐이 되지 않으려고, 수고하고 고생하면서, 밤낮으로 일하였습니다"(살후 3:8). 생활비를 받을 권리가 없다고 생각한 것은 아니었지만(살후 3:9), 보수를 받지 않고 살기로 결심한 것이다.

그는 신자들이 주는 생활비를 여러 가지 이유를 들어 거절했다. 그 이유들 대다수는 베풂에 대한 그의 이해와 관계가 있다. 그는 자신이 세운 교회들을 생산적인 교회가 되도록 가르치고, 받기보다는 베풀 줄 아는 교회로 만들려고 하였다(살후 3:9). 그는 그리스도의 말씀을 인용하여 이렇게 말한다. "주는 것이 받는 것보다 더 복이 있다"(행 20:35). 그러나 그가 생활비를 거절한 주된 이유는, 그의 메시지가 이루 말할 수 없는 하나님의 선물과 관계가 있었기 때문일 것이다. 그는 하나님의 선물을 받은 그대로, 곧 "값없이"(고전 9:18) 전하려고 하였다. 그가 한 교회에서 자금을 거두어 다른 교회에 투입하기는 했어도 자기가 섬기는 교회에서 생활비를 받지 않은 것은 그 때문이다! 그는 빌립보 교회 신자들의 후원을 받아 선교여행을 하였고, 로마 교회 신자들의 후원을 받아 스페인으로 가기를 바라기도 하였다(롬 15:24). 이처럼 그는 후원을 받을지언정 생활비를 받지는 않았다. 그가 후원을 받은 것은, 복음을 자유롭게 전하기 위해서였다.

누군가에게 전하라고 선물이 주어질 경우, 그 수령자는 베푸는 자가 되지 않으면 안된다. 바울은 빌립보 교회 신자들이 모아 준 돈을 착복하여 일리리아Illyria(오늘날의 크로아티아) 서부에 있는 아름다운 해변으로 간 것이 아니다. 그는 복음을 전하다가 감옥에 갇힌 상태이면서도, 복음 전파를 위해 후원을 받고 나서 감옥에 갇히게 된 것을 불편하게 느끼기까지 했다(빌 1:12-18을 보라). 본디의 선물을 받는 순간, 그것은 구두계약을 맺는 것이나 다름없다. 그런 선물을 받는 것은, 그것을 자기 것으로 삼거나 자기 마음대로 쓰는 것이 아니라, 원原 수여자의 뜻에 맞게 전하겠다고 약속하는 것이나 다름없다. 선물을 받고 나서 약속을 이행하지 않으면, 그것은 선물을 그릇된 방향으로 돌리는 짓이자, 원 수여자와 받기로 되어 있는 수령자를 우롱하는 짓이 되고 말 것이다.

그리스도와 진배없는 사람들

몇몇 인류학자들과 철학자들에 의하면, 베푸는 사람이 사회적으로는 물론이고 도덕적으로도 받는 사람보다 더 나은 사람이라고 한다. 노골적으로 주장하지는 않지만, 많은 사람이 이렇게 주장한다. "베푸는 자는 부유하고 유력한 사람이고, 받는 자는 가난하고 힘없는 사람이다. 베푸는 자는 풍부하고, 받는 자는 가난하다. 베푸는 자는 능동적이고, 받는 자는 수동적이다."

베푸는 사람들과 받는 사람들 사이에서 경쟁이 이루어지는 것은 그 때문이다. 받는 사람들은 도움을 받지 않으면 안되는 사회적 곤경에서 벗어나기 위해 자신들이 받은 것보다 더 많이 베풀려고 한다. 받은 것보다 더 많이 베풀지 못하면, 체면이 깎이고 만다.[20] 우리는 베풀 때에도 종종 경쟁을 벌이며 순위를 매기기까지 한다. 그러나 그것은 본연의 베풂이 아니다.

신성 안에서는 선물이 돌고 돌기만 할 뿐 경쟁을 벌이거나 순위를 매기는 일이 없다. 베푸는 위격이라고 해서 받는 위격보다 더 큰 것이 아니다. 세 위격 모두 주고받는 까닭에, 저마다 자기가 베푼 각각의 선물로 서로를 영예롭게 할 뿐이다. 사실, 예수는 이런 말씀을 하셨다. "내 아버지께서는 나보다 크신 분이다"(요 14:28). 그러나 예수께서 그렇게 말씀하신 것은, 그분이 지상에 머무르는 말씀으로서, 아름답지만 유한하고 연약한 인간의 육신을 입고 있었기 때문이다. 아버지가 영원한 아들보다 더 큰 것도 아니고, 아들이 성령보다 더 큰 것도 아니다. 동등한 세 위격, 똑같이 베푸는 분들이다.

하나님께서 이 세상에 선물을 베푸실 때에는, 주는 자와 받는 자의 평등이 어떻게 되는가? 하나님과 피조물은 동등하지 않다. 하나님은 하나님이시고, 피조물은 피조물일 뿐이다. 그들의 차이는 너무나 커서 같은 저울로 무게를 달 수 없다. 그대가 어떤 숫자를 택하건 간에, 그대는 "하나님은 피조물보다 x배나 크시다"라고 말할 수 없다. 하나님은 근본적으로 다르시고, 헤아릴 수 없을 만큼 크시다. 그러나 하나님은 하나님과 인간의 관계가 한층 등등한 관계가 되도록 베푸신다.

사도 바울이 그리스도의 은혜에 대해 말한 대목을 떠올려 보자. "여러분은 우리 주 예수 그리스도의 은혜를 알고 있습니다. 그리스도께서는 부요하나, 여러분을 위해서 가난하게 되셨습니다. 그것은 그분의 가난하심으로 여러분을 부요하게 하시려는 것입니다"(고후 8:9). 루터는 「그리스도인의 자유」에서 부와 가난의 교환을 "놀라운 맞바꿈"으로 표현한다. 신랑과 신부가 그렇듯이, 그리스도와 그리스도인도 믿음으로 한몸이 된다. 루터는 이렇게 말한다. "그리스도와 그리스도인은 자신들이 가진 모든 것을 공유한다.…… 따라서 믿는 영혼은 그리스도께서 가지고 계신 것을 제 것이라도 된다는 듯이 자랑할 수 있으며, 그리스도도 영혼이 소유한 것을 자신의 것이라고 주장하신다."[21] 그리스도는 자기 속에 틀어박혀 빈곤하게 살아가는 사람들 속으로 들어가신다. 그분은 우리 안에 머무르시면서 자신의 신적 생명을 우리의 것이 되게 하신다. 그리스도는 자신의 선물로 우리들 한 사람 한 사람을 또 하나의 "그리스도"로 만드신다. 하나님께서 우리에게 베푸실 때에는 불평등—현저한 불평등—이 엄존하지만, 그럼에도 불구하고 우리는 그리스도와 진배없는 사람들이다.

사랑은 평등을 만들어 낸다

신성한 세 위격 사이에서 오가는 선물이 그러하듯이, 인간의 선물도 평등을 창출하고 평등을 드러내야만 한다. 연인들 사이에는 처음과 나중이 없고, 크고 작음이 없다. 사랑은 타의 추종을 불허할 만큼 평등을 만들어 낸다. 사랑으로 베푸는 선물은 베푸는 이를 돋보이게 하지도 않고, 베푸는 이와 받는 이의 경쟁을 유발하지도 않는다. 연인들이 베푸는 것은 서로 좋아하기 때문이다. 경합을 벌이더라도, 그들은 선물을 주거나 다른 어떤 수단을 동원하여 존경을 얻는 데 목표를 두지 않고, 상대에게 경의를 표하는 데 목표를 둔다. 사도 바울은 "사랑으로 서로 다정하게 대하며"라고 말한 뒤에, "존경하기를 서로 먼저 하십시오"라고 덧붙여 말한다(롬 12:10). 서로 사랑하는 사이일 경우, 사랑하는 이의 선물은 사랑받는 이를 위축시키지 않고 오히려 드높인다. 받는 자에게 선물을 증정하는 사람이 잘 베푸는 자가 아니라, 받는 자에게 경의를 표하는 사람이 잘 베푸는 자다. 그는 받는 이에게 선물을 증정함과 동시에 경의도 함께 표한다. 그 결과, 잘 베푸는 사람이라는 칭호를 얻기도 한다. 잘 베푸는 사람은 선물과 존경을 보답으로 받는다.

그리스도의 선물은 극심하고 광범위한 불평등 한가운데서 평등을 확립한다. 우리가 서로에게 하는 선물도 그러해야 한다. 궁핍한 사람들에게 베풀 때에는, 하늘에서 내려온 만나를 거둘 때처럼 되어야 한다. 사도 바울은 이렇게 말한다. "많이 거둔 사람도 남지 않고, 적게 거둔 사람도 모자라지 않았다"(고후 8:15). 획일적인 분배는 당면 목표가 아니다. 사도 바울이 염두에 둔 평등은, 한쪽이 많이 거두고 다른 한쪽이 적게 거두어도 평형을 이루는 것이지, 한쪽은 "남아돌고" 다른 한쪽은 "모자라는" 것이 아니다.

"남아돎"이 구체적으로 무엇을 뜻하는지는 정하기가 쉽지 않다. 공동체가 우리에게 설명을 요구할 때, 우리는 저마다 스스로 그 의미를 정해야 할 것이다. 우리들 각자는 궁극적인 재판관 앞에 서서, 우리가 받은 선물로 어떤 일을 했는지를 설명해야 할 것이다. 사도 바울의 관점은 분명한 것 같다. 말하자면 "장차 도래할 세상에서 사라질 운명이기는 해도, 부富의 차이는 정당하다. 그러나 한쪽이 찰가난을 겪는데 다른 한쪽이 풍족한 생활을 한다면, 그것은 정당하지 않다"는 것이다. 바꾸어 말하면, 선물을 우선적으로 필요로 하는 사람들의 욕구를 고르게 충족시켜 주어야 한다는 것이다.

혹자는 이런 주장을 펴기도 한다. "선물이 더 큰 평등을 창출하기는 하지만, 선물이 창출하는 평등의 기저에는 베푸는 행위가 깔려 있지 않은가?" 말하자면 받는 자와 베푸는 자를 훨씬 동등하게 해주는 것이 선물이기는 하지만, 베푸는 자야말로 평등을 창출하는 자라는 것이다. 베푸는 자에게서 받는 자에게로 선물이 흘러갈 때, 표면적으로는 베푸는 자가 위에 있고 받는 자가 아래에 있는 것처럼 보인다. 3장에서 설명하겠지만, 사실은 베푸는 자가 받는 자 위에 있는 것이 아니다. 베푸는 자는 선물을 흘려보내는 도관일 뿐 선물의 원천이 아니기 때문이다. 여기서 나는 선물의 크기나 양으로 베푸는 자의 높낮이를 평가하는 것은 적절하지 않다는 점을 밝히고 싶다. 어떤 마음 자세로 베푸느냐가 중요하다. 사도 바울은 그것을 가리켜 "열의"라고 말한다(고후 8:12). 어느 정도를 "열의"라고 할 수 있는가? 그것은 베푸는 자의 기쁨과 희생의 정도를 일컫는 것이지 선물의 크기나 양을 일컫는 것이 아니다.

예수께서 헌금함에 많은 액수의 헌금을 넣은 부자들과, 동전 두 닢만을 넣은 가난한 과부에 관해 말씀하신 이야기를 살펴보자. 예수는 이렇게 평가하셨다. "내가 진정으로 너희에게 말한다. 이 가난한 과부가 누구보다도 더 많이 넣었다. 저 사람들은 다 넉넉한 가운데서 자기들의 헌금을 넣었지만, 이 여자는 구차한 가운데서 가지고 있는 생활비 전부를 털어 넣었다"(눅 21:3-4). 그녀가 더 많이 바쳤다. 그녀가 더 많이 희생했기 때문이다.

이제 저 가난한 과부와 저 부자들 가운데 한 사람이 서로 선물을 주고받는다고 상상해 보자. 그녀는 그에게 동전 두 닢을 주고, 그는 답례로 지중해 연안에 자리한 여러 채의 호화별장 가운데 한 채의 권리증서와 열쇠를 건넨다. 그럼에도 불구하고 그녀가 더 많이 주었다고 할 수 있다! 헌금함에 헌금을 넣을 때와 마찬가지로 자기의 생활비 전부를 주었기 때문이다. 그가 위에 있는 것도 아니고, 그녀가 아래에 있는 것도 아니다. 그가 준 것은 궁전 같은 별장이고 그녀가 준 것은 동전 두 닢뿐이지만, 그녀에게서 그에게로 흘러간 것이 그에게서 그녀에게로 흘러간 것보다 훨씬 더 많다. 하나님 앞에서는 거지의 다정한 미소가 선물 가운데 가장 큰 것보다 영예를 훨씬 효과적으로 차지할 수 있다.

알렉산더 솔제니친Alexander Solzhenitsyn은 「마뜨료나의 집 *Matryona's House*」에서 한 노파의 이야기를 전한다. "그녀는 자신을 위하여 무언가를 손에 넣으려고 한 적이 없다. 그녀는 목숨 자체보다 더 나은 것으로 여겨지는 것들을 사려고 하지도 않았다. 한평생 그녀는 불구를 가려 주고 악행을 은폐해 주는 것과 같은 옷을 차려입으려고 하지도 않았다." 그녀는 남편에게까지 오해와 버림을 받고 여섯 아이의 장례식까지 치렀지만, 베푸는 일을 계속했다. 그녀는 무보수로 일해 주고, 재산을 소유하지 않았다. 그러나 그녀가 베푼 선물의 무게는 대단히 무거웠다. 솔제니친은 그녀와 같은 마을에 사는 사람의 입술을 빌려서 이렇게 말한다. "우리는 모두 그녀와 이웃하여 살면서도, 그녀가 의로운 사람이라는 생각을 한번도 하지 않았다. 격언에 이른 대로, 의로운 사람이 없으면 마을은 설 수 없다. 도시도, 우리의 국가 전체도."[22] 그녀는 가진 것이 미약했지만 정말로 크게 베푼 자였다!

하나님의 선물, 하나님과의 사귐

이 세상에 있는 그 어떤 것도 자체로는 선물이 아니다. 소위 선물 가게라는 것이 있기는 하다. 거기에는 우리가 친구나 친지에게 주는 온갖 것들이 가득하다. 그러나 선물 가게의 진열대에 자리하고 있다고 해서 그것이 선물인 것은 아니다. 그 가게에 있는 것은, 당신이 구입하여 다른 누군가에게 줄 때에만 선물이 된다. 선물은 사회적 관계이지 실재물이나 행위 자체가 아니다. 사람들 사이의 사건, 바로 그것이 선물이다.

솔제니친의 이야기가 강조한 대로, 선물은 사람들 사이에서 일어나는 사건인 것만이 아니다. 선물은 사회적 유대를 "창출하고, 돈독하게 하고, 재창조하는" 데 이바지하기도 한다.[23] 좋은 선물은 화합의 띠와 다르지 않다. 좋은 선물은 사람들을 하나로 묶는다. 베푸는 자와 받는 자의 관계가 채권자와 채무자의 관계와 다른 것은 그 때문이다. 세네카가 말한 대로, "채무자는 받은 만큼을" 채권자에게 "갚지 않으면 안된다. 그것을 갚은 뒤에야 비로소 빚을 청산한 것이 되며, 홀가분한 상태가 된다." 반면에 받는 자는 베푼 자에게 "부가의 것을 지불하지 않으면 안된다. 고마움의 빚을 갚은 뒤에도, 둘 사이의 유대관계는 여전히 유지된다. 감사의 빚을 다 갚았어도, 받은 자는 감사의 빚 갚기를 또 시작하지 않으면 안된다. 우정이 지속되는 것이다."[24] 선물은 공동체를 만들어 내고, 공동체는 수많은 사회학자가 말한 대로 선물 증정을 촉진한다.[25]

"하나님은 성 삼위일체시다"라고 말할 때, 그것은 신성한 위격들이 신비하게 하나이면서 셋이라고 말하는 것이다. 삼위의 하나됨, 하나의 삼위됨이 신성한 사랑의 사귐을 만들어 낸다. 그러한 사귐은 어떻게 이루어지는가? 신성한 위격들이 서로 자기를 내어준다. 그들은 특별하고 신적인 방식으로 그렇게 한다. 저마다 다른 위격들 속에 머무른다. 요한복음서가 전하듯이, 아버지는 아들 안에 계시고 아들은 아버지 안에 계신다. 그리고 사도 바울이 암시하듯이, 성령은 아들 안에 계시고 아들은 성령 안에 계신다. 그러한 상호 내재를 통해 거룩한 삼위가 거룩한 하나가 된다. 신성한 위격들이 선물, 곧 자신을 내어주고 다른 위격들을 영예롭게 하는 선물을 주고받는 것은, 신성이 완벽한 사랑의 공동체이기 때문이다. 그 역도 마찬가지다. 신성한 위격들이 신적인 사랑의 공동체인 것은, 그 위격들이 그러한 선물을 주고받기 때문이다. 그것은 하나님의 영원한 생명 안에서는 그런 양상을 띠지만, 하나님과 세상의 관계에서는 다른 양상을 띤다.

전에 말했듯이, 하나님이 세상으로 향하실 때에는, 신성한 사귐 안에서 이루어지던 교환의 원圓이 터져 밖으로 흐르기 시작한다. 하나님은 피조물에게 베푸신다. 피조물을 보시고 기뻐하시기 때문이다. 그러나 하나님은 그것만으로 기뻐하시지 않고, 피조물과 훨씬 더 포괄적인 관계를 맺고 싶어 하신다. 그러한 관계를 일컬어 사귐이라고 한다. 인간은 하나님과의 사귐을 위하여 지어졌다. 물론 그것은 신성한 위격들 사이에서 이루어지는 것과는 다른 종류의 사귐이다. 인간은 신이 아니다. 따라서 하나님의 영원한 사귐에 낄 수 없다. 아무리 몇 십억 명이 된다고 해도 인간은 삼위의 사귐에 낄 수 없다. 기껏해야 몇 십억 명과 삼위의 사귐이 될 뿐이다! 그럼에도 불구하고 하나님과 우리 사이에는 사귐의 형식이 존재한다.

서로의 안에 머무르기 때문에 삼위가 하나가 되듯이, 우리도 신적인 하나와 하나가 될 수 있다. 그리스도께서 우리 안에서 우리를 통하여 사시기 때문이다. 삼위가 동등한 자격으로 서로 주고받는 반면, 우리는 하나님에게서 받기만 할 따름이다. 우리는 우리의 존재를 받았고, 죄에서 해방되었으며, 또한 장차 영예롭게 될 것이다. 우리는 하나님께 어떤 것도 갚을 수 없다. 1장에서 살펴본 대로, 우리가 하나님을 사랑하는 방식, 곧 우리가 하나님의 선물에 대하여 할 수 있는 반응은 믿음, 감사, 하나님이 쓰실 수 있는 사람이 되는 것, 참여뿐이다. 우리는 하나님과 그러한 관계를 맺음으로써만 하나님을 하나님으로 알고, 그리스도를 우리 안에 머무르면서 활동하시게 할 수 있다. 하나님과 피조물의 사귐은 신성 안에서 이루어지는 사귐과는 그 정도로 다르다. 하나님과 피조물의 관계는 일방적인 베풂에 기초하고, 성 삼위의 사귐은 철두철미 호혜적인 베풂에 기초하고 있다.

몸은 하나, 은사는 여럿

우리는 하나님과의 사귐을 위해서만 지어진 것이 아니라, 우리들 서로의 사귐을 위해서도 지어졌다. 마찬가지로, 그리스도는 우리 안에서 사시거나 우리를 통하여 사시기 위해서만 오신 것이 아니다. 그리스도는 우리를 한몸으로 만들기 위해서 오셨다. 그분께서 오신 것은 우리를 그분의 몸, 곧 교회로 만들기 위해서다. 사도 바울은 그리스도께서 신자 안에 머무르시는 것과 자신의 몸인 교회를 설립하신 것을 긴밀히 연결시킨다. 성찬식에 쓰이는 빵과 포도주는 그리스도의 몸과 피를 상징하고, 그리스도의 몸과 피는 그리스도께서 우리를 위하여 자기를 내어주신 것을 상징한다. 우리는 빵과 포도주를 받음으로써 그리스도를 모셔

들이고, 그리스도의 한몸인 우리 자신을 받아들인다. 사도 바울은 그리스도를 받아들이는 것과 공동체가 되는 것 사이의 관계를 설명하면서 이렇게 말한다. "빵이 하나이므로, 우리가 여럿일지라도 한몸입니다. 그것은 우리가 모두 한 빵에 참여하기 때문입니다"(고전 10:17). 그리스도는 우리에게 자기를 내어주심으로써 우리에게 공동체를 주신다.

사도 바울은 자신의 서신에서 "서로"라는 표현을 빈번하게 사용한다. 특히 그리스도인이 어떻게 살아야 하는지를 가르치는 대목에서 그러하다. 우리는 이미 그 좋은 보기를 살펴보았다. "사랑으로 서로 다정하게 대하며, 존경하기를 서로 먼저 하십시오"(롬 12:10). 그는 그 짧은 한 절에서 "서로"라는 말을 두 차례나 사용하고, 자신의 서신들에서는 무려 백여 차례나 사용하고 있다! 서로 의지하고 서로 섬기는 것이야말로 한몸을 이루고 사는 길이다. "한몸에는 많은 지체가 있으나, 그 지체들이 다 같은 기능을 가진 것이 아닙니다. 이와 같이, 우리도 여럿이지만 그리스도 안에서 한몸을 이루고 있으며, 한 사람 한 사람은 서로 지체입니다"(롬 12:4-5).

사도 바울이 "영적 은사"라고 부르는 것을 몸의 각 지체가 부여받았다는 것은 의미심장한 사실이 아닐 수 없다. 그 은사는 성령께서 각 지체에게 주셔서 다른 지체들을 위하여 쓰게 하신 역할과 기능들이다. 베풀라고 받은 것이니 저마다 다른 지체에게 베풀어야 한다는 것이다. 빌립보서에 기록된 대로, 사도의 직을 은사로 받은 바울도 이처럼 "주고받는" 공동체에 속해 있다(빌 4:15). 그는 복음을 전파하고, 다른 사람들은 그의 "쓸 것"을 "보내주기"만 하는 것이 아니다(엡 4:16). 사도는 교우들의 믿음을 튼튼하게 하고, 교우들도 그의 믿음을 튼튼하게 한다. 예컨대, 그는 로마 교회로 가기를 바란다고 말하면서 이렇게 말한다. "이것은, 내가 여러분과 함께 지내면서, 여러분과 내가 서로의 믿음으로 서로 격려를 받고자 하는 것입니다"(롬 1:12).

서로 선물을 주고받는 것이야말로 사랑의 사귐을 표현하고 기르는 길이다. 선물하기에서 호혜주의를 없애 보라. 그러면 공동체는 붕괴되고, 뿔뿔이 흩어진 개인들만 남을 것이다. 호혜주의가 없으면, 우리는 저마다 각각의 섬에 살면서, 스스로 돕지 못하는 사람들을 돕기 위한 "꾸러미"를 익명으로 보내거나 익명으로 받게 될 것이다. 모두 다 정부에 기부금품을 보내어, 정부로 하여금 그것들을 궁핍한 사람들에게 분배하게 하는 일이 빚어지고 말 것이다. 물론, 오늘날과 같이 복잡한 사회에서 사회적 약자들을 돌보는 것은 정부가 해야 할 중요한 몫이다. 그러나 정부가 서로 선물하기를 대신할 수는 없다. 궁핍한 사람들 쪽으로만 선물하는 것도 있을 수 없다. 서로 베풂이 없으면, 우리는 기껏해야 쓸쓸한 이타주의자들의 세상에서 살게 될 것이다.

혹은 협력하는 이기주의자들의 세상에서 살게 될 것이다! 호혜주의는 남겨두고, 선물하기를 없애 보라. 그러면 공동체는 자신들의 이익에 부합할 때에만 협력하고 그 다음에는 뿔뿔이 흩어지는 개인들로 전락하고 말 것이다. 내가 원하는 것을 그대가 가지고 있다고 가정해 보자. 그러면 나는 그대를 설득하려고 할 것이다. "그대가 필요로 하는 것을 내가 가지고 있으니, 각자 가지고 있는 것을 서로 맞바꾸면 서로에게 득이 될 것이다." 흔히들 그런 식으로 교환한다. 그리고 그럴 여지가 얼마든지 있다. 우리에게는 물건을 그것에 상당하는 것과 맞바꿀 권리가 있다. 그러한 교환이 없으면, 우리는 복잡하게 얽힌 세상, 이기적인 사람들이 득실내는 세상에서 괴로운 삶을 살게 될 것이다. 그러나 최상의 교환 관계를 자기 잇속만 차리는 교환 관계로 변질시킬 경우, 우리는 참된 인간성의 정수를 잃고 말 것이다.

우리가 서로에게 줄 수 있는 최고의 선물은 (다이아몬드 반지 같은) 물건이나 (포옹 같은) 행위가 아니라, 후한 인심이다. 하나님은 그리스도라는 "형언할 수 없는 선물"을 주심으로써 우리에게 후한 인심과 그것에 기초한 공동체를 주셨다. 그런 인심만이 선물을 거침없이 줄 수 있다. 후한 인심은 사랑하는 사람을 좋아하기 때문에 베풀고, 궁핍한 사람들의 궁핍을 참지 못하기 때문에 베푼다. 후한 인심은 베풂을 통하여 위계제도를 뒤엎고, 경쟁을 상호 고양으로 변화시키며, 오래도록 변치 않는 서로 사랑의 띠를 만들어 낸다. 우리가 선물을 교환할 때 가장 근본적으로 주고받는 것은 다름 아닌 후한 인심이다. 이를테면 나의 후한 인심과 그대의 후한 인심을 서로 주고받는 것이다. 그 결과, 서로 사랑이 원처럼 계속 회전하게 된다.

어떻게 베풀어야 하는가? 우리의 후한 인심들을 함께 춤추게 함으로써! 우리의 후한 인심들을 함께 춤추게 하려면 어찌해야 하는가?

3장_ 어떻게 베풀 수 있는가

어찌해야 베풀 수 있는가? 어째서 이런 질문을 던지는가? 이 질문은 우리가 베풀지 못할 수도 있음을 암시한다. 그러나 혹자는 우리가 베풀 수 있다고 주장할 것이다. 인류가 존재하게 된 이래로, 우리는 늘 베풀어 왔고, 앞으로도 그러리라는 것이다. 그렇다면 어째서 베풂의 가능성을 묻는가? 다음과 같은 추론이 이루어질 수도 있다. "그대는 베풀어야 한다는 것을 알고 있다. 하나님께서 베풂을 위해 그대를 지으셨기 때문이다. 그대는 어떻게 베풀어야 하는지도 알고 있다. 베푸는 분이신 하나님께서 그대에게 본을 보여주시기 때문이다. 그러니 그분처럼 베풀어라." 그러나 이 완고한 권고를 꼭 따라야 할 것으로 받아들이는 것은 너무 단순한 것처럼 보인다. 흔히 "베풂"으로 여겨지는 것을 살펴봄으로써 그 이유를 알아보자.

후한 인심, 가짜?

1936년, 데일 카네기 Dale Carnegie는 「친구를 얻고 사람들을 움직이는 법 How to Win Friends and Influence People」이라는 제목의 유명한 책을 냈다. 그 책의 상당 부분이 베풂에 대해 다루고 있다. 그는 우리가 원하는 것이 친구이든 돈이든 간에, 우리가 사람들에게 진정한 관심을 보이고 선물을 제공할 때 원하는 것을 얻을 수 있다고 보증한다. 그는 많은 돈을 벌려면, 먼저 선물을 제공하고 나중에 그 몫을 청구해야 한다고 말한다. 타인에 대한 관심은 진실해야 하는데 말이다. 그는 우리가 주는 것이 선물이어야지 대부금이나 뇌물이어서는 안된다고 주장한다. 그러면서도 그는 우리가 타인에게 관심을 보이고 선물을 주는 목적은 우리 자신의 이익을 얻기 위해서라고 말한다.[1]

카네기의 충고는 효과적인 것임에 틀림없다. 그 책은 1,500만 부 이상이 팔렸고, 지금도 간행되고 있다. 그러나 그의 견해에는 우리를 난처하게 하는 무언가가 있다. 그는 선물의 힘을 이용하여 선물의 본질에 반하는 것을 얻으라고 한다. 당연히 선물은 다른 사람들을 이롭게 하는 것이어야 한다. 그런데도 카네기는 우리에게 이렇게 말한다. "베풀어서, 당신 자신을 이롭게 하라!"

카네기의 책은 지금도 얼마간 팔리고 있다. 사람들이 그의 견해를 좋아하기 때문이다. 우리의 베푸는 모습을 좀 더 자세히 살펴보라. 그러면 우리가 우리 자신을 위하여 얼마나 많은 선물을 베풀고 있는지를 알고 깜짝 놀라게 될 것이다. 우리는 고위직에 있는 친구들이 필요할 때, 그들을 저녁식사에 초대하거나 그들에게 호의를 베풀기 위해 방법을 모색한다. 우리는 우리의 자동차가 빨리 수리되기를 바랄 때, 스카

치위스키 한 병을 들고 자동차 정비소를 찾아가기도 한다. 우리는 작은 잘못을 저질러 배우자를 화나게 했을 때, 배우자의 화를 누그러뜨리려고 꽃다발이나 보석을 사들고 가기도 한다. 그러한 선물은 투자나 다름없다. 우리는 그러한 선물을 건네고, 그것보다 더 큰 보답 내지 더 나은 보답을 기대한다.

그러한 선물을 건넬 경우, 보답을 전혀 받지 못할 수도 있다. 수령자가 전혀 반응하지 않을 수도 있기 때문이다. 협상의 경우에는 상대방으로 하여금 거래 조건을 따르게 할 수 있지만, 무턱대고 선물부터 보냈을 경우에는 수령자의 호의를 무작정 기다릴 수밖에 없다. 그러나 그런 식으로 베푸는 것은, 보답이 더 클 것이라고 기대하면서 내기를 거는 것이나 다름없다. 보답을 전혀 받지 못할 수도 있는데 자진해서 모험을 하는 것이기 때문이다.

카네기 식 베풂은, 타자에 대한 진정한 관심을 말하고 있기는 하지만, 솔직히 말해서 타산적인 베풂이 아닐 수 없다. 우리는 그런 식의 베풂이 나중에 "대가를 요구하기" 위한 것이라는 것을 단번에 알아차린다. 대개 우리는 사고파는 분야에서 그런 식의 타산적인 자세를 견지한다. 우리는 매매가 이루어지는 시장에서 정당하게 득을 보려고 한다. 상품을 교환하면서 선물을 줄 때에도 득을 보려고 한다. 선물에서조차 이익을 얻으려고 하는 것이다. 그러한 경우, 선물 증정은 매매로 전락하고 만다.

무언가를 부정직하게 판매할 경우, 우리는 불량한 동기를 감추거나 비양심적인 행위를 했다는 의식에서 벗어나려고 선물을 제공하기도 한다. 그런 경우는 후하게 베푸는 척하면서 불법적으로 빼앗는 것이나 다름없다. 우리가 정직할 경우, 선물 증정은 우리의 신뢰성을 보여주는 데 도움이 되거나, 훌륭한 서비스에 대한 감사의 표시가 될 것이다. 그 경우 우리는 합법적으로 얻는 자가 될 것이고, 우리의 후한 인심은 우리가 다른 사람들을 속이지 않는다는 표시가 되거나, 우리가 그들의 공정하고 정당한 거래에 고마워한다는 표시가 될 것이다. 그럼에도 불구하고, 우리가 장사하면서 무언가를 베푼다면, 그것은 우리의 이익을 위해서 베푸는 것이지 수취인의 이익을 위해서 베푸는 것이 아니다.

물론 꼭 그럴 것까지는 없다. 우리는 장터에서도 다른 사람들의 이익을 위하여 베풀 수 있다. 앞에서 언급한 훌륭한 음악 선생의 예가 보여주듯이, 훌륭한 일꾼은 자기가 받는 것보다 더 많은 것을 베푼다. 피자를 예로 들어 말하면, 크러스트에 토핑을 듬뿍 얹어 주는 것이다. 하지만 그렇게 하는 것도 사실은 무언가를 얻기 위한 것이다. 우리의 후한 인심은 가짜다.

더 나쁜 가짜

다른 사람들을 위하여 베풀고 있다고 공언하는 사람은 더 잘 베푸는 사람일까? 그렇다. 하지만 그 경우에도 그는 자신의 이익을 구하고 있는 것이나 다름없다. 이 사실을 알면 불쾌할지도 모르겠다. 대개 우리는 다른 사람의 유익이 우리의 관심사라고 생각한다. 하지만 그렇지 않을 때가 더러 있다. 우리는 보답을 기대하다가 그것을 받지 못하면, 후한 인심의 흐름을 훨씬 가망 있는 쪽으로 돌린다. 우리는 후하게 베푸는 자라고 자부하지만, 사실은 얻는 자다. 어쩌면 뻔뻔스럽게 빼앗는 자인지도 모른다. 우리는 색마처럼 행동한다. 욕정에 불타올라 여자를 사랑한다고 믿지만, 정작 그녀 곁에서 잠을 깨면 방을 떠나려고 안달하는 색마처럼 행동한다.

색마와 달리, 우리는 우리의 "선물"을 받는 사람에게 아무것도 바라지 않는다고 하지만, 우리가 준 것만큼의 이익을 구하기도 한다. 우리는 무언가를 보답으로 받으려 하지 않고 대중의 존경을 원할 수도 있다. 사람들이 우리의 후한 인심을 알아주고 우리를 좋게 생각해 주기를 바라는 것이다! 베푸는 자가 되어 받는 칭찬을 다른 사람들의 이익보다 더 중요시하는 것이다. 우리는 예수께서 꾸짖으신 위선자들의 자선과 똑같이 한다. 우리는 "다른 사람들에게 칭찬을 받으려고" 스스로 "나팔을 분다"(마 6:2). 이웃에게 인정받으려고 하지도 말고, 이웃에게 존경을 받으려고 하지도 말라. 다른 사람들의 존경을 얻으려고 자기가 가진 것을 다른 사람들에게 넘겨주기보다는 그냥 가지고 있는 게 낫다.

그 대신, 예수의 경고를 마음에 새기고 은밀히 베풀 수도 있다. 하지만 우리는 대개 무언가를 얻으려고 베푼다. 우리의 양심이 죄로 시달리거나, 우리가 도덕적으로 충분히 선하지 못하다고 느껴지거나, 우리의 부와 권력과 특권이 걱정될 때, 우리는 무언가를 베풀어 자기 회의를 가라앉히려고 한다. 우리는 예수께서 권고하신 대로 은밀히 베풂으로써 우리의 악한 양심의 빚을 갚고 도덕적 밑천을 쌓아 나중의 적절한 때에 쓰려고 한다. 우리의 후한 인심은 진실할는지 모르지만, 불순한 동기로 얼룩져 있다.

끝으로, 미숙하고 정제되지 않은 열정에 사로잡혀 베풀 수도 있다. 매릴린 로빈슨Marilynne Robinson의 소설 「길르앗 *Gilead*」에 등장하는 화자의 할아버지가 그 단적인 예라고 할 수 있다. 그는 "가장 강력한 계명들, 특히 '달라고 하는 자에게 주어라' 같은 계명을 곧이곧대로 실천하려고 하였다."[2] 작품 속의 화자는 강박감에 사로잡혀 베푸는 사람인 그에 대해 이렇게 말한다. "어머니는 이렇게 말했다. '(네 할아버지는) 나눠 줄 만한 가치가 있는 것을 가지고 계시거나, 우리가 가지고 있게 하는 법이 없으셨어.' 할아버지는 세탁소를 차리려고 하셨다.…… '중서부에 있는 마을 어디를 가든, 내가 기운 바지들 몇 벌이 거리를 활보하는 것을 볼 수 있을 거야'라고 어머니는 말했다." 어찌 보면 그는 "성인" 같아 보였다(31쪽). 하지만 그의 기행奇行은 그의 베풀려는 충동과 더불어 "뒤틀린 열정에서 나온 것이었다." 그는 "우리를 향한 것은 아니지만 분노로 가득했기" 때문이다(34쪽). 추악한 악마가 후한 인심이라는 멋진 옷을 차려입고 그를 충동질하기라도 했다는 듯이, 그는 없는 사람들을 이롭게 하기보다는 가진 자들을 해치는 일에 더 열을 냈다.

남에게서 무언가를 얻어 내기 위해 베풀든지, 너그럽다는 칭찬을 얻기 위해 베풀든지, 도덕적 결함을 감추기 위해 베풀든지, 미친 듯이 날뛰는 짐승을 마음속에 키우든지 간에, 우리의 후한 인심은 가짜 내지 불순한 것이 될 때가 더러 있다. 전체로든 부분적으로든, 우리는 우리 자신에게 베풀고 있는 것이다.

그렇다면 우리는 베푸는 일보다 받는 일을 더 잘하는가? 썩 잘하는 것도 아니다. 베푸는 자들이 베푸는 일을 망치듯이, 받는 자들도 받는 일을 망칠 수 있다. 프리드리히 니체Friedrich Nietzsche가 「차라투스트라는 이렇게 말했다 *Thus Spoke Zarathustra*」에서 말한 대로, 받는 자는 마지못해서 감사하고, 그러한 감사는 배은망덕이 되기 쉽다. "작은 선행을 베풀고 그것을 잊지 않으면, 그것은 할퀴는 벌레가 되어 돌아온다."[3] 받는 자들은 거짓 감사, 아첨, 베푸는 자에 대한 거짓 관심을 통해 뻔뻔스럽게 더 많은 이익을 뽑아내려고 할 때가 종종 있다. 받는 자들은 베푸는 자들에게 의지하면 의지할수록 베푸는 자들을 신에 준

하는 위치, 생명의 원천, 행복의 원천으로 승격시키기까지 한다. 그럴 경우 그들은 불법적으로 빼앗는 자가 된다. 그들은 배은망덕을 통해 베푸는 자의 명예를 실추시키고, 속임수를 통해 베푸는 자의 물품을 빼앗고, 거짓으로 의지하는 척함으로써 베푸는 자 고유의 인간애에 흠집을 낸다. 베푸는 자이건 받는 자이건 간에, 우리는 선물을 일그러뜨린다.

이것은 베풀고 받는 인간의 본성을 어둡게 본 것인가? 나는 밝은 면도 간략하게 다룰 것이다. 하지만 지금은 우리의 베풂에서 드러나는 불순한 의도를 좀 더 자세히 살펴보는 것이 중요하다. 그렇게 살펴봄으로써 나는, 제대로 베푸는 것이 왜 힘든 일인지 설명하고자 한다.

선물과 금령

우리의 선물이 불순한 것은 어째서인가? 사도 바울은 죄인의 원형인 아담과, 구원받은 인간의 원형인 그리스도를 대조시킨다. 우리는 그리스도에게서 의와 영생을 "공짜 선물로" 받는다. 아담으로 말미암아서는 삶 자체와, 생존과 번영에 필요한 모든 자원을 받음과 동시에 죄와 죽음도 받는다. 사도 바울이 말한 대로, 죄가 아담을 통하여 "세상에 들어왔고", 그 결과로 우리 모두가 "죄인이 되었다"(롬 5:12, 5:19). 게다가, 죄와 죽음은 우리가 하나님에게서 받아 다른 사람들에게 베푸는 모든 선물을 망가뜨리기까지 한다. 실로, 우리는 그리스도에게서 죄와 죽음이 아닌 구원과 치료약을 선물로 받았다. 그러나 죄의 잔재는 우리의 생명이 다하고 인류 역사가 끝날 때까지 남아 있을 것이다. 그리스도께서 또 다른 선물, 완전한 사랑의 세계에서 누릴 영생의 선물을 베푸실 그날까지 남아 있을 것이다.

죄는 어떻게 세상에 들어왔는가? 죄는 어디에서 왔는가? 사도 바울은 첫 번째 물음에만 답하고, 두 번째 물음에는 침묵한다. 아담과 이브는 죄의 출입구이기는 하지만, 죄의 원조는 아니다. 죄는 그들을 "통해서" 오기는 했지만 그들로부터 온 것이 아니다. 누구도 죄의 원조가 아니다. 죄에 굴복한 아담도 이브도 죄의 원조가 아니다. 죄를 짓도록 유혹한 "뱀"도 죄의 원조가 아니다. 좋은 선물만 주시는 하나님은 더더욱 죄의 원조가 아니다. 죄는 유래를 확인할 수 없도록 불쑥 나타난 침입자다. 하지만 죄가 세상에 침입하는 것을 허락하신 분은 하나님이시다. 죄는 역사가 시작될 때 불가해하게 나타나서, 모든 인간에게 불가해하게 건네졌다.

죄의 기원보다 더 중요한 것은 죄의 본성이다. 그리고 죄의 본성과 선물 증정의 관계도 중요하다. 성서의 첫 번째 책에 등장하는 아담과 이브와 뱀의 이야기를 떠올려 보자. 하나님께서 아담을 푸릇푸릇한 동산 한가운데 두시고 "그것을 맡아서 돌보라"고 하시면서 이렇게 말씀하셨다. "동산에 있는 모든 나무의 열매는, 네가 먹고 싶은 대로 먹어라. 그러나 선과 악을 알게 하는 나무의 열매만은 먹어서는 안된다. 그것을 먹는 날에는, 너는 반드시 죽을 것이다"(창 2:15-17). 이 명령은 임의의 선을 긋고, 그 선을 넘을 시에는 죽게 되리라고 으름장을 놓는 것 같다. 말하자면 "이것은 먹어도 되지만 저것은 안된다. 저것을 먹으면, 너는 반드시 죽을 것이다"라는 것이다. 그것은 비정한 협박처럼 들린다. 그 의미는 분명하다. "네가 내 말을 어기면, 내가 너를 죽이겠다"는 것이다. 뱀은 아담과 이브를 유혹하면서 넌지시 말한다. 하나님이 임의의 규칙을 세우고 무서운 협박을 하시다니 하나님은 인색하고 쩨쩨한 분이라는 것이다. 말하자면 하나님께서는 열매가 탐스럽고 보암직하고 먹음직한 나무를 사람이 가까이하는 것을 막으시고, 하나님과 동등하게 될 수 있는 잠재력을 사람이 개발하지 못하게 하려고 하신다는 것이다(창 3:5-6).

방금 말한 것은 뱀이 하나님의 금령을 겉핥기식으로 해석한 것이다. 아담과 이브는 그러한 해석을 받아들임으로써 금령의 심오한 의미, 생명력 넘치는 의미를 놓치고 말았다. 루터가 지적한 바 있듯이, 아담과 이브는 하나님께서 그 열매를 먹지 못하게 하신 것은 "사람을 향한 하나님의 뜻이 선하지 못하기" 때문이라고 생각했다.[4] 아담과 이브는 정반대의 결론을 내리고 만 것이다.

하나님께서 보암직하고 먹음직한 나무의 열매를 먹지 말라고 하신 것은, 아담과 이브와 그들 주위의 모든 것이 불합리한 우연으로 존재하는 것이 아니고, 스스로의 힘으로 존재하는 것도 아니며, 존재할 때와 마찬가지로 해체될 때에도 불가해한 혼돈 속으로 빠지는 것이 아님을 알리시려는 것이다. 세계는 그냥 있는 것이 아니다. "존재하지 않는 것을 존재하도록 불러내시는" 하나님께서 아담과 이브를 기쁘게 하기 위하여 세계를 주셨고, 지금도 주고 계신다. 먹지 말라고 금하신 열매는 하나님의 인색함과 질투심을 드러내는 것이 아니라, 하나님의 압도적인 관대하심과 선하심을 드러내는 것이다. 역설적으로 들리겠지만, 금단의 열매는 주어진 세계가 지켜야 할 성사聖事다. 그러나 아담과 이브는 그 역설을 놓치고 선물을 오용하고 말았다.

일반적인 관례조차도 선물을 우리 자신의 당연한 소유로 여기거나, 더 받지 못했다고 불평해서는 안된다고 말한다. 우리는 우리의 급료를 청구할 수 있고, 그것이 불충분하다고 불평할 수도 있다. 그러나 선물은 주어진 그대로 받지 않으면 안되고, 선물에 합당한 감사를 표하지 않으면 안된다. 자격이 있어서 선물을 받는 것으로 생각하고, 더 받지 못한 것을 한스럽게 여기는 것은 가련한 수취인이 되는 행위이자 수여자를 모욕하는 행위이기도 하다. 그러한 행위는 선물을 선물로 인정하는 것도 아니고, 수여자를 수여자로 영화롭게 하는 것도 아니다. 특히 우리는 아담과 이브만큼 많은 것을 받았으면서도 그와 같은 짓을 행하고 있다.

1장에서 살펴보았듯이, 하나님의 선물에 합당한 반응은 그것을 믿음으로 받고 수여자이신 하나님께 감사하는 것이다. 믿음과 감사의 상실, 참되고 선하고 아름다운 것은 모두 하나님의 선물임을 알지 못한 것, 그것이야말로 아담이 지은 가장 근본적인 죄였다. 또한 그것은 우리가 짓는 가장 근본적인 죄이기도 하다. 사도 바울이 지적한 대로, 우리는 "하나님을 하나님으로 영화롭게 해드리거나 감사를 드리지" 않고 있다(롬 1:21).

가인의 분노

아담과 이브의 뒤를 이어 곧바로 그들의 두 아들 이야기가 등장한다. 가인과 아벨 이야기는, 우리가 참되고 선하고 아름다운 모든 것을 하나님의 선물로 여기지 않고 도리어 우리 마음대로 착복하여 즐겨도 되는 것으로 여길 때, 사람들 사이에서 어떤 일이 빚어지는지를 말한다. 두 형제가 하나님께 제물을 바쳤다. "가인은 땅에서 거둔 곡식을 바치고, 아벨은 양 떼 가운데서 맏배의 기름기를 바쳤다"(창 4:3-4). 그 이야기의 결정적인 대목은 이러하다. "주께서 아벨과 그가 바친 제물은 반기셨으나, 가인과 그가 바친 제물은 반기지 않으셨다. 그래서 가인은 몹시 화가 나서, 얼굴색이 변하였다"(창 4:5-6).

몇몇 해석자들은 가인의 모든 것을 망친 장본인은 하나님이었다고 넌지시 말한다. 뱀에 의하면 아담이 한 나무의 열매를 먹지 못하게 하나님이 멋대로 막으셨다고 하고, 해석자들은 하나님이 가인보다는 아벨에게 멋대로 은총을 베푸셔서 가인을 성나게 하셨다고 한다. 하지만 그런 식의 해석은 성서 원문에서 드러나는 수많은 암시들을 무시한 것이다. 그 암시들에 의하면, 가인은 거만하고 부유하고 인색한 장남이었던 반면에, 아벨은 겸손하고 가난하고 후히 베푸는 차남이었다.[5]

아담과 이브가 하나님에게서 멀어졌듯이, 가인도 하나님에게서 멀어졌다. 부분적인 이유이기는 하지만 빼앗는 자로 태어나고 자라서 자신이 확충한 것들을 자신의 업적으로 삼았기 때문이다. 그는 아벨과 경쟁을 벌여 아벨을 앞질렀으며, 장남으로 태어나 힘과 부와 명예를 먼저 차지했다. 하지만 그는 빼앗는 자였다. 그는 하나님께 제물을 인색하게 바쳤다. 반면에 아벨은 베푸는 자였으며, 자기가 받은 것에 감사하여 자기의 소유 가운데 가장 좋은 것을 하나님께 바쳤다. 하나님께서 인정하신 제물은 아벨이 바친 제물이었지, 가인이 바친 제물이 아니었다. 그는 아벨과 경쟁하다가 갑자기 뒤처지고 말았다.

그의 부모가 하나님께 감사하지 않았듯이, 가인도 하나님께 감사하지 않았다. 하나님께서 가인이 바친 제물을 인정하지 않고 아벨이 바친 제물을 인정하신 것은 바로 그 때문이었다. 루터의 관점으로 말하면, 가인은 타락한 천사들 및 지상의 수많은 군주들과 마찬가지로 하나님의 선물을 능욕하고 말았다. 그는 이런 식으로 생각했는지도 모른다. "하나님께서 선물을 베푸신 것은, 나로 하여금 나의 창조주이자 관대한 수여자인 분을 멸시하게 하려는 것이다."[6] 우리는 가인이 아벨과 맺은 관계를 통해서도 답할 수 있다. 가인은 베푸는 사람이기보다는 빼앗는 자였다. 빼앗는 자들은 자신들이 조만간 맞부딪힐 사람들을 경쟁자로 여긴다. 빼앗는 자들은 자신과 맞부딪히는 사람들이 대수롭지 않을 경우에는 건드리지 않지만, 그 사람들이 자신보다 뛰어날 경우에는 그들을 넘어뜨리려고 한다. 가인은 아벨이 보잘것없는 사람이었을 때에는 자상한 형이었지만, 아벨이 어엿한 사람, 특히 하나님의 눈에 드는 사람으로 부상하려고 하자 타격을 가할 수밖에 없었다. 그것은 그가 남의 것을 불법적으로 빼앗고, 필요할 경우에는 남의 목숨까지 빼앗는 사람임을 보여주는 증거였다.

죄는 시답잖은 선물이다. 사악한 누군가가 한 첩의 독약을 우리에게 은밀히 건네듯이, 죄도 우리에게 은밀히 "건네진다." 그러나 그것은 좋은 선물의 반대, 곧 대단히 나쁜 선물인 것만이 아니다. 이는 해악이 도움의 반대편인 것과 같다. 죄는 "선물을 무력화시키는 자"다. 그것은 온갖 선물의 선을 없애고 무력하게 한다. 온갖 선물이 선물 아닌 것으로, 탈취의 수단으로 변질되는 것은 우리의 이기심과 교만 때문이다. 가장 후하게 베푼다는 사람들을 찬찬히 살펴보라. 그러면 그대는 그들에게서 불법적으로 빼앗는 자의 특징 가운데 일부를 발견하게 될 것이다. 우리가 제아무리 탁월하게 베푸는 사람이라고 해도, 우리는 여전히 죄인일 수밖에 없다. 우리가 제아무리 베푸는 사람이라고 해도, 우리는 여전히 죄인일 뿐이다. 우리가 죄인이라는 것은 피할 수 없는 사실이다.

근본적인 선

지금까지 우리는 명백한 것처럼 보이는 선물 수여, 따스한 열기를 내뿜는 선물 수여에서 시작하여, 미심쩍은 선물 교환의 어둔 골짜기를 통과하고, 모든 선물을 망가뜨리는 보편적인 죄, 곧 "암흑의 핵심"에 이르렀다.

20세기 영국 소설가 조셉 콘래드Joseph Conrad는 「암흑의 핵심 Heart of Darkness」이라는 소설에서 제국주의의 위선을 파헤친다. 제국주의자들은 적법하게 얻는 사람, 인정 많은 수여자로 자처하였다. 그들은 자신들이 토착민들과 공정하게 거래했으며, 야만스럽고 무지한 토착민들에게 문명의 빛을 덤으로 가져다주었다고 믿고 싶어 했다. 하지만 그들은 파렴치하게 빼앗는 자들이었다. 그들은 토착민들의 재화를 수탈하고, 자신들의 문화로 바꾼다는 미명하에 토착민들의 문화를 파괴하였다. 소설 속 등장인물인 커츠Mr. Kurtz는 남아프리카의 상아 사냥꾼으로서 칠흑 같은 어둠을 구현한 인물이다. 그도 제국주의자들과 똑같은 짓을 공공연히 저질렀다. 그는 "덕세德稅를 폭넓게 거두는 당당한 국왕" 행세를 하고 싶어 했다(덕세德稅, benevolence는 에드워드 4세부터 제임스 1세에 이르는 영국의 왕이 백성들에게서 강제로 걷은 돈을 일컫는다. 액수는 정해져 있지 않았고, 의회의 동의 없이 거둬들여 선물 받은 것으로 위장했다—옮긴이).[7] 그는 상아를 거래하기도 하고, 속여 빼앗기도 하고, 훔치기까지 했다. 그는 "모든 야만인들을" 억누르고, 심지어는 "몰살시키려고" 했다.[8]

우리들 대다수는 독선적인 제국주의자가 아닐 것이다. 또한 우리는 사악한 커츠의 모방자라고 자인하지도 않을 것이다. 하지만 우리 역시 죄인인 만큼, 그를 지배한 것과 유사한 충동이 우리 안에도 자리하고 있다고 해야 할 것이다. 우리는 불법적으로 빼앗기도 하고, 때로는 뻔뻔스럽게 탈취하기도 하며, 종종 합법적인 획득과 관대한 베풂을 가장하고서 빼앗기도 한다. 우리들 각자는 「암흑의 핵심」의 주인공 말로

Marlow가 커츠를 찾고자 콩고 강을 거슬러 올라간 것처럼 어둠의 중심을 향해 여행하고 있는지도 모른다.

그러한 어둠을 보고도 참으로 베푼다고 할 수 있는가? 우리는 여전히 뒤틀린 자기 사랑으로 행동하는 것은 아닐까? 루터가 말한 죄인처럼, "하나님의 것과 사람의 것을 하나님과 사람에게서 받아, 하나님에게도 드리지 않고, 사람에게도 베풀지 않는 것은 아닐까?"[9] 그렇다면 진정한 베풂은 불가능한 것인가? 그것은 한낱 개인들과 공동체들이 빠져 있는 유쾌한 속임수에 불과한 것인가? 그것은 실제로는 이기적 교환에 불과한 삭막한 현실을 감추려는 속임수일 뿐인가? 우리는 선물을 수여하면서, 피에르 부르디외 Pierre Bourdieu가 말하는 것과 같은 게임을 하고 있는 것에 불과한가? 부르디외는 이렇게 말한다. "누구나 교환의 진정한 본질을 알고 있다. 누구나 그 사실을 알면서도 알기를 꺼린다."[10]

사도 바울은 우리 모두가 죄를 짓고(롬 3:23), 죄의 속박을 받고 있다(롬 7:14-24)고 말한다. 루터에 따르면, 우리는 늘 죄를 짓는다고 한다. 우리는 잘못되면 하나님과 이웃을 노골적으로 탓하고, 잘되면 교활하게 거들먹거리며 자신의 모든 성취를 자기가 잘나서 이룬 것으로 여기고, 자기가 보잘것없는 존재로 여겨질 때에는 짐짓 겸손한 척한다.

그러나 우리는 모두 머리끝부터 발끝까지 죄인이기는 하지만, 우리 가운데 속속들이 죄인이거나 선한 구석이 전혀 없는 사람은 하나도 없다. 우리는 죄인이지만 여전히 하나님의 선한 피조물이다. 종교개혁가들은 물과 잉크의 유비를 활용하여 선한 피조물이 되는 것과 죄인이 되는 것의 관계를 설명했다. 물은 선한 피조물을 의미하고, 잉크는 죄를 의미한다. 그리고 죄인은 잉크 몇 방울이 떨어진 한 잔의 물을 의미한다. 잔에 들어 있는 물은 잉크로 물들었지만, 그래도 잉크가 아닌 물이다. 마찬가지로, 우리의 모든 선한 행실도 죄로 얼룩져 있기는 하지만, 공덕을 가장한 죄가 아니라 선한 행실이다. 이제 그것을 선물에 적용해 보자. 우리는 선물을 수여한다. 우리가 수여하는 선물 가운데 순수한 것은 하나도 없다. 그러나 순수한 것은 아니지만, 그것들 가운데 상당수는 우리의 이기심을 은폐한 것이 아닌 진짜 선물이다.

이기심, 교만, 게으름

우리의 근본적인 선은 우리로 하여금 순수한 마음으로 선물을 수여하게 한다. 하지만 그렇게 하지 못하도록 방해하는 것이 있는데, 그것이 바로 죄의 세 가지 양상이다. 그것은 자기만 위하는 행위의 세 양상이기도 하다. 그것은 이기심, 교만, 게으름이다. 그 양상들에 따라서 하나님도 우리의 삶 속에 현존하시면서, 죄가 우리의 선물 수여를 뒤엎지 못하도록 세 가지 방법으로 막으신다.

먼저, 이기심을 살펴보자. 루터는 이렇게 말한다. 인간은 "무슨 일을 하건 안 하건 간에, 자신의 이익을 추구하고 자신의 길을 모색한다. 그는 하나님의 영광과 이웃의 영예를 구하기보다는 자신의 영예를 구한다."[11] 우리가 하찮은 것을 선물하거나 아예 선물하지 않는 것은, 우리가 이기적으로 우리 자신의 이익을 늘리려 하기 때문이고, 다른 사람에게 베풀기 위해서는 우리의 것을 덜어내야 하기 때문이다. (이기적인 마음에서 베푼 커다란 선물은 선물이 아니다. 그것은 투자일 뿐이다.) 우리는 "베푸는 것은 곧 잃는 것이야" 하면서 베풀지 않음을 정당화한다.

종종 우리의 자원은 바닥을 드러낸다. 무언가를 베풀면, 우리가 누릴 가능성이 그만큼 줄어드는 것처럼 보인다. 우리의 자원이 풍부할 때에도 불안하기는 매한가지다. 없는 사람의 것을 덜어 부유한 사람에게로 옮기기보다는 부유한 사람의 것을 덜어서 없는 사람에게로 옮기는 것이 훨씬 용이한 일이다. 기껏 베풀었는데 불행이 닥치거나, 기껏 베풀었는데 일자리를 잃거나, 기껏 베풀었는데 주가가 폭락하거나, 기껏 베풀었는데 중병에 걸릴 경우, 우리는 곤경에 처할지도 모른다. 따지고 보면, 우리에게 힘을 주는 것은 자원이다. 닫힌 문을 활짝 여는 것도 자원이고, 가진 것이 없는 곳에 영향력을 발휘하는 것 역시 자원이다. 베푸는 척하면서 힘을 유지하는 사람이 있는 것도 사실이지만, 어쨌든 무언가를 내어주면 우리의 힘이 줄어드는 것처럼 보인다. 우리는 삶의 좋은 것들을 향유하고, 미래의 안녕을 보장하고, 힘을 유지하기 위해, 무언가를 진실로 나누거나 내어주기보다는 굳게 붙잡으려고 한다.

둘째, 교만이 우리의 선물을 망가뜨린다. 루터는 「하이델베르크 논쟁」에서 이렇게 말한다. "경건한 마음으로 일하면서 자기가 행한 일을 신뢰하는 것은 자기를 영예롭게 하는 길이자 하나님으로부터 영예를 얻는 길이기도 하다. 그러나 자기가 일한 것으로 자기만 즐겁게 하고, 자기를 우상처럼 떠받들려고 하는 것은 완전히 잘못된 생각이다."[12] 루터가 무엇에 반대하고 있는지 유의하기 바란다. 자기의 일을 즐기면서 좋은 음식, 연인의 입맞춤, 멋진 경치를 즐기는 것은 바람직하지만, 자기가 행한 일로 자기를 떠받드는 것은 바람직한 것이 아니다. 왜냐하면 그것은 하나님에게 속한 영광을 가로채는 짓이기 때문이다. 설령 베푼다고 해도, 그것은 다른 사람들을 이롭게 하기 위한 것이 아니라, 다른 사람들이나 우리 자신에게서 칭찬을 얻기 위한 것일 뿐이다.

왜 우리가 우리 자신을 떠받들려고 하는지는 이해할 수 있는 일이다. 우리 자신의 긍정적인 자존감은 물론이고, 다른 사람들이 우리에 대해 가지고 있는 호의적인 견해 역시 희귀한 재화처럼 느껴질 때가 종종 있기 때문이다. 우리는 물건을 얻기 위해서만 경쟁하는 것이 아니다. 고결하고 재능 있고 유능한 사람이라는 평판을 얻기 위해서도 경쟁한다. 하지만 최고의 평판조차도 경쟁자의 질투 때문에 쉬이 사라지고 만다. 우리 가운데 나르시스 같은 사람들을 제외하면, 우리들 대다수는 다른 사람들에게 해를 끼쳤다는 죄책감과, 기대치만큼 살지 못했다는 수치심에 시달리게 마련이다. 우리가 베푸는 것은 그 때문이다. 하지만 그것은 다른 사람들을 이롭게 하기 위한 베풂이 아니라, 우리 자신을 만족시키기 위한 베풂일 뿐이다. 우리의 베풂은 자화자찬의 욕망과 다른 사람들의 칭찬을 얻으려는 욕망으로 얼룩져 있다.

끝으로, 게으름이 우리를 베푸는 자가 되지 못하게 한다. 우리는 좀처럼 게으름, 나태, 굼뜸을 죄로 여기지 않는다. 우리는 우리의 몸과 마음이 게으르고 비활동적인 상태가 되는 것을 탐탁하게 여기지 않는다. 우리의 몸과 마음이 게으르고 비활동적인 상태가 되는 것은 우리의 영혼과 어떤 관계가 있는가? 게으름은 우리에게 탐탁하지 않은 것만이 아니다. 그것은 죄스러운 것이기도 하다. 20세기 스위스 신학자 칼 바르트는 그 주제에 대하여 열변을 토하며 이렇게 말한다. "죄는 대담한 모습의 교만일 뿐 아니라, 대단히 보잘것없고 하찮은 모습의 게으름이기도 하다. 게으름은 교만과 대조되면서 동시에 깊이 통하는 구석이 없지 않다. 바꾸어 말하면, 죄는 악행의 모습만 가지고 있는 것이 아니라, 악한 게으름의 모습도 가지고 있다."[13] 참회자의 기도를 바칠 때, "우리가 행한 일"과 "행하지 않고 내버려둔 일"로 하나님께 죄를 지었다고 고백하는 것은 그 때문이다.

움직이지 않고서는 베풀 수가 없다. 누군가가 이야기할 때 주의를 기울이려면 집중해야 한다. 자선단체에 기부금을 내려면 돈을 벌어야 할 뿐 아니라, 현명한 기부자가 하는 것처럼 수표를 끊기 전에 자선단체를 물색해야 한다. 무료 급식 시설에서 봉사하려면, 시설을 잘 물색하고 시간을 내어 봉사해야 한다. 우리는 너무 안락해서 베풀지 못하는 수가 왕왕 있다. 우리는 베풀기보다는 놀고 싶어 하고, 대접받고 싶어 하며, 그저 무위도식하고 싶어 한다. 때로는 너무 낙담해서 베풀지 못하는 수도 있다. 궁핍을 해소하려는 모든 노력이 뜨거운 돌 위에 떨어진 물방울처럼 여겨지는 것이다. 우리는 선물이 썩 좋은 일을 하지 않는다 싶을 때에는 베푸는 수고를 하려고 하지 않는다. 결국, 우리를 자기만 위하고 남의 생기를 떨어뜨리는 전문가로 만드는 것은 다름 아닌 이기심과 교만이다. 하지만 다른 사람을 돕거나 다른 사람의 생기를 돋우어 주려고 해도 우리에게 능력이 없을 때가 있다. 무능이 나태를 조장하고 나태가 무능을 촉진하면 촉진할수록, 우리는 베풂이 없는 지옥으로 미끄러져 내려가게 될 것이다.

과연 우리는 이기심과 교만과 게으름의 영향을 물리치고, 우리의 베풂을 순수한 베풂이 되게 할 수 있는가? 이 세계의 역사 저편에 있는 하나님의 완전한 사랑의 세계로 발을 들여놓지 않는 한 어림도 없을 것이다. 개인이건 공동체건 간에, 우리가 하나님과 사귀면서 하나님의 온전한 형상을 회복할 때에만 우리의 베풂이 순수해질 것이다. 그럴 때에만 우리는 이기적으로 주고받는 것이 아니라 풍성하게 주고받고, 교만하게 주고받는 것이 아니라 겸손하게 주고받고, 게으르게 주고받는 것이 아니라 열심히 주고받게 될 것이다. 그리고 우리는 베풂이 어디에서 끝나고 받음이 어디에서 시작되는지를 알 수 없게 될 것이다. 우리는 주는 것만큼이나 받는 것도 좋아하게 될 것이다. 저마다 베푸는 자의 기쁨을 누리고, 저마다 받는 자의 기쁨을 누릴 것이기 때문이다.

그러나 우리는 에덴의 동쪽에 살고 있으면서도 여전히 그 세계와는 거리가 멀다. 우리 자신의 능력과 힘과 노력으로는 거기에 닿을 수도 없다. 우리의 선물이 순수하지 못한 것은 그 때문이다. 그러나 우리의 선물은 더 좋아질 수 있다. 우리는 1장과 2장에서 우리의 베풂이 하나님의 베풂에 참여하는 길임을 확인하였다. 우리 자신을 베푸는 자로 향상시키기 위해 하나님을 필요로 할 때가 올 것이다. 베푸시는 하나님을 본받는 만큼 우리는 잘 베푸는 자가 될 것이다. 그럴 때, 하나님께서 이기심과 교만과 게으름이 베풂에 끼치는 악영향을 걷어 내실 것이다.

베풂의 삼각관계

죄가 베풂에 끼치는 악영향을 하나님께서 어떻게 걷어 내시는지를 알려면, 하나님께서 베풂의 행위를 어떻게 가능하게 하시는지를 먼저 살펴보아야 한다. 1장에서 말한 대로, 모든 것을 가능하게 하시는 하나님은 베풂도 가능하게 하신다. 하나님께서 베풀어 주시지 않으셨으면, 우리도 베풀지 못했을 것이다. 하나님께서 베풀어 주시지 않으셨으면, 줄 것도, 줄 사람도, 받을 사람도 없었을 것이다. 하나님이 아니 계셨으면, 선물 수여는 어느 철학자가 말한 것처럼 불가능했을 것이다.

창조주 하나님을 믿지 않는 사람은, 하나님이 없으면 선물 수여가 불가능하다는 주장에 이의를 제기할 것이다. 그런 사람은 이 세상이 어찌어찌 존재하기는 했지만, 존재하는 것만은 분명하다고 추론할 것이다. 그리고 이 세상이 존재한다면, 베풀 물자도 있을 것이고, 베푸는 사람과 받는 사람도 있을 것이라고 생각할 것이다. 이 세상이 하나님 없이 존재할 수 있다면, 베풂 역시 하나님이 없어도 가능하다는 것이다. 설령 그것이 가능하다고 해도, 하나님 없이 베푸는 것이 가당한 것인가?

베풂의 가장 근본적인 구조는 이러하다. 즉 누군가가 다른 누군가에게 무언가를 주는 것이다. 선물을 주고받으려면 최소한 두 사람이 있어야 하고, 한 사람이 다른 사람에게 줄 유형무형의 무엇, 가령 꽃이나 축복이 있어야 한다. 그러나 그것은 선물의 골격일 수는 있어도 온전한 선물일 수는 없다. 베풂이 실제로 일어나려면, 근육과 신체 기관이 필요하다. 예컨대, 선물은 사람들이 그것을 보고 "이것은 선물이구나!" 하고 알아볼 수 있게 하는 공동의 이해를 전제한다. 한 화성인이 지구에 착륙하여 지구인들의 환영을 받는다고 가정해 보자. 지구인들이 붉은 융단을 깔고, 한 소녀가 그 화성인에게 화환을 건넨다. 지구에 착륙하기 전 지구인들의 관습을 조사하고 익히지 않는다면, 그 화성인은 자기가 환대와 함께 선물까지 받고 있음을 전혀 알지 못할 것이다.

수령자가 기대하는 것보다 더 많이 베풀려고 하는 수여자의 의지야말로 선물의 골격이 활성화되기 위해 갖추어야 할 것들 가운데 하나다. 반면에 어떤 사람이 자기가 베푸는 것보다 더 많이 받으려고 한다면, 그 사람은 베푸는 것이 아니다. 수령자나 어떤 관찰자가 하나님처럼 우리의 마음을 슬쩍 들여다보고 우리의 속셈을 알아챈다면, 그들은 우리가 베푼 것을 싹 잊어버리려고 할 것이다. 베푸는 것이 아니라, 교활하고 점잖게 빼앗으려고 하는 것이 우리의 속셈이기 때문이다.

결정적인 물음은 다음과 같다. 우리는 이성적 존재인데, 무엇 때문에 우리가 받으리라고 기대하는 것보다 더 많이 베풀려고 하겠는가? 우리가 베푼다면, 그것은 가혹한 처사가 되고 말 것이다. 베푼 것은 잃어버린 것이나 다름없기 때문이다. 베풂이 사리에 맞으려면, 자기가 받으리라고 기대하는 것보다 더 많이 베풀어도 손해를 보지 않고 이익을 얻게끔 세계가 조성되어야 한다. 한평생 베풀며 가난한 사람들과 병자들을 돌보았던 마더 테레사 같은 인물을 예로 들어 보자! 선물을 베푸는 사람이 손해를 보지 않고 어느 정도 이익을 얻는다는 기대감이 없다면, 그토록 꾸준한 베풂의 흐름을 유지하는 것이 불가능할 것이다.

그러한 기대감은 하나님이 없으면 불합리할 것이다. 자기만 위하는 삶에서 후하게 베푸는 삶으로 건너가도록 다리를 놓기 위해서는 하나님이 반드시 필요하다. 임마누엘 칸트가 힘 있게 주장한 바 있듯이, 우리의 선을 행복과 조화시키려면 전지전능한 창조자, 구원자, 완성자가 필요하다.[14] 우리의 선물을 씨앗으로 삼고, 그 씨앗에서 푸짐한 수확물이 자라나게 하려면, 방금 말한 것과 같은 하나님이 필요하다. 사도 바울은 이렇게 말한다. "심는 사람에게 심을 씨와 먹을 양식을 공급해 주시는 하나님께서, 여러분에게 씨를 마련해 주시고, 그것을 여러 갑절로 늘려 주시고, 여러분의 의의 열매를 증가시켜 주실 것입니다"(고후 9:10). 우리는 더 많이 돌려받기 위해서 베푸는 것이 아니다. 우리가 더 많이 돌려받고자 베푼다면, 그것은 이기적인 욕심을 차리는 짓이 되고 말 것이다. 그러나 다른 사람들을 위하여 베푸는 사람은 욕심 없는 베풂이 자기에게도 유익이 됨을 잘 안다.

근본적인 선물을 예로 들어 보자. 다른 사람을 위하여 자기의 목숨을 내어주든, 일정 기간 철저히 헌신하고 봉사하든 간에, 우리가 가장 가치 있게 여기는 선물은 자기 자신이다. 쇠렌 키르케고르 Søren Kierkegaard가 개작한 파우스트 이야기의 마르가레테 Margarete처럼, 우리는 자기를 내어주는 경지에 이를 때에만 진정한 사랑을 느낄 수 있다. 종교 사상가들과 철학자들 그리고 시인들이 말하는 그러한 경지는 우리가 "사랑하는 사람 안에서 완전히 소멸되는" 경지이기도 하다.[15] 그러나 우리가 냉정한 정신일 때에는 그렇게 하기를 주저하는데, 그 이유는 그렇게 하다가는 실망을 피할 수 없다는 것을 잘 알기 때문이다. 또한 우리 자신을 송두리째 내어주면, 우리 자신을 헛되이 소모하는 것으로 끝날 수도 있음을 잘 알기 때문이다.

우리는 셈을 차리고 자기를 거두어들일 것인지, 계산하는 태도를 버리고 자기를 송두리째 내어줄 것인지 갈피를 잡지 못하고 있다. 전자의 경우, 우리는 자기중심적인 세계에서 고독하게 살면서 채워지지 않는 공허감을 맛볼 수밖에 없다. 후자의 경우에는 우리네 정체성의 참을 수 없는 모순을 겪을 수밖에 없다. 우리가 누군가에게 우리 자신을 송두리째 주고 나면, 그 누군가가 언제든지 우리를 버릴 수 있기 때문이다. 마르가레테는 냉정하고 계산적인 파우스트에게 버림받고 말았다. 그럼에도 불구하고 그녀는 그에게 자기 자신을 송두리째 내어주고, 그를 포기하지 않았으며, 그를 "끊임없이 존재하게" 했다.[16]

자기를 내어주는 사랑이 하나님으로부터 벗어나면 스스로의 힘으로 오래갈 수 없다. 아무리 자기를 내어주는 사랑이라고 해도, 하나님을 부정하는 사랑은 우리를 파괴하게 마련이다. 그것은 우리 사랑의 대상, 곧 유한하고 애초부터 믿을 수 없는 대상에게 우리 자신을 내주는 것이기 때문이다. 우리 자신을 남에게 내어주더라도 우리의 참된 자기를 잃지 않으려면, 우리의 타자 사랑이 무엇보다도 하나님을 통하여 이루어지고, 아우구스티누스가 간결하고도 심오하게 말한 대로, 하나님 안에서 타자를 사랑해야 한다. 가난한 이들을 섬기는 사람들은 그러한 자세를 종종 이런 식으로 표현한다. "나는 사람들을 돌보면서 그들 속에 계신 예수를 섬긴다." 그리스도인의 모든 베풂도 그러하다.

키르케고르는 그의 책 「사랑의 행위 *Works of Love*」에서 사랑의 본질과 실천을 깊이 묵상하면서 위의 사상을 생생하게 설명한다. 그는 "자기를 내어주는 사랑 안에서 자기를 잊는 사람은 잊히지 않을까?"라는 결정적인 물음을 던지고 아래와 같이 답한다.

> 그렇지 않다. 사랑 안에서 자기를 잊는 사람은 자기의 고통을 잊은 채 다른 사람의 고통을 걱정하고, 자기의 불행을 잊은 채 다른 사람의 불행을 염려하며, 자기의 손해를 잊은 채 다른 사람이 손해를 입으면 어쩌나 우려한다. 그는 자신의 이익을 돌보지 않고 다른 사람의 이익을 돌본다. 실로 그런 사람은 잊히지 않는다. 그런 사람을 잊지 않는 분이 한분 계신다. 그분은 다름 아닌 하늘에 계신 하나님이시다. 사랑 역시 그런 사람을 잊지 않는다. 하나님은 사랑이시다. 자기를 잊은 채 사랑하는 사람을 하나님이 어찌 잊으시겠는가! 하나님은 자기를 잊은 채 사랑하면서 다른 사람들을 걱정하는 그 사람을 절대로 잊지 않으신다. 이기적으로 사랑하는 사람은 분주하기 그지없다. 그는 남에게 잊히지 않으려고 소리치고, 커다란 잡음을 내고, 자기 권리를 주장하지만, 곧 잊히고 만다. 그러나 자기를 잊은 채 사랑하는 사람은 사랑에게 잊히지 않는다. 하나님께서 그를 기억하시기 때문이다 ....[17]

키르케고르는 이렇게 결론짓는다. "그러므로 사랑하는 사람은 자기가 준 것만큼 받는다."[18] 선물 한 사람은 어떤 형식으로든 하나님으로부터 받게 되어 있다. 선물 받은 사람들이 답례할 수도 있다. 그 경우는 보답을 받으리라고 기대하는 것보다 더 많이 베풀려고 하는 수여자의 의지가 관철된 것일 것이다. 그러나 수령자가 답례할 능력이 없거나 답례를 원하지 않아서 답례하지 못할 수도 있다. 수령자가 답례하지 않으면, 뿌려진 씨앗은 죽고 말 것이다. 설령 그렇다고 해도 하나님께서 그 씨앗으로 하여금 열매를 맺게 하셔서, 수여자로 하여금 풍성히 수확하게 하실 것이다.

선물 증정이 베푸는 자와 받는 자 사이에만 국한되는 것이라면, 베푸는 자가 손해를 볼 위험이 있다. 인간의 뿌리 깊은 이기심으로 보건대, 대체로 베푸는 자가 손해를 보게 될 것이다. 그러면 전혀 선하지 않은 행위를 처벌하기가 어려워질 것이다. 반면에 베푸는 자와 받는 자 사이에 하나님이 개입하시면, 베푸는 자가 손해를 보지 않게 될 것이다. 베푸는 자는 자기가 베푼 만큼 받거나 그 이상을 받게 될 것이다. 선물하는 사람이 모든 선물의 근원이신 분으로부터 더욱 풍성하게 받는 것이야말로 흐름의 법칙이다. 사도 바울은 베푸는 자에게 갚아 주시는 하나님에 대해 이야기하면서 같은 견해를 피력한다(고후 9:6-11).

베푸는 자가 남에게 베푸는 것보다 더 많은 것을 하나님으로부터 받는다고 가정해 보자. 그래도 그가 베푸는 자일까? 관대하신 하나님 덕분에 선물 증정이 이기적인 것으로 변한 것이 아닐까? 앞서 말한 대로, 보답을 더 많이 받으려는 마음으로 베푸는 것이 아니면, 그런 베풂은 이기적인 것이 아니다. 사도 바울이 말한 대로, 베푸는 자는 자기가 결코 드릴 수 없는 분에게서 받는 것이고, 자기가 베푼 사람들에게서 전혀 받지 못할 수도 있는 것이다. 내가 그대에게 받기를 기대하는 것 이상으로 그대에게 베풀고, 내가 그대에게 베풀 때마다 누군가 다른 사람이 내게 더 많이 베푼다고 가정해 보자. 그렇다고 해도 나는 여전히 베푸는 자일 것이다. 그러나 누군가 다른 사람이 내게 더 많이 베풀었다는 것은 움직일 수 없는 사실이다. 그는 내가 그대에게 베푼 것에 대하여 값을 치른 것이 아니라 베푼 것이다. 내가 1만 원을 베풀 때마다 1만2천 원을 번다면, 나는 베풀고 있는 것이 아니라 벌이를 하고 있는 것이다. 그러나 내가 1만 원을 베풀 때마다 누군가가 내게 1만2천 원을 베푼다면, 그래서 내가 벌이를 한 것이나 진배없는 이익을 얻는다고 해도, 나는 벌이를 하고 있는 것이 아니라 베풀고 있는 것이다. 왜냐하면 내가 받은 것은 내가 요구하지도 않았는데 내게 주어진 선물, 주는 자의 호의로 제공된 선물이기 때문이다. 베풂과 벌이 사이에는 선이 분명하게 그어져 있다. 그 선을 넘지 않으려면 깨어 있어야 한다.

앞서 주장한 대로, 우리는 하나님으로부터 어떤 것도 급료로 받을 수 없다. 하나님은 어떤 것도 필요로 하지 않으신다. 모든 것은 하나님이 먼저 우리에게 주신 선물이다. 우리가 하나님을 위하여 할 수 있다고 하는 일까지도 하나님이 먼저 우리에게 주신 선물이다. 하나님은 베푸는 자들에게 급료를 지불하지 않으신다. 하나님은 베푸는 자들에게 그냥 베푸실 뿐이다. 하나님은 베푸는 자들의 베풂에 대한 응답으로 베푸시고, 베푸는 자들이 다른 사람들에게 베푸는 것보다 더 많이 베푸시고, 예수께서 말씀하신 대로 "되를 누르고 흔들어서, 넘치도록 후하게 되어"(눅 6:38) 베푸신다. 그런 까닭에 베푸는 자들의 베풂은 벌이가 아니다. 우리는 하나님의 선물을 기존의 봉사행위에 대한 보수로 여길 때가 종종 있다. 그러나 그런 식의 생각은 하나님과 우리의 관계를 곡해하고, 하나님의 선물을 왜곡하는 짓이다. 하나님은 고용주가 아니시다. 하나님은 그냥 베푸시는 분이시다.

풍성하신 하나님

우리가 베풀지 않는 여러 이유 가운데 하나는 자원이 한정되어 있기 때문이다. 아무리 많은 자원을 가지고 있다고 해도, 우리의 자원은 한정되어 있다. 또한 우리는 깨지기 쉬운 연약한 존재다. 우리의 편의시설을 치워 보라. 그러면 우리는 왜소해짐을 느끼게 될 것이다. 음식물과 의복을 치워 보라. 그러면 우리는 초췌해지거나 죽고 말 것이다. 우리는 우리 자신과 우리에게 맡겨진 사람들을 잘 돌보기 위하여, 나눠 주기보다는 손에 넣어 간직하려고 한다. 베풀기 위해서는 우리의 피할 수 없는 유한성에서 태어난 이기심을 극복해야만 한다. 풍성히 베푸시는 하나님은 그럴 때에만 개입하신다. 그러한 하나님만이 베풂을 가능케 하신다. 하나님은 베풂을 어떻게 가능하게 하시는가?

하나님은 베풀기만 하시는 것이 아니다. 사도 바울은 시편 기자를 흉내 내면서, 하나님께서 "흩뿌리신다"고 말한다(고후 9:9). 우리는 글자 뜻 그대로 흩뿌리시는 하나님 상像에 사로잡혀, 고린도 교회 신자들이 자신들보다 불행한 사람들에게 베풀 수 있었던 것은, 하나님께서 그들에게 후하게 베풀어 주셨기 때문이라고 잘못 결론지을지도 모른다. 고린도 교회 신자들이 "온갖 은혜를 넘치게" 받고, "모든 것을 언제나 넉넉하게 가지게" 되었으며, "모든 일에서 부요하게" 되었다고 사도 바울이 말하지 않았느냐는 것이다(고후 9:8-11).

그러나 사도 바울이 말한 것은 하나님께서 고린도 교회 신자들에게 해주실 수 있는 일에 관해서 말한 것이지, 하나님께서 이미 해주신 일에 관해서 말한 것이 아니다. 고린도 교회 신자들은 가난했고, 사도 바울도 그 점을 알고 있었다. 예루살렘 교회의 가난한 신자들에게 전하도록 모금하여 사도 바울에게 건넨 마케도니아 교회 신자들은 형편이 훨씬 어려웠다. 그들은 "큰 환난의 시련을 겪고" "극심한 가난에 쪼들리면서도" 베풀었던 것이다(고후 8:2). 이와 같은 사실로 보면, 하나님이 불충분하게 베푸시는 것처럼 보인다. 그러나 사도 바울과 시편 기자는 하나님이 "흩뿌리신다"고 말한다! 냉소적인 사람은 넘치도록 베푸시는 하나님 이야기를 가리켜 가난한 사람들의 고혈을 짜내기 위해 고안된 종교적 이데올로기일 뿐이라고 결론지을 것이다.

수백만 명의 사람들이 누리지 못하는 생필품이든, 소수의 사람들이 누리는 사치품이든 간에, 우리들 대다수는 하나님이 주시는 것들과 근본적인 관계를 맺고 있다. 그러한 선물들이 중요한 것은, 이 세상의 수많은 사람이 음식과 물과 의복과 주거를 충분히 누리지 못하고 있기 때문이다. 또한 그것들이 중요한 것은, 그것들이 하나님께서 우리의 선과 즐거움을 위해 베푸시는 복의 일부이기 때문이다. 그렇다면 자원을 한없이 가지고 계신 하나님께서 더 많이 베풀지 않으시는 것은 무엇 때문인가?

수여자이신 하나님과, 이 세계에서 점증하는 가난이 서로 어떤 관계가 있는지를 다루는 것은 까다로운 문제다. 그 문제를 본서에서 다루는 것은 능력 밖이다. 하지만 우리는 다음의 두 가지 사실을 명심해야 한다. 첫째, 하나님께서 베푸시는 이유는, 우리가 소유하고 누릴 수 있게 하시려는 것만이 아니라, 우리가 다른 사람들에게 나눠 줄 수 있게 하시려는 것이기도 하다. 앞장에서 살펴보았듯이, 하나님께서 우리에게 베푸시는 이유는, 우리가 수령자만 되는 것이 아니라 수여자도 될 수 있게 하시려는 것이다. 둘째, 근본적인 쟁점은 하나님이 어찌하여 더 많이 베푸시지 않느냐가 아니라 어찌하여 우리가 이미 가지고 있는 것을 가난한 사람들에게 나눠 주지 않느냐. 현재의 경제 생산성 수준으로 볼 때, 우리 주위에는 누구도 굶주리지 않고 누구나 기초 생필품을 누릴 수 있을 만큼 "물자"가 넉넉하게 존재하고 있다. 그럼에도 불구하고 누구나 다 기초 생필품을 누리고 있는 것은 아니다. 우리가 나눠 주는 것이 거의 없기 때문이다. 미국의 그리스도인들이 자기 수입의 10퍼센트만 기부해도, 세계의 기아 문제가 완전히 해결될 것이다.[19] 그러나 우리는 흥청망청 쓰거나 사재기하기 쉽다. 우리가 기부한 것을 중개인들이 착복하는 경우도 종종 있다. 다들 하나님이 주신 것들을 불리려고 하지만, 그렇게 하는 것이 실제로 도움이 되는지는 분명하지 않다.

흔히들 예수께서 복음서에서 하신 것처럼 하나님께서 빵과 물고기를 불리셔서 다수의 사람들에게 먹이셨으면 하고 바란다. 그러나 사도 바울은 우리가 이미 소유하고 있는 빵과 물고기에 대한 우리의 생각을 하나님의 뜻대로 바꾸기만 해도, 다수의 사람들을 부양할 수 있을 것이라고 말한다. 그가 마케도니아 교회 신자들에 관하여 주장한 것을 숙고해 보라. "그들은 극심한 가난에 쪼들리면서도 넉넉한 마음으로 남에게 베풀었습니다"(고후 8:2). 물론 갖고 있지 않은 것을 베풀 수는 없다. 마케도니아 교회 신자들은 "힘이 닿는 대로" 베풀었을 뿐만 아니라, "힘에 지나도록" 베풀기까지 하였다(고후 8:3). 흔히들 소유한 것이 많아서 남아돌 때에만 베풀 수 있다고 생각하지만, 사도 바울은 그렇게 생각하지 않았다.

가난하여 쪼들리는 삶을 살아도, 극심한 가난의 수렁에 빠져 몹시 시달려도 베푸는 사람이 있는가 하면, 풍족하고 안정된 삶을 살고 능력이 넘치는데도 베풀지 않는 사람이 있다. 부富가 우리를 베푸는 자로 만들어 주는 것도 아니고, 가난이 우리를 베푸는 자가 되지 못하게 하는 것도 아니다. 가난한 사람들은 상냥한 말을 건네고, 공감하는 귀를 제공하여 잘 들어 주고, 돕는 손을 펼칠 수 있다. 또한 그들은 음식, 의복, 주거, 돈을 나눌 수도 있다. 일반적으로 자기 힘에 부칠 정도로 나눔에 힘쓰는 사람은 가난한 사람들이지 부자들이 아니다.[20]

태도 변화

베풂은 다음의 세 가지, 곧 우리가 소유한 것들, 타인들, 우리 자신을 어떻게 대하느냐에 달려 있다. 첫째, 물질에 대한 태도를 살펴보자. 일단 물질에 대한 태도가 바뀌면, 우리는 모든 것을 하나님이 주신 것으로 이해하게 된다. "내가 소유하고 있는 것은, 내가 벌어서 얻은 것이니 내 것이야"라고 생각하면, 베풀기가 어려울 것이다. 다들 자기의 재산을 취득하고 싶어 한다. 자기의 것을 자기가 번다고 생각하는 것 같다. 다들 "벌이는 힘겹고, 삶은 고달프다. 그러나 잘 참고 견디면 성공할 것이다"라고 말한다. 불행에 빠진 사람들을 동정해서, 혹은 누군가를 친절하게 대하고 싶어서 개인적으로 베푸는 경우가 있기는 하다. 하지만 다들 벌이와 소유를 자기의 생활방식으로 삼고, 베풂은 간헐적인 기분 전환(유희)으로 여기는 것 같다.

　반면에 모든 것을 하나님이 주신 것으로 여기면, 베풂이 우리의 생활방식이 될 것이다. 그렇다고 우리가 일해서 벌지 않는 것은 아니다. 일은 선물이자 기초 수단이다. 하나님은 일을 통하여 우리에게 무언가를 베푸시고 소유하게 하신다. 그러나 벌이와 소유는 베풂으로 바뀔 것이다. 하나님은 우리에게 생명과 힘과 재능을 주시고, 우리는 벌고 소유한다. 우리는 벌어 소유한 것으로 베풀 수 있을 것이다. 이를테면 음식물을 가난한 사람들과 나누는 것이다. 우리는 벌이를 하면서도 베풀 수 있을 것이다. 이를테면 정성과 배려와 지혜를 기울여 물건을 만들어 공급하는 것이다. 또한 우리는 소유하면서도 베풀 수 있을 것이다. 이를테면 집을 개방하여 타인들이 쓸 수 있게 하는 것이다. 벌이와 소유는 우리의 바람과 그것의 충족을 잇는 다리인 것만이 아니다. 벌이와 소유는 선물이 하나님으로부터 우리에게로 와서 우리를 통하여 다른 사람들에게로 이어지는 흐름의 한가운데 자리한 중심점이기도 하다. 우리가 베푸는 이유는, 우리가 이미 받았기 때문이다. 다른 사람들이 혼자 힘으로 삶을 꾸려 가도록 우리가 내버려 두지 않는 이유는, 우리가 혼자 힘으로 삶을 꾸려 온 것이 아니기 때문이다.

둘째, 타인을 대하는 우리의 태도를 살펴보자. 물질을 소유하기 위해 힘쓰면서 타인을 경쟁자로 여기는 한, 베풂은 이루어지지 못할 것이다. 더 이상 경쟁이 되지 않을 정도로 차이가 크게 벌어질 때에만 베풂이 이루어질 것이다. 그러나 월등히 앞선 팀조차도 경기 중에는 다른 팀이 득점하도록 내버려 두지만, 막상 경기가 끝나면 조금도 베푸는 일이 없다. 무작정 베풀다가는 패배를 겪을 위험이 있기 때문이다.

이와 달리, 우리는 타인을 하나님의 선물을 받기로 되어 있는 수혜자로 여길 수도 있다. 하나님은 그들에게 베푸신다. 엄밀히 말하면 우리를 통하여 그들에게 베푸신다! 그리고 우리도 그들에게 베푼다. 그러면 베풂은 경쟁이 없는 게임을 하는 것처럼 될 것이다. 지중해의 한 해변에서 한 무리의 선수들이 빙 둘러 서서 서로에게 공을 차고 있는 모습을 상상해 보자. 게임의 요점은 공중에서 공을 떨어뜨리지 않는 데 있다. 설령 한 선수가 공을 잘못 차더라도, 다른 선수가 안간힘을 써서 공이 바닥으로 떨어지는 것을 막아 동아리 안으로 다시 차 넣으려고 한다. 그러한 게임에서는 실수한 선수에게 선물을 주더라도 자신이 패하는 것이 아니라, 모든 선수가 노력해서 이익을 얻게 마련이다.

하나님께서 모든 이에게 베푸시고 각 사람을 통해서 베푸시는 까닭에, 경쟁 대신 협력이 자리 잡고 선물이 돌고 도는 것이다. 사도 바울은 이렇게 말한다. "지금 여러분의 넉넉한 살림이 그들의 궁핍을 채워 주면, 그들의 살림이 넉넉해질 때에는, 그들이 여러분의 궁핍을 채워 줄 수도 있을 것입니다"(고후 8:14). 각자 자기의 것을 지키고 불리는 것을 목표로 삼는 것이 아니라, 모두의 "평형을 이루는" 것을 목표로 삼는 것이다.

끝으로, 자기 자신을 대하는 태도를 살펴보자. 베풂이 가능하려면, 자기를 대하는 태도가 달라져야 한다. 사도 바울은 마지못해서 베푸는 사람들에게 이렇게 말한다. "우리 주 예수 그리스도께서는 여러분을 위해서 가난하게 되셨습니다. 그것은 그분의 가난하심으로 여러분을 부요하게 하시려는 것입니다"(고후 8:9). 여기서 "부요함"은 무엇을 의미하는가? 우리는 종종 그것을 가리켜 영적 부요함이라고 말한다. 그러나 그 구절이 속해 있는 문장 전체는 가난한 사람들을 돕는 일과 관계가 있다. 그리스도께서 주시는 부요함은 재산과 어느 정도 관계가 있다. 사도 바울은 하나님께서 고린도 교회 신자들에게 "온갖 은혜를 넘치게" 주시고, 그들이 베푼 것을 씨앗 삼아서 풍성한 수확물을 거두게 하신다고 말한다(고후 9:6-9). 그러나 20세기 정신분석가 에리히 프롬 Erich Fromm이 인간 실존의 두 양상을 가리키기 위해 사용한 용어로 말하건대, 사도 바울은 부요함을 "소유"의 문제로 보지 않고 "존재"의 문제로 보았다.[71]

소유의 의미에서, 우리는 고된 일과 빈틈없는 투자 전략과 엄청난 행운을 통해서 부자가 될 수 있다. 그러나 존재의 의미에서 부요하게 되려면 어찌해야 하는가? 재산을 소유하고 르네상스 시대의 어떤 사람처럼 많은 재능을 가졌으면서도 존재가 빈약한 사람이 있다. 우리의 텅 빈 속은 헤아릴 수 없을 만큼 깊은 구덩이를 가지고 있어서 결코 만족할 줄을 모른다. 우리는 가진 것이 많으면서도 "만족하지 못하는" 사람으로 살고 있다. 우리는 자기의 욕망을 충족시키려고 하면서 눈에 보이는 장애물은 알아도 내적으로 자제할 줄은 모른다. 우리는 가진 것이 많은데도 탐욕스러운 욕망을 충족시키는 데 방해가 되는 것들에 대하여 악담을 퍼부으면서 다른 곳을 끊임없이 기웃거린다. 우리가 다른 사람들에게 베풀면 베풀수록, 우리가 가진 것이 많음에도 불구하고, 우리의 텅 빈 속은 모든 것을 빨아들여, 우리를 빈손으로 남겨 놓으려고 한다.

반면에 가난하게 살면서도 존재가 부요한 사람이 있을 수 있다. 어떻게 그럴 수 있는가? 사도 바울은 이렇게 답한다. 말하자면 우리를 부요하게 하시기 위하여 가난하게 되신 그리스도께서 우리 안에 살아 계시면, 우리의 존재가 부요하게 될 수 있다는 것이다. 우리는 가진 것이 적어도 존재가 "부요한" 사람이 될 수 있다. 가진 것이 적어도 부요한 존재로 살 수 있다는 생각이 현대인들에게는 낯설게만 여겨질 것이다. 우리는 내일 더 많은 케이크를 소유하려면 오늘 우리의 케이크를 먹어야 한다는 경제 원리에 따라서 일하고 있다. 우리는 가진 것이 많아도 더 많이 갖기를 소원해야 한다고 부추기는 광고에 둘러싸여 있다. 그러나 우리가 존재가 "부요한" 사람이 되지 않으면, 우리의 결핍 증세가 우리의 소유를 늘 앞지를 것이고, 우리는 끊임없이 바닥난 사람, 영원히 만족하지 못하는 사람으로 생을 마감하고 말 것이다.

선물을 베푸시는 그리스도께서 우리를 부요하게 하시면, 안식이

권태를 대신하고, 평화가 끝없는 불안을 몰아낼 것이다. 그러면 우리도 사도 바울처럼 "배부르거나 굶주리거나, 풍족하거나 궁핍하거나" 어떤 경우에도 만족할 수 있는 비결을 알게 될 것이다(빌 4:12). 우리도 사도 바울처럼 베풀고, 고된 일을 하면서 베풀고, 우리의 정당한 권리를 희생하면서까지 베풀게 될 것이다(고전 9:1-24을 보라).

존재가 부요하게 되면, 과거와 현재와 미래를 대하는 태도가 달라진다. 존재가 부요한 사람은 과거를 돌아보면서 자기가 받은 것에 감사할 뿐, 자기가 이루지 못한 것이나 자기가 받지 못한 것을 두고 괴로워하지 않는다. 존재가 부요한 사람은 주어진 현재에 만족하며 살아간다. 존재가 부요한 사람은 다른 어떤 것을 넉넉히 소유하려고 하는 것이 아니라 다른 사람들이 자신에게 부과한 짐을 짊어지려고 하는 까닭에 "모든 것을 언제나 넉넉하게 가지게" 된다(고후 9:8). 그도 힘쓰지만, 그것은 공허한 욕망으로 힘쓰는 것이 아니라, 만족스러운 충만함으로 힘쓰는 것이다. 존재가 부요한 사람은 신뢰심을 품고서 미래를 바라본다. 그는 장차 모자랄지도 모른다고 걱정하여 무언가를 쟁여두지 않고 오히려 베푼다. 그를 돌보아 주시겠다는 하나님의 약속을 믿기 때문이다. 존재가 부요한 사람은 위기에 처해 있어도 베푼다. 그의 생명이 무한하시고 난공불락이시며 지극히 관대하신 하나님, 곧 과거와 현재와 미래의 주인이신 분 안에서 "그리스도와 함께 감추어져" 있기 때문이다(골 3:3).

선물의 수여자, 그리스도

앞서 말한 대로, 베풂을 녹슬게 하는 것은 다름 아닌 교만이다. 우리는 베풀면서 자기가 도덕적으로 옳다는 생각을 내뿜는다. 우리는 베풀면서 수령자들에게 권력을 휘둘러 굴복시키거나 그들의 소유를 탈취하기도 한다. 우리는 베풀면서 수령자들에게 우리의 인간적이고 영적인 우월감을 뽐내기도 한다. 제대로 베풀려면, 교만을 내려놓아야 한다. 모든 베풂의 행위가 우리의 도덕적 우위와 힘을 강력하게 드러내는 것처럼 보일 때, 우리는 어찌해야 하는가? 그때에도 하나님께서 다가오셔서 우리의 연약함을 도우신다.

첫째, 하나님께서는 우리의 베풂을 지하로 내몰아 은밀함이라는 장막으로 감싸심으로써 교만을 공격하신다. 예수께서는 이렇게 말씀하셨다. "네가 베풀 때에는, 위선자들이 사람들에게 칭찬을 받으려고 회당과 거리에서 하듯이, 네 앞에서 나팔을 불지 마라. ……네 오른손이 무엇을 하는지를 네 왼손이 모르게 하여라. 그렇게 하여, 네 베풂의 행위를 숨겨 두어라"(마 6:2-4). 두 손이 다 아는 베풂, 자기를 과시하고 자랑하는 베풂은 금물이다! 예수께서는 한 손만 아는 베풂, 남몰래 하는 베풂, 자기를 드러내지 않는 베풂만을 허락하셨다![22] 이는 교만을 꺾어, 교만이 필사적으로 구하는 칭찬, 곧 다른 사람들의 칭찬을 받지 못하게 하기 위하여 정하신 규칙이라고 할 수 있다.

둘째, 하나님께서는 베풂을 소중히 여기는 법을 가르치심으로써 우리의 교만을 공격하신다. 흔히들 선물의 크기에 사로잡히게 마련이다. 선물이 크면 클수록 수여자를 더 많이 존경하는 것이다. 그러나 예수께서는 선물의 크기가 중요한 것이 아니라고 말씀하셨다. 앞서 나는 가난한 과부의 헌금을 두고 예수께서 가르치신 것을 언급한 바 있다. 실은 가장 큰 선물이 가장 작은 선물보다 더 작을 수 있고, 가장 작은 선물이 가장 큰 선물보다 더 클 수도 있다. 선물의 크기가 아니라, 선물하는 사람이 얼마나 자기를 희생하느냐, 선물하는 사람의 의도가 얼마나 순수하냐가 선물의 척도를 구성한다. 선물의 크기로 선물의 중요도를 따지지 않게 될 때 선물하는 사람의 교만을 뒤흔들 수 있다. 손쉬운 비교는 교만을 키울 뿐이다. 선물의 크기를 따지기보다는 선물하는 사람이 얼마나 자기를 희생하느냐, 선물하는 사람의 의도가 얼마나 순수하느냐를 따지는 것이 훨씬 어려운 일이다. 우리가 예수께서 선물의 중요도를 따지는 방편으로 제시하신 기준을 받아들일 때에만 선물하는 사람의 도덕적 우월감을 잠재울 수 있을 것이다.

하지만 (눈에 띄지 않고 은밀하게) 베푸는 법을 가르치거나, 선물의 중요도를 (크기가 아니라 희생의 정도와 의도의 순수성으로) 따지는 법을 가르치는 것은, 하나님께서 교만을 없애시는 주된 방법이 아니다. 우리가 그 두 가지 방법을 배운다고 해도, 그것들은 공격하기만 할 뿐이지, 교만을 없애지는 못하기 때문이다. 겸손을 자랑할 때와 마찬가지로, 베풂을 은근히 자랑하는 사람도 있다. "세리"나 "가난한 과부"라고 하면서도 바리새인이나 요란한 수여자처럼 자신을 과시하는 사람도 있다. 희생의 정도가 선물의 중요도를 재는 척도라는 생각은 교만을 민주화하기는 해도 아예 없애지는 못한다. 교만은 부유하고 힘 있는 자들의 전유물에서 벗어나 모든 사람의 전유물이 될 수도 있다. 실로, 교만은 가르침만으로는 없어지지 않는다. 배웠다고 자랑하는 사람도 있기 때문이다.

우리의 교만을 효과적으로 치료하려면, 하나님의 가르침만으로는 안 된다. 하나님께서 우리 안에 현존하시면서 활동하셔야 한다. 앞서 살펴보았듯이, 하나님은 모든 선물의 수여자이시다. 우리가 서로 베푸는 선물조차도 그분께서 주신 것이다. 그리스도는 우리 안에 머무르시고, 우리의 생명은 우리 안에 계신 그분의 생명이다. 우리가 서로 베푸는 선물은 우리의 것이 아니라 그리스도의 선물이다. 더 정확히 말하면,

선물은 그리스도의 것이면서 우리의 것이기도 하다. 그리스도는 꼭두각시를 부리는 분이 아니고, 우리도 꼭두각시가 아니기 때문이다. 그리스도는 우리의 자아 속에 계신다. 그러므로 그분은 우리를 버리지 않으시고 우리를 통하여 활동하신다.

우리는 모든 것을 하나님으로부터 받는다. 뿐만 아니라 우리는 우리의 선한 의지와 힘과 노력으로 하나님의 선물 창고에서 선물을 받아서 일부를 다른 사람들에게 건네기도 한다. 우리는 앞 절에서 선물의 근원에 대하여 이렇게 말했다. 즉, 우리가 무언가를 소유하여 남에게 베푸는 이유는, 하나님이 베풀어 주시기 때문이라는 것이다. 그러나 그 이상의 이유가 있다. 다른 사람들에게 베풀려고 하는 우리의 선한 의지, 다른 사람들에게 베푸는 우리의 능력, 다른 사람들에게 베풀기 위해 기울이는 우리의 노력조차도 하나님의 것이기 때문이다. 루터의 용어로 말하건대, 우리가 베푼다면, 그것은 우리가 다른 사람들에게 그리스도로서 베푸는 것이다. 선물의 수여자이신 그리스도께서 우리 안에서 움직이고 계시기 때문이다. 우리가 베풀 때, 베푸는 이는 그리스도시다. 우리가 우리 자신을 베푸는 자로 여기는 것은 기뻐할 일이다. 우리는 하나님의 손에 들린 도구들이다. 우리는 베풀면서 다른 사람들을 기쁘게 하고 그들의 궁핍을 덜어 준다. 그러나 그것을 자랑으로 여길 것은 아니다. 베풂을 수행하고 계신 분은 하나님이시기 때문이다. 존경과 감사를 받을 이는 우리가 아니라 하나님이시다.

이상한 감사

사도 바울이 감사를 어떤 관점에서 보았는지 살펴보자. 우리는 스스로를 베풂의 동인으로 여기는 버릇이 있다. 그런 우리가 보기에, 사도 바울이 감사를 두고 피력한 견해는 낯설고 불공평하게 여겨질 것이다. 바울은 모금을 위하여 고린도 교회 신자들에게 보낸 편지에서 감사를 언급한다. 우리는 그 대목에서 바울이 이렇게 말하기를 기대할 것이다. "예루살렘 교회 신자들이 여러분들(고린도 교회 신자들)에게 감사를 표할 것입니다." 그러나 그는 그렇게 말하지 않는다. 엉뚱한 이가 감사를 받는다. 사도 바울은 이렇게 말한다. "우리가 여러분의 후한 헌금을 전달하면, 많은 사람이 하나님께 감사를 드리게 될 것입니다." 또한 그는 이렇게도 말한다. 여러분이 보내는 선물은 "성도들의 쓸 것을 공급해 줄 뿐만 아니라, 많은 사람들로 하여금 하나님께 감사를 넘치게 드리게 할 것입니다"(고후 9:11-13). 베풂은 고린도 교회 신자들이 하는데, 감사는 하나님이 받으신다! 사리에 맞는 것일까? 사리에 맞으려면, 고린도 교회 신자들의 베풂이 하나님의 베풂이 되어야 한다.

베푸는 사람들도 일종의 감사를 받기는 하지만, 간접적으로만 받을 뿐이다. 사도 바울이 빌립보 교회 신자들에게 보낸 편지는 감사를 다룬 장문의 편지라고 할 수 있다. 빌립보 교회 신자들이 바울의 선교 사역을 재정적으로 후원하였고, 그는 그들에게 감사하는 뜻으로 편지를 쓴 것이다. 그러나 그는 실제로는 그들에게 감사한다는 표현을 한번도 쓰지 않는다. 그 편지의 독자들 상당수는 이유를 몰라 당혹스러울 것이다. 사도 바울이 빌립보 교회 신자들에게 감사의 마음을 표하면, 그가 또 다른 선물을 구하는 것으로 비쳐졌을까?(빌 4:17을 보라) 그가 그렇게 하면 스스로를 그들의 하급자로 자인하는 셈이 되었을까? 사도 바울은 선물을 받으려고만 하고 빚을 전혀 인정하지 않는 교만한 사람들처럼 처신한 것은 아닐까?

그가 빌립보 교회 신자들에게 직접적으로 감사의 마음을 표현하지 않은 것은, 그가 선물을 그들에게서 받은 것이 아니라 그들을 통해 전달받은 것으로 생각했기 때문으로 보인다. 그는 베푸는 이는 하나님이시고, 빌립보교회 신자들은 도관導管일 뿐이라고 생각한 것이다. 그는 빌립보서를 쓰면서, 고트홀트 레싱의 「현자 나탄」에서 레샤Resha처럼 처신한다. 레샤는 자신을 불길에서 건져 준 젊은 기사 템플라Templar와 관련하여 자신이 하려고 하는 바를 이렇게 말한다. "나는 이 훌륭한 분에게 매료되어 하나님께 감사드리고 싶습니다."[23] 사도 바울도 빌립보 교회 신자들에게 간접적으로만 감사를 표한다. 그는 빌립보 교회 신자들에게 보낸 편지에서 자신의 선교 사역에 후원한 그들을 생각하면서 하나님께 감사를 드린다(빌 1:3-11). 빌립보 교회 신자들이 베풀 때 정말로 베푸는 이는 하나님이시라고 생각하면, 그것은 당연한 처신이라고 하겠다.

선물과 감사를 대하는 세네카의 관점과 사도 바울의 관점을 비교해 보자. 세네카는 「선물론」에서 이렇게 말한다. "선물을 주고받을 경우, 이것은 쌍방이 지켜야 할 규칙이다. 즉, 한쪽은 자신이 선물했음을 곧바로 잊어버리고, 다른 한쪽은 자신이 선물 받았음을 절대로 잊지 않는 것이다."[24] 겸양의 미덕을 갖춘 수여자는 자신이 베푼 것을 잊게 마련이다. 실로, 그는 베풂과 동시에 잊는다.[25] 그런 까닭에 그는 수령자의 감사를 거부한다. 반면에 감사할 줄 아는 수령자는 자신이 선물 받았음을 절대로 잊지 않는다. 배은망덕은 수령자의 가장 나쁜 악덕이다.

세네카의 충고는 슬기롭지만, 그것이 과연 효과가 있을까 싶다. 수여자는 자신이 선물했음을 잊고, 수령자는 자신이 선물 받았음을 기억해야 한다면, 그것은 서로에게 불공평한 것처럼 보인다. 수여자의 겸양은 수령자의 배은망덕을 요구하고, 수령자의 감사는 수여자의 교만을 살찌울 수 있기 때문이다. 세네카는 수여자의 겸양과 수령자의 감사를 조화시키느라 진땀을 흘린다. 반면에 사도 바울은 잊어버리는 수여자와 기억하는 수령자를 무리 없이 조화시킨다. 그는 그렇게 하기 위해 수여자를 하나님, 곧 베푸시는 하나님의 도구로 전환시킨다. 베푸는 사람들을 통하여 베푸시는 분은 다름 아닌 하나님이시라는 것이다. 베푸는 사람이 자신이 베푼 것을 잊을 수 있는 것은 그 때문이다. 수령자가 받는 것은 하나님으로부터 받는 것이다. 수령자가 자기가 선물 받았음을 기억하고 하나님께 감사를 드릴 수 있는 것은 그 때문이다. 그 결과로 수여자의 악덕인 교만이 사라지고, 수령자의 덕목인 감사가 유지되는 것이다. 베푼다는 이유로 수여자가 수령자보다 우월한 것도 아니고, 받는다는 이유로 수령자가 위축되는 것도 아니다. 수여자나 수령자나 하나님의 피조물이기는 매한가지다. 한쪽은 자기가 받은 것을 나눠 주고, 다른 한쪽은 자기가 받은 것을 누리는 차이가 있기는 하지만, 수여자나 수령자나 하나님의 선물을 받기는 매한가지다.

그대가 어떤 호화로운 집에 초대를 받아서 주말 휴가를 보낸다고 상상해 보라. 그 집의 주인 부부가 그대를 전용 제트기에 태워 데려가서 포도주와 식사를 대접하고, 왕을 대하듯이 그대를 대한다. 요리사가 끼니때마다 그대의 식사를 준비하고, 웨이터가 그대를 시중든다. 그대가 스키를 타고 아름다운 시골을 지나서 호숫가에 닿으면, 활활 타오르는 모닥불 주위에 여러 개의 의자가 차려진다. 한 웨이터가 그대에게 인사하면서, 차림표의 다섯 가지 식단 가운데 어느 것을 원하느냐고 묻고, 그대가 원하는 대로 시중든다. 그리고 주말이 끝난다. 그대는 그대의 집으로 돌아가기 위해 제트기에 올라타기 직전에, 아니면 꿈에서 깨어나 거친 현실에 직면하기 직전에, 주인 부부에게 감사를 표한다. 주인 부부가 "천만에요. 우리는 가난한 사람을 위해 무언가를 할 수 있어서 참 기뻤습니다"라고 대답하거나, 그 비슷한 분위기를 풍긴다면, 그대는 주말을 즐긴 것만큼 위축감을 느끼게 될 것이다. 그러나 그들이 "우리는 당신을 위하여 한 일이 거의 없습니다. 요리사들과 웨이터들과 조종사들이 그 모든 일을 했는 걸요"라고 대답한다면, 그대는 이렇게 말할 것이다. "하지만 당신들의 집이잖아요. 당신들이 힘써 주어서 이 모든 일이 가능하게 된 것입니다." 그러면 그들은 그대를 쳐다보면서 이렇게 말할 것이다. "그 모든 것은 하나님에게서 온 것입니다." 그러면 놀라운 선물을 아무리 누려도 위축감 같은 씁쓸한 뒷맛이 남지 않을 것이다.

수여자가 가장 극복하기 힘든 장애물 가운데 하나는 수령자의 배은망덕이 아닐까 싶다. 배은망덕한 수령자가 교만한 수여자에게 상처를 주면, 그 수여자는 이렇게 말할 것이다. "내가 저 사람을 위하여 무슨 일을 했는지 보십시오. 그런데도 저 사람은 '감사합니다!'라는 말을 한마디도 하지 않는군요." 배은망덕한 수령자가 생기는 것은 수여자 때문이다. 예컨대, 수여자가 마지못해서 베풀거나, 자신의 희생을 과장해서 말하거나, "거들먹거리다 스스로 망신당하는 사람처럼"[26] 행동할 수도 있다. 혹은 수여자가 선물을 "거만하게 내던지며" 수령자를 모욕할 수도 있고, 그렇게 해서 받은 상처가 선물보다 더 클 수도 있다. 물론 수령자가 "그런 식으로 베푸는 사람"을 용서하고 감사를 표할 수도 있다.[27] 그러나 아무리 잘 베풀어도, 수령자가 달갑지 않게 받을 때도 더러 있다.

표도르 도스토예프스키는 「카라마조프가의 형제들」에서 덕망 높은 장로 조시마Zosima와 "믿음이 부족한 한 여인"의 만남에 대하여 자세히 이야기한다. 그녀는 자비가 넘치는 간호사가 되기를 원했다. 그녀가 그런 생각을 하자, "모든 장애물을 극복할 힘이 충만해졌다. 어떤 상처나 어떤 악성 질병도" 그녀를 겁먹게 하지 못했다. 그녀는 이렇게 말했다. "나는 내 손으로 상처들을 싸매고 닦아 줄 것입니다. 나는 고통받는 사람들을 돌볼 것입니다. 나는 그들의 상처에 입 맞출 준비가 되어 있습니다." 그녀는 스스로에게 이렇게 물었다. "그러나 환자가 너를 감사의 마음으로 대하지 않으면 어떻게 할래? 큰 고통에 처해 있는 사람들이 하는 것처럼, 환자가 너를 박대하고 무례하게 '이래라 저래라' 하면 어떻게 할래?" 그녀는 자신의 물음에 이렇게 답했다. "나는 몸서리를 치며 이런 결론에 이르게 되었습니다. '인류에 대한 나의 사랑을 식게 하는 무언가가 있다면, 그것은 다름 아닌 배은망덕일 거야'라고 말입니다."[28] 배은망덕이라는 찬바람이 베풂이라는 얼굴에 불어 닥칠 때, 우리가 계속해서 베풀려면 어찌해야 하는가?

하나님께서 불손한 사람들에게도 베푸시니 우리도 그러해야 한다고 생각하는 것은 그다지 도움이 되지 못할 것이다. 오히려 우리가 베풀 때 정말로 베푸시는 분은 하나님이라고 생각하는 것이 도움이 될 것이다. 우리에게 돌려진 감사를 다른 데로 돌려야 하기 때문이다. 감사를 받으실 분은 우리가 아니라 하나님이시다. 감사를 받는 것은 우리 몫이 아니라고 확신할 때에만, 배은망덕이 우리를 건드리지 못할 것이다. 그럴 때에만 우리는 배은망덕에 상처를 입지 않을 것이다. 우리의 콧대가 꺾이지 않게 되는 것이다. 수령자의 배은망덕은 우리를 푸대접하는 것이 아니라 베푸시는 하나님을 푸대접하는 것이다. 그러나 "선하신 하나님은 감사하지 않는 사람들에게까지 선을 기꺼이 베푸신다."[29]

그러니 우리도 계속해서 베풀고, 감사하지 않는 사람들에게까지 베풀어야 한다.

그리스도께서 자리하셔서 활동하시는 사람은 겸손하게 마련이다. 그런 사람은 베풀되 자기를 과시하지 않고, 자신이 도덕적으로 우월하다고 주장하지 않으며, 자신의 능력을 자랑하지 않는다. 그는 자기를 잊은 채 베풀고, 이웃을 사랑하고, 다른 사람들을 즐겁게 하고, 궁핍한 사람들을 돕는 사람이다.

관대한 성령

이기심과 교만만이 우리의 베풂을 녹슬게 하는 것이 아니다. 우리는 베푸는 일에 굼뜬 나머지, 베푸는 자가 되기를 게을리 하기까지 한다. 우리는 마땅히 해야 할 일이라고 알고 있으면서도 하지 않은 채 내팽개치기도 한다. 그것은 에너지나 여력이 부족해서일 수도 있고, 베풂을 중요하게 여기지 않아서일 수도 있다. 우리는 베풀기 위해 다른 사람들에게 펼쳤던 손을 거두어들여, 자신의 필요를 돌보고, 크고 작은 사치품으로 스스로에게 보상하기까지 한다. 우리는 자신을 돌보는 일에는 열심을 내고 노련하게 하면서도, 다른 사람들에게 베푸는 일에는 굼뜨고 서툴기까지 하다. 무엇이 베풂을 가능하게 하는가? 하나님의 영이 우리의 게으름을 공격하여 베풂을 가능하게 한다.

이제까지 살펴보았듯이, 하나님은 우리와 이중적인 관계를 맺으신다. 첫째, 우리는 하나님의 피조물이다. 우리가 가진 것은 모두 하나님에게서 온 것이다. 우리 삶의 처음부터 끝까지 하나님에게서 온 것이다. 둘째, 우리는 하나님이 구원해 주신 피조물이다. 우리는 그리스도께서 머무르시는 사람이다. 그리스도께서 우리 안에 사신다. 우리가 베풀 때, 우리를 통하여 베푸시는 이는 다름 아닌 그리스도시다. 그러나 하나님께서 우리와 맺으시는 제3의 관계가 있다. 구원받은 피조물인 우리는 하나님의 영을 받는다. 하지만 하나님의 영을 받는 것은 어째서 인가? 성령은 무엇을 덧붙이시는가?

첫째, 성령은 우리의 마음 문을 열어 그리스도께서 머무르실 수 있게 한다. 우리는 그리스도께서 우리 안에 머무르시는 것을 수락하고, 믿음과 감사함으로 그분을 하나님의 선물로 모셔 들여야 한다. 그러나 그렇게 하려면 어찌해야 하는가? 우리의 눈은 죄 때문에 어두워졌고 우리의 의지는 죄의 힘에 사로잡혀 있는데, 그런 우리가 그리스도를 하나님의 선물로 인정하고 그리스도께서 우리 안에서 머무르시면서 우리를 새로운 피조물로 만드시게 하려면 어찌해야 하는가? 사도 바울은 성령이 우리 안에 머물러야 한다고 답한다. 하나님의 영이 우리 안에 머무르면, 그리스도께서 우리 안에 계시고, 우리는 그리스도께 속한 사람이 된다(롬 8:9-11). 성령의 능력은 우리로 하여금 그리스도께 즉시 응하게 한다. 그러면 그리스도께서 우리 안에 태어나셔서, 우리로 하여금 흔들려도 대단히 만족스러운 믿음의 길을 걷게 하신다. 만물을 위해 계시는 그리스도께서 우리 각 사람을 위해 우리 각 사람 안에 계시는 그리스도가 되시는 것이다. 성령은 그리스도를 주시는 선물이다.

둘째, 성령은 각 사람의 재능을 그리스도의 재량에 맡긴다. 그리스도께서 마리아 안에서는 마리아의 성격을 통해 활동하시고, 베드로 안에서는 베드로의 성격과 재능을 통해 활동하신다. 각 사람 안에서 활동하시는 그리스도는 같은 그리스도이지만, 각 사람 안에서 이루어지는 그리스도의 활동은 각기 다르다. 사람이 저마다 다르기 때문이다. 성령께서 그리스도의 활동을 그분이 거하시는 각 사람의 능력 및 성격과 연결하고, 그리스도와 우리의 독특한 재능을 연결하면, 영적 은사가 분급된다. 성령은 영적 은사를 베푸는 선물이다.

성령은 그리스도를 껴안는 우리 마음의 팔과 같고, 그리스도를 맞아들이는 우리의 힘과 솜씨의 열린 문과도 같다. 성령은 그 두 가지 방법으로 우리를 다른 사람들에게 또 하나의 그리스도가 되게 하고, 우리의 게으름을 치료한다. 앞서 베풂을 녹슬게 하는 교만을 다루면서 나는 이렇게 말했다. "우리가 베풀 때, 실제로 베푸시는 이는 그리스도시다. 선물이 그리스도의 것이 될 때에만, 우리의 교만이 사라질 수 있다." 이제 우리는 게으름이라는 녹을 두고 이렇게 말할 수 있다. "우리가 베푸는 이유는, 우리가 베푸시는 그리스도를 성령의 능력으로 껴안았기 때문이다. 성령이 오시면 그리스도께서 우리 안에 머무르면서 활동하시고, 그러면 우리의 게으름도 극복된다."

선물, 열매, 미래

성령은 우리를 그리스도와 이어 주심으로, 다음과 같은 네 가지 의미심장한 방식으로 우리의 게으름을 극복하게 한다. 첫째는 우리의 재능과 관계가 있다. 다들 재능을 부여받았지만, 그것을 개발하지 않고 묵혀 두는 사람도 있고, 합법적으로 획득하든 불법적으로 빼앗든 자기만의 이익을 위해서 쓰는 사람도 있다. 자기만의 이익을 위해서 쓰는 경우, 제멋대로 재능을 쓰게 마련이다. 그러나 하나님께서 우리에게 재능과 여타의 선물을 주시는 이유는, 우리 자신을 위해 쓰는 것은 물론이고 다른 이들을 위해서도 쓰게 하시려는 것이다.

사도 바울에 의하면, 영적 은사는 각 사람의 소유가 아니라 그리스도의 몸을 위해 "움직이는" 직능이다(롬 12:4-5). 눈이 보는 것은 자기만을 위하는 것이 아니라 몸 전체를 위하기 때문이다. 발이 걷는 것은 자기만을 위하는 것이 아니라 몸 전체를 위하기 때문이다(고전 12:14-17). 영적 은사가 그것의 소유자만을 위하고, 특히 소유자의 허영심을 살찌우려고 한다면, 그런 은사는 완전한 은사라고 할 수 없다. 영적 은사는 공동체의 이익을 위해서, 바울의 용어로 말하면 공동체에 "덕을 끼치기" 위하여 존재하는 것이다(고전 14:1-19).

둘째는 사도 바울이 "성령의 열매"라고 부른 것과 관계가 있다(갈 5:22-23). 우리는 그것을 일컬어 그리스도 같은 성품이라고 부를 수도 있을 것이다. 그 성품은 "사랑과 기쁨과 화평과 인내와 친절과 선함과 신실과 온유와 절제"로 이루어진다. 그 자질들이 누구의 열매인가 주목하라. 그것들은 성령의 열매들이다. 우리는 이렇게 생각할지도 모르겠다. "그것들이 성령의 열매라면, 그것들이 우리의 것이 될 수는 없지 않은가?" 그러나 그것은 사도 바울의 생각이 아니다. 성령과 우리는 대단히 친밀하게 연결되어 있어서, 열매는 우리 안에 살아 있는 성령의 열매가 되면서 동시에 우리의 것이 되기도 한다.

열매의 유기적 은유는 의미심장하다. 성령의 열매는 식물에서 얻을 수 있는 것도 아니고, 눌러서 짤 수 있는 것도 아니다. 성령의 열매는 스스로의 힘으로 자란다. 그리스도를 닮은 덕목들도 그러하고, 베풂도 그러하다. 최선의 상태로 자라난 열매는 제2의 천성이 된다.

나치가 프랑스를 점령했을 때, 샹봉 Le Chambon 지역의 위그노 공동체(프랑스의 개신교—옮긴이) 사람들이 유대인들을 박해자들로부터 숨겨 줌으로써 그들의 목숨을 구해 주었다. 다른 사람들을 위해 목숨을 건 이유가 무엇이냐고 누군가가 물으면서 그들의 도덕적 위대함을 칭찬하자, 그들은 어리둥절한 표정을 지었다. 그들의 탁월하고 고결한 행위를 소개한 책이 바로 「순진한 피를 흘리지 않게 하소서 Lest Innocent Blood Be Shed」다. 그들은 이 책의 저자에게 이렇게 말한다. "어째서 우리를 '선하다'고 하십니까? 우리는 해야 할 일을 했을 뿐입니다. …… 이 사람들을 돕는 것은 세상에서 가장 자연스러운 일입니다."[30]

다른 사람을 위해 자기 목숨을 거는 것은 세상에서 가장 자연스러운 일이다! 좋은 나무가 좋은 열매를 맺는 것도 가장 자연스러운 일이다. 하지만 샹봉 지역의 위그노 공동체 사람들이 그랬던 것처럼, 좋지 않은 나무들로 이루어진 숲에서 좋은 나무로 자라려면 어찌해야 하는가? 답은 다양한 요소를 가지고 있다. 나는 이번 장에서 그 요소들 가운데 일부를 다루었다. 우리가 사도 바울이 말한 대로 좋은 열매를 맺는 좋은 나무가 되는 것은 그 모든 요소들 덕분이다. 사도 바울이 우리를 가리켜 좋은 열매를 맺는 좋은 나무라고 말한 것은, "우리가 성령으로 삶을 얻었기" 때문이고(갈 5:25), 성령의 열매는 다름 아닌 우리의 베풂이기 때문이다.

성령은 우리의 게으름을 공격하고, 우리의 성품을 그리스도의 성품과 같게 주조하고, 우리의 재능을 다른 사람들의 이익을 위해 쓰게 함으로써 우리를 베푸는 자가 되게 한다. 또한 성령은 우리에게 희망을 주기도 한다. 흔히들 베풂을 쓸데없다고 생각할 때가 있는데, 그 이유는 우리가 기껏 베풀었는데 수령자들이 더 좋아지는 것처럼 보이지 않고, 게다가 파렴치한 사람들이 우리의 선물과 수령자 사이에 끼어들기라도 하면 선물이 본래 의도되었던 유익과 함께 사라지는 것처럼 보이기 때문이다. 또한 수령자들이 빛을 빨아들이는 블랙홀처럼 선물을 받기만 하는 것처럼 보이기도 한다. 베풂을 쓸데없다고 생각하는 이유는, 베풂이 손해여서가 아니라, 세상이 더 나아지지 않아서다. 기껏 베풀었는데, 세상이 개선되지 않는 것처럼 보이는 것이다.

우리의 베풂과 다른 사람들의 이익은 어떤 관계가 있는가? 흔히들 그 관계를 원인과 결과로 이해하는 경향이 있다. 베풂이 원인이라면, 이익은 그 결과라는 것이다. 원인이 결과를 만들어 내듯이, 베풂도 이익을 낳아야 한다는 것이다. 하지만 꼭 그렇지 않을 때도 가끔씩 있다. 우리가 베풀기를 단념하는 것은 그 때문이다.

그러나 사실은 우리의 베풂과 다른 사람들의 이익이 원인과 결과의 관계로 연결되어 있는 것은 아니다. 우리의 베풂과 다른 사람들의 이익은 십자가와 부활의 관계로 연결되어 있다. 그리스도께서 자신의 목숨을 십자가에 내주셨을 때, 그분은 헛되이 죽으신 것처럼 보였다. 제자들이 재빨리 그분을 버리고, 그분의 대의大義도 죽고, 하나님마저 그분을 버리신 것처럼 보였다. 그러나 그분은 성령의 능력으로 죽은 자들 가운데서 부활하셔서, 하나님의 오른편에 앉으시고, 신자들의 공동체 안에 받아들여졌다. 신자들의 공동체는 세상에서 살아 움직이며 자라는 그분의 사회적인 몸이었다. 그리스도의 부활과 세상의 유익을 일으킨 것은 그리스도의 "죽음"이 아니라 성령이었다. 크건 작건 간에, 우리가 베푸는 선물의 경우도 그러하다.

그리스도께서 수많은 사람을 치료하거나 먹이신 것처럼, 우리의 베풂도 즉각적인 도움을 제공한다. 우리가 베풀면 굶주린 사람들이 먹을 것을 얻고, 슬픔에 잠긴 사람들이 위로를 얻고, 사랑하는 사람들이 기쁨을 얻는다. 우리는 열매를 수렁주렁 달고서 누군가가 따 가기만을 기다리는 과실나무와 같다. 우리가 베푸는 선물이 잘 익은 과일이 아니라 땅 속에 심겨진 씨앗처럼 보일 때도 있다. 잠시 동안은 아무 일도 일어나지 않는다. 캄캄한 땅이 차가운 한기에 덮인 채 씨앗을 움켜쥐고 있기 때문이다. 그러다가 봄이 오면, 새로운 생명이 움터 올라, 우리가 상상하던 것보다 훨씬 크게 자라기도 한다.

캄캄한 땅에 묻히는 것보다 더 가혹한 운명이 우리가 베푸는 선물에 닥치는 것처럼 보일 때도 더러 있다. 그런 경우는, 우리가 심은 씨앗이 움터 올라 열매 맺기 전에, 사악한 새가 채 가는 것과 같을 것이다. 헛수고를 한 셈이 되는 것이다. 기껏 베풀었는데, 이익을 얻는 자가 하나도 없는 것처럼 보이는 것이다. 그럼에도 불구하고 우리는 여전히 희망을 품을 수 있다. 나무로 하여금 열매를 주렁주렁 달게 하고, 죽은 것 같은 씨앗에게 생명을 주시는 성령께서 악한 자가 낚아채 간 온갖 좋은 선물을 되찾으실 것이기 때문이다. 성령께서 십자가에 달린 분을 되살리시고, 십자가에 달리기까지 자기를 희생하신 그분으로 하여금 풍성한 열매를 맺게 하셨듯이, 영원한 생명의 봄에 우리를 끌어올려 우리네 베풂의 수확을 보게 하실 것이다. 우리의 베풂에 날개를 달아 주는 것은 다름 아닌 성령께서 주시는 희망이다.

공동체

마지막으로, 성령은 우리를 그리스도의 몸인 공동체 안에 두심으로써 우리의 게으름을 물리치신다. 공동체는 우리를 선한 수여자로 만드는 데 도움이 된다. 공동체야말로 성령께서 우리의 베풂에 희망을 가득 채우시는 곳이다. 우리가 희망을 품는 이유는, 우리가 희망의 공동체에 속해 있기 때문이다. 또한 공동체는 성령께서 우리의 성품을 개조하시는 곳이기도 하다. 우리가 덕스러운 삶을 사는 이유는, 우리가 덕을 소중히 여기고 촉진시키는 공동체 안에서 살기 때문이다. 성령께서 우리의 재능에 힘을 주시고 우리의 재능을 지도하시려면 어떻게 해야 하는가? 우리에 대한 요구권이 공동체에 있음을 인정하고, 공동체의 지혜를 구하되 우리가 잘 할 수 있는 일이 무엇인지 알아야 한다. 우리는 성령을 통해 그리고 물세례를 통해 그리스도와 함께 죽고 그분 안에서 새 생명이 되어 떠오른다. 우리는 고립된 개인처럼 스스로의 힘으로 성령의 희망, 성령의 열매, 성령의 은사, 그리스도의 생명을 받는 것이 아니다. 그것들이 우리의 것이 되는 까닭은, 우리가 가정이나 베풂의 공동체에 속한 일원이기 때문이다. 그 공동체는 가정일 수도 있고, 절친한 친구들의 동아리일 수도 있고, 교회일 수도 있다.

우리가 선한 수여자들과 어우러져 살고, 그들이 성공하고 실패하고 인내하는 모습을 지켜보고, 그들에게 자극을 받거나 그들을 본받는다면, 우리도 선한 수여자가 될 것이다. 사도 바울은 고린도 교회 신자들에게 보낸 첫 번째 편지에서 이렇게 말한다. "내가 그리스도를 본받는 사람인 것과 같이, 여러분은 나를 본받으십시오"(고전 11:1). 그가 사도로 섬긴 사역의 대가를 요구할 권리를 버렸으니, 고린도에 있는 신자들도 자기의 권리를 버리고, 다른 사람들의 기분을 상하게 하는 짓을 해서는 안된다는 것이다(고전 8:1-11:1). 훌륭한 실천은 늘 그런 것은 아니지만 그다지 전염성이 강하지 않다. 그렇지 않다면, 가르침이나 권고가 필요하지 않을 것이다. 하지만 훌륭한 실천이 없으면, 가르침이나 권고가 효과를 발휘하지 못할 것이다. 선한 수여자가 되려면, 선한 수여자의 노제가 되어야 한다.

앞에서 나는 공동체가 우리를 선한 수여자로 만드는 데 도움을 준다고 말했다. 도움을 준다고 말하는 것은 무슨 이유에서인가? 도움을 주지 않고, 아예 우리를 선한 수여자로 만들면 안되는 것인가? 그 도움은 무엇으로 이루어지는가? 그 도움은 우리를 훈련시켜 수여자가 되게 하는 것으로 이루어지는가? 과학기술을 사용하여 우리의 나태한 자아를 능동적이고 숙련된 수여자로 만드는 것으로 이루어지는가? 그렇지 않다. 유해한 공동체들도 그렇게 하기 때문이다. 유해한 공동체들도 나름의 성격과 수단을 가지고 사람들을 그러모은다. 루터가 「그리스도인의 자유」에서 정확히 지적한 것처럼, 위선자들이 양산되는 것은 그 때문이다.[31] 공동체와 그 구성원들의 베풂이 직접적인 관계가 있는 것은 아니다. 베푸는 이를 만들어 내는 것은 공동체가 아니다. 인간은 결코 베푸는 이를 만들어 낼 수 없다. 베푸는 이는 태어난다. 성령에 의하여 공동체의 훌륭한 실천을 통해 태어난다. 하나님의 영이 동인動因이고, 사람은 도구일 뿐이다. 베풂은 그렇게 해서 이루어지고, 베푸는 이가 되는 것도 그렇게 해서 이루어진다.

간주곡_ 다니엘 형의 죽음

나는 최근에 자동차를 운전하면서 어머니에게 이렇게 말했다. "어머니는 그녀를 탓하는 기미를 보인 적이 한번도 없었어요."

사고가 일어나고 47년이 지난 뒤, 마침내 나는 내가 이미 알고 있다고 생각했던 퍼즐의 일부를 이어 맞추고 있었다. 밀리카Milica 아주머니는 내가 가장 사랑하는 유모이자 내 어린 시절의 천사였다. 나는 그녀가 91세의 나이로 죽을 때까지 그녀를 존경했다. 사고가 일어나던 당시, 밀리카 아주머니는 우리 두 아이를 맡고 있었다. 그 당시 나는 한 살이었고, 다니엘 형은 나보다 다섯 살 위였다. 다니엘 형이 아파트가 있는 안마당의 커다란 문을 빠져나가, 인근의 두 구획 너머에 있는 작은 군사기지로 갔다. 그곳에 있는 군인들과 놀기 위해서였다. 전에 근처를 거닐면서 군인 몇 명을 친구로 사귀어 둔 상태였다. 지쳐서 기분 전환이 필요했던 훈련병들이 때마침 활기찬 다섯 살배기 아이에게서 기분 전환 거리를 찾아냈던 것이다.

1957년 운명의 그날에, 그 군인들 가운데 한 사람이 다니엘 형을 말이 끄는 부식 운반용 마차에 태웠다. 마차가 울퉁불퉁한 자갈길로 이어진 출입문을 통과하려고 할 때, 다니엘 형은 상체를 비스듬히 뒤로 젖히고 있다가 그만 머리를 문기둥에 부딪치고 말았다. 말은 멈추지 않았고, 형은 병원으로 가는 도중에 숨을 거두었다. 부모님이 아끼는 아들, 내가 전혀 알지 못하는 형이 그렇게 세상을 뜬 것이다.

밀리카 아주머니는 다니엘 형을 돌보아야 했지만, 그렇게 하지 않았다. 그녀는 형이 빠져나가도록 내버려 두었고, 그를 찾지도 않았다. 그리고 다니엘 형이 죽었다. 하지만 나의 부모님은 그녀에게도 얼마간의 책임이 있다고 나에게 한번도 말씀하신 적이 없었다.

어머니는 자신이 옳은 일을 했는지 반신반의하면서 "그녀에게도 얼마간의 책임이 있다고 네게 말했어야 했을까?" 하고 대답하셨다.

나는 "다들 그렇게 했을 거예요"라고 속으로 말했다. 끔찍한 사건이 벌어지면, 사람들은 비난할 대상이 없는데도 불구하고 누군가 비난할 대상을 찾기 때문이다. 그들은 누군가가 잘못했음에 틀림없다고 생각하고, 피의자가 될 만한 사람을 물색하곤 한다. 밀리카 아주머니는 비난받아 마땅한 분이었다. 하지만 나의 부모님은 자녀인 우리가 보는 앞에서 그녀를 탓하지 않으셨다. 유죄나 다름없던 밀리카 아주머니가 나의 흠 없는 천사로 남을 수 있었던 것은 그 때문이었다.

나는 어머니에게 천천히 말했다. "아니에요. 어머니는 침묵하심으로써 대단히 아름다운 일을 하신 거예요. 나는 그런 일을 하신 어머니가 참으로 존경스러워요. 사도 베드로도 말했잖아요. '사랑은 허다한 죄를 덮어 준다'고요."

나는 내 어머니야말로 성인聖人이라고 생각했다. 어머니는 여섯 자녀 가운데 네 자녀를 앞서 보내셨다. 셋은 어머니의 자궁 속에서 죽었고, 넷째는 맡은 이들이 무책임하고 부주의해서 죽었다. 어머니의 고통은 끝이 없어서, 반세기가 지났어도 사라지지 않고 남아 있다. 어머니는 이따금 다니엘 형의 죽음에 대해 말씀하곤 했다. 그럴 때면, 죽기 전날 밤 형이 어머니의 침대에서 자겠다고 졸라 대던 일을 깊은 슬픔에 잠겨 말씀하셨다. 형은 잠버릇이 고약했고, 어머니는 공장일로 아무리 지쳐도 깊이 잠들지 못했다. 그래서 형을 어머니의 침대에서 재우지 않았던 것이다. 그 결과, 어머니의 침대에서 자는 것은 형의 마지막 바람이 되고 말았다.

그토록 끔찍한 상실의 고통은 좀처럼 사라지지 않았지만, 책임져야 할 사람들에 대한 비난과 분노는 사라지고 없었다. 어머니는 죽임당한 예수님을 응시하고, 용서를 베푸시는 하나님을 곰곰이 묵상하는 가운데 십자가 밑에서 치료를 받으신 것이다. 밀리카 아주머니도 용서를 받았고, 아무도 그녀의 죄를 이야기하지 않았다. 그녀가 유죄라고 말하는 사람도 없었다. 내가 보기에도 그녀는 무죄였다.

나의 부모님은 용서를 다니엘 형의 죽음과 연관지어 종종 말씀하셨다. 내가 용서에 관해 받은 첫 번째 가르침이 생각난다. 나는 나의 부모님이 주범이나 다름없는 그 군인을 어떻게 용서하시게 되었는지를 들으면서 용서에 관한 첫 번째 가르침을 얻었다. 부모님은 이렇게 말씀했다. "하나님의 말씀을 읽어 보니, '하나님께서 그리스도 안에서 여러분을 용서하신 것같이, 서로 용서하십시오'라고 하더구나. 그래서 우리도 용서하기로 결심했단다." 그 군인은 얼마나 두려움을 느꼈던지 병원에 입원하기까지 했다. 아버지는 결코 완치되지 않을 마음의 상처를 입으셨음에도 그 군인을 찾아가서, 부주의 때문에 자신에게 엄청난 슬픔을 안겨 준 그 군인을 위로하고, 그를 용서하겠다고 말씀했다.

법정에서도, 아버지는 그 군인을 용서했다고 말씀했다. 방청석에 앉지 못할 만큼 상심이 컸던 어머니도 그 군인을 용서했다고 말씀했다. 아버지는 그 군인에게 보상을 요구할 마음이 없다고 말씀했다. 어머니는 더욱 슬픔에 잠길 수밖에 없었다. 이번에는 정의의 손마저 아들의 생명, 착했으나 결정적인 순간에 경솔하게 행동했던 한 소년을 앗아갔기 때문이다. 그 군인은 처벌을 받지 않고서, 병역 의무를 이행하고 집으로 돌아갈 수 있었다. 아버지는 그 군인을 찾아갔다. 그의 집을 찾아가는 데는 이틀이 걸렸다. 아버지는 그 군인이 걱정되어, 그에게 남을 탓하는 우리의 마음보다 훨씬 위대한 하나님의 사랑을 다시 한번 전하고 싶었던 것이고, 자신들의 용서를 전하고 싶으셨던 것이다.

부모님이 그 군인을 용서한 이유는 간단했다. 하나님께서 그들을 용서하셨으니, 그들도 그 군인을 용서하신 것이다. 하지만 용서 자체는 쉬운 일이 아니었다. 어머니에게는 대단히 고통스러운 것이었다. 나는 6장에서 어머니가 용서하면서 겪으신 고통을 다시 다룰 참이다. 아버지는 자기 아들을 죽인 한 사람을 용서할 때 어떤 느낌이 들었는지를 일절 말씀하지 않았다. 아버지는 대단히 다감한 분이었음에도 불구하고 자신의 느낌을 말씀한 적이 없지만, 그렇게 용서함으로써 아주 많은 것을 희생하셨음에 틀림없다. 어쩌면 어머니가 희생하신 것만큼 희생하셨는지도 모른다. 사고이기는 해도, 다니엘 형의 죽음은 한 군인 때문이었다. 그리고 그가 복무하던 군대는 10년 전에 아버지를 몹시 핍박했던 공산 정권을 지키기 위해 창설된 군대였다. 그 군대는 10년이 지난 당시에도 그리스도교 목사인 아버지를 적으로 여기고 있었다.

2차 세계대전이 끝나갈 무렵, 열아홉 살이던 아버지는 나치에 협력하던 크로아티아 괴뢰 정부의 정규군에 징집되어 군인이 되었다. 아버지의 보직은 빵 굽는 일이었다. 아버지는 몇 달 동안 총 한 발 쏘지 않고 군사훈련을 마친 뒤에 자신이 속해 있는 부대를 위해 빵을 구웠다. 아버지는 자그레브Zagreb 거리를 행진하면서 노동자들의 부당한 처우에 항거한 사회주의자이기도 하셨다.

아버지가 군에 복무하는 동안, 티토Tito의 빨치산 부대가 나치에 맞서 싸우면서 사회주의 혁명을 위해 투쟁하고 있었다. 어느 날, 아버지는 다른 군인 한 사람 및 장교 한 사람과 함께 티토의 빨치산 부대로 탈주하려고 시도했다. 아버지와 그 일행이 탈주하다가 잡혔다면 그 자리에서 총살당하고 말았을 것이다. 장교는 두 명의 젊은 병사를 보호하기 위해 이렇게 말했다. "탈주가 실패하거든, 우리의 목적지가 어디인지 모르는 척하라." 그래서 두 젊은 군인은 장교의 명령을 따르기로 했다. 그러다가 그들 일행이 체포되었고, 장교는 곧바로 총살을 당하고 말았다. 아버지는 그 장교가 죽어 가면서도 두 젊은 병사의 목숨을 구하려고 입을 다문 덕분에 목숨을 건지셨다.

이윽고 전쟁이 끝나자, 나치와 그 협력자들이 패주하고, 공산당이 이끄는 사회주의 혁명이 진행되었다. 크로아티아 괴뢰 정부의 정규군에 속해 있던 모든 병사들이 당국에 출두하라는 명령을 받았다. 그들은 집으로 돌아가기 위해 통행권을 발급받아야 했다. 그들은 죄를 짓지 않았으니 두려울 것이 없다고 확신했다. 아버지에게는 패한 군의 비전투 부대를 위해 빵을 구운 죄밖에 없었다. 아버지의 이념적 성향은 공산주의자들과 같았고, 그들과 함께하기 위해서라면 목숨까지 걸 의향이 있었다. 아버지는 출두 명령에 당당히 응했다. 아버지가 도착하자마자 아버지 뒤에 있던 문이 닫히고, 아무도 아버지의 이름을 묻지 않았다. 아버지는 공산주의자들이 세운 강제수용소에 수용되고 말았다.

아버지는 그늘진 모습으로 수용소에 수용된 사람들의 기다란 행렬에 끼어 있었다. 수용소에 수용된 사람들은 수개월 동안 한 마을에서 다음 마을로 강행군하지 않으면 안되었다. 길에서 죽는 것밖에 다른 도리가 없는 것처럼 보였다. 그들은 소량의 빵과 묽은 죽으로 연명했다. 그것은 하루 식사 분량에 훨씬 못 미치는 양이었다. 아버지는 누군가가 행군 도중에 건네 준 콩 몇 알을 먹기 위해 그것을 더러운 페인트 깡통에 넣고 삶지 않으면 안될 정도로 배가 고팠다. 바로 몇 주 전, 굶주린 동료 수감자 하나가 행군 도중 잠시 서서 길가에 있는 나무의 잘 익은 열매를 따먹다가 즉석에서 총살당한 일이 있는 상황이었다. 행군 속도를 유지하지 못하는 사람도 총살을 당했다. 가죽구두 한 켤레를 얻기 위해 살해하는 상황이었다. 구두 한 켤레를 가지고 계셨던 아버지는 행군 도중에 그것을 도둑맞지 않으려고 가죽을 잘라 내는 기지를 발휘했다. 다음 순간에 죽게 될지 살게 될지 알지 못한 채 몇 달 동안 고초를 겪고 나자, 운명을 피할 수 없을 것 같은 야릇한 생각이 들었다. 아버지는 자신이 치명적인 상처를 입은 채 달리는 짐승과 같다고 생각했다. 지옥에 있는 것이나 다름없었던 아버지에게는 위협적인 죽음의 어둔 그림자가 구원의 천사처럼 보이기까지 했다. 아버지는 공산주의자들을 욕하고, 자신의 목숨을 저주했다. 그러나 세례를 통해 자신을 일으켜 세워 주신 하나님께는 직접 고르고 고른 저주를 퍼붓지 않고 아껴두셨다.

하나님에 대한 분노가 치밀어 오르는 상태였지만, 결국 아버지는 저 지옥 같은 강제수용소에서 자비의 하나님을 만났다. 더 정확히 말하면 하나님께서 그를 만나 주셨다고 해야 할 것이다. 하지만 그것은 경우가 다른 이야기다. 아버지께서 자신의 아들을 죽인 저 병사를 용서할 수 있었던 것도 하나님 때문이고, 자신에게 용서의 정반대, 곧 복수보다 더 참혹한 짓을 가한 정부의 하수인을 용서할 수 있었던 것도 하나님 때문이다. 아버지는 죄 없는 분이었고, 대의를 위해서라면 자신의 목숨까지 거는 사회주의자였다. 하지만 간수들은 그의 이력을 듣기는커녕 그의 이름조차 알려고 하지 않았다. 그들은 아버지가 가장 극악한 적이라도 된다는 듯이 아버지를 무자비하게 고문했다. 아버지는 죄 없는 사람에게 무차별적이고 무사비하게 가해지는 만행을 겪었지만, 죄가 있는 그들에게 자비심에서 우러난 용서를 베푸셨다.

최근 몇 십 년 동안, 용서와 화해에 대해 많은 이야기가 오가고 있다. 예컨대, 우리는 인종차별의 폐해를 겪은 남아프리카 공화국을 재건하기 위해 힘쓰고 있는 지도자들에게서 이런 말을 듣는다. "용서 없이는 미래가 있을 수 없습니다." 억압적인 정부의 악행에서 벗어난 전 세계 수백만 명의 사람들이 성직자 및 정신병 학자들과 상담하면서 용서의 길을 모색하고 있다. 그들은 자신들에게 상처를 준 사람들을 용서함으로써 괴로움과 원한에서 벗어나, 상처 준 사람들의 동료들, 가족들, 친구들, 연인들과 관계를 개선하고 있다.

크로아티아의 한 속담에는 이런 말이 있다. "사람들은 자기에게 없는 것을 이야기하게 마련이다." 우리가 용서를 이야기하는 것은, 우리가 감상적이면서도 용서하지 않는 세계에서 살고 있기 때문이다. 미국에서는 소송사건들이 독버섯처럼 증가하고 있다. 자녀가 부모를 상대로 소송을 제기해 권리를 다투고, 연인들이 이행되지 않은 연애를 되찾겠다고 소송을 제기하고, 보수적인 그리스도인들이 자신들의 정치적 입지를 향상시키기 위한 수단으로 소송을 제기하고, 커피 판매점에서 너무 뜨거운 커피를 주는 바람에 자신들의 예민한 혀를 데었다고 커피 애호가들이 소송을 제기하고, 가옥 소유자들이 보도에 있는 한두 개의 자갈을 치우지 않아서 미끄러져 넘어졌다고 보행자들이 소송을 제기하고 있다. 할 수만 있다면, 하나님마저 고소할 태세인 것 같다. 그분께서 나쁜 일들이 일어나는 세상을 창조하셨다는 죄목으로.

그러한 소송들 가운데 일부는 이해할 수 있는 것들이다. 파렴치한 의사들의 의료사고로 반신불수가 된 사람이 있다면, 그는 자신이 일할 수 없는 처지가 되었으니 앞으로 어떻게 먹고 살아야 할 것인지를 염려하지 않으면 안 될 것이다. 하지만 상당수의 소송은 쓸데없는 것들이다. 소송 당사자들은 서로 용서하고 관계를 회복하기보다는 처벌을 원하고 막대한 위자료를 받아 내려고 한다. 그들은 자신들의 권리만큼 주장하기보다는 상대방을 희생시켜 자신의 이익을 극대화하려고 한다. 그들이 복수와 탐욕에 휘둘리는 까닭은, 그들이 정의에 관심을 기울이지 않기 때문이다.

쌍방향 게임의 세계는 우리를 당혹스럽게 하는 거대한 무자비의 세계가 아닐까 싶다. 비정상적일 정도로 인기 있는 비디오 게임 '위대한 차량 절도범: 악의 도시 Grand Theft Auto: Vice City'에서 게이머는 토미 버세티의 역을 맡는다. 토미 버세티는 배신을 당해 잃은 돈을 되찾기 위해 복수에 뛰어든 마약 판매상이다. 그 비디오 게임 해설자는 이렇게 말한다. "게임에서 게이머는 무슨 짓을 해도 제한을 받지 않는다. 예컨대, 게이머는 운송용 차량들을 훔칠 수도 있고(게임의 명칭이 '위대한 차량 절도범'인 것은 그 때문이다), 약간의 현찰을 얻기 위해 편의점을 털 수도 있고, 아무 죄 없는 보행자들을 칠 수도 있고, 총격을 가할 수도 있고, 사람을 죽일 수도 있고, 여자를 골라서 창녀로 부릴 수도 있다(게이머의 건강을 일시적으로 평균치 이상 극대화하는 방법이다)."[1] 게임이 진행되는 동안, 게이머의 상상력은 무차별적인 폭력을 행사하는 무한 복수의 암흑세계로 빠져든다. 그것은 "폭력을 묵인하는" 문화, 잔인하고 파괴적인 폭력의 세계, 도덕적 억제가 전혀 이루어지지 않는 세계, 구원의 가망이 없는 세계다.

관용? 용서? 보석처럼 찬란한 인류에게 어떤 일이 일어났는가? 인류는 방금 말한 어둔 충동의 희생자가 되고 말았다. 미국 사람들만 해도 그러한 비디오 게임을 구입하는 데 연간 73억 달러를 쏟아 붓고 있다. 그러한 비디오 게임들의 유혈 싸움은 저 문화가 결국 어떻게 될 것인지를 여실히 보여준다. 그러한 문화는 사람들이 복수를 위해 정의를 버리고, 모든 것을 회복시키는 용서의 능력을 비웃는 문화가 되고 말 것이다. 그러한 사태가 벌어져, 강력하고 거대한 무언가가 우리에게 자신의 의지를 강요하고, 우리에게서 자유를 앗아갈 때에만 공존이 모색될 것이다. 자유를 지키려면 은총이 필요하고, 사람답게 살려면 용서하는 법을 배워야 한다.

용서는 어렵고 심지어 고통스럽기까지 하다. 아예 불가능한 것처럼 보일 때도 간혹 있다. 우리의 상처 입은 몸의 모든 원자가 정의를 부르짖거나 복수를 부르짖는데, 어째서 용서를 베풀어야 하는가? 용서를 베풀고, 지혜롭게 용서한다는 말은 무슨 뜻인가? 용서하기를 거부하지 않을 만큼 충분한 힘을 기르려면 어찌해야 하는가? 나는 이 문제들을 이어지는 세 개의 장에서 다루고자 한다. 그 결과, 나의 부모님이 다니엘 형을 죽게 한 저 군인과 밀리카 아주머니를 용서하신 것과 같은 가장 관대한 행위가 드러나게 될 것이다.

4장_ 하나님, 용서하시는 분

어니스트 헤밍웨이Ernest Hemingway는 자신의 단편소설집에서 '세상의 수도The Capital of the World'라는 잊지 못할 짤막한 이야기를 다음과 같은 말로 시작한다.

> 마드리드에서는 파코Paco라는 이름을 가진 소년들을 흔하게 볼 수 있다. 파코라는 이름은 프란체스코라는 이름의 애칭이다. 마드리드에는 한 아버지에 얽힌 우스개 이야기가 회자되고 있다. 그 아버지는 마드리드로 가서 「엘 리베랄」이라는 개인잡지에 광고 한 편을 게재하였다. "파코 화요일 정오에 몬타나 호텔에서 만나자 다 용서했다 아빠가." 광고를 보고 800명의 젊은이가 모여들었고, 그들을 해산시키기 위해 구아르디아 민간 기병대를 호출하지 않으면 안되었다.[1]

이 우스개 이야기는 스페인 어디서나 접할 수 있는 "파코"라는 이름에 얽힌 이야기다. 그러나 그 이야기가 설득력을 갖는 이유는, 아들이든 딸이든, 어머니이든 아버지이든, 친구이든 동료이든 간에 용서받고 싶어 하는 수많은 사람들의 갈망을 저변에 깔고 있기 때문이다. 우리가 용서를 갈망하는 것은, 우리가 관계를 소중히 여기기 때문이다. 그리고 우리는 용서 없이는 관계가 개선될 수 없다는 사실을 잘 알고 있다.

관계를 개선하기 위해서는 용서가 필요하다니, 어째서 그런가? 첫째, '누군가가 다른 누군가를 부당하게 대할 때, 우리는 그 모습을 보고 상황을 어떻게 처리해야 하는가?'라는 근본적인 물음에 답해야 하기 때문이다. 부당한 대우는 관계를 어그러뜨리고, 아예 망가뜨릴 수도 있다. 친구가 우리를 배신하면, 우리는 실망을 경험하고 손해를 입고 훨씬 심각한 해를 입을 수도 있다. 아버지에게 학대를 당한 아이는 남은 생애 내내 마음의 상처를 지니고 살게 마련이다. 우리는 인종적 폭력의 소용돌이에 휩싸여, 어엿한 사람이라면 생각지도 못할 짓을 우리의 이웃에게 자행해 왔다. 악행을 다룰 수 있는 유일하고 중요한 방법은 용서뿐이다. 우리가 용서를 소중히 여기는 것은 그 때문이다.

그러나 용서를 실천하는 것은 쉬운 일이 아니다. 용서해야 하는 이유를 알지 못할 때도 종종 있다. 혹은 용서하고 싶어 하면서도 용서할 수 없는 것처럼 보일 때도 있다. 기껏 용서했는데, 우리의 용서가 거부되고, 관계가 훨씬 심각하게 손상될 수도 있다. 우리는 이렇게 추론할는지도 모른다. "악행을 중화시킬 수만 있다면, 굳이 용서라는 힘든 일을 하지 않고도 관계를 회복할 수 있을 텐데."

악행을 중화시키는 주된 방법은 두 가지다. 첫째, 우리가 이미 행한 짓을 거두어들일 수만 있다면, 악행이 사라지고 용서가 불필요하게 될 것이다. 하지만 우리는 그렇게 하지 않는다. 우리가 후끈 달아오른 논쟁의 열기 속에서 고약한 말을 내뱉거나 지나칠 정도의 비난을 하면, 상대방도 우리에게 대들면서 "그 말을 취소하라!"고 하는 것이다. 상대방의 말에 동의하여 "좋소, 내가 말한 것을 거두어들이겠소"라고 말하면서도, 실제로는 취소하지 않는 경우도 있다. 한번 내뱉은 말은, 오랫동안 잊힐 수는 있어도 영원히 주워 담을 수는 없다. 우리가 부주의해서, 자전거 타는 사람을 자동차로 들이받아 죽이는 수도 있다. 밤중이나 한낮의 고요한 시간에, 그 장면을 거듭거듭 연출하면서, 이미 벌어진 비극을 원래의 상태로 되돌리려 애쓰고, 그 비극을 일어나지 않은 것이 되게 하려고 애써 보지만, 한번 실행에 옮겨진 행위는 영원히 되돌릴 수 없다. 우리의 인생이 영화라면, 편집자처럼 좋지 않은 장면을 되감아 잘라 내고, 마음에 들 때까지 더 나은 장면을 이어 붙여 그것을 비평가에게 보여줄 수 있겠지만, 안타깝게도 우리의 인생은 영화가 아니다.

한번 실행에 옮겨진 행위를 거두어들일 수 없는 이유는 간단하다. 영사기와 달리, 우리의 인생에는 "되감기" 버튼이 없기 때문이다. 시간 역시 되감을 수 없다. 우리는 그저 시간 속에서 살아갈 뿐이다. 우리는 시간의 화살을 붙잡을 수 없고, 우리의 형편이 좋을 때에도 그것을 되돌릴 수 없다. 우리의 간절한 바람과는 달리, 시간은 그저 달려갈 뿐이다. 앞만 보고 달려갈 뿐이다. 우리의 시간이 다하는 날까지, 우리는 새로운 행위를 실행에 옮길 수는 있어도, 이미 실행에 옮긴 행위는 거두어들일 수 없다. 우리가 용서를 필요로 하는 것은 그 때문이다.

악행을 중화시키고, 용서라는 힘든 일을 덜 수 있는 또 다른 가능성이 있다. 우리의 잘못된 행위가 우리의 죄처럼 우리에게 "들러붙지"

않고 우리의 책임으로 돌려지지도 않는다면, 용서는 필요하지 않게 될 것이다. 상어 한 마리가 파도타기 널 위에 있는 한 선수를 바다표범으로 오인하여 끔찍하게 물어뜯는다. 파도타기 선수는 다리 한 쪽을 잃긴 했지만 다행히 목숨만은 건진다. 상어가 좋아하는 것은 딱딱한 뼈와 기름기 적은 근육이 아니라 고래의 풍부한 지방층이기 때문이다. 이때 파도타기 선수는 상어를 용서할 이유가 전혀 없다. 그를 공격한 상어는 자신이 하는 일을 한 것이기 때문이다. 상어의 행동을 탓할 이유도 없다. 상어의 행동을 상어의 책임으로 돌릴 수도 없다. 상어가 그 선수에게 중상을 입히기는 했지만, 그렇다고 상어가 그에게 잘못 행동한 것이 아니기 때문이다.

그러나 중상을 입은 선수의 친구가 그 지역이 상어의 출몰지라는 것을 알면서도 그 선수에게 전혀 알려 주지 않은 채 파도타기를 하도록 내버려 두었다면, 중상을 입은 그 선수는 자기의 친구를 용서할 이유가 있을 것이다. 그의 친구는 그 지역이 상어의 출몰지라는 것을 알려 주었어야 했다. 우리는 그가 알려 주지 않은 것을 그의 과실과 그의 죄로 여겨도 무방할 것이다. 그는 중상을 입은 선수에 대해 부분적인 책임이 있다. 그 파도타기 선수는 친구 때문에 잘못되었던 것이다. 그들 사이의 관계가 회복되려면, 잘못된 행위를 어느 정도 청산할 필요가 있다. 우리가 용서를 필요로 하는 것은, 우리가 상어와 같지 않기 때문이다. 우리가 비난을 받는 것은 우리의 잘못된 행위 때문이다.

우리가 잘못된 행위를 없는 것으로 치지 못하고 용서라는 힘든 일을 해야 하는 것은 두 가지 중요한 이유 때문이다. 한 이유는 세상의 형이상학적인 구조와 관계가 있다. 즉, 시간은 역행하지 않으며, 한번 실행에 옮겨진 행위는 거두어들일 수 없다는 것이다. 다른 이유는 인간에 대한 우리의 깊은 직관과 관계가 있다. 어느 한 사람의 잘못된 행위 때문에 다른 누군가가 손해를 입었다면, 그것은 잘못 행동한 사람의 책임이다. 잘못된 행위는 그렇게 행동한 사람의 어깨에 놓인 짐과 같다.

용서란 무엇인가

용서는 잘못된 행위와 어떤 관계가 있는가? 용서가 하는 일을 최소한으로 추리면, 적어도 두 가지가 중요하게 드러난다.

첫째, 용서는 잘못된 행위를 명명하고 나무라는 것이다. 우리는 어니스트 헤밍웨이가 소개한 이야기의 다음 대목을 이런 식으로 상상해 볼 수 있다. 소년의 아버지가 몬타나 호텔 앞에 모여든 800명의 젊은이 가운데서 자신의 아들 파코를 찾아낸다. 그런 다음 그 아들을 호텔 객실로 데리고 올라가서 이렇게 말한다. "파코야, 네가 한마디 말도 없이 우리의 모든 재산을 가지고 사라지고 나서, 네 어머니는 하염없이 울었단다. 너는 우리가 노년을 위해 모아 둔 것을 훔쳐 갔어. 너도 알다시피, 우리는 더 이상 젊지 않단다! 너는 그 모든 재산을 섹스와 도박에 탕진한 것처럼 보이는구나. 내 아들아, 너는 아주 나쁜 짓을 한 거야."

잘못된 행위를 나무라는 것이야말로 용서의 한 요소, 용서의 불가피한 부정적 전제조건이다. 하지만 파코의 아버지가 파코를 나무라지 않았다면, 파코는 피고의 상태로 머무르기만 할 뿐 용서받지는 못했을 것이다. 그러나 용서에는 두 번째 요소, 곧 긍정적인 내용이 들어 있다. 용서는 가해자들에게 일종의 선물을 베푸는 것이다. 말하자면 잘못된 행위의 책임을 가해자들에게 돌리지 않는 것이다. 파코의 아버지는 파코가 저지른 행위가 얼마나 나쁜 짓인지를 말해 주고 나서 너그럽게 말한다. "내 사랑하는 아들 파코야, 최근에 거울을 들여다본 적이 있니? 안색이 좋지 않구나. 네 어머니와 나는 너를 용서하기로 마음먹었단다. 너는 우리 아들이잖니. 우리는 잘못된 행위의 책임을 너에게 묻지 않기로 했단다. 이리 와서, 이 아비를 꼭 껴안아 주렴. 우리 실컷 먹고 집으로 가자꾸나." 비로소 가해자의 어깨에서 무거운 짐(잘못된 행위)이 벗겨진다. 실제적인 부채를 너그럽게 탕감해 주는 것이야말로 용서의 핵심이다.

용서는 일종의 특별한 선물이다. 우리는 베풀면서 우리 자신의 유익을 구하는 것이 아니라 다른 사람의 유익을 구한다. 적어도 우리의 유익만을 구하지는 않는다. 용서의 경우도 마찬가지다. 우리는 다른 사람을 위해 용서한다. 그 결과로 우리가 득을 보기도 하지만 말이다. 그러나 베풂과 용서 사이에는 중요한 차이가 있다. 다른 사람들이 마음에 들거나 다른 사람들이 궁핍한 처지에 있을 때, 우리는 무언가를 베푼다. 우리는 베풂을 통하여 다른 사람들을 즐겁게 해주거나, 그들의 부족한 것을 채워 준다. 반면에 다른 사람들이 우리에게 잘못했을 때에는 용서한다. 우리는 용서를 통해 그들을 그들의 잘못된 행위에서 해방시켜 준다. 용서는 누군가의 위반, 비행, 위법행위, 범칙행위, 부채로 피해를 입었을 때 하는 것이다. 용서가 베풂보다 어려운 것은 그 때문이다.

부자관계처럼 정서적인 애착과 함께 친밀한 관계를 맺고 있을 때에는 어렵더라도 용서하는 것이 도리에 맞다. 그러나 뒤로 물러나 인간의 상호작용, 가족 구성원들과 절친한 친구들 사이에서 이루어지는 상호작용을 보다 객관적으로 관찰해 보라. 그러면 불신이라는 벌레가 용서로 이루어진 우리의 행복한 포옹을 야금야금 갉아먹기 시작할 것이다. 용서는 단지 가해자의 책임을 면제해 주기만 하는 것인가? 그렇다면, 그것은 우리의 정의감에 대한 모욕이 아닌가? 피해자는 가해자를 용서할 권한도 가지고 있는가? 피해자가 용서하는 것이 현명한 일인가? 가해자에게 가해행위의 책임을 돌리지 않는 용서는 가해자의 변화 의욕을 제거하는 것만 같다.

용서가 지닌 문제는 거기서 끝나지 않는다. 우리가 용서한 뒤에도, 가해자는 여진히 하나님과 사람 앞에서 떳떳하지 못한 것 같다. 용서는 우리가 가해자를 향해 던지는 분노와 비난의 화살을 없애고, 가해자들을 놓아준다고 할 수 있다. 하지만 그것으로는 가해자의 가해행위를 없앨 수 없다. 피해자의 마음을 평화롭게 해주는 것을 제외하면, 용서는 거의 불필요한 것이 아닐까? 게다가 어리석고 불의한 것이 될 수도 있지 않을까?

용서가 두 당사자, 곧 용서하는 쪽(피해자)과 용서받는 쪽(가해자)에 국한된 것이라면, 위의 질문들에 들어 있는 반론에 맞서 용서를 변호하는 것이 쉽지 않을 것이다. 하지만 용서는 두 당사자에 국한된 것이 아니다. 그리스도인들에게 용서는 일반적인 베풂과 마찬가지로 언제나 삼각관계 속에서 이루어진다. 이때의 삼각관계는 가해자와 피해자 그리고 하나님으로 이루어진다. 하나님을 빼 보라. 그러면 용서의 토대가 불안정하게 되고 심지어 무너지고 말 것이다.

하나님과 용서는 어떤 관계인가? 하나님과 용서의 관계는 하나님과 일반적인 베풂의 관계와 유사하다. 요컨대, 하나님은 용서하시는 하나님이시다. 우리가 용서하는 이유는, 하나님이 용서하시기 때문이다. 하나님이 용서하시기 때문에 우리도 용서하는 것이다. 우리가 하는 용서는 하나님이 하시는 용서의 메아리다. 우리가 하는 용서를 이해하려면, 하나님이 하시는 용서에서 시작해야 한다. 하나님에 대한 오해 두 가지가 있는데, 둘 다 하나님이 악행과 어떤 관계를 맺으시는가에 관심을 기울인다. 첫째는 하나님을 무자비한 재판관으로, 둘째는 하나님을 맹목적으로 사랑하는 할아버지로 그린다. 그것들은 1장에서 다룬 바 있는 두 가지 잘못된 하나님 이미지, 곧 인색한 흥정꾼 하나님과 온화하고 멋진 산타클로스 하나님을 흉내 낸 것이다.

재판관

내가 1장에서 말한 흥정꾼 하나님을 떠올려 보기 바란다. 그러한 하나님 이미지가 우리의 생각을 지배할 경우, 우리는 하나님과의 관계를 매매관계로 생각해, 하나님과 거래를 하려고 할 것이다. 하나님께 무언가를 원하는 사람은 답례로 무언가를 드리려고 할 것이다. 안토니오 살리에리는 천재 음악가가 되고 싶어서 하나님께 자신의 순결과 근면과 겸손을 바쳤다. 그러나 하나님을 흥정꾼으로 대하는 것은 어리석은 짓이다. 하나님은 우리가 바치는 것이 무엇이든 그것 없이도 지내실 수 있기 때문이다. 게다가 하나님은 무한히 부요한 분이셔서, 아무것도 보답하지 못하는 사람들에게까지 베푸실 수 있다. 하나님과 흥정하려고 한다면, 그것은 하나님을 모욕하는 짓이 될 것이다. 하나님은 흥정꾼이 아니라, 우리가 가진 모든 것을 우리에게 주신 너그러운 수여자이시기 때문이다. 그러니 하나님 모욕하기를 그만두고, 하나님을 흥정꾼으로 여길 생각을 아예 하지 않도록 하자.

어떤 사람이 하나님을 흥정꾼으로 여기면서도, 자신이 하나님과 체결한 계약을 깬다면, 어떤 일이 벌어질까? 살리에리가 젊고 아리따운 소프라노 카테리나 카발리에리 Katherina Cavalieri의 미모에 끌려 하나님과 맺은 순결 약속을 깬다면, 어떤 일이 벌어질까? 흥정꾼 하나님이 부득불 재판관 하나님으로 변할 것이다. 살리에리가 계약을 깼으니, 살리에리가 결과를 감수해야 할 것이다. 그는 자비를 베풀어 달라고 호소할는지도 모른다. 그러나 자기 마음에 들 때에는 하나님과 거래하고 자기 마음에 들지 않을 때에는 하나님께 은총을 구한다면, 그것은 앞뒤가 맞지 않는 행위일 수밖에 없다. 하나님을 흥정꾼으로 여기는 한, 은총이 개입할 여지가 없게 된다. 계약을 깬 쪽이 값을 치르는 게 당연하기 때문이다.

하나님과 계약을 체결하는 것도 우리에게 불리한 일이지만, 그 계약을 깨는 것도 우리에게 불리하기는 매한가지다. 살리에리의 거래는 성사되지 않았다. 하나님께서 살리에리가 꿈도 꿀 수 없었던 재능을 모차르트에게 주셨기 때문이다. 그러나 하나님께서 살리에리가 제시한 거래조건을 받아들이셨는데, 살리에리가 그것을 깼다고 가정해 보자. 살리에리는 곤경에 처하고 말 것이다. 그는 계약위반을 숨길 수 없을 것이다. 하나님께서 모든 것을 속속들이 보고 계시기 때문이다. 살리에리는 스스로를 변호해 보라는 하나님의 소환장을 받고 도망칠 수도 없을 것이다. 하나님께서 어디에나 계시기 때문이다. 그는 하나님께 자비를 구할 수도 없을 것이다. 하나님께서 수사적인 책략을 꿰뚫어 보시기 때문이다. 하나님이 재판관이시라면, 그리고 그분께서 살리에리의 약점을 조금이라도 보신다면, 살리에리를 가차 없이 심판하실 것이다. 살리에리는 처벌을 행사하는 정의의 손에서 벗어날 수 없을 것이다. 전능하신 하나님께서 살리에리가 값을 치르게 하실 것이기 때문이다. 살리에리가 이의를 제기하면, 하나님은 이렇게 말씀하실 것이다. "거래는 거래고, 계약파기는 계약파기야." 가혹한가? 그렇다. 우리가 흥정꾼 하나님과 관계를 맺는 한, 우리가 얻게 될 것은 무자비한 하나님밖에 없다.

루터의 도덕관념

마르틴 루터는 무자비한 재판관 하나님이 무슨 뜻인지 알고 있었다. 그는 순수한 사랑의 하나님을 발견하고 종교개혁을 시작하기에 앞서, 수도원에서 소일하던 때를 회고하면서 이렇게 말한다. "나는 수도원에서 여자나 돈이나 재산을 생각하지 않았다. 그런데도 내 마음은 떨며 안절부절 못했다. 하나님께서 내게 은혜를 베풀어 주실 것인지 아닌지 알 수 없었기 때문이다."[2] 루터의 가련한 마음이 하나님 앞에서 떨며 안절부절 못했던 것은 무엇 때문인가? 그가 "나무랄 데 없는 수도사"이면서도 자신을 "하나님 앞에서 극도로 안절부절 못하는 죄인"으로 여긴 것은 무엇 때문인가?[3]

우리는 루터의 불안한 양심은 극심한 종교적 신경증일 뿐이라고 결론짓고 싶을지도 모른다. 실제로, 한 대학 연구소가 루터의 죄의식을 심리학적으로 설명하는 데 몰두하고 있다. 그 연구소에 따르면, 루터가 도덕적 과민증과 하나님에 대한 두려움을 갖게 된 것은 그의 엄격하고 요구가 지나친 부모, 특히 그의 아버지 한스Hans에게 원인이 있다고 한다. 그러나 루터의 예민한 죄의식과 재판관 하나님에 대한 두려움은 심리학적인 데에 원인이 있는 것만은 아니다. 그것들은 하나님에 대한 신학적 판단의 심리학적인 귀결이자, 삶의 바른 길이었다. 한스가 루터의 불안한 양심과 조금이라도 관계가 있다면, 그것은 젊은 루터의 탁월한 윤리관을 일깨워, 그의 부족한 것들을 정직하게 판단하도록 한 것이었다.

그 문제를 루터의 방식으로 생각해 보자. 율법의 으뜸이 되는 줄거리는 다음과 같다. "네 마음을 다하고 네 목숨을 다하고 네 힘을 다하고 네 뜻을 다하여, 주 너의 하나님을 사랑하여라. 그리고 네 이웃을 네 몸같이 사랑하여라"(눅 10:27). 이 계명을 한 친구의 제안이 아니라 있는 그대로, 곧 하나님의 명령으로 이해해 보라. 그런 다음 "다하여"("네 마음을 다하여")와 "같이"("네 몸같이")라는 두 단어를 진지하게 받아들여 보라. 그러고 나서 하나님을 무자비한 재판관으로 그려 보라. 그러면 그대는 떨며 안절부절 못하게 될 것이다! 루터는 자신을 주의 깊게 살펴보는 가운데, 자신의 인생에서 저 율법을 이행한 적이 한번도 없다는 것을 알았다. 그는 하나님을 사랑했지만 마음의 일부만 가지고 사랑했고, 이웃을 사랑했지만 자기를 더 사랑했던 것이다. 결국 그는 이렇게 말했다. "나는 하나님을 노엽게 해드린 것은 아니지만 그렇게 했다고 생각할 수밖에 없었다. 그래서 나는 선행으로 하나님을 달래드리려고 했다."[4] 그가 하나님을 달래드려야겠다고 생각한 것은 무엇 때문인가? 하나님을 재판관으로 여겼기 때문이다.

굳이 루터가 하나님의 계명에 사로잡혀 가졌던 영적 도덕관념 같은 것이 없어도, 우리는 이 세상과 우리의 영혼 안에 악이 스며들어 있음을 알 수 있다. 필립 로스Philip Roth는 「인간의 오점 *The Human Stain*」이라는 소설에서 악을 상징하는 은유로 '오점'이라는 단어를 사용해 이렇게 말한다. "오점은 누구에게나 있다. 오점은 누구에게나 자리하고 있으며, 누구나 오점을 타고난다. 오점은 모든 이의 특징이다. 오점은 흔적을 드러내지 않고 존재한다. 오점은 불순종보다 앞서 있으면서 불순종을 에워싸고, 모든 설명과 이해를 혼란에 빠뜨린다." 우리는 이 세상에 살면서 더러운 자취를 남긴다. "다른 길은 존재하지 않는다."[5] 로스처럼 이 "근본적인 결함"을 사물의 존재방식으로 여기는 사람은 그 상태를 지그시 참으면서 기쁨을 극대화하고 고통을 최소화하려고 할 것이다. 그러나 베푸시는 하나님, 사랑으로 세계를 창조하신 하나님을 믿는 사람은 구원과 완성을 바라고, 하나님께서 이 세상의 잘못된 모든 것을 마지막 때에 바로잡으시기를 바랄 것이다. 만일 우리가 하나님을 무자비한 재판관으로 그린다면, 우리의 가장 마땅한 반응은 하나님에 대한 두려움이 될 것이다. 그것만큼 신경증적으로 과민한 반응도 없을 것이다.

루터의 실존적인 문제는 심리학적인 것이 아니라 신학적인 것이었다. 그는 하나님의 이미지를 무자비한 재판관으로 그리는 것에 대단히 잘못된 것이 있다고 생각함으로써 그 문제를 해결했다.

처벌은 실패할 수밖에 없다

하나님이 무자비한 재판관이라면, 그분은 처벌로 악행을 다루려고 하실 것이다. 가해자의 처벌을 당연시하게 될 것이다. 악행을 저지른 사람은 자신이 저지른 악행의 벌을 받게 될 것이고, 피해를 입은 사람은 만족하게 될 것이다. 가해자는 피해자가 입은 타격에 상응하는 타격을 받게 될 것이다. 그리고 가해자가 정당한 이유 없이 피해자에게 상처를 입혔다는 것이 입증되면, 가해자는 더 무거운 벌을 받게 될 것이다. 내가 그대에게 50달러를 빌렸으면 50달러를 갚아야 하듯이, 가해자가 피해자에게 손해를 입혔으면 그에 상응하는 손해를 입는 것이 당연하기 때문이다.

악행을 저지른 사람이 이기심의 지배를 받지 않고 정의감의 지배를 받는다면, 그는 자기가 처벌받는 게 합리적이라고 생각할 것이다. 자신의 악행으로 벌을 받는 것이기 때문이다. 그는 벌을 달게 받고, 자기가 진 빚을 갚을 것이다. 그러면 그는 떳떳한 모습으로 거침없이 당당하게 공동체로 되돌아가게 될 것이다.

그러나 처벌은 우리가 소위 중간급 범죄, 곧 차량 절도나 은행털이 같은 범죄를 고려하는 경우에만 강제력이 있는 것 같다. 범죄의 등급을 충분히 올려서 생각해 보라. 그러면 처벌로는 만족을 얻지 못하게 될 것이다. 양차 대전 중에 레닌Lenin의 뒤를 이은 구소련의 사악한 독재자 스탈린Joseph Stalin에게는 어떤 벌을 주어야 적절한 처벌이 되겠는가? 그는 자신의 조국을 폐허로 만들고 주변의 여러 나라를 침공했을 뿐만 아니라, 그 와중에 대략 2천만 명의 인명을 몰살시켰다. 우리가 정의를 따라서 그에게 아무리 벌을 준다고 해도, 그는 죄값을 다 치르지 못할 것이다. 도대체 그가 몇 번이나 죽어야 그가 빼앗은 목숨들의 값을 치를 것이며, 그의 인생이 몇 개가 되어야 그가 입힌 무수한 상처들의 값을 치르겠는가? 그토록 중대한 범죄 앞에서 처벌은 역부족일 수밖에 없다.

이와 반대로 지극히 경미한 죄로 눈길을 돌려 보라. 그러면 처벌이 쓸모없는 것처럼 보일 것이다. 우리가 저마다 자신이 저지른 모든 위반 행위에 대해 벌을 준다면 어떤 일이 일어날지 상상해 보라. 빈정거리는 말을 할 때마다 벌을 주고, 고약한 생각을 할 때마다 벌을 주고, 미혹하는 말을 고의로 할 때마다 자신에게 벌을 준다면, 어떤 일이 일어날까? 우리는 아무리 하찮은 것이라도 늘 누군가에게 해를 끼친다. 감상주의를 가차 없이 배격했던 19세기 철학자 프리드리히 니체가 "산다는 것은 불의한 것이다"라고 주장한 것은 지나친 언사가 아니다. 그는 인간의 상태에 대한 루터의 평가를 자기 나름대로 흉내 낸 것이다. 그리고 루터는 사도 바울의 확신을 흉내 낸 것이다. 사도 바울은 모든 사람이 "죄의 지배"(롬 3:9)를 받으면서 의로우신 하나님 앞에서 불의한 삶을 살고 있다고 확신했다.

나는 2장에서 죄의 침투력에 대해 다룬 바 있지만, 이 자리에서는 그것으로부터 다음과 같이 중요한 결론을 도출하고자 한다. 산다는 것이 불의한 것이라면, 그리고 우리가 처벌을 악행의 치료책으로 여긴다면, 산다는 것은 또한 벌 받을 일이기도 할 것이다. 그런 식의 결론은 음울하다. 우리의 악행이 늘면 늘수록 처벌이 겹겹이 쌓일 것이고, 삶 자체는 기력을 다해 망가지고 말 것이다. 처벌은 너무 거칠고 부적절한 수단이다. 그것으로는 악행을 제대로 처리할 수 없다.

얼마 전에 한 신문에서 랍비가 전한 것으로 보이는 한 이야기를 읽었다. 이야기는 다음과 같다. "전능하신 하나님께서 세상을 창조하시기 전에 잠시 피조물의 미래를 들여다보셨다. 전지하신 하나님의 눈에 아름다움과 진리와 선함과 피조물의 행복이 보였지만, 인간의 크고 작고 끔찍한 악행이 끊임없이 흐르는 것이 보이고, 한숨의 흔적, 눈물 흘린 흔적, 피 흘린 흔적도 보였다. 의로우신 하나님은 이렇게 생각하셨다. '내가 죄인들을 공정하게 대한다면, 이제 막 창조하려고 하는 세상을 파괴할 수밖에 없겠구나. 파괴할 세상을 굳이 창조해야 할까?' 그런 다음 하나님께서는 세상을 미리 용서하기로 결심하셨다. 세상이 존재하게 된 것은 그 때문이다. 피조물이 존재하게 된 것은 하나님의 용서하심 덕분이다."

이 이야기가 진짜 랍비가 전한 것인지 아닌지는 모르겠다. 우리는 신약성서에서도 유사한 생각을 찾아낼 수 있다. 사도 베드로는 그리스도께서 "세상이 창조되기 전에"(벧전 1:20) 하나님의 어린양이 되도록 정해졌다고 말한다. 몇몇 신학자들은 이 같은 진술에 의지해, 하나님이 세상을 창조하신 것은, 궁극적으로 세상을 구원하여 영예롭게 하시려는 것이라고 말하기도 한다. 그들의 주장에 의하면, 구원은 인간이 하나님의 첫 번째 시도를 망쳐 놓은 뒤에 하나님이 생각해 내신 해결책이 아니라 창조의 목적이었다고 한다. 이 견해는 옳을 수도 있고 그렇지 않을 수도 있다. 어쨌든 하나님께서는 세상의 기초를 놓으시기 전에 죄스러운 세상을 구원하기로 결심하신 것처럼 보인다. 우리들 한 사람 한 사람이 이렇게 살아 있는 것은, 용서라는 선물이 생명이라는 선물을 뒷받침하고 있기 때문이다.

맹목적으로 사랑하는 할아버지

하나님을 산타클로스 하나님으로 여기는 사고방식도 폭넓게 퍼져 있다. 우리는 흥정꾼과 흥정을 벌이고, 산타클로스 하나님으로부터 선물을, 그것도 많은 선물을 기대한다. 그러한 하나님은, 하나님이라는 이유만으로, 우리의 생존만을 조건으로 삼아 닥치는 대로 후하게 베푼다. 그러한 하나님의 눈에는, 우리가 잘못해도 잘못한 것으로 보이지 않을 것이다. 바이런 경 Lord Byron은 청년 시절의 돈 주앙 Don Juan에 대해 이렇게 말한다. "그의 부모는 자신들의 아이를 맹목적으로 사랑하기만 할 뿐, 그 아이가 지상에서 가장 걱정스러운 아이, 곱슬머리에 아무짝에도 쓸모없는 꼬맹이, 날 때부터 속임수를 일삼던 말썽꾸러기라는 사실에 대해서는 동의하지 않았다."⁶ 우리는 "산타클로스 하나님"과 인간의 관계에 대해서도 비슷하게 말할 수 있다. 그러한 하나님은 인간의 악행을 보면서도 잘못된 것을 보거나 듣지 못하고, 맹목적으로 사랑하기만 하는 할아버지가 되고 만다.

우리들 대다수는 하나님의 귀염둥이, 곧 말썽을 전혀 부리지 않는 귀염둥이가 되고 싶어 한다. 그리고 우리는 그렇게 맹목적으로 사랑하는 할아버지 하나님의 품으로 우리를 떠미는 문화 속에서 살고 있다. 첫째, 우리는 우리 자신을 착한 사람으로 여긴다. 루터와 달리, 우리는 자기를 반성하는 가운데 영혼의 껍질을 차례차례 벗겨, 죄에 물들지 않은 자아를 찾으려고 하지 않는다. 오히려 우리는 문화의 영향을 없애는 불가능한 과제에 착수한 뒤에야 우리의 참된 중심, 속속들이 선한 중심에 이르게 될 것이라고 확신한다.

우리는 이기적이고 자기중심적인 사람이 되기를 거부하지 않는다. 오히려 그렇게 되는 것이 당연하다고 생각한다. 루터는 그것이 문제라고 생각했다. 루터는 예수께서 명하신 것처럼 우리가 하나님을 온전히 사랑하지 않고, 이웃을 제 몸같이 사랑하지 않는 것이야말로 큰 문제라고 생각했다. 우리는 과도한 율법의 요구대로 하는 것이 문제라고 생각하는 경향이 있다. 오늘날, 우리의 사랑을 송두리째 원하는 하나님은 많은 사람들에게 편집증 환자 같은 인상을 준다. 우리들 대다수는, 이웃을 제 몸같이 사랑하려면 자기 자신이 되기를 포기해야 한다고 생각한다. 우리의 도덕 기준이 탁월하게 높은 것 같지만, 사실은 루터의 그것보다 훨씬 낮다. 흔히들 "우리는 남을 해치지 않으니, 우리야말로 근본적으로 훌륭한 사람이다"라고 생각한다. 반면에 루터는 자기 자신을 보살피는 것만큼 다른 사람들을 보살피지 않는 사람은 문제아나 다름없다고 생각했다.

둘째, 우리 가운데 상당수의 사람이 이런 생각을 갖고 있다. 즉, 우리가 사적인 영역에서 무엇을 하든, 특히 사적인 영역에서 무엇을 생각하고, 무엇을 느끼고, 무엇을 바라든 간에, 그것은 남이 상관할 일도 아니고, 하나님이 상관할 일도 아니라는 것이다. 우리가 생각하거나 바라는 것을 행동에 옮기고, 말을 잘못해서 누군가를 낙심시키고, 공상을 실행에 옮겨 누군가를 해칠 때에만 상관할 일이라는 것이다.

루터는 다르게 처신했다. 그는 자신을 속속들이 살폈다. 그것은 그가 자신의 전부를 다해 하나님을 사랑하는지 조사하려는 것이었다. 또한 그는 자신의 행위는 물론이고 자신의 의도와 감정과 갈망들까지 조사했다. 그것은 그가 이웃을 제 몸같이 사랑하는지 알려는 것이었다. 사도 바울과 마찬가지로, 그도 하나님께서 "모든 이의 은밀한 생각들"(롬 2:16)을 살피신다고 생각했다. 그의 내면생활은 하나님의 일이자, 그가 속한 종교 공동체의 일이었다. 우리들 대다수는 자기의 내면생활을 자기만의 영역으로 생각한다. "악한 사람도 선한 사람이 꿈꾸는 것을 꿈꾼다"는 속담이 있다. 그 속담을 뒤집으면 이런 뜻이 될 수도 있다. "선한 사람들의 꿈을 조사해 보면, 그들도 악한 사람이라는 것을 알게 될 것이다." 그러나 우리들 대다수는 그 속담을 받아들여, "우리가 악한 일을 공상만 하고 실행에 옮기지 않는 한, 우리는 훌륭한 사람이다"라고 말하려 할 것이다.

셋째, 우리는 무슨 일을 하든지 남들의 수긍을 받을 것이라고 믿는다. 물론 남들의 수긍은 자신을 좋게 여기는 자아의 바람일 뿐이다. 우리는 수긍 이외의 것을 우리를 잘못 읽은 것으로 여기거나 심지어 모욕으로 여기기까지 한다. 또한 우리는 우리의 정원에 있는 악행이라는 잡초를 단죄하면서까지 그것을 제거할 필요가 없다고 생각한다. 오히려 남들의 수긍을 받고, 우리의 귀한 식물에 물을 주고, 남들을 공정하게 대하고, 우리 주위에 있는 사람들에게 후히 베풀다 보면, 잡초가 저절로 제거될 것이라고 생각한다. 악행의 치료책은 단죄가 아니라 용납이라는 것이다. 우리의 행위를 단죄하는 하나님은 나쁜 하나님이거나 심리학적으로 순진한 하나님이고, 우리의 악행을 용납하고 우리의 행복에 마음을 쓰는 하나님은 우리가 받아들일 만한 하나님이라는 것이다. 우리가 필요로 하는 모든 것을 베풀어 주고, 우리와 우리의 모든 행위를 용납하는 하나님만이 선한 하나님이라는 것이다. 하지만 그러한 하나님은 맹목적으로 사랑하는 할아버지를 신성화한 것에 불과하다.

하나님의 진노

사도 바울은 하나님에게서, 맹목적으로 사랑하는 할아버지가 보이는 것과는 전혀 다른 행동과 태도를 찾아낸다. 그는 하나님의 "심판", "정죄", 하나님의 "진노"를 거침없이 말한다(롬 1:18-3:20을 보라). 사도 바울이 하나님께서 정죄하실 만하다고 생각했던 것들을 열거하기보다는, 그가 그렇게 생각했다는 사실에 초점을 맞추어 보자. 특히 가장 강력한 형태의 질책인 하나님의 진노가 적절한 것인지 살펴보자. 하나님께서 표출하시는 진노의 성격에 대해서는 다음 장에서 살펴보게 될 것이다.

    나는 진노가 하나님에게 어울리지 않는다고 생각하곤 했다. 하나님은 사랑이시지 않은가? 신적인 사랑은 진노를 넘어서지 않는가? 하나님은 사랑이시고, 모든 사람과 모든 피조물을 사랑하신다. 하나님께서 그들 가운데 일부에게 진노하시는 것은 그 때문이다. 내가 최근에,

하나님께서 진노하신다는 생각을 고쳐먹은 것은, 나의 고국 유고슬라비아에서 발발한 전쟁의 참상을 겪고 나서였다. 줄잡아 20만 명이 학살당하고, 300만 명 이상이 추방되었다. 내가 살던 마을과 도시들이 파괴되었고, 나의 동족들이 날이면 날마다 폭격을 받았으며, 그들 가운데 일부는 상상을 불허할 정도의 잔학한 폭행을 당했다. 그런데도 하나님은 진노하지 않으셨다. 상상할 수 없는 일이었다. 20세기 말에 발발한 르완다 내전을 떠올려 보자. 80만 명의 사람이 100일 동안 난도질을 당해 죽었다! 하나님은 그러한 대량학살을 보고 어떻게 반응하셨는가? 맹목적으로 사랑하는 할아버지처럼 가해자들을 귀여워하는 식의 반응을 보이셨는가? 대학살을 단죄하지 않고 가해자들의 근본적인 선함을 인정하는 식의 반응을 보이셨는가? 아니면 그들에게 맹렬히 진노하셨는가? 나는 하나님께서 진노하신다는 생각을 당치 않은 것으로 여기기도 했지만, 이 세상의 악을 보고도 진노하지 않으신 하나님에게 반항할 생각을 품기도 했다. 하나님은 사랑이시면서도 진노하지 않으셨다. 하나님이 사랑이시라면 진노하시는 게 당연한데 말이다.

일단 우리가 하나님의 진노와 정죄와 심판을 적절한 것으로 받아들이면, 그것을 피할 도리가 없게 될 것이다. 우리는 그것을 뼈저리게 느끼지 않으면 안될 것이다. 원래 나는 하나님이 진노하신다는 생각을 거부했었다. 내가 진노의 표적이 되는 것을 두려워했기 때문이다. 지금도 나는 하나님이 진노하신다는 생각을 거부한다. 내가 특별히 미워하는 표적을 향해 던질 수 있는 무기라도 된다는 듯이, 하나님의 진노를 다른 사람들에게로 돌릴 수 없다는 것을 알았기 때문이다. 하나님의 진노를 다른 사람들에게로 돌릴 수 없는 까닭은, 그것이 한분이시고 공평하시며 모든 이를 사랑하시는 하나님의 것이지 내 것이 아니기 때문이다. 내가 하나님이 진노하신다는 생각을 거부하는 이유는, 악행을 저지르는 사람에게 하나님의 진노가 떨어지기를 바라는 사람은, 자신이 잘못했을 때, 자신에게도 하나님의 진노가 떨어지는 것을 용납해야 하기 때문이다.

하나님께서 악행을 단죄하시는 것이 당연하다고 생각하는 순간, 하나님의 단죄를 극악한 범죄에만 한정시킬 수 없게 될 것이다. 그 경계선을 어디에 그을 것이며, 어떤 근거로 그을 수 있겠는가? 단죄받아 마땅한 것은 모두 그 위반 정도에 따라 단죄받아야 할 것이다. 사소한 잘못에서 살인에 이르기까지, 게으름에서 우상숭배에 이르기까지, 욕심에서 약탈에 이르기까지 모든 잘못이 단죄되어야 할 것이다. 경범죄는 제외하고 극악한 범죄만 단죄하는 것은 불공정한 처사일 것이다. 정도가 어떠하든 범죄는 범죄이고, 따라서 단죄되어야 마땅하기 때문이다.

하나님의 책망을 받을 만한 인간의 범죄가 얼마나 널리 퍼져 있는지 살펴보자. 로스는 「인간의 오점」에서 악이라는 주제를 파헤친다. 소설의 주인공 콜먼 실크는 유대인을 사칭하는 흑인이었다. 그가 일하던 대학교의 교수 집단이 그를 오인하고 그에게 인종차별주의자의 죄를 뒤집어씌워 교수직을 박탈했다. 콜먼은 강압에 못 이겨 은퇴하자마자 애인의 전남편에게 살해되고 만다. 애인의 전남편이 그를 살해한 것은 질투심 때문이었다. 애인의 전남편은 베트남 참전용사로서 툭하면 악행을 저지르는 미치광이였다. 로스에 의하면, 콜먼은 "구원받은 사람들, 선민들, 어느 시대에나 존재하는 지체 높으신 복음주의자들에게 축출당하고", "무자비한 악당에게 살해당한" 것이었다. 그는 "순수한 사람들과 불순한 사람들"의 손에 두들겨 맞고, "적대적인 세상의 이빨에 짓이겨진" 셈이었다. 로스는 자신의 주장을 이렇게 개진한다. 콜먼을 짓이긴 것은 "세상이라는 적대감이었다."[7]

"적대감"이 세상을 관통하고 있다는 생각은 비단 로스 혼자만의 견해가 아니다. 그것은 루터의 견해이기도 하고, 바울의 견해이기도 하다. 로스와 달리, 우리가 온 세상이 "하나님 앞에서 유죄"(롬 3:19)라고 생각한다면, 중요한 것은 그 결론이다. 즉, 악행이 그토록 만연해 있다면, "율법의 행위로 하나님 앞에서 의롭다고 인정받을 사람이 아무도" 없다는 것이다(롬 3:20). 모든 사람이 단죄를 받는다. 하나님은 단죄하시고, 결백한 사람은 하나도 없다!

그렇다면 우리는 무자비한 재판관으로 그려진 하나님의 이미지로 후퇴한 것인가? 앞서 주장했듯이, 하나님은 맹목적으로 사랑하는 할아버지가 아니다. 할아버지라면 맹목적으로 사랑할 수 있다. 조금이라도 선한 부모라면 어린 개구쟁이들이 어엿한 성인 남녀, 책임을 다하는 성인 남녀로 성장하리라 확신할 것이다. 그러나 하나님이 맹목적으로 사랑하는 할아버지처럼 행동한다면, 그런 하나님은 피조물을 사랑하는 신보다는 감상적인 바보에 가까울 것이다. 하나님은 나무랄 만한 모든 것을 나무라는 분이시다. 하지만 앞서 말한 대로, 그분은 무자비한 재판관이 아니시다. 하나님이 무자비한 재판관이시라면, 그분은 속속들이 악에 물든 세상을 단죄하는 것은 물론이고 송두리째 파괴하고 말 것이다. 하나님이 무자비한 재판관이라면, 그분은 피조물을 사랑하는 분이 아니라, 피조물을 파멸시키는 분이 되고 말 것이다. 이래도 우리가 한 바퀴 돌아서 원점으로 돌아온 것인가? 그렇지 않다.

우리가 애써 얻은 네 문장을 요약하면 다음과 같다. 이 세상은 죄로 가득 차 있다. 하나님께서 세상을 수긍하시지 않는 것은 그 때문이다. 하나님은 세상을 사랑하신다. 하나님께서 세상을 합당하게 처벌하시지 않는 것은 그 때문이다.

하나님은 이 진퇴양난에 처하여 어떻게 하시는가? 하나님은 용서하신다.

용서하시는 하나님

1장과 2장에서 논의한 것을 떠올려 보라. 하나님은 사랑이시다. 하나님은 거룩한 한분으로서 성 삼위 사이에서 영원토록 변치 않는 사랑을 하신다. 그러한 사랑이 신성한 동아리 너머로 넘쳐흘러서, 이 세상이 존재하게 되었다. 신성 안에서 영원토록 돌고 돌던 은혜가 신성 밖에 있는 피조물에게로 넘쳐흐르게 되었다. 인간의 죄가 없었다면, 하나님이 하실 일은 그게 전부였을 것이다. 하나님이 피조물에게 은혜를 베푸시자, 피조물들이 하나님을 기뻐하고, 자기들끼리 서로 얼싸안고 선물을 주고받으며 즐거워하게 되었다.

그러나 앞서 말한 대로, 불가해한 침입자인 죄가 세상 속으로 들어와 피조물을 해치고 하나님을 모독했다. 그리고 베푸시는 하나님은 용서하시는 하나님이 되셨다. 더 정확히 말하면, 하나님은 세상을 지으시기 전에 사람이 죄를 지으리라는 것을 미리 아셨고, 그래서 창조하자마자 용서하시는 하나님이 되셨다. 하나님께서 베풂을 통해 세상을 창조하신 것도 사랑 때문이었고, 용서를 통해 피조물을 치유하신 것도 사랑 때문이었다.

하나님이 용서하신다는 말은 무슨 뜻인가? 하나님의 용서는 어떤 일을 하는가? 윌리엄 셰익스피어 William Shakespeare의 희극 「자에는 자로 Measure for Measure」에는 냉엄한 판사 안토니오가 등장한다. 클

라우디오가 애인을 임신시키자, 안토니오가 클라우디오에게 사형선고를 내린다. 2막 2장에서 클리우디오의 누이 이사벨라가 판사 앞으로 나아가, 오빠를 살려 달라고 간청한다. 그녀는 안토니오에게 이렇게 말한다.

> 저에게는 사형선고를 받은 오빠가 있습니다.
> 부디 잘못을 벌하시고,
> 제 오빠는 벌하지 말아 주십시오.

그러자 안토니오가 무자비한 재판관처럼 답한다.

> 잘못은 벌하되, 그 행위자는 벌하지 말라고?
> 어째서 그래야 한단 말인가? 모든 잘못은 저질러지기 전에 이미 단죄되었는데.[8]

정의는 잘못과 그 행위자까지 벌하는 것이고, 용서는 잘못은 벌하되 그 행위자에게는 인정을 베푸는 것이다. 잘못은 꾸짖고, 그 행위자에게는 인정을 베푸는 것, 그것이 바로 하나님의 용서가 하는 일이다.

 용서하시는 하나님은 악행을 내버려 두시지 않는다. 하나님은 이런 식으로 말씀하시지 않는다. "저런, 그것은 사고였을 뿐이야." "너의 악행은, 압력을 지나치게 받은 들보가 우지끈 하고 부러진 것과 같아." "네가 어렸을 때, 네 부모가 너에게 몹시 무관심했나 보구나. 네 죄는 그 악한 씨가 열매를 맺은 것일 뿐이야." 이러한 설명들은 모두 특정한 행위에 대해서는 옳은 설명일 수 있다. 그러한 경우에는 용서할 일이

따로 없을 것이다. 앞서 언급한 은유로 돌아가 보자. 상어 한 마리가 파도타기 선수 한 명을 공격했다. 상어의 행위는 상어의 탓으로 돌릴 수 있는 것이 아니다. 슬퍼할 수는 있어도, 나무라거나 용서할 일은 없는 것이다. 무죄로 밝혀진 이상, 하나님은 나무라지 않으신다. 따라서 용서하실 일도 없다. 그러한 경우, 하나님이 하실 일은 고작 계몽, 위로, 구출뿐일 것이다.

반면에 어떤 사람이 용서가 필요한 죄를 지었다고 가정해 보자. 인간의 죄가 두루 퍼져 있음을 감안할 때, 그것은 누구에게나 일어날 수 있는 일이다. 하나님은 용서할 때 어떻게 하시는가? 성서에 등장하는 다양한 은유를 살펴보자.

사도 바울이 시편 기자를 본떠 말한 대로, 하나님은 "잘못을 따지지" 않으신다(롬 4:8; 시 32:1-2). 우리가 빚을 졌는데도, 하나님은 우리 인생의 채무 장부에 아무것도 기입하지 않으신다. 빚을 졌는데도 갚을 필요가 없게 되는 것이다.

하나님은 죄를 "덮어 주신다"(시 32:1; 롬 4:7). 우리는 너나없이 죄를 짓지만, 하나님은 꿰뚫을 수 없이 어두컴컴한 덮개로 우리의 죄를 덮으신다. 우리가 죄를 지었건만, 그 죄를 어디서도 찾아볼 수 없는 것이다.

하나님은 우리의 악행을 "자기 등 뒤에" 감추신다(사 38:17). 하나님은 행악자인 우리를 보기만 할 뿐 우리의 악행을 보지 않으신다. 아무도 자기 등 위에 있는 것을 볼 수 없기 때문이다. 쇠렌 키르케고르는 하나님께서 우리의 죄를 감추신다고 말한다.[9]

하나님은 동이 서에서 먼 것같이 우리의 죄를 우리에게서 멀리 옮기신다(시 103:12). 우리의 죄가 영원토록 우리에게 들러붙어 있는 것처럼 보이지만, 하나님은 우리에게 상처를 주지 않으시면서, 우리도 닿지 못하고 아무도 닿지 못하는 곳으로 우리의 죄를 부드럽게 옮기신다.

하나님은 우리의 죄를 "지워 없애신다"(사 43:25). 우리가 우리의 새하얀 옷에 잉크를 엎질렀건만, 하나님은 그것이 화창한 여름날 후끈 달아오른 바위에 떨어진 한 방울의 물이라도 된다는 듯이 감쪽같이 없애신다.

하나님은 우리의 죄를 "안개처럼" "사라지게" 하신다(사 44:22). 한겨울의 동트는 새벽녘, 우리 영혼의 풍경은 우리가 밤에 행한 과오들의 안개에 휩싸인다. 그 안개는 차갑고 두텁고 눅눅하다. 하지만 하나님께서 베푸시는 용서의 태양이 솟아오르고, 안개가 감쪽같이 사라지면, 우리는 너나없이 겨울날의 장엄한 아름다움, 눈 덮인 대지, 무수한 햇빛에 닿아 일렁이며 춤추는 물결을 보게 된다.

그리고 기적 중의 기적은 하나님께서 우리의 죄를 기억하지 않으신다는 것이다(사 43:25; 렘 31:34; 히 8:12, 10:17). 우리의 죄가 현실에서는 물론이고 기억에서도 완전히 사라지는 것이다.

속죄

그러나 하나님의 정의는 어떠한가? 기적 같은 하나님의 용서는 정의를 말소하는가? 하나님은 용서하시면서 정의를 무효화하시는가? 이 같은 물음을 살펴보는 것은 정의에 대해 숙고하는 한 방법이 될 것이다. 흔히들 "하나님께서 도덕규범들을 제정하셨다"고 말한다. 그것들은 하나님의 법이지만, 하나님은 자신이 제정한 율법 위에 계신다. 따라서 하나님은 그것을 유보하실 수 있다. 정의도 율법이다. 하나님은 용서하시면서 정의를 유보하실 수 있다. 더 정확히 말하면, 정의의 일부를 유보하실 수 있다. 어떤 행위를 불법으로 규정하는 정의의 기능은 여전히 살아 있지만, 행위자에게 유죄를 선고하고 처벌할 것을 요구하는 기능은 유보될 수 있다.

사실, 하나님께서 피조물을 위하여 도덕법을 제정하셨지만, 도덕법 위에 계신 것은 아니다. 하나님이 도덕법 위에 계시다면 자신이 원하는 것은 무엇이든지 하시려고 할 것이다. 무엇이든지 닥치는 대로 파괴하고 속이고 욕보이고 억압하기까지 하실 것이다. 그렇다면 하나님과 악마의 차이점이 무엇이겠는가? 하나님이 악마보다 더 강력하시고, 선한 것과 악한 것을 규정하실 수 있다는 점만이 다른 것인가?

그렇다고 도덕법이 하나님 위에 있는 것도 아니다. 도덕법이 하나님 위에 있다면, 하나님이 그 법을 따라야 할 것이고, 도덕법은 하나님의 행위를 통제하려고 할 것이다. 그러면 도덕법이 하나님의 하나님이 될 것이고, 하나님은 그 법의 종이 될 것이다. 그러나 그것은 하나님의 명예를 실추시키고, 하나님에게서 신성을 박탈하는 것이 될 것이다.

하나님은 도덕법 위에 계신 분도 아니고, 도덕법 아래에 계신 분도 아니다. 도덕법은 하나님의 참된 본성을 드러내는 하나의 표현일 뿐이다. 이 렌즈를 통해서 정의를 살펴보라. 그러면 하나님이 의로운 분이시며, 정의롭게 행동하는 분이심을 알게 될 것이다. 하나님은 자신이 하나님이기를 포기하는 것보다 정의를 유보하는 것을 더 못 견뎌 하신다.

하나님이 용서하신다고 해서 정의를 유보하시는 것은 아니다. 사도 바울이 말한 대로(롬 3:26을 보라), 하나님은 여전히 의로우신 분으로 계시고, 죄 많은 사람들을 의롭게 하여 주신다. 사도 바울은 하나님께서 악행을 단죄하시고 죄인을 자유롭게 하시는 과정을 묘사하면서 용서라는 말을 사용하지 않지만, 그의 의도 한가운데 자리하고 있는 것은 다름 아닌 용서라는 개념이다. "모든 사람이 죄를 범하였으므로, 하나님의 영광에 이르지 못합니다. 그러나 사람은, 그리스도 예수 안에 있는 속량을 힘입어서, 하나님의 은혜로 값없이 의롭게 하여 주심을 받습니다. 하나님께서 이 예수를 사람에게 속죄제물로 주셨습니다. 누구든지 그 피를 믿으면 속죄함을 받습니다. 하나님께서 이렇게 하신 것은, 사람들이 이제까지 지은 죄를 너그럽게 보아 주심으로 자기의 의를 나타내시려는 것입니다"(롬 3:23-25). 하나님은 말로만 "내가 너를 용서한다"고 하지 않으셨다. 용서는 무언가를 말하는 것과 관계있는 것도 아니고, 무언가를 말해서 효과를 내는 것과 관계있는 것도 아니다. 용서는 무언가를 행동에 옮기는 것과 관계가 있다. 하나님은 용서하실 때 예수 그리스도를 속죄제물로 "주셨다." 사도 바울은 로마 교회 신자들에게 보내는 편지에서 이와 유사한 사상을 다른 이미지로 표현한다. "우리가 하나님의 원수로 있을 때, 그분의 아들의 죽으심으로 하나님과 화해하게 되었습니다"(롬 5:10). 용서는 그리스도의 죽으심을 통해서 일어난다.

    신학 전통은 오랫동안 예수 그리스도의 희생과 죽으심을 "속죄"로 해석해 왔다. 말하자면 정의의 요구가 충족될 때에만 하나님께서 용서하신다는 것이다. 마르틴 루터도 거의 평생 동안 그렇게 생각했다. 하나님께서 우리의 죄를 우리 탓으로 돌리지 않고, 죄의 책임을 우리에게 돌리지 않으시는 것은 무엇 때문인가? 루터는 이렇게 설명한다. "하나님께서 우리의 죄를 우리 닷으로 돌리지 않으시는 것은 순전히 은혜 때문이지만, 그분의 율법과 그분의 의가 적당히 충족되지 않으면, 그분은 그렇게 하려고 하지 않으신다. 죄를 전가할 수 있는 권한을 먼저 그분의 의에게 속전贖錢을 주고 구입해야 한다."[10] 하나님은 어떻게 자신의 정의를 "충족"시키셨는가? 하나님은 죄를 용서하는 권한을 어떻게 "구입"하셨는가? 예수 그리스도께서 우리를 대신하심으로써 그러한 충족과 그러한 구입이 일어났다. 루터는 이렇게 주장한다. "하나님의 아들 그리스도께서 우리를 대신하여 우리의 모든 죄를 짊어지셨다. ……그분은 우리의 죄를 대신할 영원한 속죄제물이 되심으로써 우리를 하나님 아버지와 화해시키신다."[11] 하나님께서 용서하시는 것은, 그리스도께서 우리의 빚을 갚아 주셨기 때문이다. 은유를 장터에서 법정으로 옮겨 말하면, 그리스도는 우리를 대신하여 유죄판결을 받으신 것이다. 신학자들은 그것을 가리켜 대속代贖이라고 부른다.

그리스도께서 고난을 겪으신 것은, 하나님께서 우리를 사랑하신 나머지 우리의 죄 짐을 덜어 주려고 하셨기 때문이다! 과연 그것이 공정한 것일까? 사도 바울이 말한 대로, 하나님은 아들을 "내주심"으로써 아들을 학대하신 것이 아닐까? 대속代贖은 또 다른 악행을 구성하는 것이 아닐까? 대속代贖은 죄 없으신 그리스도께 악행을 가하는 것이 되지 않을까? 한 악행이 다른 악행을 어찌 치료할 수 있단 말인가? 그리스도께서 우리 대신 죽으신 것은 죄를 없애기보다는 오히려 혼합한 것이 아닌가?

만일 그리스도께서 제3자라면, 다시 말해서 피해자이신 하나님과도 관련이 없고, 가해자인 인간과도 관련이 없다면, 성부 하나님은 성자 예수님을 학대하고 신적인 악행을 저지른 셈이 될 것이다. 하지만 그리스도는 제3자가 아니다. 그리스도는 용서하시는 하나님과 용서받는 인간 사이에 계신 것이 아니라 용서하시는 하나님을 편드신다. 사도 바울은 이렇게 말한다. "하나님께서는 사람들의 죄과를 따지지 않으시고, 세상을 그리스도 안에서 자기와 화해하게 하셨습니다"(고후 5:19). 그리스도께서 노여워하시는 하나님을 죄스러운 세상과 화해하게 하신 것도 아니고, 죄스러운 세상을 하나님과 화해하게 하신 것도 아니다. 그리스도 안에 계신 하나님께서 "세상을 자기와 화해하게" 하신 것이다.

하나님께서 "죄를 모르는 분에게 죄를 씌워서, 우리로 하여금 하나님의 의가 되게" 하신 것은(고후 5:21) 어떻게 된 것인가? 답은 간단하다. 그것은 하나님께서 인간의 죄를 하나님에게 떠넘기신 것이다! 그렇다면 한 하나님이 다른 하나님에게 인간의 죄를 떠넘기신 것인가? 그렇지 않다. 하나님은 둘이 아니다. 성 삼위일체 하나님께서 삼위 가운데 한 위격인 그리스도 안에서 우리의 죄를 짊어지심으로써 우리를 자기와 화해하게 하신 것이다. 성 삼위일체 하나님의 신비로 말미암아 인간 구원의 신비가 가능하게 된 것이다. 피해를 입으신 분께서 죄과를 짊어지시는 것이다.

그리스도와 하나됨

그리스도는 하나님과 인간 사이의 제3자로서 인간의 죄를 제거하시는 분이 아니다. 그리스도는 피해를 입은 하나님이시다. 하지만 피해자이신 하나님께서 죄과를 짊어졌다면, 하나님은 멋대로 하도록 내버려 두는 할아버지처럼 행동하고 계신 것이 아닐까? 그렇지 않다. 하나님께서 죄를 죄로 여기지 않으셨다면, 아마도 그분은 멋대로 하도록 내버려 두는 할아버지처럼 처신하셨을 것이다. 그러나 하나님은 멋대로 하도록 내버려 두는 할아버지처럼 처신하지 않으신다. 하나님은 죄과를 문제 삼지 않거나 자기의 등 뒤에 감추는 분이 아니라, 죄과를 나무라고 짊어지시는 분이다.

게다가 하나님은 그 이상의 일을 하신다. 하나님이 죄에 합당한 벌을 내리지 않고 죄인들을 그냥 용서하셨다면, 그것은 죄인들의 죄악상을 변화시키지 못했을 것이다. 하나님이 죄인들을 그냥 용서하시면, 죄의 결과가 죄인들에게 그대로 남아 있게 될 것이다. 아무리 죄를 지어도 그들에게 화가 미치지 않게 될 것이다. 하나님이 신의 행세를 하면서 그들을 범죄자로 대하지 않는다 해도, 그들은 여전히 범죄자로 머물고 말 것이다. 정말로 용서하려면, 죄과를 덮어 주어서도 안되고, 죄과를 범죄자에게 돌려서도 안된다. 행위자에게서 악행을 떼어 내지 않으면 안된다. 죄과가 그것을 범한 자들에게 들러붙어 있는 한, 그들이 아무리 아닌 것처럼 보이려 해도, 그들은 여전히 범죄자로 남을 것이기 때문이다.

하나님은 죄를 벌하지 않고 죄인들을 그냥 용서하시는 분이 아니다. 하나님은 그들에게서 그들의 죄를 떼어 내시는 분이다. 그런 일은 어떻게 일어나는가? 지금까지 우리는 우리의 죄를 짊어지시는 분이 제3자가 아니라 하나님이심을 살펴보았다. 우리의 죄 때문에 죽으신 그리스도는 하나님과 하나가 되신 분이다. 또한 우리의 죄 때문에 죽으신 그리스도는 사람과도 하나가 되신 분이다. 하나님께서 죄인들에게서 그들의 죄를 떼어 내실 수 있는 것은, 그리스도께서 사람과 하나가 되셨기 때문이다.

그리스도와 하나가 될 때 나타나는 효과를 좀 더 자세히 살펴보자. 하나님께서 베푸시는 용서의 작인作因이신 그리스도는 참 하나님이 되시는 까닭에 특별하고 독특한 사람이기는 하지만 한 개인이 아니시다. 그분이 한 개인에 불과했다면, 그분은 제3자, 피해자인 하나님과 가해자인 인간 사이에 끼어 있는 제3자가 되고 말았을 것이다.

나의 둘째 아들, 아직 세 살이 안된 아론이 자기 친구의 부모가 아끼는 골동품 화병을 깨뜨려 큰 빚을 지게 되었다고 가정해 보자. 그 경우 내가 값을 치르고 변상해 줄 수 있을 것이다. 하지만 아론의 나이로 볼 때 자기가 무슨 짓을 하고 있는지 충분히 알지 못한 채 화병을 깨뜨렸을 테지만, 만일 그가 악의적인 마음으로 화병을 깨뜨렸다면, 그가 저지른 죄과와 관련하여 내가 할 수 있는 일은 대단히 적을 것이다. 만일 내가 그의 죄과와 관련해 무언가를 한다면, 두 가지 일을 하겠다. 첫째, 나는 나 자신을 위해 무언가를 하겠다. 내가 아론을 잘 키우거나 지켜보았어야 하는데 그렇지 못했으니, 나에게도 그 사건의 책임이 있다는 신호를 보내겠다. 둘째, 나는 아론을 위하여 무언가를 하겠다. 그가 자신의 잘못을 제대로 인정하지 못할 만큼 나이도 어리고 또한 후회하는 모습을 보이니, 내가 그를 위해 무언가를 하지 않으면 안될 것이다.

만일 아론이 스무 살이 되어 폭행죄를 범했다면, 그의 죄과 및 그 피해자들과 관련하여 나는 어떻게 해야 할까? 용서를 비는 일이 첫 번째 임무가 될 것이다. 그의 죄과가 유아 때 지은 것보다 가벼울지라도, 그 사건의 책임을 그와 함께 지겠다고 말해야 할 것이다.

그러나 내가 용서를 빈다고 해서 두 번째 임무가 완수되는 것은 아니다. 내가 그에게 악행을 허락한 것도 아니고, 그를 대신해 악행의 결과를 떠맡을 수도 없기 때문이다. 그가 악행을 저질렀으니 용서를 비는 것도 그의 몫이고, 악행의 결과를 책임지는 것도 그의 몫이 되어야 하는 것이다. 그가 지불할 능력이 없을 때 합의금을 내가 떠맡을 수는 있어도, 그의 도덕적 책임은 내가 떠맡을 수 있는 것이 아니다. 떠맡고 싶어도 떠맡을 수가 없다. 그것은 전적으로 그의 책임인 까닭이다. 도덕적 책임은 양도할 수 있는 것이 아니다.[12] 그가 유아일 때, 내가 그를 위해 사죄하기는 했지만, 내가 그를 대신하여 사죄한 것은 그리 대단한 일이 아니었다. 정확히 말하면, 그가 나를 통하여 사죄한 것이다. 할 수만 있다면, 그가 느끼고 표현했어야 하는 것을 내가 표현하지 않으면 안되었을 뿐이다.

도덕적 책임은 양도할 수 있는 것이 아니라는 주장을 그리스도의 죽으심에 적용해 보자. 앞서 살펴보았듯이, 그리스도는 우리의 대속자시다. 만일 죄인만이 죄에 대한 책임을 질 수 있다면, 그리스도께서 우리를 대신해 책임을 지는 것이 어떻게 있을 수 있는가? 사도 바울은 고린도 교회 신자들에게 편지를 보내면서 그리스도의 죽으심에 대해 당혹스러운 진술을 한다. "한 사람이 모든 사람을 대신하여 죽으셨으니, 모든 사람이 죽은 셈입니다"(고후 5:14). 그리스도가 우리의 대속자라고 하셨으니, 우리는 "한 사람이 모든 사람을 대신하여 죽으셨으니"라는 글귀를 읽고 나서 "한 사람도 죽을 필요가 없습니다"라는 글귀가 이어지기를 기대했을 것이다. 만일 그가 "한 사람도 죽을 필요가 없습니다"라고 말했다면, 그는 신학자들이 말하는 배타적 대속을 말한 것이 되었을 것이다. 말하자면, 그리스도의 죽으심이 우리의 죽음을 불필요하게 한다는 것이다. 그분이 우리의 대속자라고 해도 엄연히 제3자이신 까닭에, 그분의 죽으심은 그분 혼자만의 죽으심이지 다른 이의 죽음이 아니라는 것이다.

하지만 사도 바울은 그렇게 생각하지 않았다. 그리스도의 죽으심이 우리의 죽음을 대신하는 것이 아니라는 것이다. 그는 그리스도의 죽으심이 우리의 죽음을 법제화한다고 넌지시 말한다. 신학자들은 그것을 가리켜 포괄적 대속이라고 부른다. 한 사람이 죽었으니, 모든 사람이 죽은 셈이다. 그리스도는 대속자시지만 제3자가 아니다. 그분의 죽으심은 모든 사람을 포함한다. 전술한 바와 같이, 하나님은 그리스도 안에 계시면서 "세상을 자기와 화해하게" 하셨다(고후 5:19). 우리도 그리스도 안에 있었다. 그분에게 일어난 것이 우리에게도 일어났다. 그분이 유죄판결을 받으실 때 우리도 유죄판결을 받은 것이고, 그분이 죽으실 때 우리도 죽은 것이다. 그분의 죽으심 속에는 우리가 포함되어 있다. 존 던John Donne은 '병들어 나의 하나님을 찬송하네Hymn to God, My God, in My Sickness'라는 시에서 그것을 이렇게 표현한다. "낙원과 갈보리, 그리스도의 십자가와 아담의 나무는 한자리에 있었다." 그리스도 안에 있다는 것은, 아담이 금단의 열매를 땄던 나무와 그리스도께서 달려 돌아가신 십자가가 한자리에 서 있었다는 뜻이다. 그것은 그리스도께서 죽으실 때 옛 사람(옛 아담)도 죽었다는 뜻이다.

그리스도, 우리의 의

그리스도와 하나가 되었다는 사실이야말로 우리의 화제에 대단히 중요하다. 하나님은 죄인들과 그들의 죄를 어떻게 분리하시는가? 답은 간단하고도 심오하다. 죄인을 그리스도와 함께 죽게 하심으로써. "우리의 옛 사람이 그분과 함께 십자가에 못 박힘으로써 죄의 몸이 소멸하여, 우리가 더 이상 죄의 종노릇을 하지 않게 되었다는 것을 우리는 압니다. 죽은 사람은 죄에서 벗어나기 때문입니다"(롬 6:6-7). 죽음이 행위자를 행위에서 벗어나게 하는 것이다.

그리스도의 죽으심이 이야기의 끝이었다면, 방금 말한 것은 미심쩍은 복음이 되고 말았을 것이다. 죽은 사람이 용서받은들 무슨 소용이 있을 것이며, 죽은 사람이 죄에서 벗어난들 무슨 소용이 있겠는가? 그러나 사도 바울은 성 금요일 뒤에 부활절이 이어진다고 믿었다. 죽으신 그리스도는 부활하신 그리스도이기도 하다. 그리고 죄인의 신분으로 그리스도와 함께 죽은 사람이 그리스도와 함께 새로 살게 되었다. 그것을 의식화한 것이 다름 아닌 세례다. 물이 세례 받는 사람을 덮는 것은 옛사람이 그리스도와 함께 죽는 것을 상징하고, 세례 받는 사람이 물속에서 나오는 것은 그리스도와 함께 새로 사는 것을 상징한다. 사도 바울은 이렇게 말한다. "누구든지 그리스도 안에 있으면, 그는 새로운 피조물입니다. 옛 것은 지나갔습니다. 보십시오, 새 것이 되었습니다"(고후 5:17).

　　새로운 피조물이 된다는 것은 무슨 뜻인가? 우리가 새 사람이 되는 것은, 우리가 그리스도 안에서 살고, 그리스도께서 우리 안에서 사시기 때문이다. 사도 바울은 이렇게 말한다. "나는 율법 앞에서는 이미 율법으로 말미암아 죽었습니다. 그것은 내가 하나님 앞에서 살려고 하는 것입니다. 나는 그리스도와 함께 십자가에 못 박혔습니다. 이제 사는 것은 내가 아닙니다. 그리스도께서 내 안에서 사시는 것입니다. 내가 지금 육신 안에서 사는 것은 나를 사랑하셔서, 나를 대신하여 자기 몸을 내주신 하나님의 아들을 믿는 믿음 안에서 사는 것입니다"(갈 2:19-20). 루터는 방금 인용한 구절을 풀이하면서 다음과 같이 말한다.

　　사도 바울이 "이제 사는 것은 내가 아닙니다"라고 말할 때의 "나"는 누구를 가리키는가? 그것은 율법 앞에서 공로를 쌓지 않으면 안되는 사람, 그리스도에게서 분리된 사람을 가리킨다. 바울은 그런 "나"를 거부한다. 그리스도에게서 분리된 사람으로서의 "나"는 죽음과 지옥에 속해 있기 때문이다. 그런 이유로 바울은 이렇게 말한다. "이제 사는 것은 내가 아닙니다. 그리스도께서 내 안에서 사시는 것입니다. 내가 지금 사는 것은, 그분께서 내 안에서 사시는 것입니다. 그리스도 자신이야말로 생명입니다. 나는 지금 그것을 살고 있습니다."[13]

루터는 그리스도와 우리가 하나가 되는 데에 모든 것이 달려 있다고 주장한다. 그대가 "그대 자신 안에서 사는" 순간, 그대는 곧바로 율법의 지배를 받게 되고, 늘 죄인이 되어 유죄판결을 받을 수밖에 없을 것이다.

1장과 2장에서 살펴본 대로, 하나님이 우리 안에서 사실 때에만, 우리는 진정 우리 자신이 되어 자유롭게 살 수 있다. 하나님의 피조물이 된다는 것은 그런 뜻이다. 그것은 하나님을 거스른 채 자력으로 살거나 하나님을 거스른 채 따로 사는 것이 아니라, 하나님을 원천으로 삼고 하나님을 통하여 사는 것이다. 우리가 피조물인 것은 틀림없는 사실이다. 우리는 하나님 안에서 살고, 하나님은 우리 안에서 사신다. 우리가 그것을 인정하지 않고 따로 독립해서 사는 개체가 된다면, 우리는 죄스러운 피조물이 되고 말 것이다. 죄에서 벗어나 새로운 피조물이 되는 것은, 하나님이 우리를 창조하실 때 본래 의도하신 피조물이 되는 것과 같다. 그것은 그리스도 안에서 사는 것이고, 그리스도께서 우리 안에서 사시는 것이다.

하나님과 관련하여 우리 자신을 스스로 독립해서 사는 존재로 여기면, 그리스도께서 우리 안에서 사시는 것이 낯설게만 여겨질 것이다. 밖에서 주입된 것이 안에서 우리를 붙잡고 통제하는 것처럼 보일 것이다. 스스로 보기에 우리는, 다른 누군가가 차려 입고서, 디즈니랜드에 들어선 아이들에게 손을 흔드는 미키 마우스 옷이나 다름없는 것으로 여겨질 것이다. 그러나 우리 자신을 하나님과의 관계 속에서만 우리의 참된 정체성을 가질 수 있는 존재로 여기면, 그리스도께서 우리 안에서 "말하고, 행동하고, 모든 일을 처리하시는 것"이 우리에게 꼭 맞는 삶이 될 것이다.[14] 그러면 사도 바울이 갈라디아 교회 신자들에게 말하는 것처럼, 그리스도께서 우리 안에서 사신다고 말하는 것과, 우리가 우리의 삶을 살고 있다고 말하는 것이 전혀 모순되지 않을 것이다. 우리가 알고, 우리가 의도하고, 우리가 괴로워하고, 우리가 기뻐하고, 우리가 바라고, 우리가 만족을 느끼고, 우리가 그 모든 것과 그 이상의 것을 하는 것은 그리스도께서 우리 안에서 사심에도 불구하고 하는 것이 아니라, 그리스도께서 우리 안에서 사시기 때문에 하는 것이다.

변화와 덮어씌움

그리스도와 하나가 되면 어떤 효과가 나타나는가? 루터는 그것을 두 가지로 생각한다. 하나는 그리스도께서 거주하시는 사람의 변화와 관계가 있다. 그리스도께서 우리 안에서 사시지 않으면 우리는 죄의 지배를 받아서, 우리의 모든 것이 하나님으로부터 온다는 사실을 부인하게 되고 만다. 반면에 그리스도께서 우리 안에 거주하시면 우리는 죄의 지배에서 벗어나게 되고, 우리가 사는 것은 하나님께서 우리 안에서 사시는 것이 된다. 우리가 죄스러운 이기심에서 벗어나 참된 관용과 용서의 삶으로 나아가게 된 것은 전적으로 그리스도 때문이다.

루터는 그리스도와 하나가 된 사람의 변화를 묘사하기 위해 생명 없는 사물의 세계에서 은유를 끄집어낸다. 불이 쇳덩이를 가열하면, 쇳덩이가 불처럼 작열한다. 그러나 쇳덩이가 작열하는 것은 불의 열 때문이지 쇳덩이의 열 때문이 아니다. 더 정확히 말하면, 쇳덩이가 열을 내는 것은 불이 열을 내기 때문이다. 쇳덩이에서 불을 치워 보라. 그러면 쇳덩이는 차갑게 식고 말 것이다. 다시 불을 가져다 대 보라. 그러면 쇳덩이가 달아오를 것이다.[15] 그리스도께서 거주하시는 사람의 경우도 그러하다. 그는 그리스도의 특성을 띠고 그리스도처럼 된다. 예컨대, '예수라면 어떻게 하실까?'라는 글귀가 새겨진 팔찌가 암시하는 것처럼, 그가 예수처럼 사는 것은 스스로의 힘으로 시작한 것이 아니다. 영혼이 그리스도처럼 살고 움직이는 것은, 그리스도께서 영혼 안에 머무르면서 영혼을 통하여 사시기 때문이다. 그리스도를 없애 보라. 그러면 영혼은 죄의 지배를 받게 될 것이다. 그리스도를 모셔 들여 보라. 그러면 영혼은 그리스도께서 하신 것처럼 생각하고 말하고 행동하게 될 것이다.

그리스도와 하나가 될 때 나타나는 두 번째 효과는 무엇인가? 하나님께서 우리의 죄를 우리에게 돌리지 않으시고, 오히려 우리에게 그리스도의 의를 덮어씌우신다. 그리스도께서 우리 안에서 사시고 우리를 통해서 움직이시면 그만이지, 두 번째 효과가 필요하다고 말하는 것은 무엇 때문인가? 그리스도께서 우리 안에 머무르셔서 우리가 변했는데, 우리가 여전히 죄를 짓는 것은 어째서인가? 한 사람의 변화가 완성되는 것은 내세에서나 가능할 것이다. 현세에서 사는 동안, 우리는 두 종류의 죄에 시달린다. 하나는 우리의 근원적인 죄인데, 하나님을 신뢰하며 살려고 하지 않는 것이 바로 그것이다. 다른 하나는 우리의 근원적인 죄에서 파생한 것들이다. 우리가 다양한 죄에 빠지는 것은 우리의 근원적인 죄 때문이다.[16] 우리가 그리스도와 하나가 되면, 불신이라는 대죄와 거기서 자라는 여러 개별적인 죄들이 "덮어지게 된다." 하나님도 "그러한 죄들의 책임을 우리에게 물으려고 하지 않으신다."[17] 오히려 하나님은 우리에게 그리스도의 의를 덮어씌우신다. 그것이야말로 그리스도와 하나가 될 때 나타나는 두 번째 효과다.

루터는 그리스도의 의가 우리에게 덮어씌워지는 것을 기술하기 위해 인간관계의 세계에서 하나의 은유를 끄집어낸다. 사도 바울이 그랬듯이, 루터도 영혼과 그리스도의 합일을 결혼에 비유한다. 그리스도가 신랑이시고, 영혼은 "보잘것없고 사악한 창녀"였다가 그리스도의 신부가 된다. 둘이 한몸을 이루자, 그리스도께서 영혼의 온갖 허물과 무능한 것들을 없애 버리시고, 영혼에게 자신의 고결함과 능력을 베푸신다. 그분께서 "고난을 겪으시고, 죽으시고, 지옥에까지 내려가신 것은" 영혼의 모든 죄를 "정복하시기 위해서다." "이제 영혼의 죄들은 더 이상 영혼을 무너뜨리지 못한다. 그리스도께서 그것들을 짊어지고 감추셨기 때문이다. 영혼이 자기의 신랑인 그리스도의 의를 차지하고서, 그것이 제 것이라도 되는 양 자랑하고, 죽음과 지옥 앞에서도 그것을 자신의 죄와 함께 자신 있게 자랑할 수 있게 된 것은 그 때문이다."[18]

우리가 변화되고 그리스도의 의가 우리에게 덮어씌워지는 것은, 우리가 그리스도와 하나가 되느냐에 달려 있다. 용서도 그러하다. 우리가 그리스도와 하나가 되면, 하나님도 우리에게 죄의 책임을 묻지 않으신다. 그리스도의 삶이 우리의 삶이 되는 것은, 그리스도와 우리가 하나이기 때문이다. 그리스도의 성품이 우리의 성품이 되는 것도, 그리스도와 우리가 하나이기 때문이다. 그리스도께서 죽으심으로써 우리가 죽은 셈이 되는 것도, 그리스도와 우리가 하나이기 때문이다. 이제 우리의 죄는 더 이상 우리의 것이 아니다. 그리스도께서 그것을 "덮어 주셨기" 때문이다.

　이번 장의 주제는 '하나님, 용서하시는 분'이다. 하지만 하나님의 용서를 더듬어 살피는 길의 막바지에 이르러 분명해진 사실은, 용서가 훨씬 큰 무언가의 일부라는 것이다. 하나님은 죄인과 그의 죄를 어떻게 처리하시는가? 그냥 죄를 용서하시는 것이 아니다. 하나님은 죄인을 그리스도를 닮은 형상으로 변화시켜 그리스도의 의를 덮어씌우신다. 그러한 은혜도 보다 근본적인 것의 효과, 곧 그리스도께서 인간 안에 머무르고 활동하심으로써 드러나는 효과라고 할 수 있다. 하나님이 사람을 지으신 것은, 하나님과의 친밀한 사귐을 갖게 하려는 것이다. 하나님이 우리를 지으신 것은, 그분께서 우리 안에서 사시고, 우리가 그분 안에서 살게 하려는 것이다. 용서는 우리의 죄인 됨과 우리의 새로운 피조물 됨 사이에서 이루어지는 사귐의 회복을 위해 한 걸음 내딛는 것이라고 할 수 있다.

믿음

이제껏 살펴본 바와 같이, 하나님의 용서는 우리의 외부에서, 우리의 능력 밖에서 일어나는 것으로 보인다. 세상이 창조되기 전의 태초로 거슬러 올라가 보자. 그때 하나님은 용서하기로 결심하시고 세상을 창조하셨다. 기원 시대로 거슬러 올라가 보자. 그리스도께서 예루살렘 성문 밖에서 치욕의 나무에 달려 죽으신 것은 하나님께서 우리의 죄를 짊어지신 것이다. 지금도 하나님은 깊이를 헤아릴 수 없는 우리의 내면 어딘가에, 우리의 지적인 능력과 의지력 배후에 살아 계시면서, 우리의 죄를 덮으시고, 우리의 삶을 변화시키신다. 그렇다면 우리는 뭐란 말인가?

우리는 하나님이 활동하시는 공간에 불과한 것인가? 우리는 구경꾼에 불과한 것인가? 우리가 할 일은 없는 것인가? 꼼짝 않고 얼어붙어, 하나님이 우리에게 무언가를 하시도록 내버려 두기만 하는 것인가?

하나님의 용서는 선물이다. 그것을 잊지 않는 것이 중요하다. 1장에서 살펴보았듯이, 하나님에게서 우리에게로 오는 것은 모두 선물이다. 요령껏 힘써 보라. 하나님으로부터 아무것도 얻어 낼 수 없을 것이다. 하나님은 고용주가 아니시기 때문이다. 하나님은 고용인도 아니시다. 하나님은 선불을 받고 서비스를 제공하는 분이 아니시다. 하나님은 우리가 드리려고 하는 것을 전혀 필요로 하지 않으신다. 설령 우리가 하나님께 무언가를 드릴 수 있다고 해도, 그것은 하나님이 먼저 우리에게 주신 것이다. 사도 바울이 로마서에서 말한 대로, 하나님으로부터 무언가를 얻고자 하는 마음에서 먼저 그분에게 무언가를 드리는 것은 아예 불가능한 일이다(롬 11:35).

우리는 불가능한 일을 늘 시도하지만, 실패하는 게 당연하다. 하나님과 우리의 관계에 관한 한, 하나님의 총애를 얻기 위해 먼저 무언가를 드리려고 시도하는 것은 실패보다 더 고통스러운 일이다. 낯설게만 여겨지는 그것은 시도 그 자체다. 우리가 먼저 하나님에게 무언가를 드리려고 시도할 경우, 우리는 하나님으로부터 선물로 받은 것을 원래 우리의 소유였던 것으로 주장하게 될 것이다. 하나님의 것을 하나님에게 드리는 것인데도, 그것이 우리 자신의 것이라도 된다는 듯이 속이는 것이다. 그것은 우리의 부탁을 들어주시기를 바라면서 하나님의 것을 훔치는 어리석은 짓이나 다름없다. 게다가 그것은 하나님이 어떤 분인지를 잘못 읽어도 크게 잘못 읽은 것이다. 루터가 자신의 『갈라디아서 주석 Commentary on Galatians』에서 말한 것처럼, "하나님은 자신의 선물(은혜)을 모든 이에게 아낌없이 베푸는 분이기 때문이다."[19] 우리는 무언가를 하나님으로부터 선물로 받지 않았다는 듯이 행동한다. 우리의 가장 근본적인 죄는 그러한 거짓 꾸밈이다. 하나님에게서 받은 것은 무엇이나 선물이고, 선물일 수밖에 없다. 용서도 그러하다.

용서를 받으려면 어떻게 해야 하는가? 새 생명과 용서를 가져다주시는 그리스도를 얻으려면 어떻게 해야 하는가? 믿어야 한다. 믿음이야말로 하나님에게서 무언가를 얻는 방법이다. 사도 바울은 이렇게 말한다. "사람은, 율법의 행위와는 상관없이, 믿음으로 의롭게 하여 주심을 받는다고 우리는 생각합니다"(롬 3:28). 믿음은 어떤 일을 하는가? 믿음은 그리스도를 맞아들인다. 루터는 이렇게 말한다. "믿음은 그리스도를 붙잡아 현존하게 하고, 반지가 옥을 감싸듯이 그분을 감싼다."[20]

믿음은 어떤 일을 하지 않는가? 믿음은 하나님을 마지못해 주시는 분으로 여겨 하나님으로부터 그리스도를 강제로 빼앗는 것이 아니다. 믿음은 하나님이 답례를 바라실 거라고 생각하여 무언가를 답례로 드리고 그리스도를 얻어 내는 것이 아니다. 믿음은 하나님이 우리에게 그리스도를 주시도록 우리가 해야 하는 낯설고 공허한 일이 아니다. 내가 그대에게 선물을 하려고 할 경우, 그대가 할 일은 손을 활짝 펴는 일밖에 없을 것이다. 손을 활짝 펴는 것은 그대의 몫이다. 하나님은 주시고, 믿음은 받는다. 하나님은 받기 위해 활짝 편 믿음의 손에도 베푸신다. 그러므로 믿음은 결코 빈손으로 돌아가는 법이 없다. 믿음은 그리스도를 얻는 것이고, 새 생명과 죄의 용서까지 얻는 길이다.

회개

믿음에 감사를 더해 보라. 우리는 하나님의 여러 선물 가운데 아이나 음악적 재능이나 우리의 참 생명은 예의 바르게 받으면서도 용서만은 건성으로 받는 경향이 있다. 믿음은 우리가 수령자임을 확인시켜 주고, 감사는 하나님이 수여자이심을 확인시켜 준다.

우리가 용서를 받는 방법과 여타의 선물을 받는 방법에는 중대한 차이들이 있다. 그 차이들 가운데 하나는 용서의 본질에 뿌리를 두고 있다. 용서는 하나의 선물이면서 독특한 선물이다. 앞서 설명한 대로, 우리는 누군가가 우리에게 잘못했을 때 용서를 베푼다. 용서할 때, 우리는 두 가지 일을 한다. 하나는 가해자가 우리에게 해를 입혔다고 주장하는 것이고, 다른 하나는 가해의 대가를 가해자에게 물리지 않겠다고 공언하는 것이다. 둘 다 필요한 일이다. 가해의 대가를 가해자에게 물리지 않겠다고 공언하기를 그만두어 보라. 그러면 그대에게 남은 일은 비난하는 것밖에 없을 것이다. 피해를 입었다고 주장하기를 그만두어 보라. 그러면 그대가 할 일은 피해 입은 사실을 애써 무시하는 것밖에 없을 것이다.

용서는 가해의 책임을 가해자에게 돌리지 않는 가장 관대한 행위로 가해자를 나무라는 것이다. 그러면 용서받는다는 것은 무슨 뜻인가? 나무람을 받음과 동시에 죄값의 면제도 받는다는 뜻이다. 죄값의 면제는 어떻게 받는 것인가? 그저 믿고, 관대한 선물에 감사하기를 즐겨하면 된다. 그러면 나무람은 어떻게 받는 것인가? 잘못을 인정하고 뉘우치면 된다. 잘못을 인정하는 것은, 자신이 용서를 필요로 하는 사람, 용서받아야 할 사람임을 인정하는 것이다. 잘못을 인정하지 않는 것은, 자신은 용서가 필요하지 않다고 선언하는 것이나 다름없다. 그러한 사람에게 용서는 선물이 아니다. 그러한 사람에게 용서는 치욕으로 다가오게 마련이다. 그가 용서를 필요로 할 경우, 그것은 자기가 하지 말아야 한다고 주장하던 잘못을 자기가 범했다고 선언하는 셈이 되기 때문이다.

루터는 산상설교를 풀이하면서 이렇게 말한다. "죄의 종류는 두 가지다. 하나는 범칙자가 스스로 고백한 죄다. 그 경우에는 용서받지 못할 사람이 없다. 다른 하나는 범칙자가 스스로 인정하지 않는 죄다. 그 경우에는 누구도 범칙자를 용서하지 않을 것이다. 범칙자가 자신의 죄를 죄로 여기지 않거나 용서받기를 거부하기 때문이다."[21] 내가 나의 죄를 깨닫지 못하는 경우도 종종 있다. 그러한 죄는 숨어 있는 죄라고 할 것이다. 그 경우 나는 하나님께 기도하면서, "알고 지은 죄와 모르고 지은 죄"에서 벗어나게 해달라고 청한다. 만일 내가 나의 죄를 알고 있다면, 나는 그것을 고백해야 할 것이다. 내가 나의 죄를 고백하지 않으면, 나는 용서받지 못한 자로 머무르게 될 것이다. 하나님이 용서하지 않으셔서가 아니라, 내가 고백하기를 거부해서 용서받기를 거부한 셈이 되기 때문이다. 죄의 고백을 거부하는 것은, 잘못을 인정하여 용서를 자기 것으로 만들기를 거부하고, 죄값이 자기에게 돌려지지 않은 것에 대해 감사하기를 거부하는 것이나 다름없다.

죄를 고백하는 것은 어려운 일이다. 죄를 지었다고 고백하는 것은, 벌거벗은 채로 서서, 비난의 손가락으로 자신과 자신의 죄를 가리키는 것이기 때문이다. 흔히들 죄 지은 것을 거의 본능적으로 부인하고 변명하려고 한다. 하지만 죄를 고백하면 놀라우리만치 자유로워진다. 고백하고 나면, 감출 것이 없게 되고 도망칠 일도 없게 된다. 하지만 어떻게 우리는 치욕의 문을 통과하여 자유의 땅으로 들어갈 용기를 내는 것인가?

놀랍게도, 하나님은 우리가 고백할 때까지 기다리지 않고 용서를 베푸신다. 하나님은 우리가 고백하기 전에 용서하신다. 처음부터 우리는, 우리가 고백하는 것이 무엇이든, 그것이 우리에게 불리하게 작용하지 않으리라는 것을 알고 있다. 하나님은 우리의 죄과에도 불구하고 우리를 사랑하신다. 하나님은 우리를 용서하셔서, 우리가 죄의 짐에서 벗어나 사랑하는 하나님의 품에 안기게 하신다.

하나님의 용서와 우리의 용서

끝으로, 우리는 믿음과 회개 외에도 다른 사람들에게 용서를 "베풂"으로써 하나님의 용서에 응답한다. 주님의 기도에는 이런 구절이 있다. "우리가 우리에게 죄지은 사람을 용서하여 준 것같이 우리 죄를 용서하여 주시고"(마 6:12). 곧바로 이어지는 구절들에서는 하나님이 베푸시는 용서와 우리가 베푸는 용서의 긴밀한 관계가 보강되고 있다. "너희가 남의 잘못을 용서해 주면, 너희의 하늘 아버지께서도 너희를 용서해 주실 것이다. 그러나 너희가 남을 용서해 주지 않으면, 너희 아버지께서도 너희의 잘못을 용서해 주지 않으실 것이다"(마 6:14-15). 우리는 다음 장에서 용서의 어려움을 살펴보고, 그것을 극복할 방법을 모색하게 될 것이다. 이 자리에서는 하나님께서 베푸시는 용서와 우리가 베푸는 용서의 긴밀한 관계를 보다 면밀히 살펴볼 필요가 있다. 나는 그러한 관계의 두 가지 이해 방식을 버리고 제3의 이해 방식을 옹호하고자 한다.

겉보기에는 우리가 우리에게 죄지은 사람을 용서해 주기 때문에,

하나님께서 그대를 용서해 주시는 것처럼 보인다. 남을 향한 우리의 용서가 우리를 향한 하나님의 용서를 일으키는 것처럼 보인다. 하지만 그렇게 되면, 하나님의 용서는 선물이 아니라 보상이 되고 말 것이다. 또한 하나님의 용서가 선물이라면, 그것은 하나님만이 베푸실 수 있는 선물이 되고 말 것이다. 그것은 우리가 먼저 드린 대가로 받아 낼 수 있는 것이 아니다. 어느 경우이든, 다들 믿음으로써 용서를 얻기보다는 남을 용서함으로써 용서를 얻으려고 할 것이다. 그러나 그것은 바람직한 것이 아니다. 그것은 하나님이 수여자라는 사실을 약화시킨다.

하나님께서 베푸시는 용서와 우리가 베푸는 용서의 관계를 이해하는 제3의 방식은 다음과 같다. 즉, "하나님은 사전에 보답이나 선물을 받으시지 않고 용서하시지만, 우리가 우리에게 죄지은 사람들을 용서하지 않을 때에는 용서를 철회하신다"는 것이다. 그것은 마태복음에서 용서할 줄 모르는 종의 비유가 암시하는 바이기도 하다. 한 왕이 자기 종의 막대한 빚을 삭쳐 주었다. 그 종이 일변하여, 자기 동료가 자기에게 일백 데나리온의 빚을 지고 갚지 못하자 그를 감옥에 가두었다. 한 데나리온은 하루 품삯밖에 안되는 액수였다. 그러자 그 종의 주인이 그 종을 불러다 놓고 말했다. "이 악한 종아, 네가 간청하기에, 내가 네게 그 빚을 다 삭쳐 주었다. 내가 너를 불쌍히 여긴 것처럼, 너도 네 동료를 불쌍히 여겼어야 할 것이 아니냐?"(마 18:32-33) 주인이 그를 용서하기로 마음먹었던 것을 철회하고, 그를 감옥에 넘겨 "그가 빚진 것을 다 갚을 때까지"(마 18:34) 가두어 두게 했다. 이 이야기에서 예수는 엄히 경고를 내리시면서 이렇게 결론지었다. "너희가 각각 진심으로 형제나 자매를 용서하여 주지 않으면, 내 하늘 아버지께서도 너희에게 그와 같이 하실 것이다"(마 18:35).

우리가 남을 용서하지 않으면, 하나님도 용서를 철회하신다. 우리가 하나님이 베푸시는 것처럼 베풀지 않으면, 하나님은 이미 베푸신 것을 철회하신다. 하나님의 용서는 우리의 실행 여부에 달려 있다. 하나님의 용서는 값없이 주어지는 것이지만, 우리는 그것을 얻지 못할 수도 있다. 하나님의 용서를 여는 열쇠는 우리의 손에 놓여 있으며, 우리의 용서하려는 의지, 우리의 용서하는 능력에 달려 있다. 선물 자체가 율법이 되어, 석판에 새겨진 율법이 하던 것보다 더 많은 것을 요구하는 것이다.

그러나 그렇게 생각하는 것은 앞서 언급한 비유를 글자 그대로 받아들인 것이 아닐까 싶다. 왕과 그 종 사이에서 이루어진 관계의 모든 양상을 하나님과 인간의 관계에 일일이 대응시킬 것까지는 없다. 어쩌면 그 이야기의 요지는 간단한 것일 수도 있다. 이를테면 하나님이 용서하지 않으시는 것이 우리가 용서하지 않는 것과 밀접하게 연결되어 있듯이, 하나님의 용서와 우리의 용서도 밀접하게 연결되어 있다는 것이다. 예수께서는 우리의 용서할 줄 모름이 하나님의 용서 철회를 일으킨다고 말하려고 하신 것 같지는 않다. 우리의 용서할 줄 모름은, 하나님의 용서 철회를 일으키는 원인이라기보다는, 하나님의 용서를 받지 않겠다는 뜻을 분명하게 드러내는 표지에 불과하다.

루터가 주님의 기도를 풀이하면서 용서를 거듭 요청하는 것은 그 때문이다. 그는 이렇게 말한다. "내가 나의 행위를 통해 드러내 보이는 용서야말로, 내가 하나님 앞에서 용서받았음을 보여주는 확실한 표지이다. 반면에, 내가 이웃과의 관계에서 그것을 드러내 보이지 않는다면, 그것은 내가 하나님 앞에서 용서받지 못하고 불신의 늪에 빠져 있음을 알리는 확실한 표지일 것이다."[22] 내가 믿음 안에서 그리스도와 하나가 되면, 나는 용서를 받고, 그리스도께서 내 안에 사시면서, 나에게 잘못한 사람들을 나를 통하여 용서하실 것이다. 내가 용서할 능력이 없어서 괴로워하기보다 아예 용서하려고 하지 않을 경우, 나는 용서받았다고 믿을지라도 사실은 하나님의 용서를 받지 못했을 가망이 크다.

우리는 믿음을 가짐으로써 그리스도를 얻고, 우리의 죄를 용서받고, 우리에게 잘못한 사람들을 용서할 능력을 얻는데, 어째서 그런 것인가? 우리는 우리의 죄를 인정하고 회개함으로써 용서라는 선물을 받는데, 어째서 그런 것인가? 만물은 하나님에게서 나왔고, 하나님으로 말미암아 있고, 하나님을 위하여 있다고 했으니(롬 11:36), 믿음과 회개도 같은 원천에서 온 것임에 틀림없다.

5장_ 어떻게 용서해야 하는가

한 크로아티아 여인이 내게 이런 편지를 보내왔다. "그를 지옥에 던져 영원토록 타 죽게 합시다." 그녀와 그녀의 가족은 2차 세계대전에 뒤이어 일어난 정치적 소용돌이 속에서 모든 재산을 잃은 상태였다. 요시프 브로즈 티토Josif Broz Tito가 정권을 장악하고 "신新유고슬라비아"라는 정부를 수립했다. 그가 새 정부의 기둥으로 삼은 것은 다음의 세 가지였다. 나치에 맞서 싸워 이긴 자신의 도덕적 자부심, 그를 따라 승리를 거머쥔 빨치산의 군사력, 공산주의 사상. 내게 편지를 보낸 여인의 가족은 티토가 "민중의 적"으로 설정한 사람들 상당수가 겪었던 것과 똑같은 운명을 겪었다. 그녀가 내게 편지를 보낸 것은, 한 TV 특집 방송에서 나의 저작을 다루는 것을 보고난 직후의 일이었다. 그것은 미국 공영방송 PBS의 '주간뉴스: 종교와 윤리Religion and Ethics Newsweekly'가 제작하고 방영한 프로그램이었다. 그 프로그램에서 크게 다룬 것은 나의 책 「배척과 포용 Exclusion and Embrace」의 주요 주제인 화해와 용서였다.[1] 그녀는 자기가 시청한 내용이 하나도 마음에 들지 않았다. 전후 50년이 지났건만, 그녀가 원하는 것은 용서가 아니라 복수였다. 티토가 그녀의 인생을 황폐하게 하였고, 그녀는 신세계에서 자신의 인생을 처음부터 다시 세우지 않으면 안되었다. 그녀는 이렇게 생각했다. "이번에는 티토의 인생이 영원토록 망가질 차례야."

나는 2장에서 베풂을 논의하는 가운데 우리네 삶을 이끄는 세 가지 방식을 분류한 바 있다. 그것들은 탈취, 획득, 베풂이다. 첫 번째 경우는 우리 것이 아닌 것을 빼앗는 것이고, 두 번째 경우는 우리가 필요로 하거나 갈망하는 것을 합법적으로 손에 넣는 것이며, 세 번째 경우는 후하게 베풀어 다른 사람들을 돕고 즐겁게 하는 것이다. 지금 용서를 논의하면서, 우리에게 잘못한 사람들 및 그들의 범죄행위들에 우리가 대응시킬 수 있는 방식도 세 가지다. 그것들을 거명하면 복수, 정의, 용서가 될 것이다. 복수는 불법적인 탈취에 대응하고, 정의의 요구는 합법적인 획득에 대응하고, 용서는 후한 베풂에 대응한다.

원수 갚기 대 정의

일반적으로, 우리는 불법적으로 빼앗는 사람들에게 관용을 거의 보이지 않는다. 어떤 사람이 찰가난을 겪는 것도 아니면서 남의 것을 불법적으로 빼앗는다면, 그것은 남의 권리를 침해하는 행위로 여겨진다. 빼앗는 자는 종종 자신의 악행을 정당화하려고 시도한다. 티토는 무고한 시민들의 재산과 생명을 빼앗고도 자신의 행위를 정당화하려고 시도했다. 그는 이런 생각을 가지고 있었다. "유복한 자들은 자본가들이다. 그들의 재산은 서민들의 땀과 수고를 희생시켜 얻은 것이다. '노동자들'의 국가가 그들의 재산을 몰수하여 관리하는 것이 마땅하다." 그러한 탈취행위가 비난받아 마땅한 행위가 되지 않은 것은, 노동자들의 불법적인 탈취행위를 적법한 획득으로 합리화하려는 시도가 있었기 때문이다.

우리들 대다수는 원수 갚기도 허락하지 않는다. 그러나 그러한 태도의 배후에는 감상적인 것이 깔려 있다. 흔히들 근본적인 범죄를 구성하는 불법적 탈취행위에 유죄판결을 내리면 그만이라고 생각하기 때문이다. 나와 함께 예일 대학교에서 가르치는 동료 교수 카를로스 에이레Carlos Eire의 경험을 살펴보자. 그의 책 『아바나에서 눈을 기다리며 Waiting for Snow in Havana』는 특권층의 자제였던 한 소년의 자서전이다. 열한 살이었던 그 소년은 부모로부터 떨어져 쿠바에서 다른 나라로 수송된 14,000명의 어린이 가운데 한 명이었다. 그 소년은 작은 여행용 가방 하나만 든 채, 낯모르는 나라에 떨어뜨려졌다. 에이레는 그 책에서 한 소년의 갈망을 피력한다. 이를테면 자신이 실제로 빼앗기고 나서 슬퍼한 것만큼 갚아 줄 날이 오기를 바란 것이다. 에이레는 자신의 분노를 생생히 표출하는 가운데, 자신에게 잘못한 사람들이 유죄판결을 받아, "면도날 조각이 점점이 박혀 있는 사탄의 궁둥이를 혀로 핥는" 모습을 보고 싶다고 간간이 말하기까지 한다.[2]

에이레가 품었던 복수의 꿈은 과격한 것 같지만, 권리를 침해받은 경험이 전혀 없는 사람이라도 그의 꿈에 동조할 것이다. 예컨대, 크메르루즈 정권에 의해 투옥되어 고문을 당하면서도 원수 갚을 날을 꿈꾸며 자신을 추스른 카시에 네오Kassie Neou는 훗날 이렇게 말했다. "나는 나의 때가 오면, 저들이 내게 자행한 것의 다섯 배나 가혹하게 갚아 주겠다고 다짐했습니다. 당신도 한 인간으로서 그러한 분노를 품을 것

입니다."³

　에이레나 네오의 것과 같은 인간의 분노를 인정하지 않는 것은 아니지만, 그러한 분노에서 싹튼 원수 갚기는 도덕적으로 잘못된 것이다. 원수 갚기는 "눈에는 눈"이라고 말하지 않는다. 원수 갚기는 "그대가 나의 한 쪽 눈을 빼면, 나는 그대의 머리를 쏘겠다"고 말한다. 원수 갚기는 "모욕에는 모욕으로"라고 말하지 않는다. 원수 갚기는 "그대가 나를 한 번 방해하고 두 번 방해하면, 나는 그대의 명성과 그대의 성공을 허물어 버리겠다"고 말한다. 원수 갚기는 "그대가 테러행위를 꾸미면, 우리는 그대를 처벌하겠다"고 말하지 않는다. 원수 갚기는 "그대가 테러 행위를 꾸미면, 우리는 압도적인 군사력을 동원하여 그대의 조국의 정치 지형을 완전히 바꿔 놓겠다"고 말한다. 원수 갚기는 "자에는 자로 以尺報尺"의 원리를 버리고, 상처 입은 자존심과 걷잡을 수 없는 두려움에 사로잡혀 과도한 보복에 몰두한다. 그런 까닭에 원수 갚기는 도덕적으로 옳지 않다. 원수 갚기는 보복에 열중한 나머지 마땅히 받아야 할 것 그 이상을 상대방에게서 제멋대로 빼앗는다.

　사도 바울은 로마 교회 신자들에게 이렇게 말한다. "사랑하는 여러분, 여러분은 스스로 원수를 갚지 마십시오"(롬 12:19). 그는 로마 교회 신자들이 자신들을 박해하는 사람들을 저주해서도 안되고, 힘없는 사람들에게 원수를 갚아서도 안된다고 말한다. 그러면 그들은 어떻게 해야 하는가? 그는 로마 교회 신자들이 자신들을 "박해하는 사람들을 축복해야" 한다고 말한다(롬 12:14). 그는 계속해서 말한다. "'네 원수가 주리거든 먹을 것을 주고, 그가 목말라 하거든 마실 것을 주어라' 하였습니다"(롬 12:20). 박해자들에게 원수를 갚기보다는 오히려 선물을 베풀고, 그들이 잘되도록 도우라는 것이다. 원수 갚는 것을 정의에 맡기지 말고 관대한 도움에 맡기라는 것이다.

그리스도교 신앙이 흠씬 배어 있는 에이레의 책은 비극적인 손실과 그것으로 인한 분노만을 다루고 있는 게 아니다. 그것은 복수심에서 벗어나 구원을 향해 전진하는 한 사람의 기록이기도 하다. 그는 악인들을 괴롭히고 싶은 유혹에 저항한다. 그는 "도마뱀 중의 도마뱀", 곧 자신이 소년 시절에 알고 있던 모든 것을 송두리째 파괴한 사람, "마르크스와 레닌이라는 우상에게 미쳐서 공평…… 진보…… 억압받는 자들의 이름으로" 자신의 모든 것을 파괴해 버린 피델 카스트로Fidel Castro에게까지 입 맞추고 싶어 한다.[4]

용서 대 정의

하지만 도마뱀에게 입을 맞추는 것은 무엇 때문인가? 원수에게 먹을 것을 주는 것은 무엇 때문인가? 박해자를 축복하는 것은 무엇 때문인가? 보복에 기초한 정의를 주장하지 않고 도덕적으로 옳지 않은 원수 갚기를 그만두라고 하는 것은 무엇 때문인가? 루터의 글귀를 인용해서 말하면, "그리스도인의 일차적 의무는 이웃을 끊임없이 용서하는 데 있고, 그리스도인의 이차적 의무는 믿고 용서받는 데 있기" 때문이다.[5] 하지만 그리스도인의 의무가 보복에 기초한 정의가 아니라 용서여야 하는 것은 무엇 때문인가? 4장에서 말한 것처럼, 정의를 지속적으로 행사하다 보면, 범죄로 얼룩진 세상이 엉망이 되고 말기 때문이다. 정의는 세상으로부터 악을 제거할 수도 있지만 자칫 세상을 파괴할 수도 있다.

사도 바울은 로마서 12장에서 보다 실제적인 이유를 제시한다. 원수 갚기와 정의 사이에 선을 긋는 것은 어려운 일이다. 대개의 경우, 죄질을 공정하게 평가하는 것도 어렵거니와, 그에 따른 책임을 적절하게 물리는 깃도 어렵다. 한 사람에게 정의로운 것으로 여겨지는 것이 다른 사람에게는 원수 갚기로 비쳐질 수도 있다. 정의를 행사하여 악을 이기려고 하면, "악에게 질"(롬 12:21) 위험이 상존하게 마련이다. 악인에게 그가 행한 대로 갚아 주고, "악을 악으로" 갚다 보면(롬 12:17) 악의 세력에게 져서 세상을 파괴할 위험이 높다.

우리가 "자에는 자로以尺報尺"의 원리를 극복해야 하는 근본적인 이유는, 하나님께서 죄스러운 인류에게 은혜를 베푸셨기 때문이다. 사도 바울의 가르침 가운데 대단히 실제적인 가르침 하나를 숙고해 보자. 고린도 교회 신자들에게 보내는 편지에서 사도 바울은 신자들이 정의를 구하겠다고 법정으로 달려가는 것에 반대한다. 고린도 교회 신자들은 따지기 좋아하고 자신들의 불만사항을 재판관에게 가져가기를 좋아했지만, 사도 바울은 그들의 그런 모습이 달갑지 않았다. 그는 그들이 공동체 안에서 분쟁을 스스로 해결할 만큼 지혜롭지 못한 것을 우려했다. 하지만 지혜롭지 못한 것보다 더 우려스러운 것은 따로 있었다. 그는 이렇게 말한다. "여러분이 서로 소송을 제기하는 것부터가 벌써 여러분의 실패를 뜻합니다"(고전 6:7). 흔히들 소송에 져서 유죄판결을 받을 때에만 불의와 관련한 다툼에서 패한 것으로 생각하지만, 사도 바울은 법정에 소송을 제기하여, "자에는 자로以尺報尺"의 원리에 따라 진행하려고 하는 것 자체를 실패로 여겼다.

그러면 고린도 교회 신자들은 어찌해야 했을까? 사도 바울은 수사적인 질문으로 답한다. "왜 차라리 불의를 당해 주지 못합니까? 왜 차라리 속아 주지 못합니까?" 그가 우리에게 그런 식의 편지를 보내온다면, 우리는 그에게 이렇게 답할지도 모르겠다. "우리에게 권리가 있으니까요! 우리가 부당한 일을 당했으니까요! 당신이라면 사람들이 당신의 얼굴을 밟고 지나가도록 내버려 두지 않을 것입니다! 당신은 선을 분명하게 긋고, 그들을 저지해야 합니다!" 부당한 일이 일어났음을 사도 바울이 인정하지 않는 것은 아니다. 다만 보복에 기초한 정의는 최선의 방법도 아니고 기독교적인 방법도 아니라고 생각했을 뿐이다.

어째서 그런가? 그저 상처를 참고 견디기만 하면 되는 것인가? 그것은 소극적인 해결책이고, 적극적인 해결책은 악을 "선으로"(롬 12:21) 이기는 것이다. 하나님은 우리의 죄를 보고 걷잡을 수 없이 화를 내거나 가차 없이 복수하지 않으셨다. 또한 그분은 정의로운 보복을 고집하지도 않으셨다. 오히려 하나님은 우리의 죄를 참으시고, 예수 그리스도 안에서 우리의 죄를 나무라셨다. 하나님이 그렇게 하신 것은, 그분이 무능하거나 소심해서가 아니라, 우리를 죄책과 죄의 지배에서 해방시키고 싶으셨기 때문이다. 우리도 우리를 해치는 사람들에게 그렇게 해야 한다. 상처 준 사람들을 변화시키려면 상처를 참고 견뎌야 한다.

원수 갚기는 악을 증폭시키게 마련이다. 보복에 기초한 정의는 악이나 다름없다. 보복에 기초한 정의는 세상을 파멸시키겠다고 으르는 것이나 다름없다. 선으로 악을 이기는 것, 그것이 다름 아닌 용서다. 용서에는, 상처 입은 자존심을 세우거나 그에 따른 보복과 처벌을 가하지 않고, 죄스러운 인류를 악에서 해방시켜 우리와의 사귐을 회복하고 싶어 하는 하나님의 관대하심이 담겨 있다. 이것이야말로 가장 단순한 복음이 아닐 수 없다. 그것은 시대의 조류를 철저하게 거스르면서도 더할 나위 없이 인간적인 복음이다.

청년 마르틴 루터는 사도 바울이 로마서 12장과 고린도전서 6장에서 강조한 그리스도의 가르침을 심오한 구절로 탁월하게 표현한다. 그는 이렇게 말한다.

> 그리스도를 따르는 이들은, 자신들이 입은 손해나 상처를 슬퍼하기보다는 자신들에게 상처를 안겨 준 사람들의 죄를 더 슬퍼한다. 그리고 그들이 그렇게 하는 것은, 당한 것만큼 갚아 주려는 것이 아니라, 저 가해자들을 그들의 죄에서 풀어 주려는 것이다. 그들은 자신들의 의로운 옷을 벗고, 다른 옷을 입는다. 이를테면 박해자들을 위하여 기도하고, 저주하는 자들을 축복하고, 악을 행한 자들에게 선을 행하고, 원수들 대신 벌금을 물어 주고, 원수들 대신 벌을 받음으로써 그들을 구원으로 이끄는 것이다. 그것은 복음이면서 그리스도의 가르침이기도 하다.[6]

상처 입은 우리의 몸과 수치를 당한 우리 영혼의 원자 하나하나가 원수 갚기와 보복에 기초한 정의를 부르짖고 있건만, 원수 갚기나 보복에 기초한 정의에 몰두하지 않고 용서해야 하는 이유가 무엇인가? 하나님이 그리스도 안에서 우리의 죄를 이기시고, 죄를 용서하심으로써 우리와의 사귐을 회복하셨기 때문이다. 우리는 하나님이 하신 것처럼 해야 한다. 우리가 용서해야 하는 이유는, 우리가 당한 것만큼 "갚아 주기"보다는 우리에게 상처를 안겨 준 사람들을 죄로부터 돌려세우는 것이 더 중요하기 때문이다. 우리가 용서해야 하는 이유는, 우리의 원수들을 응징하기보다는 그들을 원수에서 친구로 만드는 것이 더 중요하기 때문이다.

하지만 나는 하나님이 아닌데!

용서는 어떻게 해야 하는가? 답은 간단하다. 하나님이 예수 그리스도 안에서 하신 것처럼 용서하면 된다. 하지만 그토록 간단한 답의 여러 양상을 살펴보기 전에, 한 가지 중대한 반론을 다룰 필요가 있다. 그 반론은 이렇다. "우리는 하나님이 아닌데, 어떻게 우리가 하나님이 하시는 것처럼 용서할 수 있단 말인가? 우리는 인간일 따름이고, 게다가 유한하고 죄스러운 인간에 불과한데, 어떻게 우리가 하나님이 하시는 것처럼 할 수 있단 말인가?"

우리는 2장에서 이와 유사한 질문들과 마주친 적이 있다. 거기서 나는 우리가 하나님이 베푸시는 것처럼 베풀어야 한다고 주장했다. 우리가 하나님이 아니라는 사실은 베풂과 관련해 다음과 같은 세 가지 난제를 야기한다. 첫째, 하나님만이 원조 수여자시다. 누구도 그분께 무언가를 먼저 드릴 수 없다. 우리는 하나님으로부터 선물을 받을 때에만 수여자가 될 수 있다. 하나님의 선물이 원본이고, 우리의 선물은 복사본일 뿐이다. 둘째, 하나님은 끊임없이 넘치도록 베푸실 수 있는 무한한 수여자시다. 우리는 한도 안에서 간헐적으로만 베푸는 유한한 수여자에 불과하다. 셋째, 하나님은 자신의 이익을 도모하지 않고 베푸실 수 있는 대단히 지혜로운 수여자시다. 우리는 선물을 베풀어 우리의 이익을 도모하는 이기적인 수여자일 뿐이다. 우리는 하나님이 베푸시는 것과 똑같이 베풀 수 없다는 것이다.

하나님이 용서하시는 것처럼 용서해야 한다는 주장에 대해서도 강력한 반론이 제기될 수 있다. 첫째, 범죄행위가 연약한 우리에게 영향을 미치는 것과 신성한 하나님에게 영향을 미치는 것이 다르다고 할 수 있다. 죄를 짓는 것은 어느 정도 하나님을 거역하는 것이다. 실로, 죄의 핵심적인 의미는 "하나님을 거역하는 것"이다. 하나님이 안 계시다고 상상해 보라. 그러면 죄도 사라질 것이다. 죄와 죄인이 남는 것이 아니라, 불법행위와 거칠고 난폭한 사람이 남을 것이다.[7]

그러나 죄가 아무리 하나님을 거역해도, 하나님은 위축되거나 방향을 잃는 법이 없으시다. 오히려 하나님은 인간의 죄를 딱하게 여기거나 죄인이 돌아오기를 바라실 것이다. 죄는 하나님의 기를 꺾거나, 하나님의 영역을 침범하거나, 하나님을 황폐하게 하지 못한다. 하나님은 십자가에서조차 가공할 만한 인간의 죄를 참아 내셨다. 그렇지 않다면, 하나님은 하나님이 아닐 것이다. 죄가 아무리 공격해도, 하나님은 여전히 하나님으로 머무르신다. 하나님이 용서하실 수 있는 것은 그 때문이다.

인간의 사정은 달라서, 용서할 수 없는 경우가 간혹 있다. 그다지 큰 상처를 주지 않는 범죄인데도 용서할 수 없을 때가 더러 있다. 내가 몇 달러를 아낄 속셈으로 뿌리 덮개의 양을 속여, 정원사에게 그것을 깔아 달라고 부탁했다고 가정해 보자. 정원사는 어쩔 수 없이 적게 깐 것인데, 나는 일부러 값을 적게 지불하려고 할 것이다. 속임수로 그에게 손해를 입히는 것이다. 그가 나를 믿었지만, 나는 그가 마땅히 받아야 할 값을 속인 것이다. 내가 그에게 심각한 상처를 준 것도 아니고, 그의 자아에 중대한 손상을 입힌 것도 아니다. 하지만 그의 정의감이나 그의 상처 입은 자존심은 나를 용서하려고 하지 않을 것이다.

심각한 상처를 주는 범죄의 경우를 가정해 보자. 한 남자가 거짓 사랑의 약속으로 한 여자를 속여서 매음굴로 끌고 갔다. 그는 그녀를 몇 달 동안 가둬둔 채 폭행과 성폭행을 일삼고, 그녀로 하여금 다른 남자들에게 성을 팔게 했다. 그러면서도 그녀에게는 한 푼도 주지 않았다. 비열하고 악한 포주가 그녀에게 이루 말할 수 없는 상처를 입힌 것이다. 짐승 같은 사람에게 속아서 삶이 산산조각 났는데도, 그녀가 용서를 생각할 수 있을까? 그녀가 그 범죄자에게 "지옥에서 타 죽어라!" 말하는 것이 자연스러운 일일 것이다. 설령 그녀가 기적적으로 용서했다고 해도, 그것은 하나님이 하시는 것처럼 관대한 수여자의 압도적인 자유로 용서한 것이 아닐 것이다. 그녀의 용서는 시시포스의 고투처럼 보인다. 그러므로 하나님이 하시는 것과 똑같이 용서하는 것은 불가능하다.

우리가 하는 용서는 하나님이 하시는 용서와 똑같지 않다. 하나님은 거룩한 자세를 짓고 의도된 행위를 연출하면서 말로만 "내가 너를 용서한다!"고 하시는 분이 아니다. 하나님이 "내가 너를 용서한다!"고 말씀하실 수 있는 것은, 그에 앞서 그분께서 예수 그리스도 안에서 무언가를 하셨기 때문이다. 하나님께서 죄를 심판하셨고, 죄인이 죽었다가 죄에서 해방된 새 사람이 되어 살아났다. 사도 바울은 이렇게 말한다. "예수는 우리의 범죄 때문에 죽임을 당하시고, 또한 우리를 의롭게 하시려고 살아나셨습니다"(롬 4:25).

4장에서 살펴보았듯이, 그리스도의 죽으심으로 우리 인간도 죽은 셈이 되었다. 그리스도와 연합하는 사람은 그분이 죽으실 때 그분과 함께 죽은 것이나 다름없다. 하지만 그리스도의 죽으심은 인간을 배제한 것이기도 하다. 그리스도께서 죽으신 것은, 한 사람도 죽지 않고 죄에서 벗어나게 하려는 것이었다. 그분이 죽으신 것은 그런 이유에서였다. 그분은 우리의 속죄제물이었다. 루터는 그리스도의 죽으심이 지닌 배타적인 의미와 포괄적인 의미를 다 받아들인다. 그는 『갈라디아서 강해 Lectures on Galatians』에서 이렇게 말한다. "그리스도께서 십자가에 못 박히심으로써 죄와 악마와 죽음도 내가 아닌 그리스도 안에서 십자가에 못 박혔다. 그 경우에는 그리스도께서 모든 일을 혼자서 처리하신다. 그러나 나는 신자로서 믿음을 통하여 그리스도와 함께 십자가에 못 박힌다. 그것은 죄와 악마와 죽음이 나에 대해서도 죽고 십자가에 못 박히게 하려는 것이다."[8]

내가 살아 있는 한, 나에게는 죄라는 오점이 끊임없이 들러붙게 마련이다. 그리스도는 바로 그 오점을 없애기 위해 죽으셨다. 그리스도께서 나를 대신하여 죽으셨으니, 나는 죄에서 해방되기 위해 죽을 필요가 없다. 그리스도께서 죽으셨으니, 나는 용서를 베풀 때에도 죽을 필요가 없고, 내게 잘못한 사람들을 풀어줄 때에도 죽을 필요가 없다. 만일 내가 이웃의 죄 때문에 속죄제물이 되어 죽을 수 있다고 생각한다면, 그것은 얼토당토않은 생각일 것이다. 그리스도께서 죽으셨을 때, 우리 모두도 그분 안에서 죽었다. 그러나 나의 죽음은 나만의 죽음이지, 절대로 남의 죽음이 될 수 없다. 그리스도께서는 나의 죄는 물론이고 다른 사람의 죄와 관련해서도 모든 일을 혼자서 하시지만, 나는 나에게 피해를 준 죄를 용서할 때에도 죽지 않는다. 내가 하는 용서와 하나님이 하시는 용서가 같지 않은 것은 그 때문이다.

그렇다면 우리는 막다른 골목에 이른 것이 아닐까? 하나님이 하시는 것처럼 용서해야 하지만, 하나님이 하시는 것처럼 용서하지 못하는 난국! 나는 앞서 베풂을 논의하는 가운데 "하나님이 베푸시는 것처럼"이라는 구절에서 "~처럼"이라는 부사가 동일성을 의미하는 것이 아니라 유사성을 의미한다고 말한 바 있다. 우리는 인간이기 때문에 하나님이 하시는 것과 똑같이 베풀 수 없다. 그러나 우리는 베푸시는 하나님을 닮도록 지어졌기 때문에 하나님이 베푸시는 것과 유사하게라도 베풀지 않으면 안된다. 우리는 용서에도 동일한 원리를 적용할 수 있다. 우리는 하나님이 하시는 것과 똑같이 용서할 수 없다. 하지만 우리는 용서하시는 하나님을 닮도록 지어졌기 때문에 하나님이 용서하시는 것과 비슷하게라도 용서하지 않으면 안된다. 우리는 하나님이 하시는 일을 그대로 복제하지 못한다. 위대한 교부 아우구스티누스가 말한 대로, 하나님과 우리 사이의 불일치가 하나님과 우리 사이의 유사성보다 크다는 것을 명심하면서 우리 나름대로 모방만 할 따름이다.

그러나 모방은 우리가 하나님과 관계를 맺는 주된 방법이 아니다. 우리는 걸음마 타는 유아가 자기 어머니를 보고 배우는 것처럼 하나님을 보고 배우는 것만은 아니다. 걸음마 타는 유아와 그 어머니는 독립된 두 사람으로서 서로 독립적으로 행동한다. 그들은 각자 별개의 몸을 가지고 각기 다른 공간을 점유한다. 그들은 저마다 서로 독립적으로 기능하는 지성과 의지를 가지고 있다. 그러나 우리는 그런 식으로 하나님에게서 떨어져 있지 않다. 하나님은 우리가 살고 있는 공간에 안 계신 것이 아니다. 우리의 지성과 의지는 하나님의 현존과 활동이라는 두 날개에 얹혀 있다. 우리가 베풀 때 우리가 건네는 것은 하나님의 선물이고, 우리가 베풀 때 베푸는 이는 우리를 통하여 베푸시는 하나님이시다. 우리는 베푸시는 하나님의 도구다. 우리는 동일한 원리를 용서에도 적용할 수 있다.

하지만 우리는 하나님을 모방하기도 한다. 우리는 하나님이 베푸시는 것처럼 베풀고, 하나님이 용서하시는 것처럼 용서하는 것이다. 그러나 하나님과 우리의 관계가 친밀하다면 어떻게 될까? 걸음마 타는 유아는, 엄마가 차고를 청소할 때 장난감 비를 가지고 엄마를 흉내 낼 것이다. 그들은 함께 일하려고 할 것이다. 아이는 엄마가 하는 것을 본

대로 따라하려고 할 것이다. 그는 흉내 내기로 엄마의 일에 참여하고 있는 것이다. 우리와 하나님의 관계는 사정이 다르다. 우리의 모방은 먼발치에서 하나님을 관찰하면서 흉내 내는 것이 아니다. 하나님은 우리 위에 계신 것만이 아니다. 그리스도는 과거의 인물인 것만이 아니다. 하나님은 우리 안에도 계신다. 그리스도는 우리를 통하여 사신다. 우리가 하나님을 모방하는 것은 하나님의 도구로서 하는 것이다. 하나님께서 베푸시고 용서하시니, 우리도 하나님의 베풂과 용서를 우리 것으로 삼는 것이다.

하나님은 어떻게 용서하시는가? 하나님과 다른 우리가 하나님이 하시는 것처럼 용서한다는 것은 무슨 뜻인가? 우리는 다음 장에서 우리의 의무인 용서를 어떻게 베풀 수 있는지를 살펴보게 될 것이다.

용서하는 것은 유죄판결을 내리는 것이다

용서는 정의를 짓밟는 행위인 것처럼 보일 수 있다. 범죄사건이 일어났는데, 피해자가 가해자에게 책임을 물리지 않고, 가해자도 처벌을 받지 않고 죄에서 놓여나기까지 한다고 상상해 보라. 그러면 정의는 뭐가 되겠는가? 용서의 결과만을 놓고 보면, 그렇게 보일 것이다. 그러나 용서의 과정으로 눈길을 돌리면, 사정은 훨씬 복잡해진다.

하나님은 용서하실 때 무슨 일을 하시는가? 하나님이 하지 않으시는 일이 하나 있다. 하나님은 죄를 좌시하지 않으신다. 하나님은 죄를 모르는 체하지 않으신다. 4장에서 살펴본 것처럼, 하나님은 피조물을 파멸시키는 인간의 죄 때문에 진노를 발하신다.

그러면 하나님은 죄에 대한 노여움을 가라앉히고 용서하시는가?

그렇지 않다. 그것은 옳은 일도 아니다. 하나님은 격렬한 분노를 차갑게 가라앉히거나 따스한 감정으로 바꾸고 나서 용서하시는 분이 아니시다. 하나님의 진노는 감정의 상태이면서 동시에 죄에 대한 격렬한 책망이기도 하다. 하나님은 "일어난 일을 보니 화가 치미는구나. 산책하면서 화를 가라앉혀야겠다"라고 말씀하시지 않는다. 오히려 죄인에게 직접 대고 이렇게 말씀하신다. "너는 끔찍한 잘못을 저질렀어." 누군가가 피해를 입었을 경우, 하나님은 가해행위를 가리키며 행위자를 책망하신다. 하나님은 그런 식으로 진노하신다. 그리고 하나님은 일단 용서하시면 더 이상 책망하지 않으신다. 하나님이 분노를 피하신다는 말은 그 점을 두고 하는 말이다.

하나님은 먼저 책망하시고 그런 다음 용서하시는가? 이 물음을 던짐으로써, 우리는 하나님의 책망과 용서의 관계를 거의 바로잡았지만, 완전히 바로잡은 것은 아니다. 당신이 난생 처음 보는 여인과 데이트를 한다고 가정해 보자. 당신은 의례적인 인사를 교환한 뒤, 후한 인심을 보이려고 그녀에게 책 한 권을 선물한다. 그 책은 그녀의 관심을 강하게 끄는 주제를 담고 있기까지 하다. 그러면 그녀는 몹시 기뻐하면서 "고마워요! 당신은 마음씀씀이가 대단히 살갑군요!"라고 말할 것이다.

이번에는 그녀에게 책 한 권을 선물하지 않고 다른 것을 선물하는 경우를 가정해 보자. 당신의 후한 인심을 보인답시고, 그녀에게 다른 종류의 선물, 곧 용서라는 선물을 베푼다. 당신은 그녀에게 "당신을 용서하겠소!"라고 말한다. 그러면 그녀는 소스라치게 놀라서 이렇게 말할 것이다. "잠깐! 참 무례하군요! 나는 전에 당신을 한번도 본 적이 없습니다. 그런데 어찌 나를 용서하겠다는 겁니까? 나는 당신에게 잘못한 일이 없습니다!" 당신은 용서라는 그 행위로 그녀가 무언가 잘못했다고 책망한 것이다. 용서라는 것은 악행을 지적하고 나무라는 것이다. 하나님도 그렇게 하신다. 하나님은 먼저 책망하시고 그런 다음 용서하시는 것만이 아니라, 용서라는 그 행위로 책망하기도 하신다.

그러나 용서라는 행위에 책망이 들어 있다는 사실은 어려운 문제들을 야기한다. 6장에서 살펴보겠지만, 용서를 적절하게 하는 것은 어려운 일이다. 누군가가 범한 잘못의 정도를 정확히 아는 것이 어렵기 때문이다. 용서를 받는 것도 어려운 일이다. 흔히들 책망 받는 것을 달가워하지 않고, 용서하는 사람의 책망을 고깝게 생각하기 때문이다. 하지만 책망과 나무람은 용서의 과정에 본질적인 요소다.

용서는 모르는 체하는 것이 아니다

책망을 용서의 일부분으로 보는 견해와 프리드리히 니체의 죄 처리 방식을 대조해 보자. 니체는 그리스도교의 도덕을 "노예의 도덕"이라 부르고, 그것에 반대하여 "귀족의 도덕"을 제시한다. 그는 "귀족의 도덕"을 중심기둥 삼아 설명하면서 이렇게 말한다.

자신의 원수들, 자신의 불행, 자신의 범죄를 심각하게 받아들이지 않는 것, 그것이야말로 강하고 원숙한 본성의 표지다. 그러한 본성은 유연하고 온전한 힘, 아물게 하는 힘, 망각하게 하는 힘을 가졌다. (현대 세계에서 그런 인물을 지목하자면, 미라보 Mirabeau를 꼽을 수 있을 것이다. 그는 자신에게 가해진 모욕과 경멸을 일절 마음에 두지 않았다. 그래서 그는 용서할 일도 없었다. 자신이 받은 모욕과 경멸을 곧바로 잊었기 때문이다.) 그러한 사람은 한 번 으쓱함으로써 수많은 벌레를 떨어 낸다. 그렇지 않으면 그 벌레들은 다른 사람 속으로 기어 들어갔을 것이다. 그 사람처럼 하는 일이 이 세상에서 가능하다고 가정하면, "이웃 사랑"은 그런 경지에서만 가능하다.[9]

니체는 우리가 상처를 받아들이고, 우리 자신의 악행까지 편안하게 받아들이되 아무 일 없었다는 듯이 행동하면 그만이라고 말한다. 그러나 그것은 용서가 아니다. 거기에는 행위에 대한 책망과 행위자에 대한 비난이 빠져 있기 때문이다. 그가 상처 무시하기, 상처 모른 체하기, 상처 잊기를 선호하고 용서를 버린 것은, 정의의 정당한 요구 같은 것이 없다고 생각했기 때문이다.

종종 우리는 니체가 말한 대로 행동하기도 한다. 우리가 만원버스 안에 서 있는데, 누군가가 버스에 올라타려고 우리를 필요 이상으로 밀친다. 화나기는 하지만, 우리는 그러한 침해에 그다지 마음을 쓰지 않는다. 우리는 용서를 기대하지도 않고, 생각하지도 않는다. 우리는 그러한 침해행위를 무시하면 그만이라고 생각한다. 그러한 침해가 대수롭지 않다는 것이다. 우리는 날마다 겪는 가벼운 침해들을 그런 식으로 처리한다. 그러지 않으면 삶을 그만두어야 하기 때문이다. 삶은 그런 식으로 굴러간다. 우리가 살고 있는 환경이 거칠면 거칠수록, 우리는 그러한 침해행위들을 더욱 관대하게 처리한다. (수많은 서양 사람들, 특히 미국 사람들이 크로아티아나 인도 같은 나라에서 버스 타기를 어려워하는 것은 그러한 이유 때문이다.)

그러니 날마다 겪는 사소한 침해를 능가하는 것들, 주의를 요하는 침해들이 있다. 모욕을 받거나, 혼인 서약이 깨지거나, 재산을 빼앗기거나, 명예를 훼손당하거나, 피를 흘릴 때가 있다. 그러한 침해행위들을 그냥 무시해야 할까? 우리가 옳고 그름의 구별을 중요하게 여긴다면 그래서는 안될 것이다. 간음죄를 저지른 사람과 살인죄를 저지른 사람을 간음죄와 살인죄를 저지르지 않은 사람처럼 대하는 것은 도덕적으로 옳지 않다. 엄밀히 말해서, 그들을 그런 식으로 대하려면, 먼저 그들의 행위를 가리켜 범죄라고 말해야 한다. 그러한 범죄는 무시해도 될 만한 것이 아니라, 용서를 필요로 하는 것이기 때문이다.

대다수 대중문화에서는 용서를 노여움 및 분노의 감정을 극복하는 것으로 정의한다. 대중의 인기를 받고 있는 필 Phil 박사는 오프라 윈프리 Oprah Winfrey의 웹사이트에서 이렇게 말한다. "용서는 노여움, 증오, 분노에서 벗어나기 위해 당신이 택할 수 있는 방안이다."[10] 사람들은 종종 양다리를 걸친다. 한편으로는 행위를 나무라고 보복에 기초한 정의를 추구하고, 다른 한편으로는 침해 받아서 위축된 감정, 노여움, 괴로움, 분노에서 벗어나려고 안간힘을 쓴다. 그들은 두 번째 것을 가리켜 용서라고 부른다. 그들에게 용서는 그들 스스로에게 은혜를 베풀고, 자신들이 침해를 당해 빠지게 된 부정적인 감정에서 벗어나기 위한 하나의 수단이다.

우리는 베풂을 통하여 이익을 얻으려고 하는 것과 마찬가지로, 용서를 통해서도 이익을 얻으려고 한다. 우리는 베풂으로써 주는 것이 받는 것보다 더 복되다는 것을 경험하고, 용서함으로써 내면의 평화와 자유를 얻는다. 그러나 베풂은 다른 사람을 위한 것이어야 한다. 용서 역시 우리 자신을 위한 것이 아니라 다른 사람을 위한 것이어야 한다.

감정의 치유는 좋은 일이다. 그리고 감정을 치유하는 데에는 여러 길이 있다. 그러나 감정의 치유는 용서의 주된 목표가 아니다. 용서는 우리에게 해를 끼친 사람에 대한 정당한 요구를 행사하지 않는 것을 의미한다. 용서는 우리가 우리 자신에게 주는 선물이 아니라, 우리에게 해를 끼친 사람에게 주는 선물이다. 우리가 감정적으로 치유되든 그렇지 않든 간에, 용서는 우리가 가해자에게 주는 선물이다. 그리고 책망의 아픔 없이 용서를 베풀 수 있는 길은 존재하지 않는다. 용서하는 것은 책망하는 것이나 다름없다. 그렇게 함으로써 정의의 정당한 요구를 인정할 수 있기 때문이다. 그것은 당연한 것이지만, 늘 그런 것은 아니다.

빚의 탕감

책망은 용서의 알짬이 아니다. 그것은 용서의 불가피한 전제조건일 뿐이다. 용서의 알짬은 빚을 너그럽게 삭쳐 주는 것이다. 금융 거래를 떠올리면, 빚의 탕감이 무엇을 의미하는지 알 수 있다. 내가 당신에게 10달러를 빌렸는데, 당신이 "갚을 필요 없네!"라고 말한다. 그러면 나는 어찌해야 하는가? 감사의 마음을 표시하면 그만일 것이다. "용서"라는 것은 그러한 경우를 두고 하는 말이다. 그대가 나의 빚을 "탕감해 주었기" 때문이다. 그러나 가장 적절하게 말하면, 용서는 누군가가 우리에게 해를 끼쳤을 때 하는 것이다. 내가 그대에게 10달러를 꾸지 않고 훔쳤다고 가정해 보자. 내가 당신에게 돈을 꾸고 갚기를 거절하지 않는 한, 그것은 당신에게 해를 끼친 것이 아니다. 하지만 내가 당신의 돈을 훔친다면, 그것은 당신에게 해를 끼치는 것이다. 피해를 입었을 때 빚을 탕감해 주는 것은 무엇을 의미하는가?

첫째, 용서는 가해자에게 책임을 지우지 않는 것이다. 하나님께서 죄 많은 인류에게 하신 일이 그러하다. 그리스도의 죽으심에서 볼 수 있듯이, 하나님은 인간에게 책임을 지우지 않으신다. 오히려 하나님과 하나가 되신 예수 그리스도께서 인간의 죄를 짊어지신다. 우리에게는 어떠한 벌도 내리지 않으신다. 재판관이신 하나님께서 우리를 대신해 심판을 받으셨고, 우리는 책임을 면했다.

그것은 우리가 용서할 때 하는 일이기도 하다. 말하자면 앙갚음을 하지 않는 것이다. 보복에 기초한 정의는 가해자가 행한 그대로 갚아주는 것을 의미한다. "눈에는 눈", "공격에는 공격으로"의 원리는 가해 행위를 다루는 하나의 방식이다. 우리는 구약성서에서 그러한 원리를 읽을 수 있다. 역사상 비슷한 시기에 발생한 타 문화권에서도 유사한 생각을 했다. 소포클레스Sophocles의 희곡 「오이디푸스 왕 Oedipus the King」에서 오이디푸스가 "정화의식이란 무엇인가? 그것은 어떻게 거행되는가?"라고 묻자, 크레온Creon은 이렇게 답한다. "피로 피를 씻는 것."[11] 사정은 오늘날도 다르지 않다. 학살자들이 르완다 부족을 대량 학살하는 만행을 목격하고 나서 한 젊은이가 이렇게 생각했다. "정의란 이런 거야. 저들이 학살했으니, 저들도 학살당해야 해."[12] 우리는 "그의 말이 옳아. 그것은 복수가 아니라 정의야"라고 생각하는 경향이 있다. 하지만 그리스도교의 견지에서 보면 그의 태도에는 무언가 빠진 것이 있다. 그것은 앙갚음에 기초한 정의에 따라서 가해자를 다루어서는 안된다는 것이다.

정의는 받은 대로 갚아 줄 것을 요구한다. 하지만 앙갚음이 꼭 같은 것일 필요는 없다. 앞서 언급한 소포클레스의 희곡에서 크레온이 말한 것처럼, 젊은 살인자를 죽이지 않고 유배를 보낼 수도 있다. 남의 것을 강탈한 사람이 있다면, 그의 것을 강탈하지 않고 징역형을 선고할 수도 있다. 형제를 때린 아이가 있다면, 그를 때리지 않고 그가 좋아하는 TV쇼를 보지 못하게 할 수도 있다. 그러한 것들도 보복에 기초한 정의가 요구하는 것들이다.

용서는 가해자의 가해행위와 같은 값의 행위로 가해자에게 앙갚음하는 것이 아니다. 이를테면 누군가가 나의 한 쪽 눈을 앗아갔을 때 내가 그 사람의 실명을 요구하지 않고, 누군가가 과실로 내 아이를 죽였을 때 내가 그 사람의 처형을 요구하지 않는 것이다. 그 사람의 손해를 요구하지 않고, 일체의 앙갚음을 보류하는 것이다. 용서라는 것은 상처를 받아들이는 것이다. 예컨대, 잘못된 사업 거래로 발생한 재정적 충격을 받아들이는 것이다. 용서라는 것은, 19세기 러시아의 대문호 레오 톨스토이가 무저항과 관련지어 말한 대로, 악을 "삼켜서" 그것이 더 이상 진행되지 않게 하는 것이다.[13]

용서는 책망하는 것이지 처벌하는 것이 아니다. 그러나 용서한다고 해서 가해자에 대한 모든 징계 수단을 버릴 것까지는 없다. 잘못을 저지른 아이는 자신의 행위를 반성할 시간이 필요하다. 난폭한 범죄자가 다른 사람들을 해칠 위험이 있을 경우에는 그 사람을 구속할 필요가 있다. 범죄자의 교정과 공공의 안녕을 위한 징계는 용서와 모순되지 않는다. 도덕적으로 선한 것을 떠받치기 위한 징계도 용서와 모순되지 않는다. 그것은 보복이 아니다. 용서하는 사람은 징계 장치를 가지고 있어야 할 것이다. 그러나 보복이 그 장치의 일부가 되어서는 안된다. 보복하지 않고 용서해야 하는 이유는, 그리스도 안에 계신 하나님께서 용서하셨기 때문이다. 그리스도는 보복을 잠재우신 분이다.

국가가 사법 장치를 마련하는 것은, 범죄자들을 교정하거나 감금하려는 것만이 아니라 그들을 벌하려는 것이기도 하다. 하지만 국가가 범죄자의 처벌을 수행할 때에도 민간인인 우리는 범죄자를 용서할 수 있다. 1981년 5월, 교황 요한 바오로 2세가 총격을 받았다. 모하메드

아카Mohammed Agca가 그의 목숨을 노렸던 것이다. 교황은 목숨을 부지했다. 그 사건이 있고 2년이 지난 후, 랜스 모로우Lance Morrow는 아래와 같이 보도했다.

> 교황은 로마 레비바 교도소의 한 감방 안에 있었다. 감방의 벽면은 온통 하얀 색으로 도색되어 있었다. 교황이 한 사람의 손을 잡았다. 교황을 살해할 의도로 총을 잡았던 손이었다. 교황은 암살자가 될 뻔했던 그 사람과 21분 동안 함께 앉아 있었다. ……두 사람은 부드러운 대화를 나누었다. 아카가 한두 번 웃었다. 교황이 자신에게 총격을 가한 그 사람을 용서했다. 면회가 끝나 갈 무렵, 아카가 교황의 반지에 입을 맞추고 교황의 손을 자신의 이마에 가져다 대고 눌렀다. 그것은 상대방을 존경할 때 행하는 무슬림 식 몸짓이었다.[14]

교황의 용서는 공인의 의사표시였지만 개인의 행위이기도 했다. 아카는 여전히 감옥에 수감되어 있었다. 한 개인의 용서와 국가가 부과하는 벌은 양립할 수 있다. 말하자면 한쪽에서 용서하고, 다른 쪽에서는 벌을 부과하는 것이다. 하지만 한 개인이 국가가 범죄자를 교정해 주기를 바라지 않고 처벌해 주기를 바라면서 동시에 용서하는 것은 있을 수 없는 일이다. 용서하면서 동시에 처벌이 시행되기를 바라는 것은 모순이다. 그러므로 용서하는 사람들은 보복에 기초하지 않은 형법 체계를 옹호할 것이다.

수많은 그리스도인이 용서하면서 처벌하는 것이 모순이라는 사실에 동의하려고 하지 않는다. 요한 바오로 2세 자신도 그러한 사실에 동의하지 않는 것 같다. 그들은 처벌이 용서를 훼손한다고 생각하지 않는다. 그들은 이렇게 생각한다. "용서받는 사람들은 처벌을 받아야 한다. 그래야 그들이 자신들의 죄를 씻을 수 있다. 그들이 처벌을 받아야 그들의 죄가 없어질 수 있다." 그러나 마르틴 루터의 전통에 서 있는 나는 그리스도께서 온갖 종류의 처벌을 자신의 어깨에 짊어지셨다고 생각한다. 그러한 처벌 가운데 어떤 것도 행사되어서는 안된다. 죄인을 처벌하면서 용서하는 것은 있을 수 없는 일이다. 죄인의 처벌은 용서의 보완이 될 수 없다. 용서의 핵심은 처벌을 포기하는 것이기 때문이다.

죄책감의 해방

우리는 용서를 갈망한다. 벌 받는 것이 고통스럽다는 것을 잘 알기 때문이다. 우리는 용서를 간절히 원한다. 죄의 짐을 짊어지는 것이 어렵다는 것을 알기 때문이다. 죄책감은 치명적인 암처럼 우리를 야금야금 갉아먹을 수 있다. 벌 받는 것이 하나의 정화의식이라면, 우리는 이따금 육체의 속박을 달게 받으면서 영혼의 자유를 얻으려고 할 것이다. 벌 받는 고통이 양심의 가책보다 나을 때가 간혹 있기 때문이다. 하지만 벌은 우리에게서 죄책감을 없애 주지 못한다. 용서만이 죄책감을 없앨 수 있다. 벌을 면제해 준 다음, 죄책감에서 풀어주는 것이야말로 용서의 세 번째 측면이다.

영화 '아마데우스'의 첫 장면에서 우리는 늙은 작곡가, 사람들이 더 이상 기억해 주지 않는 안토니오 살리에리의 고뇌에 찬 음성을 듣게 된다. 그는 닫힌 문 뒤에서 이렇게 말한다. "모차르트! 모차르트! 모차르트! 나를 용서해 주시오! 당신을 암살한 나를 용서해 주시오! 모차르트!" 음성이 잠시 끊어졌다가, 음량이 커지면서 다시 이어진다. "자비를 베풀어 주시오! 이렇게 빌고 또 비오! 이 죄인에게 자비를 베풀어 주시오!" 음성이 더욱 커진다. "모차르트! 모차르트! 나의 죄를 고백하오! 이렇게 고백하니, 귀 기울여 들어주오!" 그러나 견딜 수 없는 죄책감에 시달리는 한 사람의 필사적인 탄원에도 불구하고, 죽은 모차르트는 전혀 응답하지 않는다. 살리에리는 낙담하고 풀이 죽은 채 창을 열고, 하늘에 대고 탄식한다. "모차르트! 모차르트! 나는 더 이상 견딜 수가 없소! 내가 자백하오! 내가 한 짓을 고백하오! 내가 그대를 살해했소! 고백하건대, 내가 그대를 죽였소!"[15] 그러나 그의 자백에도 불구하고, 하늘은 귀를 닫고, 모차르트는 묵묵부답이다. 자신의 끔찍한 행위를 안고 살 수도 없고, 용서받을 수도 없게 된 살리에리는 면도칼로 자신의 목을 긋고 만다. 죄책감으로 인한 고통이 목숨을 사랑하는 것보다 더 컸던 것이다.

용서는 유죄판결을 받은 죄인에게 형벌을 면제해 주고, 죄책감도 면제해 주는 것을 의미한다. 그것이야말로 하나님께서 인간의 죄를 처리하시는 방식이다. 4장에서 살펴보았듯이, 그리스도는 하나님과 하나 되어, 우리가 받아야 할 벌을 받으셨을 뿐만 아니라, 인류와 하나 되어 행위자인 우리를 우리의 악행으로부터 분리시키고 죄책감에서 해방시켜 주셨다. 그분 안에서 우리의 죄스러운 옛 사람이 죽고, 우리의 새 사람이 그분과 함께 살아났다. 우리는 그리스도 안에서 죽음으로 말미암아 죄책감을 벗게 되었다. 우리는 죄의 짐을 더 이상 짊어지지 않아도 된다. 우리는 자유하다. 우리의 양심이 우리의 용서받은 영혼을 집요하게 비난할 때에도, 우리는 하나님께서 우리의 양심보다 더 크신 분이시라는 것을 잘 알고 있다.

살리에리는 자신의 죄책감을 하나님께 들어올리지 않고, 오히려 하나님께 화를 냈다. 그는 자신이 하나님과 거래를 했는데 하나님이 자신을 저버렸다고 생각했다. 자신은 자기 몫의 거래를 유지했지만, 하나님이 자기의 기대를 저버리고, 탁월한 음악적 재능을 모차르트에게 주셨다고 생각했던 것이다. 살리에리는 하나님이 자기를 푸대접했다고 오해했다. 살리에리는 하나님을 용서하려 하지 않았다. 자기를 용서해 주시는 분이건만 용서하려 하지 않았다. 그는 자기 영혼의 짐을 희생자인 모차르트에게 내려놓으려고 하였다. 모차르트가 자기의 죄책감을 없애 주기를 바랐던 것이다. 하지만 모차르트는 죽었고, 살리에리는 용서받지 못했다.

그러나 모차르트에 대한 살리에리의 악행이 살인이 아닌 다른 것이었고, 모차르트가 다행히 죽지 않고 살아서, 죄책감에 시달리는 저 노인을 용서해 준다고 상상해 보자. 그러한 경우, 모차르트는 어떻게 해야 할까? 우리는 용서할 때 어떻게 하는가? 앞서 말한 대로, 가해자에게 책임을 물리지 않을 것이다. 게다가 우리는 가해자가 죄책감에서 벗어나게 해줄 것이다. 가해자는 자신의 악행으로 말미암은 죄책감에 시달리게 마련이다. 그가 자신의 잘못을 자백하는 것은 그 때문이다. 용서하는 사람은 가해자의 죄책감을 알아봄과 동시에 그의 어깨에서 죄의 짐을 벗겨 준다. 가해자는 용서받고 나서야 비로소 죄책감에서 풀려난다. 용서하는 사람이 용서받은 사람을 보면, 용서받은 사람이 유죄로 보이는 것이 아니라 무죄로 보인다. 전에는 유죄였다가 이제는 무죄가 되는 것이다.

용서하는 사람의 기억

끝으로, 우리는 용서하면서 죄를 망각 속으로 던져 버린다. 그것은 즉시 이루어지는 것이 아니라 결국에 가서 이루어지는 것이며, 시간이 경과하면서 이루어지는 것이 아니라 때가 무르익어 이루어지는 것이다. 오늘날 수많은 사람이 보기에는 그것이 낯선 견해로 보일 것이다. 하지만 그것은 처음부터 기독교 믿음생활의 일부였으며, 유대교 전통, 구약성서의 가르침에 많은 것을 기대고 있다.

죄를 기억하지 말라니? 놀랍게도 하나님은 우리의 죄를 그런 식으로 처리하신다. 하나님은 우리의 죄를 헤아리지 않으시고, 처벌과 죄의 책임을 우리에게 돌리지 않으신다. 뿐만 아니라 하나님은 우리의 죄가 무거운 짐이라도 된다는 듯이 없애 주시고, 아침 안개처럼 흩어 없어지게 하신다. 성서는 하나님이 우리의 죄를 조금도 기억하지 않으신다고 분명하게 말한다. 죄는 하나님의 마음속으로 틈입하지 못한다(렘 31:34; 히 8:12, 10:17). 우리는 용서받으면서 무죄가 될 뿐만 아니라, 일생 동안 무죄로 하나님께 기억된다. 하나님은 우리를 보시면서 우리가 전에 지은 죄를 떠올리지 않으신다. 우리가 전에 지은 죄는 어디에도 존재하지 않는다. 그것은 우리에게 죄책감으로 들러붙지도 못하고, 하나님의 기억에 들러붙지도 못한다. 우리는 죄인이었지만 더 이상 죄인이 아니다. 어떤 의미에서는 과거에도 죄인이 아니었다!

물론, 하나님이 무언가를 기억하지 않으신다고 생각하는 것은 쉽지 않은 일이다. 다들 하나님은 항상 모든 것을 아시는 분이라고 하지 않던가? 하나님의 전지全知는 그것을 의미하지 않던가? 이상하게도 하나님은 죄만은 기억하지 않으신다. 이 자리에서 하나님이 용서받은 죄를 아시는지 그렇지 않은지를 따지는 것은 내 능력 밖이다. 다만 그리스도교 2,000년 역사를 통틀어 영성 작가들과 신학자들이 주장한 것을 언급하는 것으로 족하리라. 그들은 하나님이 우리의 죄를 기억하지 않으신다고 주장하고, 동료 그리스도인들에게도 그렇게 할 것을 주문했다. 우리는 용서하면서 궁극적으로는 죄까지 잊어야 할 것이다. 그러한 생각을 표현하기 위해 흔히들 이런 간결한 글귀를 말한다. "용서하고 잊어라." 예컨대, 마르틴 루터는, 용서하되 잊으려고 하지 않는 사람들을 거듭해서 꾸짖는다. "친애하는 그리스도인 여러분, 그렇게 해서는 안됩니다. 하나님께서 여러분을 용서하시고 여러분의 죄를 잊으셨으니, 여러분도 용서하고 잊어야 합니다."[16]

우리가 입은 손해를 "잊는다"는 것은 무슨 뜻인가? 니체가 주장한 것을 떠올려 보자. 니체는 우리가 모욕과 경멸과 부당한 대우를 잊어야 한다고 주장했다. 그에게 잊음은 용서를 대신하는 것이나 다름없었다. 그가 존경한 영웅은 미라보였다. 미라보는 자신에게 가해진 모욕과 경멸을 일절 마음에 두지 않았다. 그래서 그는 용서할 일도 없었다. 하지만 앞서 말한 대로, 그러한 잊음은 도덕적인 이유들로 말미암아 저항을 받을 수밖에 없다. 악행을 좌시하는 것은 도덕적으로 옳지 않기 때문이다. 그러한 잊음은 심리학적인 이유에서도 저항을 받을 수밖에 없다. 프로이트와 여타의 사람들은 그러한 잊음이 역효과를 가져오기 쉽다고 경고한다. 용서하는 것은 책망하는 것이다. 하지만 책망하는 것은 기억하는 것이기도 하다. 우리가 용서로 누군가를 나무라는 것은, 그가 진 빚을 삭쳐 주려는 것이다. 우리가 용서로 그가 진 빚을 잠시라도 잊는 것은, 그것을 궁극적으로 잊으려는 것이다.

혹자는 이렇게 이의를 제기할지도 모른다. "어째서 잊어야 합니까? 죄를 잊으면, 그것은 결코 일어나지 않았던 것처럼 보이고 말 것입니다. 하지만 그것은 일어났습니다. 정직은 우리가 그것을 알고 있어야 한다고 말합니다. 그러니 우리는 기억해야 합니다."

그러면 우리가 용서받은 죄를 잊을 때, 기억의 의무는 어찌 되는 것인가? 죄를 책망하고, 처벌을 면제해 주고, 죄책감에서 벗어나게 한 뒤에 "잊는 일"이 이어진다는 사실에 주목하라. 잊는 일은 기억하는 일과 아무 상관없이 이루어지는 것이 아니다. 용서라는 것은 죄과를 인지하고, 가해자를 나무라고, 그런 다음 그 사람을 죄짓지 않은 사람처럼 대하는 것이다. 용서의 가장 근본적인 의미는 어떤 사람을 전혀 죄짓지 않은 사람처럼 지내게 하는 것이다. 그러므로 죄를 기억하지 않는 것은 용서의 완성이라고 하겠다.

"용서하겠다. 그러나 잊지는 않겠다"고 말할 때, 생기는 문제가 둘 있다. 첫째, 그것은 용서라는 선물을 경고 내지 위협이라는 칙칙한 포장지에 싸서 주는 격이다. 빚을 기록하고, 죄를 기억하는 것은 무기를 비축하는 것이나 다름없다. 그렇게 되면 기회 있을 때마다 기억을 끄집어내어 다툼을 일삼게 될 것이다. 게다가 숨어서 노리는 사람이 없는데도 위협을 느끼고, 우리를 공격하려는 기미가 전혀 없는데도 예방 차원의 공격을 정당화하게 될 것이다.

둘째, "잊지 않겠다"는 말은 범죄자의 이마에 "악인!"이라는 지울 수 없는 낙인을 찍는 것이나 다름없다. 한때의 범죄자가 영원한 범죄자가 되는 것이다. 기억은 범죄자의 정체성을 그의 악행에 고정시키고 만다. 무시무시한 독재자 스탈린이 진실로 뉘우치고 개심하여 하늘나라에 들어갔고, 당신도 어떤 기적에 의해 거기에 있게 되었다고 상상해 보라. 그러면 당신은 그를 볼 때마다 그의 잔학행위가 떠오를 것이고,

그가 대량 학살자로 보일 것이다. 그는 용서받았으면서도 죄에서 해방되지 못한 자가 되고 말 것이다.

혹자는 스탈린과 그의 일족을 결코 용서해서는 안된다고 주장할지도 모른다. 나라면 용서에 제한이 있는지 잠시 생각해 보고, 용서가 누구에게나 적절하게 주어진다고 주장하겠다: 당신이 내 말에 동의하지 않는다면, 당신은 스탈린을 떠올릴 때마다 그의 악행이 떠오른다고 주장할 것이다. 그러나 당신이 스탈린이 진심으로 회개하면 용서받아 마땅하다고 생각하고 그를 떠올릴 때마다 그의 죄를 기억하지 않는다면, 그것이야말로 용서의 완성이 될 것이다. 무기로 사용하든, 범죄자에게 낙인을 찍든 간에, 범죄자의 죄를 기억하는 것은 용서로부터 무언가를 제거하는 것이나 다름없다.

그러나 범죄자의 악행을 기억하지 않는 것은 악의 궁극적 승리가 아닌가? 망각의 밤이 악인의 의기양양하고 불쾌한 웃음소리로 가득 차게 되는 것은 아닌가? 그럴 수도 있지만, 다른 가능성도 있다. 망각은 악에게서 산소를 빼앗고, 악에게서 미래를 박탈할 수도 있다. 수많은 악인이 그러하듯이, 영화 '아마데우스'에서 살리에리도 사람들에게 기억되기 위해 살인을 저지른다. 포글러 신부가 자백을 강요하자, 그는 자살하면서 이렇게 말한다. "저들은 모차르트를 사랑스럽게 이야기할 때마다 살리에리를 혐오스럽게 이야기하지 않으면 안될 것입니다. 그러면 나는 불멸의 사람이 되겠지요. 영원토록 말입니다!" 살리에리는 계속해서 말한다. "우리의 이름(모차르트와 살리에리)은 영원토록 떨어지지 않을 것이고, 그의 명성과 나의 오명은 늘 함께 붙어 있게 될 것입니다. 적어도 그렇게 되는 것이 당신의 자비로우신 하나님이 나를 위해 계획하신 완전한 망각보다 낫습니다." 악행을 제때에 바르게 용서하고 잊어버리는 것은 악의 승리와는 거리가 멀다. 그것은 악에게 기억이라는 명예를 주지 않는다.

망각은 용서의 완성이다. 하지만 기억하지 않는 것이 부적당하고 위험할 때도 많이 있다. 기억은 장차 있을지도 모를 위험을 막는 방패라고 할 수 있다. 일곱 살배기 나의 아들 나다나엘이 블랙 다이아몬드 스키장의 슬로프에서 넘어져 다친다면, 그는 한동안 그 슬로프를 멀리하려고 할 것이다. 그는 슬로프에서 넘어져 다친 것을 기억하고 똑같은 아픔을 되풀이하지 않을 것이다. 마찬가지로 누군가가 우리에게 해를 끼치면, 우리는 그 사실을 기억하고 가급적 그 사람을 피하거나, 손해가 빚어지는 상황을 피할 것이다. 우리가 가해자의 폭력에 불행한 아이처럼 희생되는 것을 피할 수 있는 것은, 우리가 기억하기 때문이다. 관계 속에서 상처 입을 가능성이 있는 한, 우리는 상처를 기억하고 있어야 한다. 우리는 용서하려고 하지만, 가해자의 있음직한 부주의 내지 악의가 서서히 자라다가 커져서 용서를 막을 수도 있다. 죄 많은 이 세상에서는 상처 입을 가능성이 크기에, 용서는 대개 미완성으로 남을 것이다.

그럼에도 불구하고 드물기는 하지만 용서가 완성되는 경우도 있다. 다음과 같은 경우를 가정해 보자. 아주 절친한 친구가 당신에게 잘못하고 나서 깊이 슬퍼하고 당신과의 우정을 대단히 중시한다. 당신은 그가 그러한 잘못을 다시 범하지 않으리라고 확신한다. 당신은 그를 용서한다. 당신은 그의 잘못을 기억하고, 그것을 나무라고, 그에게서 형벌과 죄책감을 벗겨 준다. 그는 잘못을 뉘우치고 당신에게 감사의 마음을 표시한다.

그러면 용서한 잘못을 잊는 것을 무엇이 훼방하겠는가? 당신이 용서해 버린 잘못은 기억이라는 하드 드라이브의 파일장치 어딘가에 늘 남아 있을 수도 있다. 그가 당신에게 상처를 주었는지, 그 상처가 어떤 것이었는지 알고 싶을 때, 당신이 아이콘을 두 번 클릭해 파일을 열면, 당신이 볼 수 있도록 그것이 모니터에 뜰 수도 있을 것이다. 하지만 무엇 하러 기억한단 말인가? 그의 지난 잘못에도 아랑곳하지 않고, 당신이 그 친구에게 당신 자신과 우정의 선물을 줄 수 있게 되었는데 말이다. 그는 이제 당신의 친구다. 전에 잘못한 친구, 용서받은 친구가 아니라, 과거의 짐을 벗은 친구, 순수하고 티 없는 친구다. 그리고 당신은 그의 친구다. 그에게 상처를 입은 친구, 그를 용서한 친구가 아니라, 순수하고 티 없는 친구인 것이다.

용서가 궁극적으로 맺고 싶어 하는 열매는 그러한 우정이다. 놀랍게도 짧은 순간이기는 하지만 용서가 그러한 열매를 맺는 때가 종종 있다. 화해한 두 친구가 공동의 활동, 곧 장기를 두거나, 영화를 보거나, 음악회에 참석거나, 함께 즐길 수 있는 활동에 몰두하는 모습을 상상해 보라. 저마다 자기를 여읜 채 공동의 활동에 열중하고, 서로 하나가 될 것이다. 과거의 잘못을 기억하는 것은 어찌되는가? 적어도 잠시 동안은 뇌리에서 사라지고 망각된다.

용서는 완전하고 파괴되지 않는 사랑의 세계를 꿈꾼다. 그러한 세계에서는 위와 같은 순간들이 흔히 있는 일이 될 것이다. 용서는 그제야 비로소 완성될 것이다. 용서하는 이와 용서받는 이가 더 이상 잘못을 기억할 일이 없게 될 것이다. 용서하는 이가 처벌을 보류하고 죄책감을 벗겨 주기만 할 것이다.

차별 없는 용서

하나님의 용서는 차별이 없다. 그것은 그리스도교 신앙의 공고한 확신이다. 사도 바울은 "한 사람이 모든 사람을 위하여 죽으셨다"고 말한다(고전 5:14). 그의 주장은 간단하면서도 많은 의미를 담고 있다. "모든"이라는 말은 글자 그대로 "모두"를 의미한다. 하나도 예외가 없다. 하나님께서 용서하실 필요가 없을 만큼, 그리스도께서 대신 죽지 않아도 될 만큼 선한 사람은 존재하지 않는다. 하나님께서 용서하실 수 없을 만큼, 그리스도께서 대신 죽을 수 없을 만큼 악한 사람도 존재하지 않는다. 하나님께서 어떤 불가사의한 이유로 용서하지 않겠다고 작정하신 사람도 없다. 성령을 거스르는 죄는 용서받을 수 없다고 예수께서 말씀하셨지만(마 12:31-32), 그러한 죄도 예외가 아니다. 왜냐하면 그것은 하나님께서 통로로 삼아 모든 사람과 모든 죄를 용서하시는 분에게 자신을 개방하지 않은 죄일 뿐이기 때문이다. 하나님의 은혜는 모든 있을 법한 죄를 상대한다. 사도 바울은 간결하면서도 깊이 있게 말한다. "죄가 많은 곳에, 은혜가 더욱 넘치게 되었습니다"(롬 5:20).

하나님이 차별 없이 용서하신다는 말을 얼마나 자주 들었던지, 우리의 도덕적 감수성은 그 말에 그다지 충격을 받지 않는다. 하지만 하나님이 차별하지 않고 용서하신다는 말은 대단히 충격적인 말이다. 나의 동료 교수 카를로스 에이레가 내게 전한 바에 의하면, 그는 시카고에 있는 자신의 집을 찾을 때마다 다음과 같은 일을 한다고 한다. 그는 종종 자기 어머니와 그녀의 쿠바 출신 친구들이 던지는 신학적 질문에 "기지가 넘치는 사람"으로서 답변한다. 그의 어머니의 친구들 가운데 한 사람이 신학적 질문을 던지기 시작한다. "카를로스, 나는 이런 생각을 해보았단다. 어떤 기적이 일어나서 피델 카스트로가 죽기 전에 하나님께로 돌아서서 회개했다면, 그도 천국에 들어가게 될까?"

그녀와 그녀의 친구들이 피델 카스트로를 몹시 증오하는 것도 무리가 아니다. 권력을 잡은 피델이 옛 정부 치하에서 안락하게 살던 "민중의 적들"을 제거하면서, 그녀들이 그 아름다운 섬에서 소유하고 있던 모든 것을 빼앗았기 때문이다. 그러한 범죄도 용서받을 수 있을까? 에이레 교수의 답변은 수용하기 어렵기는 해도 분명한 것이었다. 그는 이렇게 답변했다. "그도 천국에 들어가게 될 것입니다. 하나님의 은혜는 독재자를 막론하고 모든 사람을 위한 것이니까요." 그녀는 그 충격적인 답변을 이해하느라 한숨을 돌린 다음 천천히 그러나 절망적으로 말했다. "피델이 하늘나라에 들어간다면, 나는 거기에 있고 싶지 않군!" 그녀에게, 피델은 지옥에서 불에 타 죽을 인물, 살려 두어서는 안 될 인물, 여송연이 가득한(피델은 여송연을 좋아했다) 그만의 혹성으로 추방해 버려야 할 인물이지, 구원받은 사람들의 무리에 끼어서는 안 될 자였다. 그녀에게, 그는 용서받지 못한 자로 남아야 했다.

하나님의 무차별적인 용서가 지닌 충격은, 우리가 그것을 흉내 내려고 할 때 더욱 커진다. 우리들 대다수는, 용서할 필요가 있을 때 용서의 영역 주위에 원을 그릴 자격이 있다고 생각한다. 몇몇 잘못은 용서할 수 있지만, 다 용서할 수는 없다는 것이다.

흔히들 고의가 아닌 잘못은 용서할 수 있어도 의도적으로 저지른 잘못은 용서할 수 없다고 생각하는 것 같다. 하지만 어떻게 선을 그을 것인가? 잘못이 성립하려면 얼마나 의도적이어야 하는가? 잘못이 고의에 의한 것이 아니라면, 유감스러운 구석은 있어도 용서할 구석은 없을 것이다. 사고였을 뿐이니까. 작은 잘못은 용서할 수 있어도 끔찍한 잘못은 용서할 수 없다고 생각하는 사람도 있을 것이다. 그러나 어디에 선을 그을 것인가? 크건 작건 간에, 잘못은 잘못인 것이다. 제아무리 커다란 잘못이라도 여타의 것과 마찬가지로 용서받을 권리가 있는 것이다. 이것은 용서받아야 할 잘못이고, 저것은 용서받지 못할 잘못이라고 선을 그어서는 안된다. 용서받지 못할 죄는 하나도 없기 때문이다.

또한 우리는 잘못한 사람이 누구냐에 관계없이 용서해야 한다. 흔히들 한 번 잘못한 사람은 용서할 수 있어도 잘못을 되풀이하는 사람은 용서할 수 없다고 생각하는 것 같다. 한 번 잘못한 사람이 세 번 잘못할 수도 있건만, 그대가 그렇게 생각한다면, 그대 자신도 용서받을 자격을 놓치게 될 것이다. 그런 식으로 생각하면, 누구도 용서받을 자격이 없게 되기 때문이다. 그럼에도 불구하고 선을 긋는 이유가 무엇인가? 잘못을 되풀이하는 사람들로부터 우리 자신을 보호하고 싶어서일 것이다. 그러나 앞서 살펴보았듯이, 우리는 잘못한 사람들을 감금하거나 투옥시키면서 용서할 수도 있다.

어쩌면 예수의 제자들처럼, 잘못을 뉘우치는 사람을 용서하는 데에도 횟수의 제한이 있다고 생각하는 사람이 있을지 모르겠다. 베드로는 이렇게 질문한다. "주님, 내 형제가 나에게 자꾸 잘못하면, 내가 몇 번이나 용서해야 할까요? 일곱 번까지 해야 할까요?" 예수는 이렇게 답하신다. "일곱 번만이 아니라, 일흔 번을 일곱 번이라도 하여야 한다!" 이 사람은 죄지은 횟수가 얼마 되지 않으니 용서받을 자격이 있고, 저 사람은 자꾸 죄를 지으니 용서받을 자격이 없다고 선을 그어서는 안된다. 용서받지 못할 사람은 하나도 없기 때문이다.

뉘우치지 않는 사람도 용서해야 할까? 하나님의 용서를 다시 한번 숙고하고, 그것을 우리가 하는 용서의 모델로 삼아 보라. 하나님과 관련해 회개가 용서보다 먼저 일어난다고 생각하는 사람들이 있다. 하지만 그것은 틀린 생각이다. 하나님은 우리가 회개함으로써 용서받을 자격이 있음을 보일 때에만 용서하시는 분이 아니시다. 하나님은 우리가 회개하기 전에도 우리를 사랑하시고 용서하신다. 실로, 그리스도는 우리가 죄를 짓기 전에 우리의 죄를 대신하여 죽으셨다. 하나님의 용서는 반대급부가 아니다. 하나님의 용서는 우리의 회개 여부에 따라 주어지는 것이 아니다. 하나님의 용서는 근원적이다. 그것은 우리의 회개에 우선한다. 그것은 우리의 제약을 전혀 받지 않는다. 스스로 힘써서 하나님의 선물을 얻어낼 수 없는 것과 마찬가지로, 우리는 무언가를 해서 용서받을 자격을 얻을 수 없다. 우리가 무언가를 하기 전에, 심지어 우리가 태어나기도 전에, 하나님의 베풂과 용서가 값없이 존재했고, 지금도 그러하다. 하나님은 조건을 따져 가며 베풀거나 용서하시는 분이 아니시다. 하나님의 베풂과 용서는 햇빛처럼 무조건적이고, 빗방울처럼 무차별적이다. 한 사람이 모든 사람을 위하여 죽었다. 그 모든 사람에는 한 사람도 제외되지 않는다.

왜 우리는 무조건적으로, 무차별적으로 용서해야 하는가? 우리가 그렇게 해야 한다고 율법이 요구해서만 그렇게 하는 것이 아니다. 하나님이 이미 용서해 주셨기 때문에 용서하는 것이다. 잘못한 사람을 우리가 용서하지 않아서 죄에 사로잡히게 한다면, 그것은 용서하시는 하나님의 은혜를 거스르는 짓이 되고 말 것이다. 그리스도께서 모든 사람을 위하여 죽으셨으니, 우리도 우리에게 잘못한 사람을 차별 없이 아무 조건 없이 용서해야 한다. 무차별적인 용서가 어려운 일이기는 하지만, 그것은 용서하시는 하나님을 닮도록 지어진 사람들이 의당 해야 할 일이다. 다음 장에서 살펴보겠지만, 용서라는 어려운 일은 "그리스도를 옷 입은" 사람이라면 능히 할 수 있는 일이다.

하나님이 용서하시기 전에 우리가 먼저 회개해야 한다고 말하는 사람들은 대개 우리가 용서하기 전에 잘못한 사람이 먼저 뉘우쳐야 한다고 말한다. 그들은 우리에게 잘못한 사람들의 마음과 행동이 먼저 변화될 때 우리가 용서를 베풀 수 있다고 말한다. 잘못한 사람이 먼저 뉘우치고, 변명과 해명을 집어치우고 다시는 잘못하지 않겠다고 말하고, 상처를 주어 미안하다고 말하면서 피해자인 우리를 납득시키고, 자신의 생활방식을 바꾸기 위해 열심히 노력해야 한다는 것이다. 뉘우침을 용서의 전제조건으로 여기는 사람들은 끊임없이 주장을 늘어놓는다. 잘못한 사람이 가급적 자신의 잘못으로 일어난 손해를 보상하고, 피해를 입은 사람이나 다른 누구에게도 더 이상 해를 입히지 않고, 바르게 살려고 애써야 한다는 것이다. 그러한 입장에서 보면, 용서는 뉘우침과 바로잡힌 삶의 기록에 대한 보상이나 다름없다. 뉘우침과 변화된 삶이 없으면, 용서는 블라디미르 장켈레비치 Vladimir Jankélévitch가 지적한 것처럼, "단순한 말장난"이 되고 만다는 것이다.[17]

하지만 용서하기 전에 뉘우침이 먼저 이루어지는 것이 옳은 것일까? 그것은 여러 면에서 취함직한 길이다. 우리는 너그러워지려고 하면서도, 되풀이된 잘못에 대해서는 너그러워지려고 하지 않는다. 우리는 관용을 베풀려고 하면서도, 악행의 열매를 먹으면서 소화도 잘 시키고 잠도 잘 자는 무책임한 사람들에게는 관용을 베풀려고 하지 않는다. 우리는 용서하려고 하면서도, 자신의 잘못에도 아랑곳하지 않고 자신이 용서받을 자격이 있다고 생각하는 사람들에게는 용서를 베풀려고 하지 않는다. 하지만 그리스도교 전통, 특히 개신교 전통은 뉘우침이 용서의 전제조건이라고 주장하지 않는다. 그러면 뉘우침은 어느 위치에 있는가?

뉘우침의 위치

내가 이제까지 말한 내용으로 보면, 용서는 뉘우침이 없어도 되는 것처럼 보인다. 우리는 용서해야만 한다. 잘못한 사람이 뉘우치느냐 그렇지 않으냐는 아무 상관이 없다. 용서는 무조건적이고, 뉘우침은 소모용이다. 그렇게 결론지으면 타당할 것 같지만, 사실은 그렇지 않다.

용서와 뉘우침의 관계는 그러한 결론이 담고 있는 것보다 훨씬 복잡하다. 용서가 사회적인 사건이라는 데에 문제의 복잡성이 있다. 우리가 용서하는 이유는 범죄를 없애려는 것이다. 하지만 생각만 그런 것이든 행동으로 옮겨진 것이든 간에, 범죄는 사람들 사이에서 끊임없이 발생한다. 우리가 다른 사람과 엮이지 않고 우리 자신에게 잘못하지 않는다고 해서, 우리가 나쁜 짓을 하지 않는 것은 아니다. 그런 이유로 용서는 한 개인의 마음속에서만 일어나서는 안된다. 용서는 사람들 사이에서도, 가해자와 피해자 사이에서도 일어나야 한다. 내가 누군가에게 해를 끼쳤다면, 그가 그냥 용서하는 게 아니다. 그는 나를 용서하는 것이다. 용서에는 피해자는 물론이고 가해자도 늘 연루되어 있다. 2장에서 말한 것처럼, 상점에 있는 상품은 선물이 아니다. 우리가 그것을 누군가에게 선물로 줄 때에만, 그것은 선물이 된다. 마찬가지로 용서도 우리 마음의 상태인 것만이 아니다. 그것은 우리가 누군가에게 주는 어떤 것이다. 달리 말하면, 용서는 사회적 관계다.

위의 견해에 누구나 동의하는 것은 아니다. 우리가 용서의 주된 목적이 우리의 성난 감정을 진정시키는 데 있다고 생각하면, 용서는 감정의 변화가 될 것이고, 용서하는 사람의 마음속에서만 일어날 것이다. 이를테면 화났다가 차분해지고, 분노에 시달리다가 벗어나고, 불쑥불쑥 떠오르는 기억에 시달리다가 평정을 되찾아 현재의 기쁨과 미래에 대한 희망으로 넘어가는 것이다. 이 모든 것은 중요하다. 하지만 그것은 용서의 결과로서 찾아오는 감정 치유의 일부일 뿐이다. 그것은 용서 자체가 아니다.

그 대신, 우리가 용서는 가해자에 대한 피해자의 태도 변화에 불과하다고 생각하면, 용서는 가해자를 포함시키지 않은 채 우리 쪽에서만 할 수 있는 어떤 것이 되고 말 것이다. 가해자는 유죄고 책임을 지는 게 마땅하지만, 그에게 책임을 지우지 않고 용서하면 그만이라는 것이다. 이를테면 벌을 주거나 국가가 처벌해 주기를 바라지 않고 그의 죄책감을 벗겨 주고, 심지어 그의 가해행위까지 잊으면 그만이라는 것이다. 흔히들 그렇게 하는 것이야말로 훌륭한 용서라고 생각한다. 하지만 그렇지 않다. 그것이 훌륭한 일이고 우리가 할 수 있는 전부이기는 하지만, 아직도 무언가가 부족하다. 그것은 용서의 목표를 달성한 것이 아니다.

다음의 상황을 가정해 보자. 나는 나의 여자 친구에게 이렇게 말한다. "당신에게 커다란 선물을 보냈습니다. 상당히 값나가는 팔찌랍니다." 하지만 무슨 이유에서인지 그녀는 그것을 받고 싶은 마음이 들지 않는다. 어쩌면 그녀는 이렇게 생각할는지도 모른다. '저 사람은 나를 매수하여, 내가 하고 싶어 하지 않는 일을 시키려고 하는 거야. 저 선물은 부당한 의무를 이행하지 않고 받기에는 너무 큰 선물이야. 저 사람은 여유가 없거든.' 나는 그녀에게 선물을 준 것일까? 어떤 면에서는 선물을 준 것이다. 내가 그것을 구입해서 보냈고, 우체부가 그것을 전달했기 때문이다. 다른 면에서는 선물을 주지 않은 것이나 다름없다. 선물이 그녀의 집에 가 있지만, 그녀가 그것을 간직하겠다고 결심하지 않았기 때문이다. 그녀는 그것을 아직 받지 않은 것이다. 나는 선물했지만, 그녀는 받지 않은 것이다. 그것은 그녀와 나 사이의 중간 어딘가에 붙박여 있는 것이다. 용서의 경우도 그러하다.

위의 유비에 유념하면서, 먼저 하나님의 용서를 숙고해 보라. 사도 바울은 이렇게 말한다. "우리가 아직 죄인이었을 때에, 그리스도께서 우리를 위하여 죽으셨습니다. 그리하여 하나님께서는 우리들에 대한 자기의 사랑을 실증하셨습니다"(롬 5:8). 하나님의 선물이 수여되었고, 배송되었다. 하지만 그것으로 다 된 것이 아니다. 우리가 그것을 받지 않으면, 모든 게 허사가 되기 때문이다. 선물을 받아들이는 것은, 하나님이 정말로 우리를 용서하셨다고 믿고, 용서에 담긴 책망을 받아들이고, 죄책감과 벌을 면제받는 것을 의미한다. 믿고 잘못을 고백해야 한다. 믿음과 회개가 없으면 용서받은 것이 아니다. 그럼에도 불구하고 하나님은 용서를 계속 베푸신다. 하나님이 주셨는데 우리가 받지 않으면, 용서는 용서하시는 하나님과 받아들이지 않는 우리 사이의 중간 어딘가에 붙박여 있게 될 것이다.

중간에 붙박여 있는 선물의 유비를 인간의 용서에 적용해 보자. 뉘우침은 중요하고 꼭 필요한 것이다. 그것이 꼭 필요한 이유는, 용서가 한 개인의 감정과 태도와 행동의 변화인 것만이 아니라 사람들 사이에서 이루어지는 사건이기도 하기 때문이다. 뉘우침은 용서의 조건이 아니라 용서의 필연적인 결과다.

용서하시는 하나님을 본받아 용서하는 사람들은, 가해자가 뉘우치건 안 뉘우치건 아랑곳하지 않고 늘 용서하려고 할 것이다. 용서하는 사람의 용서는 뉘우침의 제약을 받지 않고 이루어진다. 그러나 가해자가 용서를 받는 것은 그의 뉘우침 여부에 달려 있다. 이는 초콜릿 한 상자의 배송 여부는 그 초콜릿 상자의 수령 여부에 달려 있는 것과 같은 이치다. 용서하는 사람은 가해자의 뉘우침이 없어도 늘 용서할 테지만, 가해자는 뉘우침이 없으면 용서받지 못한 자, 용서의 영향을 전혀 받지 않는 자로 머물 수밖에 없다.

어째서 그런가? 그들이 용서받으려 하지 않기 때문이다. 앞서 말한 대로, 용서라는 것은 가해자와 그 행위를 책망하는 것이다. 더 정확히 말하면, 용서라는 것은 가해자를 책망하면서, 정의가 요구하는 죄책감과 처벌을 면제해 주는 것이다. 마찬가지로 뉘우침이라는 것은 책망을 달게 받는 것이다. 뉘우치지 않는 것은 책망을 무시하는 것이다. 뉘우침이 없는 가해자는 넌지시 말한다. "당신이 나를 용서하다니, 당치 않습니다. 나는 당신에게 잘못한 것이 없는 걸요." 그는 다음과 같이 뻔뻔스럽게 말하기도 한다. "나는 당신이 용서하든 안 하든 신경 쓰지 않습니다. 나는 당신에게 잘못했든 안 했든 신경 쓰지 않거든요." 그러나 가해자는 대개 이렇게 말한다. "내가 저지른 잘못이 너무 부끄러워서 뉘우칠 수조차 없군요. 내게 닥칠 결과들이 무척 두렵습니다." 세 경우 모두 용서받기를 거부한 것이다. 첫 번째 경우는 용서를 부당한 책망으로 여겼고, 두 번째 경우는 용서를 아예 무시했고, 세 번째 경우는 용서를 견딜 수 없는 것으로 여겼다. 루터가 옳게 지적했듯이, 잘못을 인정하지 않는 가해자는 "용서할 수 있는 죄를 용서할 수 없는 죄로 변질시키는 것"이나 다름없다.[18]

이와 같이 뉘우침은 필수적이다. 그러면 나는 뉘우침이 필수적이라고 말하면서, 뉘우침이 용서의 전제조건이 되어야 한다고 생각하는 사람들의 손을 들어 준 것일까? 그렇지 않다. 용서가 뉘우침의 제약을 받지 않는다는 말은 여전히 참이다. 왜 그리스도교 신앙은 그것을 주장하는가? 이 물음에 답하는 것은, 용서의 본질을 묻는 질문에 답하는 것과 같다. 그 이유는 하나님이 그런 식으로 용서하시기 때문이다. 그 문제를 그냥 넘기지 않는 사람이라면 이렇게 질문할 것이다. "하나님은 왜 그런 식으로 용서하시는가? 우리는 왜 그렇게 해야 하는가?"

뉘우침은 사람이 할 수 있는 일 중에서 가장 어려운 일이 아닐까 싶다. 크건 작건 간에, 잘못을 저지른 사람은 대체로 어떻게 하는가? 캄보디아 크메르루즈 정권의 최고책임자였던 누온 체아Nuon Chea와 키우 삼판Khieu Samphan을 예로 들어 보자. 그들은 다양한 방법으로 책임을 회피하려고 했다. 그들은 100만 명을 학살한 책임을 얼마간 져야 할 자들이었다. 그들은 체포되고 나서 어떻게 했는가?[19] 보도에 의하면, 첫째, 삼판은 가혹하고 공세적인 심문이 있은 뒤에만 들릴까 말까한 목소리로 "죄송합니다. 대단히 죄송합니다"라고 말했다. 일반적으로 가해자들은 극심한 압박을 받기 전에는 사죄하지 않다가, 진퇴유곡에 빠진 뒤에만 사죄한다. 둘째, 체아는 자신이 체포된 것을 유감스럽게 생각하고, 캄보디아 내전에서 스러진 목숨들에 대해 슬퍼하는 것처럼 보였으나, 크메르루즈 정권이 만행을 저지를 때 자신이 담당했던 역할을 전혀 뉘우치지 않았다. 가해자들은 마지못해 "죄송합니다"라고 중얼거리면서, 다른 사람들이 겪은 고통을 유감스럽게 생각하기는 해도, 자신들의 괘씸한 행위에 대해서는 전혀 뉘우치지 않는다. 셋째, 죄를 심문할 때, 삼판은 "누가 옳고 누가 그른지, 누가 옳은 일을 하고 누가 그른 일을 하는지"를 말하는 것은 어려운 일이라고 주장했다. 가해자들은 약간의 책임을 받아들이면서도 이내 다른 사람들의 그리 크지 않은 악행을 지적하며 자신의 책임을 가볍게 하려고 시도한다. 마지막으로, 삼판은 피해자 측이 분노를 느끼는 것은 당연하다고 인정하면서도, "우리는 현재와 미래에 해결해야 할 문제가 더 많습니다. 우리는 과거를 잊어야 합니다"라고 항변했다. 가해자들은 자신들의 범죄에 쏠린 주의를 돌리기 위해 종종 이렇게 주장한다. "과거를 들쑤시지 않고, 미래에 집중하는 것이 당사자 모두에게 최선의 방책입니다."

죄의 중력과 그 힘을 깊이 생각해 본 사람이라면 진심으로 뉘우치는 것이 얼마나 어려운지 잘 알 것이다. 스스로를 죄로 인정하지 않는 것, 그것이야말로 죄의 가장 주목할 만한 특징 가운데 하나다. 우리는 대체로 잘못을 인정하려 하지 않으며, 잘못하고도 죄송함을 느끼지 않는다. 오히려 비교적 무죄한 사람들에게 부인否認, 은폐, 변명, 주장으로 일관하면서 죄를 감추려고 한다.

남들이 비난하면 비난할수록 우리는 더욱 더 죄를 숨기는 경향이 있다. 대체로 우리는 할 수 있는 모든 것을 동원하여 우리의 행위를 정당화한다. 다들 그러한 반발을 능히 이해할 수 있는 일로 받아들인다. 죄의 결과들을 두려워하고, 좋은 평판을 잃거나 처벌을 받을까봐 노심초사하고, 스스로를 악인으로 대하는 것을 못 견뎌하고, 자신의 참된 자아가 죄의 무게에 짓눌려 부서질까 두려워한다. 그래서인지는 몰라도 죄책감을 벗고 책임을 면할 수 있겠다는 확신이 들 때에만 뉘우치려고 한다. 바꿔 말해서, 우리는 용서가 먼저 우리에게 베풀어질 때에만 뉘우친다.

내 친구의 이야기다. 이 자리에서는 그녀를 에스더라고 부르겠다. 그녀가 아홉 살이었을 때, 알코올 중독자인 그녀의 어머니가 그녀를 버렸다. 가족들은 그녀의 어머니에 대해 한마디도 하지 않았고, 소식 또한 좀처럼 들리지 않았다. 에스더는 20대 중반이 되어 자신의 어머니를 다시 만나야겠다고 생각했다. 그녀는 깊은 상처를 받았음에도 불구하고, 자기가 어머니에게 좀 더 잘해드리지 못한 것, 여러 해 동안 어머니와 연락을 취하려 하지도 않은 것을 몹시 죄스러워했다. 마침내 그녀는 17년 전에 어머니와 헤어졌던 리틀 아이오와에서 어머니가 살고 있는 집의 문을 두드렸다. 감동적인 만남이었다. 에스더는 어머니와 함께 시내를 걸으면서 어머니가 소중히 여기는 사람들을 만나느라 거의 한 마디도 할 수 없었다. 저녁식사를 마치고 어머니와 함께 거실에 앉은 에스더는 기운을 차리고 대화를 시작했다. 그녀는 자신이 살아온 세월을 간략하게 말한 다음, 어머니에게 편지를 보내거나 전화하지 않은 것에 대해 용서를 구했다. 그녀는 소녀 시절의 다짐, 곧 어머니를 절대 사랑하지 않겠다고 한 다짐을 깨뜨렸다고 고백했다. 그녀는 어머니에게 죄송하다고 말하고, 오랫동안 어머니를 소홀히 여긴 것에 대해 용서를 구했다.

"당연히 용서한다, 에스더!" 그들 모녀는 흐느껴 울면서 오랫동안 말이 없었다. 이제는 어머니가 용서를 구할 차례였다. 확실히 그녀의 어머니는 에스더를 버린 것에 대해, 술에 취한 모습들에 대해, 약속을 자주 깬 것에 대해 용서를 구할 차례였다. 에스더가 기다렸건만, 어머니는 아무 말도 없었다. 에스더는 천천히 의자에서 일어나 어머니의 발치로 가서 앉았다. 그녀는 어머니의 두 손을 붙잡고 이렇게 말했다. "엄마, 나는 어릴 적에 정말로 상처를 받았어요. 그리고 정말이지 많이 슬펐어요. 하지만 이제는 내가 엄마를 용서하고 있다는 것을 알아주었으면 해요. 엄마는 나를 버릴 생각이 아니었을 거예요. 나는 엄마가 그때 나를 사랑하셨고, 지금도 여전히 사랑하신다는 것을 알아요. 그리고 나도 엄마를 사랑해요. 엄마, 이제 됐어요. 내 삶이 좋아졌고, 나는 엄마의 모든 것을 용서하니까요."

"아, 에스더, 미안하구나. 정말 미안하구나. 정말 미안해." 그녀의 어머니는 미안하다는 말을 거듭 되풀이하면서 몸을 앞뒤로 흔들었다. 그녀의 얼굴에서는 눈물이 줄줄 흘러내리고 있었다. 그때 갑자기 에스더는 깨달았다. 스스로 대면할 수 없을 만큼, 스스로 털어놓을 수 없을 만큼, 어머니의 수치심과 죄책감이 크고 추하고 고통스러운 것이었다는 것을. 에스더의 어머니는 자기가 버렸던 아이에게 사랑받고 용서받으리라고는 상상도 하지 못한 상태였다. 그녀는 자기도 자기를 용서할 수 없었건만, 딸이 자기를 사랑하고 용서한다는 소리를 듣자, 비로소 뉘우칠 수 있었다. 그리고 마침내 용서받을 수 있었다.

자기가 저지른 잘못의 덫에 걸려, 가해자는 스스로의 힘으로 스스로를 구원할 수 없는 것 같다. 피해자의 도움이 필요한 것은 그 때문이다. 피해자는 용서를 통하여 신성한 원수 사랑을 실행에 옮기고, 선으로 악을 이기도록 도울 수 있다. 양측 모두 용서를 완성하는 과정에 참여하지 않으면 안된다.

가해자를 뉘우침으로 이끄는 용서의 능력을 기리는 것이 중요하지만, 그것을 떠벌리는 것은 경솔한 짓이 될 것이다. 용서받았는데도 뉘우치지 않는 경우가 종종 있기 때문이다. 말하자면 자신이 잘못한 것이라는 주장을 무시하는 것이다. 용서라는 선물을 받고 즐거워하기만 할뿐, 자신의 잘못에 대해서는 전혀 슬퍼하지 않는 것이다. 용서는 뉘우침을 유발하지 못하지만, 뉘우침이 가능하도록 도움은 줄 수 있다.

변상

뉘우침이 어렵기 때문에, 가해자는 종종 대안을 모색한다. 예컨대, 가해자는 피해자에게 선물 공세를 펴면서 문제를 해결하려고 시도한다. 그가 주는 선물은 자신이 진 빚을 갚기 위해 끊는 수표 같은 것이다. 그러면서도 빚에 대해서는 일절 언급하지 않는다. 자신이 진 빚에 대해 언급하면 선물이 보상으로 바뀔 것이기 때문이다. 그러한 선물 공세가 과연 가해자의 잘못과 깨진 관계를 없애 주고, 용서와 뉘우침을 불필요한 것이 되게 할 수 있을까?

그것이 참말이라면, 그러한 선물 공세는 실로 잘못된 행위로 인해 갈라진 양측을 잇는 데 도움이 되고, 피해자들에게 가해자가 호의를 가지고 있음을 보이고, 미래의 신뢰를 구축하기 시작할 것이다. 하지만 그러한 선물 공세는 과거에 대해서는 아무것도 하지 않는다. 베풂이 과거와 관계하지 않는다는 것은 자명하다. 하지만 관계가 힘겹게 된 것은, 가해자가 과거에 잘못을 저질렀기 때문이다. 가해자가 과거에 저지른 잘못을 대면하려 하지 않고, 자신의 잘못을 인정하지도 않고, 용서를 구하지도 않는다면, 피해자는 당연히 가해자가 산더미 같은 선물로 자신의 과오를 지우려 한다고 결론지을 것이다. 뉘우치지 않고 선물을 주는 자는 원래의 잘못을 숨기려고 시도하다가 도리어 키우는 꼴이 되고 말 것이다.

반면에 뉘우치면서 선물을 주는 것은 변상이 될 것이다. 가해자가 피해자가 입은 피해를 기꺼이 복구해 줄 때에만, 뉘우침은 참된 것이 될 것이다. 완전한 복구가 불가능할 때도 간혹 있다. 한 아이를 살해한 자는 그 아이를 되살릴 수 없을 것이다. 그러나 가해자가 기꺼이 원하면, 어느 정도의 변상이 이루어질 수 있다. 예컨대, 어느 정도 구체적인 방식으로 그 아이를 추모할 수 있을 것이다. 한 가정의 가장을 살해한 자가 있다고 가정해 보자. 가해자는 그 가장의 생명을 되살릴 수 없지만,

적어도 가장의 사망으로 인한 재정적인 손실을 완화시켜 줄 수는 있을 것이다. 언제라도 변상이 가능하다. 그리고 그것은 꼭 필요한 것이기도 하다. 그것은 용서의 전제조건으로서가 아니라 용서의 열매로서, 진정한 뉘우침의 표시로서 꼭 필요하다. 잘못은 인정하면서도 그 잘못으로 인해 얻은 이득을 포기하려 하지 않고, 심지어 피해자의 고통을 덜어 주려고 하지도 않는다면, 그것을 어떻게 뉘우침이라고 하겠는가?[20]

우리는 당연히 변상해야 한다. 변상이 반드시 이루어지는 것은 아니다. 나의 아버지는 공산주의자들이 세운 지옥 같은 강제수용소에 수용되어 있던 와중에 은혜를 받고 나서, 자신이 잘못했다고 생각되는 모든 사람들을 찾아가서 용서를 구하고 변상하기로 작정하셨다. 무치카 Moučka 씨는 그들 가운데 한 사람이었다. 그는 크로아티아 북서부에 있는 시라치 Sirač라는 마을의 방앗간 소유주였다. 시라치는 아버지가 자란 곳이었다. 아버지는 등굣길에 친구들과 함께 무치카 씨의 과수원을 지나가면서 간혹 약간의 과일 서리를 하곤 했다. 꼭 필요해서라기보다는 장난삼아 한 행동이었다. 무치카 씨는 욕을 하고 저주를 퍼부으면서 말썽꾸러기들을 내쫓곤 했다. 아버지는 강제수용소에서 풀려나자마자 무치카 씨를 찾아갔다. 무치카 씨는 부유하게 살고 있었다. 그는 마룻바닥이 지저분한 단칸방에서 살던 한 가난한 아이가 사과와 배 몇 개를 훔친 것까지 잊지 않고 있었다. 또한 그는 일생 동안 남을 속이고, 내 아버지의 가족을 포함한 가난한 사람들이 도정하려고 맡긴 곡식을 훔치기까지 한 사람이었다. 그럼에도 불구하고 그것은 아버지에게 아무 문제가 되지 않았다. 아버지는 나쁜 짓을 저지른 것이었고, 그것은 마땅히 변상해야 할 행위였기 때문이다.

그러나 무치카 씨는 내 아버지의 겸손하고 기품 있는 처신에 감복하기보다는 내 아버지를 서둘러 쫓아내려고 등을 돌리면서 자그마한 목소리로 "자네를 용서함세. 자네를 용서함세" 하고 중얼거렸다. 아버지는 알아챘다. 무치카 씨가 언짢은 모습으로 용서한 것은, 가난한 사람들의 것을 몰래 가로챈 것에 대한 죄책감 때문이라는 것을. 아버지는 용서받게 될 것인지 그렇지 않은지 확신하지 못하는 상태로 찾아갔지만 홀가분한 마음으로 돌아오셨다. 그러나 무치카 씨는 고백하지 않은 잘못, 남의 재산을 훔치고도 변상하지 않은 잘못에 여전히 묶여 있었다.

화해

용서는 우리를 증오와 우정의 경계선, 배척과 포용의 경계선에 올려놓는다. 용서는 악행이 야기한 적대감의 벽을 무너뜨리지만, 우리를 우정의 영토로 데려다 주지는 않는다. 용서하는 사람은 중간지대에 머물러야 하는가?

용서하는 사람이 중간지대에 머무른다면, 용서는 가해자에게서 떨어져 있으려고 하는 사람의 관대한 행위에 그치고 말 것이다. 우리는 종종 그렇게 하려고 힘쓰며, 가해자도 우리가 그렇게 하는 것을 상관하지 않는다. 하지만 용서는 그 이상의 것을 바란다. 일반적으로 우리는 베풀면서 어느 정도 답례의 선물을 받고 싶어 하고, 선물 교환을 통해 우정과 상호 기쁨을 낳고 싶어 한다. 베풂은 상호 결속을 창출하고 강화한다.

용서는 비슷한 희망의 두 날개 위에서 태어난다. 악행이 관계에 심각한 충격을 주고 관계를 송두리째 무너뜨렸을 때, 우리는 용서하면서, 용서가 뉘우침과 변상을 유도하여 관계를 복원해 주고, 그리하여 공동체 안에서 선물이 돌고 돌아 공동체 구성원 간의 결속을 강화해 주기를 바란다.

우리는 악행으로 말미암아 관계가 손상된 사람들 사이의 사귐을 창출하려고 하면서, 용서하시는 하나님을 모방한다. 사도 바울은 이렇게 말한다. "그러므로 우리는 믿음으로 의롭다 하심을 받았으므로, 우리 주 예수 그리스도로 말미암아 하나님과 더불어 평화를 누리고 있습니다"(롬 5:1). 성서에서 말하는 평화는 "본격적인" 전쟁이든 "냉전"이든 단지 전쟁이 없는 상태가 아니다. 평화는 각 사람을 고립시켜 다른 사람에게 마음 쓰지 않게 하고, 다른 사람의 일에 관여하지 않게 하는 무관심의 상태도 아니다. 평화는 공동체와 그 속에 있는 각 사람의 번영을 의미한다. 하나님과 더불어 누리는 평화는 하나님과 사귀면서 얻는 기쁨을 의미한다. 하나님이 우리의 죄를 헤아리지 않으신다는 말은 우리가 하나님과의 사귐을 회복했음을 의미한다. 우리는 하나님의 원수였다가, 그리스도의 죽으심으로 말미암아 하나님과 "화해하였다"(롬 5:10). 4장에서 말한 대로, 하나님은 우리 안에서 머무르심으로써 용서하시고, 우리를 용서하심으로써 우리 안에 머무르신다. 용서는 하나님과 인간의 사귐을 회복하는 데 없어서는 안될 하나의 중요한 요소다.

용서하는 사람들이 배척과 포용의 중간지대에 어정쩡하게 머무르는 이유를 알려면, 용서의 동기를 따져 보는 수밖에 도리가 없다. 왜 우리는 용서하는 것이 당연하다는 듯이 용서해야 하는가? 앞서 말한 대로, 용서는 우리의 이익을 꾀하기 위해 하는 것이 아니다. 용서는 보다 큰 공동체를 이롭게 하기 위해 하는 것도 아니다. 용서의 결과로 "공동체의 화해" 같은 것이 생겨나기는 하지만, 용서는 공동체를 달래어 무언가가 보다 잘 굴러가게 하기 위해 하는 것이 아니다. 그리스도교의 견지에서 말하면, 용서는 사랑하기 때문에 하는 것이다. 용서는 특히 우리에게 빚진 자들, 우리의 가해자들, 우리의 원수를 사랑하기 때문에 하는 것이다. 용서가 배척에서 중간지대로 나아가는 것만이 아니라 중간지대에서 포용으로 나아가기까지 하는 것은, 용서가 사랑의 자극을 받기 때문이다. 사람들 사이에서 이루어지는 용서는 사랑의 공동체 안에서 이전의 원수를 끌어안는 데 꼭 필요한 하나의 단계라고 할 수 있다.

용서는 따로 떨어져서 착실하게 행동하거나 고독하게 실천하는 것이 아니다. 그것은 용서를 지나치게 소극적으로 이해한 것이다. 오히려 선으로 악을 이기기 위해 열중하는 생활방식에 녹아 있는 것이 용서다. 루터는 '용서하고 잊어버리기'라는 절에서 "잊어버림"을 그런 식으로 해석했다. 가해자를 유죄로 여기지 않고, 가해행위의 책임을 물리지 않는 것은 중요하다. 하지만 그것으로는 부족하다. 루터는 이렇게 주장한다. "원수에게 친절을 베풀라. 선으로 악을 이겨라(롬 12:21). 그러면 그가 그대를 위한 사랑으로 불타오를 것이다."[21]

먼저 용서하고, 그런 다음 용서받은 가해자를 포용해야 하는가? 아니면 먼저 엉거주춤한 자세로 포용하고, 그런 다음 양측이 준비되었을 때 용서해야 하는가? 상황에 따라 다르게 해야 한다. 한쪽만을 고집하는 것은 최선이 아니다. 용서와 포용의 일치를 견지하는 것이 중요하다. 용서하지 않고는 이전의 원수를 포용할 수 없다. 용서가 지기를 넘어서 포용으로 이끌어야 한다.

보스니아 출신이자 프란체스코회 소속인 이보 마르코비치 Ivo Marković 신부가 1990년대 중반에 일어난 전쟁의 소용돌이 속에서 체포되었다. 1990년대 중반은 크로아티아 사람들, 보스니아 사람들, 세르비아 사람들이 서로를 적으로 삼아 유혈이 낭자하고 사방에서 가옥

이 불타는 전쟁을 벌이던 시기였다. 무슬림인 보스니아 사람들이 수잔즈Šušanj 출신 남자 스물한 명을 학살했다. 수잔즈는 마르코비치의 출생지였다. 학살당한 사람들 가운데 아홉 명이 마르코비치의 가족 구성원이었다. 그들은 모두 힘없는 노인들이었으며, 어떠한 범죄도 지은 적이 없는 사람들이었다. 그들 가운데 가장 나이 어린 사람이 그의 아버지였다. 그의 아버지는 당시 일흔한 살이었다.

학살이 있고 3년이 지난 1996년 가을, 마르코비치가 수잔즈를 방문했다. 그의 형이 살던 집을 마음씨 고약한 한 여인이 점유하고 있었다. 그녀는 무슬림이었다. 마르코비치가 그 집으로 가려고 하자 사람들이 만류했다. 그 집을 점유한 여인이 자신의 새 집을 지키기 위해 소총을 겨누고 있다는 거였다. 그는 주위의 만류를 뿌리치고 그 집으로 다가갔다. 그가 다가가자, 그 여인이 그를 기다리고 있었다. 입에 시가를 물고, 소총을 장전한 상태였다. 그녀가 으르렁거렸다. "꺼져. 안 그러면 당신을 쏘겠어." 마르코비치는 부드러우면서도 단호한 목소리로 말했다. "당신은 나를 쏘지 못할 것입니다. 당신은 내게 커피 한 잔을 타줄 것입니다." 그녀는 잠시 그를 노려보다가 소총을 내려놓고 부엌으로 갔다. 그러고는 자신이 가지고 있던 얼마 안되는 커피를 가져와 기존의 커피 찌꺼기와 섞어 커피 두 잔을 만들었다. 철천지원수나 다름없던 그들 두 사람은 고대의 환대 의식에 참여하기라도 했다는 듯이 함께 커피를 마시면서 대화를 나누기 시작했다. 그녀는 그에게 자신의 외로운 처지, 잃어버린 집, 전쟁터에서 전사한 아들에 대해 이야기했다. 한 달 뒤 마르코비치가 그 집을 다시 찾았을 때, 그녀는 이렇게 말했다. "당신을 보니, 내 아들이 집에 돌아온 것만큼 기쁘군요."

그들은 용서에 대해 이야기했을까? 나는 모른다. 하지만 그것은 중요한 것이 아니다. 피해자인 그가 자기 형이 살던 집, 그것도 그녀가 부당하게 점유하고 있는 집을 찾아가서, 그녀의 호의를 청했고, 그녀는 거기에 응했다. 그녀는 소총을 들고 그를 맞이하긴 했지만, 그에게 선물을 주고 그와 함께 기뻐하였다. 초라하고 보잘것없지만, 포용을 향한 여정이 커피를 마시는 의식을 통해 시작되었다. 그 여정이 지속된다면, 그것은 어렵고 힘든 용서의 영토를 통과하게 될 것이다.

6장 _ 어떻게 용서할 수 있는가

하나님은 용서하신다. 그러니 우리도 용서해야 한다. 그리고 우리는 하나님이 용서하시는 것처럼 용서해야 한다. 그것은 앞의 두 장을 요약해서 말한 것이다. 하지만 인간에 불과한 우리, 상처 입은 인간인 우리가 용서를 당연한 의무로 삼는 것이 가능할까?

3장에서 살펴보았듯이, 베풂은 어려운 일이다. 게으름이 우리를 손쉽게 굴복시키고, 베풂에는 수고가 따르기 때문이다. 또한 우리는 다른 사람들에게 우리 자신을 내어줄 수 없을 만큼 안락한 생활을 하고 있다. 이기심이 우리를 사로잡기 때문이다. 흔히들 남을 이롭게 하기 위해 베풀지 않고 자신의 이익을 얻기 위해 베푼다. 게으름이 베풂을 막지 못하고 이기심이 우리 자신을 이롭게 하지 못하면, 이번에는 교만이 선물을 더럽힌다. 우리는 베풀면서 수령자에게 창피를 안겨 주고, 수령자를 조작하기까지 한다. 베풀되, 잘 베푸는 것은 어려운 일이다.

베풂을 저해하는 주된 장애물은 우리가 스스로 세우는 것들이다.

즉, 우리의 게으름, 우리의 이기심, 우리의 교만이 그것이다. 한마디로 말하면, 우리의 과도한 자기 사랑이 베풂의 주된 장애물일 것이다. 수령자가 선물을 고마워하지 않고 무시할 수도 있다. 그러면 베풂을 지속하기가 어려울 것이다. 하지만 전반적으로 볼 때, 수령자의 태도와 성격이 베풂을 방해하는 것이 아니다. 그들이 찰가난을 겪기에 우리가 베푸는 것이고, 우리가 그들을 좋아하기에 우리가 베푸는 것이다.

용서의 경우는 다르다. 베풂보다 용서가 훨씬 어렵다. 물론 우리의 이기심이 용서를 방해하기도 한다. 하지만 용서를 방해하는 가장 큰 장애물은 용서를 필요로 하는 행위에서 온다. 선물의 수령자들과 달리, 가해자들은 받기를 기대하면서 빈손을 들고 그냥 서 있는 것이 아니다. 가해자의 빈손은 누군가에게 고통을 안겨 준 손이고, 간혹 피가 묻어 있을 때도 있다. 용서하는 사람의 신체와 그의 영혼에 가해진 상처들이 용서를 방해한다. 가해자의 밉살맞은 행위와 가해자에 대한 증오심도 용서를 방해한다. 가해자의 가해행위와 공격성이 피해자의 자기사랑과 결탁하면, 용서가 대단히 어려워진다.

폴 사이먼 Paul Simon의 뮤지컬 '케이프맨 The Capeman' 1막에는, 칼에 찔려 죽은 한 소년의 어머니가 가해자 살바도르 아그론 Salvador Agron을 용서하려고 몸부림치는 장면이 나온다. 그녀의 열여섯 살 된 아들이 잘못한 것이 있다면, 그가 1959년 4월 4일 뉴욕시 9번가 인근의 45번가 공원에 좋지 않은 때에 있었다는 것뿐이었다. 아그론은 뱀파이어 갱단의 일원이었으며, 그의 친구들에게 드라큘라로 통하는 자였다. 뱀파이어 갱단의 다른 일원들이 그 소년을 제압하고 있을 때, 아그론이 18센티미터 가량의 단도로 그 소년을 찔러 죽였다. 그 소년의 어머니는 이렇게 노래한다. "성모님, 저는 이 끔찍한 공포에 맞서 싸우지 않으면 안돼요. 제가 믿는 종교가 저 살인자의 영혼을 위해 기도하라고 하거든요." 하지만 기도가 솟구쳐야 하건만, 기도의 샘이 말라 버린 상태였다. "하지만 저는 당신께서 십자가의 예수님께 전구(傳求)해 주셨으면 하고 바랍니다. 당신께서 그러한 상실의 고통을 겪으실 때 당신의 마음을 열어 주신 분이 예수님이시니 말예요. 제가 그를 용서할 수 있을까요? 과연 제가 그를 용서할 수 있을까요? 아닙니다. 저는 그를 용서할 수 없습니다."[1]

용서가 어려운 것은 여러 가지 이유 때문이다. 뮤지컬에서 소년의 어머니 역을 맡은 배우가 그랬던 것처럼 용서가 불가능할 수도 있고, 용서하고 싶은 마음이 나지 않을 수도 있다. 가해행위의 정도에 대해 의견을 같이할 수 없어서, 혹은 가해자가 뉘우치려고 하지 않아서 실망할 수도 있다. 가해자가 용서받으려 하지 않고, 그 과정에 참여하려고 하지 않을 수도 있다.

그러한 난제들을 살펴보고, 용서의 어려움을 완화할 방법을 제시하기에 앞서, 용서를 저해하는 커다란 장애물 하나를 숙고해 볼 필요가 있다. 그것은 다음과 같은 생각이 아닐까 싶다. 이를테면 예수께서 십자가에서 지니고 계셨던 것만큼의 선함과 내적인 힘을 우리가 지니고 있더라도, 가해자가 자기 몫을 열심히 감당하더라도, 인간에 불과한 우리가 용서하는 것이 온당치 않고 가당치 않다고 생각하는 것이다. 달리 말해서, 용서할 수 있는 능력과 용서할 수 있는 권한의 문제를 먼저 다룰 필요가 있다.

용서할 수 있는 능력

독일 철학자 니콜라이 하르트만 Nicolai Hartman은 자신의 저서 「윤리학 Ethics」에서 용서는 "도덕적인 죄책감을 절대로 없앨 수 없다"고 딱 잘라 말한다. 사실, 그는 용서가 죄책감을 어느 정도 처리할 수 있다고 인정한다. 용서는 피해자의 고통, 곧 피해자가 가해자에 대해 갖는 경멸감과 적대감을 없애 줄 수 있다. 하르트만은 우리가 용서함으로써 경멸과 적대감의 표출을 그만두고, "가해자에게 외적인 평화를" 줄 수 있다고 생각했다.[2] 그러나 가해자의 죄책감은 없어지지 않은 채 그대로 남는다.

하나님을 배제하면, 하르트만의 말이 옳다. 여러 가지 면에서 보면, 죄책감은 우리의 어깨를 무겁게 짓누르는 짐과 같고, 누군가의 깨끗한 옷을 더럽히는 얼룩과 같다. 그러나 결정적인 면에서 보면, 죄책감은 짐이나 얼룩과 다르다. 내가 무거운 짐에 짓눌리고 있다면, 한 친구가 나와 동행하면서 "이것은 자네가 짊어지기에는 너무 무거운 것 같네. 내가 도와주겠네. 그것을 내 트럭에 싣게. 내가 그것을 도착지까지 실어다 주겠네" 하고 말할 수 있을 것이다. 그러나 죄책감은 짐과 다르다. 죄책감은 누군가 다른 사람이 없애 줄 수 없을 만큼 내게 들러붙게 마련이다. 나의 옷이 더러워지면, 나는 그것을 빨거나 드라이클리닝을 할 수 있을 것이고, 그러면 그것은 다시 깨끗해질 것이다. 그러나 나의 죄책감은 사람의 손으로 비벼 빨 수 있는 것이 아니다. 죄책감이 아무리 무겁고 아무리 더러워도, 내 이웃이나 내가 그것을 없앨 수는 없다.

내가 4장과 5장에서 용서에 관해 말한 것을 떠올려 보라. 용서라는 것은 가해자를 책망함과 동시에 가해행위의 책임을 가해자에게 물리지 않고, 가해자에게서 죄책감을 벗겨 주고, 결국에는 가해행위를 잊는 것을 의미한다. 죄책감을 없애 주는 것이야말로 용서의 결정적인 요소다. 죄책감이 여전히 남아 있다면, 용서는 일어나지 않은 것이다. 죄책감을 없애는 것은 우리 스스로의 힘으로 할 수 있는 것이 아니다.

율법학자들이 예수께서 중풍병자의 죄를 용서해 주시는 모습을 보고 이렇게 말했다. "하나님 한분 외에 누가 죄를 용서할 수 있단 말인가?" 예수께서는 하나님 한분만이 용서하실 수 있다는 말에 이의를 제기하지 않으셨다. 예수께서는 자신의 신분을 두고 하는 그들의 억측에 이의를 제기하셨다. 그분은 율법학자들의 반대에도 불구하고, 중풍병자를 치료하심으로써 자신이 사람들 가운데서 빼어난 분이며, 용서할 수 있는 신적인 능력을 소유하고 계심을 보여주셨다(마 9:2-8; 막 2:1-12). 하나님만이 용서하실 수 있는 까닭에, 사람이자 신이신 예수님도 용서하실 수 있다.

그러나 인간에 불과한 우리도 용서하라고 부르심을 받았다. 예수께서는 우리도 용서해야 한다고 몸소 가르치셨다. 실로, 그분은 우리가 하나님이 용서하시는 것처럼 용서해야 하고, 우리가 남을 용서하지 않으면 하나님도 우리를 용서하시지 않으실 것이라고 말씀하셨다. 그분은 불가능한 것을 요구하신 것일까?

사도 바울은 이렇게 말한다. "한 사람이 모든 사람을 대신하여 죽으셨으니, 모든 사람이 죽은 셈입니다"(고후 5:14). 4장에서 설명한 것처럼, 모든 사람이 그리스도 안에서 죽은 셈이 되었으므로, 가해행위가 가해자에게서 분리되고, 가해자의 죄책감도 제거된 셈이다. 하나님은 죄책을 유죄인 인간에게서 무죄인 그리스도에게로 옮겨, 그리스도로 하여금 우리를 위해 그것을 겪게 하신 것이 아니다. 그러한 옮김은 가능한 것이 아니다. 그리스도의 죽으심으로 모든 사람이 죽은 셈이 되었고, 그 죽음 덕분에 인간의 죄책이 제거된 것이다. 우리가 이렇게 살아 있는 동안에도, 우리 모두를 그리스도와 함께 죽고 그리스도와 함께 살게 하실 수 있는 분은 하나님 한분뿐이다. 용서할 수 있는 능력을 가지고 계신 분은 하나님 한분뿐이다. 그리고 하나님은 그리스도 안에서 실제로 용서하셨다.

여기서 우리는 다음 단계로 나아가야 한다. 말하자면 하나님께서 용서하셨으니 우리도 용서할 수 있는 능력을 가지고 있다는 것이다. 우리가 용서하는 것은 우리 스스로의 힘으로 하는 것이 아니다. 우리가 용서하는 것은 하나님의 용서를 우리의 것으로 삼아서 하는 것이다. 그럴 때에도 우리가 누군가의 죄의 사실, 곧 객관적인 죄를 용서하는 것이 아니다. 하나님께서 그것을 이미 용서하셨기 때문이다. 우리는 가해자가 우리와 관련해 갖는 죄책감, 곧 주관적인 죄책감을 없애는 데 도움을 줄 따름이다. 내가 누군가에게 "나는 그대를 용서합니다"라고 말할 때, 그것은 무슨 뜻으로 하는 말인가? 사실상 그것은 이런 뜻으로 하는 말이다. "그리스도 안에 계신 하나님께서 그대의 죄를 그대에게 돌리지 않으시고, 그대의 죄책감을 그대에게서 벗겨 주셨으니, 나도 그대가 나를 해친 사실을 그대에게 돌리지 않고, 그대를 유죄로 여기지 않겠습니다. 하나님께서 그대를 무죄가 되게 하셨으니, 나도 그대를 무죄로 여기겠습니다." 하나님이 죄의 짐을 없애 주셨기 때문에, 나도 가해자가 나에 대해 느끼는 죄책감을, 하나님께서 이미 용서하신 다음의 일이긴 하지만, 내 나름의 방식으로 없애 줄 수 있는 것이다.

하나님이 하시는 용서와 우리가 하는 용서의 관계를 설명할 필요가 있다. 하나님은 하나님을 거역한 죄만을 용서하시고, 우리는 우리를 거스르는 죄만을 용서하는 것이 아니다. 우리를 거스르는 모든 죄는 하나님을 거역하는 죄이기도 하다. 한 피조물을 향해 가해진 악행은 창조주를 거역한 죄나 다름없다. 4장에서 살펴보았듯이, 하나님은 모든 죄를 용서할 능력을 가지고 계신다. 우리 자신에게는 여하한 잘못으로 인한 죄책감을 없앨 능력이 없다. 우리에게는, 가해자가 개인적으로 해를 끼치고 나서 느끼는 죄책감을 없애 줄 능력도 없다. 우리가 하나님의 용서에 참여하는 만큼만 우리는 그러한 잘못으로 인한 죄책감을 없애 줄 수 있다.

하나님이 용서하실 때, 범죄자는 믿음과 회개로 응답하지 않으면 안된다. 그들이 회개하지 않으면 어떻게 될까? 그러면 용서는 그것을 보낸 발송자와, 그것을 받지 않으려고 하는 수령자 사이의 어딘가에 하나의 소포처럼 머물고 말 것이다. 하나님은 진실로 용서하셨는데, 범죄자는 용서받지 못한 상태로 머물고 말 것이다. 우리가 용서할 때에도 동일한 원리가 적용된다. 하나님이 "용서라는 소포를" 발송하시듯이, 우리도 똑같이 한다. 우리가 할 수 있는 일은 그것이 전부다. 소포의 수령 여부는 수령자에게 달려 있으며, 수령자가 잘못을 시인하고 뉘우치느냐에 달려 있다.

용서할 수 있는 권한

우리에게 용서할 수 있는 능력이 있는 것은, 하나님께서 이미 죄스러운 인류를 한꺼번에 용서해 주셨기 때문이다. 하지만 용서할 권한은 어떠한가? 그 권한도 우리에게 있는 것일까? 어떤 사람이 나에게 해를 입혔다고 가정해 보자. 그러면 나는 그를 용서하면서 그의 책임을 면제해 주고, 죄지은 사람을 죄 없는 사람처럼 대할 것이다. 그러나 가해자가 내게만 해를 입힌 것이 아닐 경우에는 어떻게 되는가? 여러 사람에게 해를 입히는 것은 도덕법을 깨는 짓이다. 도덕법이 나의 개인적인 규칙에 불과하다면, 내가 그것을 폐지하고 가해자를 석방하면 그만일 것이다. 내가 정해 놓은 규칙이니, 가해자의 가해행위를 용서할 것인지 말 것인지도 내가 결정하면 될 것이다. 그러나 도덕법은 내가 나의 삶을 운영하기 위해 개인적으로 채택한 규칙 덩어리가 아니다. 그것은 공동체가 공동체 구성원들의 상호 작용을 조정하기 위해 채택한 규칙 덩어리도 아니다. 그리스도교의 견지에서 말하면, 그것은 하나님의 속성과 그분의 명령을 바탕에 깔고 있는 보편적인 규범이다.

언젠가 나는 러시아의 상트 페테르부르크 St. Petersburg를 방문하여 세계적인 박물관 에르미타쉬 Hermitage를 찾아간 적이 있다. 그 박물관에서는 탁월한 예술품 중 과거 러시아의 영광을 보여주는 작품 몇 점을 보존하고 있었다. 내가 러시아 황족의 처소를 재현해 놓은 곳을 둘러보면서 들었던 설명에 의하면, 카타리나 대제 Catherine the Great는 자신의 접견실에 들어올 수 있는 사람의 자격을 다음과 같이 규정했다고 한다. 말하자면 신하가 그녀가 앞에서 하품을 했을 경우, 그 신하는 접견실 출입을 다시는 허락받지 못했다. 그녀는 누구에게나 재미있는 사람은 아니었지만 신하의 하품을 인격적인 모욕으로 여겼던 것이다. 그 일화가 사실인지는 알 수 없다. 그러나 그것은 사적인 규정과 보편적인 도덕법의 차이를 보여주는 사례가 아닐까 싶다. 하품 금지 규정은 카타리나 대제의 사적인 규정이었다. 따라서 그녀는 그 규정의 위반 행위를 용서할 권한도 가지고 있었다. 그녀의 지독한 성격으로 보건대 그렇게 했을 가능성은 거의 없지만 말이다.

그러면 이제 불가능한 것을 상상해 보자. 카타리나 여제의 연인인 한 장군이 술에 취해 그녀를 심하게 구타했다. 그랬을 경우, 그는 그녀의 사적인 규정을 어긴 것은 아니지만, 남의 신체와 영혼에 위해를 가하지 말라는 보편적인 도덕법을 어긴 것이다. 어찌된 영문인지 모르지만 그녀가 그를 계속 사랑했다면, 그녀는 그의 민사상의 책임을 면제시켜 주었을 것이다. 그녀는 절대 군주였기 때문이다. 그러나 그의 죄책을 면제시켜 줄 권한까지 그녀에게 있었을까? 구타를 당한 쪽이 그녀이기는 하지만, 그녀가 도덕법을 제정한 것은 아니다. 도덕법은 그녀나 그녀의 연인이나 모두 지켜야 할 법이라고 할 수 있다. 상상하기 어렵지만, 그녀는 그에 대한 경멸감, 분노감, 적대감을 품지 않을 권한을 가질 수는 있어도, 그의 죄책을 면제시켜 줄 권한은 가질 수 없을 것이다. 그렇게 할 힘을 가졌는지는 모르지만…….

물론, 그녀는 자기의 연인이 죄를 지었다고 여기지 않을 수도 있다. 그러나 그것은 결정적인 문제를 참작하는 데 그다지 도움이 되지 못한다. 그녀가 "당신은 잘못을 저질렀으니 비난받아 마땅합니다"라는 말을 "나는 당신을 더 이상 유죄로 여기지 않겠습니다"라는 말로 바꾼다면, 그것은 그녀의 사적인 결심일 뿐이다. 여제이든 아니든 간에, 그녀가 그를 유죄로 여기지 않겠다고 선언했다고 해서, 그가 유죄라는 사실이 바뀌는 것은 아니다. 더 나쁘게 말해서, 그녀가 그를 유죄가 아니라고 선언한 것은 옳지 않은 짓이다. 그가 그녀를 폭행했을 때, 그는 도덕법을 어긴 것이기 때문이다. 그리고 그녀에게는 도덕법을 변경할 수 있는 권한이 없다. 그러므로 그녀가 "그는 유죄가 아니다"라고 선언한 것은 도덕법을 거스른 행위에 불과하다. 그녀가 아무리 절대 군주라고 해도, 그리고 그가 그녀에게 아무리 사랑스러운 사람이라고 해도, 그녀에게는 도덕법 위에 군림하면서 도덕법의 효력을 중지시킬 권한이 없다.

　죄책을 없애 줄 권한이 없다면, 우리는 어떻게 용서할 수 있을까? 해결의 열쇠는 하나님의 용서다. 하나님만이 용서할 능력을 가지고 계시듯이, 하나님만이 용서할 권한을 가지고 계신다. 하나님은 그리스도 안에서 모든 인간의 죄를 합법적으로 용서해 주셨다. 그리고 하나님이 용서해 주셨기 때문에, 우리에게도 용서할 권한이 있다. 그 권한은 우리 스스로의 힘으로 갖는 것이 아니다. 그러나 우리에게는 하나님의 용서를 우리의 것으로 삼을 권리와 의무가 있다. 그것은 하나님이 이미 용서하신 것을 우리 쪽에서 용서하는 것이다.

　그러므로 우리에게는 용서할 권한과 용서할 수 있는 능력이 있다. 한마디로 말해서, 우리에게는 죄의 짐을 없애고, 죄의 얼룩을 지울 권능이 있다. 그것은 이차적인 권능으로서 전적으로 하나님의 권능에 의존한다. 그럼에도 불구하고 그것은 진정한 권능이다. 그러한 권능이 없었다면, 성서에서 우리에게 용서를 촉구하지 않았을 것이다. 그러한 권능이 없었다면, 다음과 같은 경고, 곧 우리가 우리에게 죄지은 자들을 용서하지 않으면 하나님도 우리의 죄를 용서하시지 않으리라는 경고는 우리를 놀리는 것이 되고 말았을 것이다.

　용서할 수 있는 권능을 소유하는 것에서 실제적인 용서에 이르는 길은 멀고 험하다. 그 길을 가로막고 있는 장애물 가운데 몇 가지를 살펴보고, 그것들을 제거할 방법을 모색해 보자. 첫 번째 장애물은 용서에 대한 내적인 저항과 관계가 있다. 그것은 우리의 정의감에 뿌리박고 있다.

그리스도의 용서와 우리의 용서

앞 장에서, 가해자들에 대한 그리스도인들의 태도가 어떠해야 하는지를 두고 루터가 설명한 대목을 떠올려 보자. 그리스도인들은 "자신들이 입은 손해나 자신들이 받은 공격을 슬퍼하기보다는 가해자들의 죄를 더 슬퍼한다. 그들이 그렇게 하는 것은, 자신들이 받은 부당한 행위를 앙갚음하려는 것이 아니라, 가해자들을 그들의 죄에서 건져 내려는 것이다."[3] 그토록 철저한 원수 사랑, 곧 우리 자신의 손해보다 가해자의 죄를 더 슬퍼하는 사랑은, 우리가 보기에, 비현실적이고 달성할 수 없는 사랑, 조금은 어리석은 사랑으로 보일는지도 모른다. 우리는 그다지 성도답지 못한 자세를 보일 힘조차 내기 어렵다는 것을 잘 알고 있다. "나는 그대를 보면 극도로 화가 치밀어 오르지만, 어쨌든 용서하겠소. 그렇게 하는 것이 옳은 일이기 때문입니다"라고 말할 힘조차 내지 못하는 것이다. 우리는 일반적으로 모든 형태의 용서에 대해 내적으로 강한 거부감을 갖고 있다.

우리에게 요구되는 것은 앙갚음인 것처럼 보인다. 내가 일곱 살배기 아들 나다나엘에게 디저트 먹는 것을 허락하면, 세 살배기 아들 아론도 디저트 먹는 것을 허락받고 싶어 할 것이다. 게다가 나다나엘이 먹고 있는 것이 좋아 보이면, 아론은 자기 형이 가진 것만큼의 몫을 받으려고 할 것이다. 디저트를 공평하게 분배해야 한다는 아론의 생각은 빈틈이 없다. 또한 그는 상처도 똑같이 받아야 한다는 생각을 가지고 있다. 나다나엘이 그에게 "너는 옹졸한 놈이야!" 하고 말하면, 아론도 "너는 옹졸한 놈이야!" 하고 응수할 것이다. 나다나엘이 때리면, 아론도 되받아칠 것이다. 언젠가 나는 그가 나쁜 짓을 했다고 말해야 할 것을, 그렇게 하지 않고 "너는 나쁜 녀석이야!" 하고 말한 적이 있었다. 그러자 그는 우거지상을 하고서 이렇게 응수했다. "아빠는 나쁜 녀석이야!" 그는 받은 대로 앙갚음하는 것에 대해 배운 적이 없었다. 그는 남들이 앙갚음하는 것을 본 적이 없는데도 그렇게 하고 있었다.

우리들 대다수는 아론과 같다. 그리고 그것은 그다지 썩 나쁜 것이 아니다. 형평성에 대한 예민한 감각은 적대적일 수 있는 세상 한가운데서 우리의 존엄을 지키는 한 방법이다. 하지만 우리를 지으신 하나님에게 협조하면서 살려면, 우리에게 상처를 입힌 사람들에게 앙갚음하는 것보다는 그 이상의 것이 필요하다. 남을 용서하지 않고 "처벌하기 좋아하는" 우리의 내적 상태를 극복하려면 어찌해야 하는가?[4] 앞서 말한 대로, 루터는 우리가 그리스도와 하나가 되어야 한다고 답한다. 믿음으로, 나는 그리스도와 하나가 되고, 하나님은 나를 용서하신다. 그리스도와 하나가 된 나는 이렇게 자랑할 수 있다. "그리스도께서 살고 행하고 말하고 고난을 겪고 죽으신 것은 나의 것이다. 그것은 마치 내가 그분처럼 살고 행하고 말하고 고난을 겪고 죽은 것이나 다름없다."[5] 루터가 말한 대로, 하나님의 용서를 보증하고, 사람으로 하여금 용서의 길을 걷게 하는 것은 다름 아닌 그리스도의 현존, 곧 영혼 안에서 이루어지는 그리스도의 현존이다.

루터는 그리스도를 본받는 것에 대해 종종 이야기한다. "그분은 무슨 일을 하든지 우리를 위해서 하셨으며, 그분 자신의 이익을 도모한 것이 아니라 우리의 이익만을 추구하셨다. 그분은 우리도 이웃을 위해 그렇게 하기를 바라신다."[6] 그 견지에서 말하면, 그리스도처럼 용서하는 것도 꼭 필요한 일일 것이다. 하지만 루터는 그리스도께서 하시는 용서와 우리가 하는 용서의 관계는 그런 것이 아니라고 말한다. 그리스도는 우리 바깥에 계시면서 용서의 모범이 되시고 우리에게 용서를 촉구하시는 것만이 아니다. 루터가 말한 대로, "그리스도는 우리 안에 계시면서, 우리가 하는 모든 실제적인 의로움의 기초, 근거, 원천이 되신다."7 우리는 그리스도로부터 용서할 힘과 기꺼이 용서하고자 하는 마음을 얻는다. 그리스도는 우리를 통하여 용서하신다. 우리가 용서할 수 있는 것은 그 때문이다.

그리스도께서 우리의 죄 때문에 입은 상처를 슬퍼하지 않고 우리의 죄를 더 슬퍼하셨듯이, 그리스도께서 내주하고 계신 우리도 다른 사람들을 위해 슬퍼할 수 있다. 그리스도께서 악을 악으로 이기지 않고 선의 힘으로 이기셨듯이, 우리도 그렇게 할 수 있다. 그리스도께서 악행의 결과를 받아들이시고 가해자의 처벌을 면제해 주셨듯이, 그리스도와 하나가 된 우리도 그렇게 할 수 있다. 그리스도께서 죄책감을 가해자의 어깨에서 벗겨 주셨듯이, 우리도 그렇게 할 수 있다. 사도 바울은 이렇게 말한다. "이제 사는 것은 내가 아닙니다. 그리스도께서 내 안에서 사시는 것입니다"(갈 2:20). 우리도 그의 말을 본떠서 이렇게 말할 수 있다. "이제 용서하는 것은 내가 아닙니다. 그리스도께서 나를 통하여 용서하시는 것입니다."

물론, 용서하는 사람들에게 어울리는 모든 행위를 하는 것은 우리다. 용서하고 싶어 하는 것도 우리고, "당신을 용서합니다" 하고 말하는 것도 우리고, 분노를 멈추는 것도 우리고, 가해행위의 책임을 물리지 않는 것도 우리고, 가해자를 더 이상 유죄로 여기지 않는 것도 우리고, 가해행위를 기꺼이 잊으려 하는 것도 우리다. 하지만 우리가 하는 그 모든 행위 이면에는 그리스도께서 자리하고 계신다. 루터 식으로 표현하면, 그분은 "우리가 하는 용서의 기초, 근거, 원천"이시다.

그리스도께서 우리 안에서 사신다는 견해는 낯설어 보인다. 모태에서 살던 짧은 시기를 제외하면, 나는 어떤 사람이 다른 사람 안에서 사는 것을 본 적이 없다. 일단 태어나면, 다들 깊은 우정을 나누며 살든지 무관심하게 살든지 미워하며 살든지 간에, 서로 이웃하여 살고, 언어와 문화와 관심사와 호오好惡를 공유하는 것처럼 보인다. 오래된 연인들이 서로 닮아 보인다고 하듯이, 서로의 성격이 닮고 외모가 닮을 수도 있지만, 그것은 서로의 안에서 사는 것이 아니다.

인간들 사이의 관계에서는 그럴 수밖에 없지만, 하나님과의 관계에서는 사정이 다르다. 우리는 누군가 다른 사람 안에서는 살 수 없지만, 하나님 안에서는 살 수 있다. 그리고 하나님은 어느 누구도 하지 못할 방법으로 우리 안에서 사신다. 하나님은 우리의 모든 것, 곧 우리의 전 존재와 우리네 모든 행위의 기초, 근거, 원천이시다. 하나님과 하나이신 그리스도도 그러하시다.

그리스도께서 우리의 영혼 깊숙한 곳에 살고 계신다는 사실은 우리의 상상을 뛰어넘는 것 같다. 그러나 우리는 그리스도와 하나가 되면 우리가 어떻게 변할 수 있는지를 상상할 수 있다. 니코스 카잔차키스의 「그리스인의 수난」에서, 리코브리시의 주민들은 7년마다 그리스도의 수난극을 재연한다. 마을 원로들이 1년 전에 미리 연극의 배역을 소화할 배우들을 선정하면, 사제는 그 배우들에게 일상생활을 하면서 각자 맡은 배역을 연습하라고 다그친다. 그 배우들은 요한이나 야곱, 막달라 마리아나 예수의 역을 맡아 연습한다. 그 결과 놀라운 삶의 변화가 일어난다. 특히 그리스도 역을 맡아 연기하는 사람들에게서 그런 변화가 일어난다.[8]

카잔차키스는 수난극의 배역을 정하기 위해 모인 사람들 가운데 한 사람의 입술을 빌려서 이렇게 말한다. "여러분도 기억하시겠지만, 지난번에는 재산가요 퍽 가정적이었던 카랄람비스 님이 그리스도 역을 맡았었지요. 그는 그리스도를 어찌나 열심히 본받으려고 했던지……, 부활절 날 머리에 가시관을 쓰고 어깨에는 십자가를 짊어진 채, 모든 것을 뒤로하고 수도원으로 가서 수도사가 되었습니다."[9] 책의 주인공이자, 수난극에서 그리스도 역을 맡기로 한 마놀리오스 Manolios는 자기의 목숨을 버려 가난한 난민 집단을 살린다. 카랄람비스와 마놀리오스는 나름의 방식으로 그리스도 역을 맡아 연기하고, "그리스도를 실천했다"고 할 수 있다.

하나님이 하시는 용서와 우리가 하는 용서의 관계에 대해 이제까지 이야기해 온 것을 요약해 보자. 앞서 살펴보았듯이, 우리는 용서하면서 하나님의 용서를 우리의 것으로 삼는다. 하나님이 용서하시면, 우리는 그 신적인 용서를 받아들이고, 그 아래에다 자필 서명을 한다. 본 절에서 살펴보았듯이, 우리가 하는 용서는 그리스도께서 우리를 통하여 하시는 용서라고 할 수 있다. 하나님의 용서를 우리의 것으로 삼는 행위조차도 하나님의 일이다. 간단히 말해서, 우리가 하는 용서는 하나님이 하시는 용서의 메아리나 다름없다. 우리가 용서할 수 있는 것도 그 때문이고, 우리의 용서가 일리가 있는 것도 그 때문이다.

용서받은 용서자

그 메아리를 우리의 실제 목소리로 가득한 것이 되게 하려면 어찌해야 하는가? 루터가 제시한 답의 일부는 다음과 같다. 말하자면, 그리스도께서 우리 안에서 사시게 해야 한다는 것이다. 그리스도께서 우리를 통하여 용서하시기 때문에, 우리가 용서하는 것이다. 루터가 제시한 답의 나머지 일부는 이러하다. 즉, 용서받은 경험이 있어야 한다는 것이다. 루터는「그리스도인의 자유」에서, 하나님으로부터 용서받은 사람이 가져야 할 마음자세에 대해 아래와 같이 말한다.

> 나는 용서받을 자격이 없고 유죄판결을 받아 마땅한 사람이지만, 하나님께서는 내 편에서의 아무 공로 없이도 순수하고 값없는 자비로 의와 구원이라는 부富를 그리스도 안에서 내게 베풀어 주셨다. 그러므로 나는 그것이 참말이라는 것을 믿는 믿음 이외에는 아무것도 필요로 하지 않는다. 그러니 어찌 내가 기껍고 흔쾌하게 나의 마음을 다하지 않을 것이며, 내가 아는 모든 일, 곧 헤아릴 수 없이 막대한 부富로 나를 뒤덮으신 아버지께서 기뻐하시고 받으실 만한 모든 일을 하지 않겠는가? 그리스도께서 자신을 내게 내어주셨듯이, 나도 나 자신을 또 하나의 그리스도로 나의 이웃에게 내어주리라.[10]

루터에 의하면, "이웃에게 또 하나의 그리스도"가 된다는 것은 이웃의 죄를 떠맡는 것을 의미한다. 결국, 그리스도께서 오신 것은 가난한 사람들에게 선물을 주시기 위해서만이 아니었다. 그리스도께서 오신 것은 "유죄판결을 받은 사람"에게 의를 선물로 주시기 위함이었다. 우리가 용서하는 것은, 그리스도께서 우리를 용서해 주셨기 때문이다.

앤서니 트롤럽 Anthony Trollope의 소설「올리 농장 *Orley Farm*」에 등장하는 조셉 메이슨은 거래를 공정하게 하는 사람이거나 적어도 그렇게 되려고 애쓰는 사람이었다. 트롤럽은 이렇게 말한다. "그는 자신에게 도움을 준 모든 사람에게 빚을 갚은 것을 자랑스럽게 여겼다. 그는 자신이 살면서 누구에게도 손해를 입히지 않았다고 생각했다. 그의 밑에서 일하는 직원들은 정기적으로 급료를 받았다. 그는 편지를 보내 온 사람이 있으면 누구에게나 꼬박꼬박 답장했다. 그는 다른 사람에게서 무언가를 얻고 나서 갚지 않는 사람이 아니었다." 하지만 메이슨은 모든 사람을 공평하게 대하려고 애를 썼음에도 불구하고 그다지 선한 사람이 아니었다. "그는 절대로 잊지 않고, 절대로 용서하지 않는 사람이었다." 그는 자기가 신세 진 것을 갚기만 하는 사람이 아니었다. 누군가가 그에게 빚을 졌을 경우, 그는 그 사람에게 빚을 갚으라고 독촉하는 사람이었다. "그는 자기가 입은 모든 손해에 화를 내고, 어떠한 경우에도 가혹한 요구를 하는 것이 자기에게 걸맞은 일이라고 생각하는 사람이었다."[11]

좋은 것이든 나쁜 것이든 간에, 받을 것은 마땅히 받아 내야 한다는 원리가 우리 삶의 결론이 될 경우, 용서하는 것이 어색하기 그지없게 될 것이다. 용서라는 것은 사람들이 진 빚보다 더 큰 것을 베풀고, 사람들이 진 빚을 삭쳐 주는 것이며, 외상장부를 엉망으로 만드는 것이기 때문이다.

받을 것은 마땅히 받아야 한다는 원리는 그리스도인의 결론이 될 수 없다. 우리가 이렇게 살고 있는 것도 하나님의 은혜이고, 우리가 죄의 덫에서 벗어난 것도 하나님의 은혜. 둘 다 우리에게 자격이 있어서 주어진 것이 아니다. 우리는 처음부터 끝까지 값없이 받기만 하고, 우리가 진 빚보다 더 많은 것을 받고 있다. 그러므로 우리가 다른 사람들이 우리에게 진 빚보다 더 많은 것을 베풀고, 그들이 필요로 하는 것을 채워 주고, 그들의 감각과 상상력을 즐겁게 해주고, 그들에게 용서를 선물하여, 그들의 죄책감을 벗겨 주고, 변상의 의무를 면제시켜 주는 것은 당연한 일이다.

　용서는 사람을 용서자로 변화시킨다. 그러한 용서의 능력을 가장 훌륭하게 다룬 소설로는 빅토르 위고의 「레미제라블」을 꼽을 수 있지 않을까 싶다. 전과자 장발장은 누구도 반겨 주지 않는 사람이었지만, 한 주교의 따뜻한 환대를 받아 주교관에서 묵는다. 그는 환대를 받았으면서도 야음을 틈타 주교의 은그릇을 가지고 떠난다. 이튿날 일찍 경찰이 도망치던 장발장을 붙잡아 은그릇을 찾아내고는 그를 주교의 숙소로 데려간다. 주교는 장발장이 자신의 환대를 무시했다고 꾸짖지 않고, 오히려 장발장에게는 죄가 없다고 경찰에게 말하고, 은촛대까지 준다는 것을 그만 깜빡했노라고 자신을 나무라기까지 한다. 경찰이 돌아가자, 장발장은 선물을 받음은 물론이고 용서까지 받고서 자유인의 신분으로 떠나려고 한다. 그러자 주교는 이렇게 말한다. "나의 형제 장발장, 그대는 이제 악에 속한 자가 아니라 선에 속한 자입니다. 나는 그대를 위해 그대의 영혼을 샀습니다. 나는 그대의 영혼을 어둔 생각과 파멸의 영으로부터 건져 내어 하나님께 바치려고 합니다."[12] 그리고 그렇게 되었다. 장발장은 새 사람이 되어 선행에 힘쓴다. 그는 자베르 경감의 목숨을 살려 주기까지 한다. 자베르는 장발장을 범죄자로 의심하여 감옥에 넣으려고 하던 자였다. 장발장은 자베르를 용서한다. 주교의 베풂과 용서를 통하여 자신이 변화되었기 때문이다.

　용서를 경험했다고 해서 누구나 다 변화되는 것은 아니다. 자베르는 용서받고 나서도 남을 용서하지 못했다. 그가 스스로에게 얽어맨 규정이 그를 자비로운 사람이 되지 못하게 했기 때문이다. 결국 그는 용서를 거부하다가, 자기가 할 수 있는 일은 자살하는 것밖에 없다고 생각했다. 자신이 절대적인 정의를 실행에 옮기지 않으려면 그 길밖에 없었기 때문이다.

혹자는 용서받는 경험을 수치로 여기기도 한다. 대개 그런 사람들은 잘못하다가 용서받은 자들이다. 그들은 선물을 기쁜 마음으로 받아들이고 나누기보다는 그것을 어떻게 해서든지 갚겠다고 고집한다. 그들은 빚지는 것을 싫어한다. 그들은 다시는 규칙을 깨지 않겠으며, 용서받을 짓을 하지 않겠다고 하나님께 맹세한다. 그들은 거래를 할 때마다 비용을 꼬박꼬박 지불하는 도덕의 지배를 받는다. 그들은 간혹 은혜에 흔들릴 때가 있기는 하지만 결코 변하지 않는다.

사람이 베푸는 은혜이든, 하나님이 베푸시는 은혜이든 간에, 은혜에 마음의 문을 닫아거는 것은 가능한 일이다. 하지만 닫힌 문을 열 수 있는 것은 은혜밖에 없다. 하나님께서 은혜를 모르는 사람들에게 끊임없이 베푸시고, 회개하지 않는 사람들을 용서하시는 것은 그 때문이다. 지금도 그리스도께서는 은혜를 거부하는 마음 문 앞에 서서, 못 박힌 손으로 문을 천천히 두드리신다.

우리도 그러해야 한다. 사정이 좋아지면, 베풂이 베풂을 낳고, 용서는 용서를 낳을 것이다. 그것은 베풂과 용서가 지닌 힘일 것이다. 사정이 나빠지면, 베풂이 딱딱한 땅바닥으로 떨어지고, 용서는 황폐해지고 말 것이다. 그것은 베푸는 이와 용서하는 이가 무기력하게 되었을 때 일어나는 현상이다. 그들은 베풂과 용서로만 "문을 두드릴" 수 있기 때문이다. 그럴 경우, 그들은 기다리고…… 다시 두드리고…… 또 기다리는 수밖에 도리가 없다. 용서의 씨앗이 부활하신 그리스도의 영을 통하여 움터 올라 열매 맺기를 기대하면서…….

복수의 젖, 사랑의 요람

가장 널리 퍼져 있는 생각이기는 하지만, 받을 것은 마땅히 받아야 한다는 생각만이 용서를 방해하는 것은 아니다. 학대는 도저히 용서할 수 없을 정도로 끔찍한 외상을 자아에게 입힐 수 있다. 보스니아의 언론인 즐랏코 디즈다레비치 Zlatko Dizdarevič는 이렇게 말한다. "소총의 개머리판은 문명이 이제껏 성취한 모든 것을 파괴하고, 인간의 보다 고상한 생각을 말살하고, 정의감·자비심·용서를 일소해 버린다."[13] 그는 과장해서 말하고 있지만, 지나치게 과장한 것은 아니다.

보스니아 출신의 교사인 한 무슬림 여성이 저 피로 물든 땅에서 발발한 최근의 전쟁에서 피해를 입었다. 그녀는 망가진 자기 영혼의 아픔을 토로하고, 도저히 용서할 수 없다고 말했다. 그녀는 전쟁중에 어떻게 자기의 영혼에서 미움이 싹트게 되었는지를 어눌하지만 생생하게 말했다.

> 저는 무슬림입니다. 제 나이는 서른다섯 살입니다. 저는 갓 태어난 둘째 아들에게 "지하드Jihad"라는 이름을 지어 주었습니다. 그래야 그는 자기 어머니의 유지遺志, 곧 복수를 잊지 않을 테니까요. 나는 처음 내 아기를 품에 안던 순간 이렇게 말했습니다. "네가 나의 유지를 잊으면, 이 젖이 너를 질식시킬 것이다." 앞으로도 그 아이가 내 유지를 잊으면 그렇게 되고 말 것입니다. 세르비아 사람들은 내게 증오를 가르쳐 주었습니다. 지난 두 달 동안 내 안에는 아무것도 없었습니다. 고통도, 괴로움도 없었습니다. 내 안에는 증오밖에 없었습니다. 나는 학생들에게 사랑을 가르쳤던 사람입니다. 나는 문학을 가르치는 선생입니

다. 나는 일리야스Ilijas에서 태어났고, 하마터면 그곳에서 죽을 뻔했습니다. 내 이웃사람의 외아들이자 나의 제자인 조란Zoran이 내 입에다 방뇨를 했거든요. 턱수염이 무성한 깡패들이 내 주위에 서서 이렇게 말했습니다. "너는 아무짝에도 쓸모없어. 너는 악취 나는 무슬림 여자일 뿐이야……." 내가 고함소리를 먼저 들었는지 구타를 먼저 당했는지는 모르겠습니다. 나의 전임 동료인 물리선생이 미친 듯이 고함을 쳐댔습니다. "우스타쉬 Ustasha, 우스타쉬……" ('우스타쉬 Ustasha'는 크로아티아 우스타쉬 주의 수장 안테 파벨리치Ante Paveli가 타종교 신자들을 공격하기 위해 창설한 조직. 나치 친위대S.S.와 게슈타포보다 더 악명 높았다고 함—옮긴이). 그러고는 나를 계속 구타했습니다. 어떻게 그가 그럴 수 있었을까요? 나는 고통에 무감각하게 되었습니다. 하지만 나의 영혼은? 나의 영혼은 지금도 아파하고 있습니다. 나는 그들에게 사랑을 가르쳤건만, 그들은 정통파 신앙이 아닌 모든 것을 파괴하려고 준비했던 것입니다. 이제 남은 것은 지하드, 곧 성전聖戰뿐입니다. 그것만이 유일한 길입니다…….[14]

실로 끔찍한 치욕이 아닐 수 없다! 폭력은 말문을 막히게 하고 분노를 용암처럼 들끓게 한다! 폭력의 기억은 십자가에 달리신 분의 몸을 찌른 대못처럼 피해자의 영혼을 찌른다. 과연 지하드의 어머니는 용서할 수 있을 것인가? 복수의 젖을 먹고 자란 지하드는 복수가 아닌 다른 길을 알 수 있을 것인가?

그 여인이 무슬림이었다는 사실을 잠시 제쳐두고 말해 보자. 타종교 신자들과 관련한 태도에 대해서는 이 장의 말미에서 다루기로 하고, 이 자리에서는 폭력과 그것이 일으킨 상처만을 생각해 보기로 하자. 그런 상처를 지닌 사람은 어떻게 해야 용서할 수 있을까? 앞서 말했듯이, 용서할 수 있는 우리의 능력을 여는 열쇠는 그리스도시다. 이는 용서할 수 있는 우리의 능력과 권한을 여는 열쇠가 하나님이신 것과 같다. 그리스도께서 우리를 용서해 주셨고, 지금도 우리를 통하여 용서하고 계시기 때문에, 우리가 용서하는 것이다. 그러나 지하드의 어머니처럼 삶이 산산조각 난 사람에게 당장 필요한 것은, 그리스도께서 그 사람을 용서해 주시거나, 그 사람을 통하여 용서하시는 것이 아니다. 무엇보다도 그 사람에게 필요한 것은, 그리스도께서 그를 보호하고, 그에게 신적인 사랑의 젖을 먹이고, 그를 더없이 귀중한 보석처럼 껴안아 주고, 따스한 보살핌과 굳건한 보호의 노래를 불러 주셔서, 그를 사랑스럽고 값진 존재로 회복시켜 주시는 것이다.

그리고 그리스도께서는 그렇게 하신다. 그리스도께서는 우리를 통하여 용서하시기 전에, 성령을 통하여 우리를 용서하시기 전에, 믿음으로 말미암아 우리 안에 머무르신다. 사도 바울이 하나님과 우리의 몸 및 영혼과의 관계를 설명하기 위해 반복해서 사용한 이미지, 곧 성전의 이미지를 떠올려 보라. 사도 바울은 몸을 함부로 다루는 고린도 교회 신자들에게 이렇게 말한다. "여러분의 몸은 성령의 성전입니다. 여러분은 하나님으로부터 성령을 받아서 그것을 여러분의 몸 안에 모시고 있습니다"(고전 6:19). 몸은 거룩한 공간, 하나님 현존의 불꽃이 꺼지지 않고 타오르는 공간이다. 우리의 몸은 폐허가 될 수도 있고, 오물 같은 증오와 어리석음으로 말미암아 더러워질 수도 있지만, 거룩하신 분의 거주 장소로 성별되었다. 그 성전은 장차 영광스럽게 복원될 것이다. 사도 바울은 그 복원을 일컬어 몸의 부활이라고 부른다. 그것은 장차 올 세상에서 완전해질 것이다. 하지만 그 시작은 지금 여기에서 이루어진다. 지금도 그리스도께서는 죽을 수밖에 없고 연약한 우리 몸속에 거처를 마련하신다.

조금 전에 말했던 문학선생 속에 그리스도께서 거주하시면, 그녀도 용서할 수 있을까? 그녀는 가해자들에게 화를 내고, 당분간은 하나님에게도 화를 낼 수밖에 없을 것이다. 그러나 그리스도께서 그녀 안에 거주하시면, 그녀는 돌보시는 하나님 앞에서 가해자들을 호되게 꾸짖을 것이고, 그녀가 가장 필요로 하던 순간에 아니 계신 것처럼 보였던 하나님, 그러나 줄곧 그녀를 보살피신 하나님과도 씨름할 것이다.

그러다가 마침내 용서할 때가 올 것이다. 그녀의 영혼 한쪽에서는 용서하고, 다른 한쪽에서는 복수를 바랄지도 모른다. 잠시 용서했다가 철회할지도 모른다. 가벼운 가해행위는 용서하고, 무거운 가해행위는 용서하지 않을지도 모른다. 이처럼 오락가락하고, 시험 삼아 해보고, 머뭇거리는 시도는 충분한 용서라고 할 수 없지만, 일단 시작은 한 셈이다. 그녀가 용서라는 부드러운 식물을 짓밟지 않고, 스스로 자기 주위에 단단하게 둘러친 복수라는 껍질을 돌파하고 선하신 하나님의 생수를 그 식물에 공급하기만 하면, 그 식물은 튼튼하게 자라서 열매를 맺게 될 것이다.

그녀가 폭력을 차례차례 이야기하고, 전쟁을 유일한 길로 여기고 거기에 몰두한 것 자체가 이미 용서의 씨앗이라고 할 수 있다. 그녀의 이야기는 회개가 없긴 하지만 고백이나 다름없다. 그녀의 내면 깊은 곳에서는, 복수를 갈망하는 것이 좋게 여겨지기는 하지만 복수가 옳지 않다는 것을 알고 있었던 것이다. 역설적이게도, 복수가 옳게 여겨지는 것은 그것이 옳지 않기 때문이다. 그녀는 옳지 않은 것은 옳지 않은 것으로 바로잡아야 한다고 생각했던 것이다. 그녀는 자기에게 남은 "유일한 길"이 옳지 않은 길이라는 것을 넌지시 인정한 것이나 다름없다. 여기서 우리는 용서의 씨앗을 어렴풋이 보게 된다. 또한 그녀는 자기가 사랑을 가르치는 교사였다고 두 번이나 말했다. 그녀는 여전히 사랑을 믿었던 것이다. 그녀가 가해자들에 대해 화를 낸 것은, 그들이 사랑의 교사인 그녀를 증오의 노예로 만들었기 때문이다. 여기서도 우리는 황폐한 성전 아래 묻혀 있는 용서의 씨앗을 어렴풋이 보게 된다. 장차 성전이 복구되면, 그 씨앗도 움터 오를 것이다. 이제 남은 문제는 그녀가 그 부드러운 식물을 어떻게 할 것이냐다. 그리고 그것은 복수를 추구하는 대다수의 사람들에게 던져진 문제이기도 하다.

막간극, 세 가지 질문

내가 용서에 대해 공개적으로 강의하려고 하고, 그래서 강의를 할 때면, 질문하고 싶어서 안절부절 못하는 사람들이 더러 있다. 그럴 때면 나는 대개 강의를 멈추고 한두 질문을 받은 다음, 내 이야기를 다시 이어간다. 이 자리에서 그러한 상황을 연출해 보기로 하자.

"그래요, 저기 뒤에 계신 여자 분이 질문해 주시지요."

"볼프 교수님, 당신은 용서의 씨앗이 움터 올라 식물이 된다고 말씀하시고, 용서하는 사람은 선하신 하나님의 양분을 그 식물에게 공급해야 한다고 말씀하시는데, 가해자들에게도 용서라는 식물을 돌볼 책임이 있지 않을까요? 용서하는 사람들만이 관계 개선이라는 힘겨운 일을 해야 하는 것인가요?"

"당신의 말씀이 맞습니다. 가해자가 뉘우치면, 용서하는 사람에게 도움이 되지요. 종종 우리는 가해자가 가해행위를 되풀이하면 어쩌나

의심하면서 용서하기를 주저합니다. 다른 모든 것도 마찬가지지만, 가해자가 뉘우치지 않으면 우리는 가해자가 잘못을 되풀이하지 않으리라고 생각할 이유가 거의 없게 될 것입니다. 흔히들 자기를 보호하기 위해 용서를 유보하는 것은 그 때문입니다. 또한 우리는 가해자가 자기가 잘못했다고 생각하지 않는 것처럼 보이는데도 마지못해서 용서할 때도 있습니다. 그럴 때, 우리는 가해자의 죄책과 처벌을 면제해 주기보다는 가해자의 코를 그들의 악행에 들이대어 비벼대고 싶어 합니다.

하지만 가해자가 뉘우치지 않을 때에도 우리는 용서할 수 있고, 용서해야만 합니다. 우리 자신을 지키는 데에는 용서하지 않는 것보다 더 나은 길이 있습니다. 가해자에게 그의 잘못을 일깨워 주는 방법은 용서밖에 없습니다. 용서하는 것은 책망하는 것이나 다름없습니다. 우리는 용서함으로써 책망하는 것입니다. 용서는 온화하고 부드럽지만, 그럼에도 불구하고 우리는 그렇게 해야 합니다.

가해자가 뉘우치지 않을 때, 용서하는 것이 훨씬 어렵다는 것은 틀림없는 사실입니다. 그들이 뉘우치지 않는 것은 또 다른 형태의 가해행위를 지속하는 짓이나 다름없으니까요. 그러나 5장에서 살펴보았듯이, 용서는 무조건적인 것입니다. 용서는 가해자가 뉘우치느냐 그렇지 않으냐에 달려 있는 것이 아닙니다. 용서는 작용에 대한 반작용이 아닙니다. 그것은 무언가 새로운 것의 시작입니다. 가해자가 뉘우치지 않는데도 불구하고, 우리가 용서하는 것은 그 때문입니다. 그리고 그렇게 하기 위해서는, 용서라는 부드러운 식물을 감싸고, 저 완고한 가해자들로부터 불어오는 바람을 차단하고, 그 식물에게 선하신 하나님의 양분을 공급해야 합니다.

끝으로, 당신이 말씀하신, 피해자의 어깨에 놓인 관계 개선의 무거운 짐에 대해 이야기해 봅시다. 가해자가 먼저 뉘우치고, 피해자와의 화해를 모색하고, 피해자의 짐을 가볍게 해주는 경우가 간혹 있습니다. 그러나 가해자가 그렇게 하지 않을 경우에는 짐이 무거울 수밖에 없습니다. 피해자가 그 짐을 짊어지는 것이 공정한 것일까요? 그렇지 않습니다. 그 짐은 피해자가 꼭 짊어져야 하는 것일까요? 피해를 입은 것도 안쓰러운데, 그 짐을 짊어지는 것은 더더욱 안쓰러울 것입니다. 그런데도 피해자가 그 짐을 짊어져야 하는 것은 무엇 때문일까요? 그리스도를 따른다는 것은 그런 것을 의미하기 때문입니다. 뉘우치지 않는 사람을 용서하는 것은 그리스도인의 생활방식에서 해도 되고 안해도 되는 그런 것이 아닙니다. 그것은 그리스도인이라면 꼭 해야 하는 일입니다. 어째서 그럴까요? 하나님께서 그런 식으로 용서하시고, 그리스도께서 그런 식으로 용서해 주셨기 때문입니다. 우리도 용서의 짐을 짊어져야 합니다. 우리가 정녕 용서하는 사람이 될 때에만, 우리가 찬란히 빛나는 사람으로 회복되기 때문입니다. 우리는 하나님을 본받으라고 지음 받았습니다. 우리가 하나님을 본받지 않는다면, 그것은 유다가 우리의 뺨에 입을 맞추는 짓이 될 것이고, 우리가 우리를 배반하는 것이 될 것입니다."

"이번에는 앞자리에 계신 신사 분께서 질문해 주시지요."

"정반대의 상황이 되면 어떻게 될까요? 가령 가해자가 크게 뉘우치고 필사적으로 용서를 구하는데, 피해자가 죽거나 정신적으로 앓고 있어서 용서할 수 없거나 용서하려고 하지 않는 상태라면 말입니다."

"그것은 영화 '아마데우스'에서 늙은 살리에리가 젊은 모차르트를 죽이고 용서받기를 구하면서 맞닥뜨린 문제였습니다. 포글러 신부가 살리에리와 마주 앉아서 그의 고백을 듣고 죄를 사해 주려고 했지만,

살리에리는 불가능한 것을 원했습니다. 죽은 피해자의 용서를 원했던 것입니다. 우리가 살리에리와 달리 하나님께 화를 내지 않는다면, 우리는 하나님으로부터 용서를 받으려고 할 것입니다. 앞서 말했듯이, 엄밀히 말하면, 용서는 하나님으로부터 오는 것입니다. 하나님만이 용서할 능력과 권한을 가지고 계시기 때문입니다. 예컨대 피해자가 죽거나, 정신질환으로 응답할 수 없을 경우, 가해자는 하나님께 용서받을 수 있고, 그 용서는 진실한 것이 될 수 있습니다.

하지만 그럼에도 불구하고 피해자가 용서하지 않으면, 가해자는 불완전한 용서만을 받게 될 것입니다. 가해자는 피해자의 용서를 필요로 하게 마련입니다. 피해자의 용서가 하나님이 하시는 용서의 메아리에 불과하다고 해도 말입니다. 어째서 그럴까요? 가해자가 해를 끼친 쪽은 하나님이 아니라 피해자이기 때문입니다. 가해자가 모색하는 것은 하나님과의 관계 회복이 아니라 피해자와의 관계 회복이기 때문입니다. 피해자가 용서하지 않으면, 가해자는 하나님의 용서를 받더라도 용서받지 못했다는 자괴감을 안고 살 수밖에 없을 것입니다.

그리스도인들이 전통적으로 믿는 것처럼, 우리가 내세를 믿는다면, 이 세상과 저 세상의 경계선에서 모든 부분적인 용서가 완전하게 되기를 바랄 수 있을 것입니다. 그때에는 모두가 용서하고, 모두가 용서받게 될 것입니다. 그 문제에 대해서는 이쯤하렵니다."

"질문 하나만 더 받고, 이야기를 계속하겠습니다. 저기 왼쪽에 계신 숙녀 분께서 질문해 주시지요."

"나는 가끔 내가 용서를 제대로 이해하지 못하고 있다는 생각이 듭니다. 용서는 책망하는 것이다, 라고 방금 전에 말씀했는데, 그렇다면 용서를 제대로 하는 것은 바르게 책망하는 것이 될 것입니다. 어떻게 해야 바르게 책망하는 법을 알 수 있을까요? 나는 꼭 해야 할 만큼만 책망하고 싶거든요. 나는 가해행위를 오산하여 잘못 용서할 때가 많습니다. 용서하면서 가해자에게 잘못할 때도 있습니다. 가해자를 실제보다 더 나쁜 사람으로 만드는 것입니다!"

"강의 전체에 대한 응답이라고 할 수 있을 만큼 훌륭한 질문이군요! 간단히 말씀드리겠습니다. 우리는 종종 가해자를 어느 정도까지 책망해야 하는지를 알고 있다고 생각합니다. 우리는 잠시 멈추고 그 문제에 대해 생각하려고 하지 않습니다. 하지만 가해자를 어느 정도까지 책망해야 하는지를 알려면, 가해행위를 충분히 따져 볼 필요가 있습니다. 상상할 수 없을 정도의 가해행위라고 해도 마찬가지입니다. 가해자와 그가 처한 상황을 철저하게 알아보는 것이 필요합니다. 가해자와 우리의 관계를 동등한 자리에 올려놓고 살펴보는 것이 필요합니다. 하지만 흔히들 그렇게 하지 않습니다. 가해자와 피해자가 가해행위가 일어났는지를 두고 견해가 일치하지 않는 것은 그 때문입니다. 설령 가해행위가 일어났다는 것에 대해 견해를 같이한다고 해도, 가해행위의 정도에 대해서는 견해를 같이하지 않을 때도 있습니다. 물론, 그들이 견해를 같이하지 않는 것은 각자 다른 이유를 가지고 있기 때문입니다. 예컨대, 피해자는 가해자의 범죄를 부풀리려 하고, 가해자는 자신의 범죄를 축소시키려 하는 것입니다. 하지만 가해행위와 가해자를 충분히 알지 못해서, 혹은 가해자와 피해자의 관계를 충분히 알지 못해서, 견해가 일치하지 않는 경우도 종종 있습니다. 실로, 우리는 바르게 용서하기 위해 거의 모든 정황을 알 필요가 있습니다. 우리 스스로의 힘으로는 용서할 수 없습니다. 거의 모든 정황을 알 때에만, 하나님과 똑같이 용서하는 것은 아니지만 비슷하게는 용서할 수 있습니다.

앞서 나는 하나님만이 용서하실 수 있다고 하는 유대교 지도자들의 견해에 예수님이 동의하셨다고 말씀드렸습니다. 그 이유는 하나님만이 가해자의 어깨에서 죄의 짐을 벗겨 주실 수 있기 때문입니다. 이제 우리는 하나님만이 바르게 용서하실 수 있다고 말해도 될 것입니다. 하나님만이 가해행위의 성격과 그 정도를 아십니다. 그렇지 않다면, 하나님의 용서는 적어도 부분적으로 잘못된 것이 되고 말 것입니다.

그렇다면 용서하는 사람들인 우리는 어찌해야 할까요? 잘못 용서하는 것이 될지도 모른다고 우려하여 용서하지 말아야 할까요? 아닙니다. 우리는 용서하되, 할 수 있는 한 최선을 다해서 하나님의 용서를 본받아야 합니다. 가해행위의 성격과 그 정도를 정확하게 알 필요까지는 없습니다. 하나님께서 아시고, 우리는 하나님이 하시는 용서에 참여하면 그만이기 때문입니다. 그러므로 우리는 겸손해야 합니다. 말하자면, 잘못을 잘못 다룰 수 있음을 기꺼이 인정하고, 우리의 판단을 기꺼이 수정하고, 우리의 판단을 기꺼이 철회하는 것입니다. 우리는 언제나 겸손하게 용서해야 합니다. 우리가 우리에 대한 범죄행위라고 판단했던 것이 또 하나의 범죄행위가 되어, 우리가 해야 할 용서보다 더 큰 용서를 받아야 하는 경우가 생길 수도 있기 때문입니다.

우리는 용서하는 사람으로서 범죄행위나 가해자들에 대해 잘 알지 못합니다. 그러하기에 우리는 그들에게 묻고, 범죄행위에 대해 그들에게 배워야 합니다. 사실, 그들은 자기 자신을 잘 알지 못하거나, 자신들의 범죄행위에 대해 잘 알지 못할 수도 있습니다. 하지만 그들은 적어도 자신들의 동기, 자신들의 감정, 자신들의 고투, 자신들의 행위, 자신들의 실패를 이야기할 수 있고, 그렇게 함으로써 우리를 더 나은 용서자로 만들 수 있습니다. 용서하는 사람이 제대로 용서하려면, 가해자의 도움이 필요합니다. 다시 한번 말씀드리지만, 용서는 고독한 개인의 행위가 아니라 사회적 관계이기 때문입니다. 이제 다시 나의 이야기로 돌아가겠습니다."

용서할 줄 모르는 문화, 용서하는 공동체

우리가 용서하지 않는 이유는, 우리가 용서를 모르는 문화, 용서를 이해하지 못하는 문화 속에서 살고 있기 때문이다. 핑계인 것처럼 보이지만 사실이다. 우리는 사회적 존재로서 환경의 영향을 이루 말할 수 없을 정도로 받는다. 우리는 자신의 머리로 생각하고, 자신의 자유의지로 선택하고, 독립적으로 살고 있다고 자부하지만, 사실 우리가 생각하고 선택하는 것은 우리가 속해 있는 집단, 우리가 속해 있는 광범위한 문화가 하는 대로 흉내 내는 것에 불과할 때가 종종 있다.

베푸는 사람이 손해 보는 것처럼 보이고, 용서하는 사람이 겁쟁이처럼 보이는데, 과연 용서가 이해되겠는가? 가령 같은 사람에게 같은 방식으로 되풀이해서 피해를 입었다면, 과연 용서를 이해할 수 있겠는가? 질문과 씨름하는 것은 우리의 몫이지만, 그렇게 씨름하는 순간에도, 우리가 속해 있는 공동체의 목소리가 우리의 주장을 굴절시키고 만다.

예컨대, 미국 사람들은 소송하기 좋아하는 문화 속에서 살고 있다. 늘 그랬던 것은 아닌데, 그렇게 되고 만 것이다. 그렇게 된 데에는 많은 이유가 있지만, 이 자리에서는 다루지 않겠다. 하지만 일단 소송하기 좋아하는 문화가 되고 나면, 용서에 대한 이해도는 점점 떨어지게 마련이다. 우리만이라도 용서를 고집할 수 있지만, 그렇게 되면 시류에 역행하는 셈이 되고 만다. 우리는 용서하는 것에 이의를 제기하기 시작하고, 종종 용서를 포기하기도 한다. 용서하려면, 용서를 소중히 여기는 환경, 용서를 교육하는 환경이 필요하다.

나의 부모님은 나의 형을 죽게 한 군인에게 보상을 요구하지 않으셨다. 그분들이 미국에서 사시고, 나의 형이 지난 세기의 중엽이 아니라 금세기 초에 죽었다면, 그분들은 보상을 요구했을 것이고, 어쩌면 자신들의 여생을 책임질 만큼의 넉넉한 보상을 받았을는지도 모른다. 그 와중에 저 군인의 삶은 송두리째 무너졌을 것이고, 그는 자신의 악운을 탓했을 것이다. 다니엘 형을 죽게 한 책임이 그에게 있으니, 보상도 그가 하는 게 당연하기 때문이다. 보상 요구는 전적으로 내 부모님이 결정하신 것일 테지만, 용서할 줄 모르는 문화가 그러한 결정에 한 몫한 것이다.

1950년대에 나의 형이 죽었을 때, 판사가 사고 이야기를 듣고 나서 나의 부모님에게 배상청구권이 있다고 강조했지만, 그분들은 배상을 요구하지 않고 용서하기로 결심했다. 그것 역시 개인적인 결정이었지만, 그분들이 속해 있던 공동체의 문화가 그런 분위기를 조성했던 것이다. 내가 말하는 문화는 1950년대에 유고슬라비아에 만연해 있던 공산주의 문화가 아니다. 유고슬라비아의 공산주의 문화가 오늘날의 미국만큼 소송하기 좋아하는 문화는 아니었지만 말이다. 내가 말하는 문화는 나의 부모님이 일체감을 느끼셨던 공동체의 문화, 곧 크로아티아의 오시예크Osijek에 소재한 작은 오순절 교회의 문화를 가리킨다.

왜 용서하셨느냐고 내가 물을 때면, 나의 부모님은 언제나 이렇게 말씀했다. "하나님의 말씀을 읽어 보니, '하나님께서 그리스도 안에서 여러분을 용서하신 것같이, 서로 용서하십시오'(엡 4:32)라고 하더구나. 그래서 우리도 용서하기로 결심했단다." 부모님은 성서의 말씀에 순종해야 한다고 확신하셨다. 사랑하는 아들의 죽음조차 부모님의 확신을 흔들 수 없었다. 어째서 그러한 확신이 부모님의 인생을 사로잡은 것일까? 그분들이 한 공동체에 속해 있었기 때문이다. 부모님은 그 공동체에서 기도하셨고, 원수 사랑을 다룬 설교를 경청했으며, 성찬식에 참여해서는 죄인들을 위해 죽으신 그리스도를 기리셨고, 하나님의 신실하심과 사랑을 노래했고, 자녀들을 하나님의 돌보심에 맡겼고, 그들로 하여금 하나님을 섬기게 하셨고, 어린양의 피로 죄를 씻고 세례 받는 사람들을 축하하셨고, 죽은 자들을 애도하며 부활을 소망하셨다. 그분들이 용서하신 것은, 그분들이 그리스도를 따르는 공동체의 구성원이었고, 성경을 낡은 종교서적으로 여기지 않고 살아 계신 하나님의 생생한 말씀으로 받아들였기 때문이다.

    나는 부모님이 그 공동체 때문에 용서를 쉽게 할 수 있었다고 말하려는 것이 아니다. 첫째, 그분들의 용서는 쉬운 일이 아니었다. 어머니는 지금도 그 경험을 말씀하실 때면, "용서가 나에게 엄청난 고통을 안겨 주었어"라고 하신다. 다섯 살배기 아이를 잃은 것만으로도 충분히 고통스러운데, 잠깐이기는 하지만, 그 아이를 죽게 한 사람을 용서하는 고통까지 겪으셔야 했던 것이다. 어머니의 내면에서는 "그는 유죄야. 그가 배상해야 해"라고 하는 날카로운 음성이 끊임없이 반복되었다고 한다. 하지만 "하나님께서 그리스도 안에서 여러분을 용서하신 것같이, 서로 용서하십시오"라는 말씀이 부드럽고 세미한 음성으로 영혼의 귀에 들릴락 말락 들려왔다고 한다. 세미한 음성이 이겼다. 이유가 무엇일까? 그녀가 대담한 결단을 내리고 그것을 고수했기 때문이 아니다. 스무 해 동안 "그리스도를 실천하는 일"에 성공과 실패를 거듭하면서 용서라는 힘겨운 일을 수행할 준비가 되어 있었기 때문이다. 어머니는 저 특별한 공동체 안에서 살면서 용서하기 위해 부단히 애쓰셨던 것이다.

공동체라고 해서 우리를 양육할 만큼 완벽한 것은 아니다. 부모님이 속해 있던 공동체에는 그분들의 힘겨운 용서를 더 어렵게 하는 사람들이 몇몇 있었다. 그들은 욥의 세 친구처럼 행동했다. 그들은 나의 형이 죽은 것은 하나님께서 나의 부모님을 벌하셨기 때문이라고 생각했다. 그들은 나의 부모님이 벌을 받으신 것은 나의 아버지가 공동체의 경계선을 벗어나 침례교도들과 어울리고 그들의 집회에 참석했기 때문이라고 생각했다! 부모님은 가장 위로 받아야 할 자리에 계셨음에도 불구하고, 저들이 극도로 아끼는 어리석은 규정을 위반했다고 벌을 내리는 그런 하나님 像에 직면해 있었다. 엎친 데 덮친 격으로, 다니엘 형의 죽음이라는 짐 위에 가해자를 용서하는 짐이 놓여 있었고, 그 꼭대기에는 공동체의 비난이라는 짐까지 놓여 있었던 것이다! 하지만 부모님이 그리스도인이 되신 것은 공동체생활에 매료되어서가 아니라 복음서 이야기들의 능력을 통해서였다. 부모님이 보시기에, 벌을 내리는 하나님 상은 용서하시는 하나님을 더욱 도드라지게 할 뿐이었다. 부모님은 하나님께서 용서하신 것같이 용서하셨다. 공동체 안에 있던 최악의 것은 그리스도의 모범에 뿌리 내린 최고의 실천을 두드러지게 할 뿐이었다

부모님의 온전한 신앙생활과 최고의 실천이 하나의 결정으로 모아져, 용서라는 어려운 일을 가능하게 한 것이다! 용서하시는 하나님은 용서하는 사람들의 삶 속에서 어떻게 활동하시는가? 하나님은 자기 폐쇄적인 개인들의 고독한 결단을 통해서가 아니라 은혜로우신 하나님께 응답하는 삶을 통해서, 그리고 용서를 의미심장하게 하는 공동체를

통해서 활동하신다. 용서하는 사람이 되고 싶은가? 그러면 용서받은 용서자들의 동아리를 찾아보라!

교만한 용서자들

이제까지 나는 용서하지 않으려고 하는 태도에 대하여, 복수하려는 욕구에 대하여, 용서를 베풀지 않고 정의를 요구하는 것에 대하여, 우리를 무기력하게 하여 용서를 생각조차 하지 못하게 하는 범죄행위에 대하여, 뉘우치려 하지 않는 가해자들에 대하여, 범죄행위를 제대로 알지 못하는 용서자들에 대하여 이야기해 왔다. 또한 나는 우리가 용서하려고 하지 않는 이유는, 우리가 잘못된 힘을 끄집어내어 용서를 억압하고, 우리의 분노를 키우고, 가해자들을 단죄하고, 그들과 비교하여 스스로를 의롭게 여기고, 복수를 꿈꾸고, 복수의 힘이 우리의 혈맥을 통해 들끓는 것을 느끼기 때문이라고 말했다. 용서하려면, 그 모든 힘과 교만을 버려야 할 것이다.

    우리의 문제는 용서하려고 하지 않는 태도만이 아니다. 우리는 용서하기를 간절히 바라면서도 잘못된 이유로, 잘못된 방식으로 용서하는 경우가 간혹 있다. 용서는 지나친 교만의 원천이 될 수 있다. 우리는 용서할 때, 우리가 옳고, 우리가 우월하고, 우리가 빛과 한편이고, 가해자는 어둠과 한편이라고 느끼기 쉽다.

    그러한 교만의 원천은 대개 이중적이다. 첫째, 우리가 침해당했다고 느끼는 것이다. 용서의 행위는 우리 자신이 무죄이고 가해자가 유죄라는 생각을 뒷받침하면서 교만을 키우기 쉽다. 둘째, 우리가 용서할 때, 베푸는 쪽은 우리이고 가해자는 받는 쪽이라는 것이다. 3장에서 살펴보았듯이, 베풂 자체는 교만의 원천이 될 수 있다. 용서처럼, 수령자를 비난받을 만한 사람으로 지목하는 선물은 우리의 교만을 훨씬 증폭시킬 수 있다. 요컨대, 우리는 용서하면서 우리의 의로움, 우리의 관용, 우리의 위대함을 과시하고, 그 와중에 가해자를 모욕하고, 가해자의 품위를 떨어뜨리기 쉽다. 용서하다가, 용서를 받아야 할 것처럼 보일 정도로 잘못 용서할 수가 있는 것이다!

용서는 정교한 기술이라고 할 수 있다. 그 기술을 제대로 실행에 옮기려면 어찌해야 하는가? 용서하는 사람들이 자신들을 무죄로 여김으로써 야기된 교만을 물리치려면 어찌해야 하는가? 피해자가 "나는 무죄예요!" 하고 말하는 것은, 문제가 된 가해행위 하나만을 고려할 경우에는 어느 정도 옳을 수 있다. 그러나 시야를 넓혀서 보라. 그러면 그도 다른 시간과 다른 장소에서 똑같은 잘못을 저질렀거나, 훨씬 나쁜 잘못을 저질렀음이 드러날 것이다. 그런데도 그는 교만하게 가해자들의 무리에서 자신을 분리시켜 "선한 사람들"의 무리에 끼워 넣고 있는 것이다. 자기가 피해를 입었다는 사실 하나만으로 그렇게 처신하는 것이다!

피해자는 가해자를 가리켜 "저 사람이 유죄예요!" 하고 말하기 쉽다. 특정한 가해행위만을 놓고 볼 경우에는 그의 말이 옳을 수 있다. 그는 그렇게 말함으로써 가해자의 선행들, 심지어 가해자가 피해자에게 한 선행들까지 쉽게 무시하고 만다. 가해자들의 삶과 피해자들의 삶은 서로 얽혀 있게 마련이다. 그런데도 피해자들은 자신들이 가해자의 가해행위에 어느 정도 이바지했을 가능성을 전혀 염두에 두지 않는다. 가해자의 가해행위에 대한 책임이 자신들에게 있을 수 있거만, 피해자들은 그렇게 생각하기를 격렬하게 거부한다. 오히려 그들은 경멸적인 눈빛으로 가해자들을 악인들의 범주에 가두고, 가해자들로부터 자신들을 마음 편히 분리시킨다.

피해자들은 가해자들을 악인의 범주에 가두지만, 악이 만만찮은 세력이라는 것을, 악이 가해자들의 의지 속에서만 사는 것은 아니라는 것을 종종 잊는다. 그러나 가해자들은 악의 힘이 어떠한지를 경험으로 알고 있다. 꼭 그런 것은 아니지만, 가해자들이 잘못을 저지르기로 작정하는 것은, 그들이 유혹을 뿌리치지 못해서인 경우가 대부분이다. 우리는 선을 이루려고 하다가 상처를 줄 정도로 맹목적이다. 우리는 나쁜 짓을 저지르지 않으려고 하면서도 정작 나쁜 짓으로 쏠릴 때에는 그것을 막지 못할 정도로 나약하다. 안에서는 이기심과 교만과 태만이 우리로 하여금 나쁜 짓을 하도록 꼬드기고, 밖에서는 우리를 둘러싼 악이 의의 옷을 입고서 우리를 나쁜 짓으로 잡아당기고, 선을 위해 잘못을 저지르게 한다. 가해자들이 스스로 원해서 악을 원하는 경우는 거의 없다. 루터가 말한 대로, 그들이 악행을 저지르는 것은 "악마가 그들을 혼란스럽게 하고, 그들을 사로잡고, 그들을 현혹하기 때문이다."[15]

그리스도교 전통은 다음과 같은 세 가지 명제를 동시에 주장해 왔다. 첫째, 우리의 성향과 생각과 행실과 실천이 아무리 선하다고 해도, 모든 것을 아시는 하나님, 거룩하신 하나님의 눈으로 보면, 우리는 피해자를 포함해 너나없이 죄인이다. 둘째, 우리의 성향과 생각과 행실과 실천이 아무리 악하다고 해도, 우리는 가해자를 포함해 너나없이 하나님의 선한 피조물이다. 셋째, 한 개인이 순전히 악한 의지를 가지고 혼자서만 저지른 악행은 존재하지 않는다. 우리의 죄스러운 성향이 그것을 살찌우고, 죄스러운 문화가 그것을 부추긴 것이다.

온전히 선하신 분은 하나님 한분밖에 없다. 어둠의 제왕이 아무리 악하다고 해도, 선의 영향을 받지 않고는 존재할 수 없다. 용서할 때에는 "모든 사람이 죄를 지었다"는 사실을 떠올리는 것이 좋다. 우리는 너나없이 죄를 짓는다. 죄의 덫에 걸려 있기 때문이다. 그리고 선한 구석이 전혀 없는 사람은 존재하지 않는다. 우리 모두는 의인으로서 용서하는 것이 아니라, 죄인으로서 용서하는 것이다. 우리는 비열한 악마로서 용서하는 것이 아니라, 하나님의 선한 피조물로서 용서하는 것이다. 이 사실들을 염두에 둘 때에만, 용서하는 사람의 교만을 물리치고, 스스로를 무죄로 추정하지 않을 수 있다.

한 가지 용서, 두 가지 승리

용서와 관련된 교만의 두 번째 형식, 곧 거드름 피우는 관용을 물리치려면 어찌해야 하는가? 용서하는 사람은 용서할 능력이나 권한이 자기에게 없다는 것을 명심해야 한다. 또한 제대로 용서하는 법을 알지 못하며, 제대로 용서할 만큼 고결하지도 않다는 것을 명심해야 한다. 우리가 하는 용서는 하나님이 하시는 용서를 우리의 것으로 삼은 것일 뿐이다. 그렇게 용서할 때에도, 용서하는 이는 우리 자신이 아니다. 그리스도께서 우리를 통해 용서하시는 것이다. 하나님의 용서를 반영하면 반영할수록, 우리의 용서는 그만큼 바른 것이 되게 마련이다. 가해자가 우리의 용서에 대해 감사할 때, 우리는 수령자가 우리의 베풂에 대해 감사할 때 하는 것과 똑같은 방식으로 반응해야 한다. 말하자면 감사의 방향을 틀어, 모든 용서의 참된 원천이시며 참된 동인動因이신 하나님께로 돌리는 것이다. 제대로 용서하면, 자랑할 일이 거의 없게 된다. 우리가 하는 용서의 원천은 하나님이시기 때문이다. 우리가 제대로 용서하면 용서할수록, 자랑할 이유는 점점 더 줄어든다.

교만하게 용서하는 사람은 바람직하지 않게 용서하는 사람이다. 교만은 용서가 가장 먼저 성취하려고 하는 것을 뒤엎어 버리기 때문이다. 앞의 두 장에서 살펴보았듯이, 용서는 사적인 덕행이 아니다. 용서는 선으로 악을 이기고, 화해를 창출하려는 보다 폭넓은 전략의 일부다. 용서는 괴로움과 분노로부터 우리를 건져 주는 것은 물론이고 원수 사랑을 가동시키기까지 한다. 그러므로 가해자가 어떻게 받아들일 것인지를 헤아리지 않고 안하무인격으로 용서하는 자는 참되게 용서하는 사람이라고 할 수 없다. 선으로 악을 이기도록 돕는 것, 가해자를 뉘우치게 하고, 가해자와 화해하고, 가해자를 선한 사람으로 회복시키는 것, 그것이 용서다. 겸손한 용서만이 그러한 목표를 달성할 수 있을 것이고, 교만한 용서는 정반대의 결과를 거두게 될 것이다.

쇠렌 키르케고르는 선으로 악을 이기는 것을 설명하면서, 한 가지 승리가 아니라 두 가지 승리를 언급한다. 우리는 용서할 때 비로소 첫 번째 승리를 거둔다. 그러한 승리는 쉽게 거둘 수 있는 것이 아니다. 우리는 용서하려고 힘쓰다가 실패하고, 실패했다는 사실에 좌절하여 포기-하거나 기뻐-한다. 그런 다음 다시 힘쓰다가 용서의 파편보다 훨씬 못한 것으로 끝날 수도 있다. 그러다가 결국, 우리는 그 모든 파편을 이어 맞추고 용서한다. 첫 번째 전투를 벌이다가 멍이 들어 조금은 실망하기도 하지만, 우리는 그래도 기뻐한다. 첫 번째 승리를 거머쥐었기 때문이다! 하지만 아직 완전한 승리를 거둔 것은 아니다, 라고 키르케고르는 말한다. 아직도 싸워야 할 전투가 하나 더 남아 있고, 거두어야 할 승리가 하나 더 남아 있기 때문이다.

키르케고르는 이렇게 말한다. "패배자가 되는 것은 굴욕적인 느낌이다."[16] 승리자는 자신이 거둔 승리를 맛보고 뽐내는 반면, 패배자는 수치심을 느낀다. 용서에 관한 한, 그것은 참말이다. "패배자가 자기의 잘못과 자기의 실패를 깊이 느끼면 느낄수록, 그는 자신에게 자비의 일격을 가한 사람으로부터 굴욕감을 느끼게 마련이다."[17] 선으로 악을 이기려고 하는 사람은 어떻게 하는가? 그는 패배자를 설득하여 자기편으로 끌어들이려고 시도한다. 그가 "사랑"의 고투를 벌이는 것은, "다른 사람이 용서를 받아들여, 화해한 사람이 되게 하려는 것이다."[18] 그가 성공하면, 그것은 그들의 두 번째 승리가 된다.

두 번째 승리는 어떻게 거두는 것인가? 자만심으로 가득해져 승리를 과시하고 젠체하거나, 환호하는 구경꾼들의 키스에 도취되는 것으로는 거둘 수 없다! 키르케고르는 이렇게 말한다. "사랑하는 사람은 결코 흔적을 남기지 않는다. 그는 자기가 이겼다고 하거나 자기가 승리자라고 생각하지 않는다. 그는 선하신 분께서 승리하셨다고 생각한다."[19] 하나님이 승리하셨고, 승리는 하나님의 승리다. 바로 거기서 교만은 설 자리를 잃는다.

완성

우리는 용서할 능력과 권한을 가지고 있다. 파생된 능력이자 파생된 권한이기는 하지만 말이다. 우리는 용서할 권한, 곧 하나님의 용서를 우리의 것으로 삼을 권리를 부여받았다. 그것이 해답인 것처럼 보이지만, 그것은 또 하나의 문제이기도 하다. 하나님께서 용서하라고 명령하시니, 우리는 용서라는 일을 실제로 진척시키지 않으면 안되는 것이다! 우리는 용서라는 일을 진척시킬 수 있을 만큼 너그러운가? 우리는 내적인 힘을 충분히 모을 수 있는가? 우리는 제대로 용서할 수 있을 만큼 겸손한가? 우리가 용서받은 사람들이며, 용서를 기리는 공동체에서 살고 있다는 것을 잊지 않는 것이 좋다. 무엇보다도 용서하시는 이는 우리를 통해서 용서하는 그리스도시며, 우리가 하는 용서는 하나님이 하시는 용서의 메아리에 불과하다는 사실을 상기하는 것이 좋다.

그 모든 것이 도움이 되기는 하지만, 우리는 여전히 용서를 하지 않으면 안된다. 우리는 좀처럼 용서를 시작하지 않는다. 앤 라모트 Anne Lamott는 「계획 B: 신앙을 더 생각하기 *Plan B: Further Thoughts on Faith*」에서 자신은 자기 어머니를 용서할 수 없다고 대단히 솔직하게 말한다. 그녀는 이렇게 말한다. "나는 내 마음을 누그러뜨려 달라고 기도했다. 하지만 어머니를 향한 내 마음은 여전히 싸늘하기만 했다. ······나는 어머니를 다정하게 대하지 않았다. 어머니는 무섭고, 화를 잘 내고, 의존적이고, 가난하고 오만했다. 나는 그런 어머니를 용서하지 않았다."[20] 주저하는 걸음걸이로 용서의 첫발을 내딛은 뒤에도 그녀는 이렇게 말한다. "나는 어머니의 많은 것을 용서했다고 생각했지만, 값비싼 항목들은 하나도 용서하지 않은 상태였다. 그것들은 지금까지 살아남았고, 앞으로도 오랫동안 살아남을 것처럼 보였다." 그런 다음 그녀는 이런 말을 덧붙인다. "나는 그날의 용서가 모자이크처럼 조각난 것이기는 하지만 하나의 시작이었다고 생각한다."[21]

설령 우리가 용서하는 사람이 되어 용서한다고 해도, 그것은 시작에 불과할 뿐이다. 앞서 말했듯이, 제대로 용서할 수 있으려면, 가해행위가 어떤 것인지 충분히 알아야 하는데, 우리는 그렇게 하지 못하고 있다. 이상한 소리로 들리겠지만, 용서의 행위는 그 정도가 아무리 작아도 가해자에 대한 부당행위가 될 수 있다. 게다가 용서하는 이들은 위선자일 때가 종종 있다. 말하자면 입으로는 용서를 말하면서 마음으로는 분노를 품고, 이미 "용서받은" 사람들에게 낮은 정도이기는 하지만 적대감을 표출하고, 은밀한 복수의 행위로 그들을 공격하는 것이다. 복수라는 저급한 길을 추구하면서도, 자신이 도덕적으로 고상한 용서의 토대 위에 서 있다고 주장하는 것이다.

    보다 복잡한 것을 생각해 보자. 내가 한 친구를 용서했다고 가정해 보자. 그러면 그가 잘못했고, 내가 잘했다고 할 것이다. 게다가 그를 용서하기까지 하였으니 나는 덕스러운 사람이라고 해야 할 것이다. 그러나 사실은 나도 그에게 잘못한 것이 있고, 한번도 잘한 것이 없을 수 있다. 그는 그 사실을 알지 못한다. 내가 그 사실을 고백하지 않으면 그는 그것을 알 수가 없다. 그리고 나는 그와 관련해 잘못한 것이 없는 것처럼 비쳐질 것이다. 또한 나는 그가 나를 용서함으로써 그의 덕스러움을 드러내 보일 기회를 주지 않았다. 내가 그보다 훨씬 덕스러운 사람인 것처럼 보이지만, 사실은 그렇지 않다. 내가 베푼 용서가 나에 대한 잘못된 인상을 주는 것일 뿐이다. 그것이 나를 그보다 비교적 높은 경지에 올려놓고 그를 모욕하기까지 하는 것이다. 잠시 다음의 사실을 생각해 보라. 두 사람 사이에서 하나의 잘못이 행해졌을 때, 그것을 제대로 용서하려면, 두 사람 사이에 있었던 모든 잘못을 까발리고 그 모든 것을 용서해야 할 것이다. 하지만 그런 일은 현실 세계에서는 좀처럼 일어나지 않는다.

    우리가 하는 모든 용서는 불완전할 수밖에 없다. 그러므로 우리가 하는 용서를 우리 자신의 행위로 여기지 않고, 하나님이 하시는 용서에 참여하는 것으로 여기는 것이 중요하다. 우리가 하는 용서는 흠투성이이지만, 하나님이 하시는 용서는 완전무결하다. 우리가 하는 용서는 잠정적이지만, 하나님이 하시는 용서는 궁극적이다. 우리가 하는 용서는 어정쩡하고 임의적이지만, 하나님이 하시는 용서는 거침없고 결정적이다. 우리는 용서할 때 부적절한 판단과 교만으로 가해자에게 잘못하기 쉽지만, 하나님은 정의와 참된 사랑으로 용서하신다. 우리가 하는 용서로 하여금 하나님이 하시는 용서를 맑게 비치게 하고, 우리가 하는 용서를 끊임없이 바로잡아 가는 수밖에 도리가 없다. 우리가 하는 용서는 하나님이 하시는 용서의 메아리로서만 가능하기 때문이다.

그 메아리는 이 세상에서 왜곡되기 쉽다. 왜곡될 가능성이 있는 것이 아니라 왜곡될 수밖에 없다. 언젠가 때가 되면 그런 왜곡이 사라질 것이다. 사도 바울은 우리 모두가 언젠가는 "그리스도의 심판대 앞에 출두"하게 되어 있다고 말한다(고후 5:10). 심판의 날은 덧없는 삶과 영생을 가르는 경계선, 죄스러운 현세와 사랑의 내세를 가르는 경계선에 자리한다. 사도 바울이 말한 대로, 우리는 심판의 날에 "선한 일이든지 악한 일이든지, 몸으로 행한 모든 일에 따라, 마땅한 보응을 받게" 될 것이다. 하지만 그리스도의 심판은 은혜로운 심판이기도 하다. 결국 우리는 변화되어 하나님과 화해하고, 서로 화해하게 될 것이다. 꼭 그렇게 되어야 한다. 그렇지 않으면 심판은 신앙이 바라는 것, 곧 사랑의 세계로 통하는 문이 되지 못할 것이다.

그날이 오면, 하나님께서 모든 죄를 책망하시고 용서하실 것이다. 하나님의 빛이 우리의 삶과 우리 마음의 어둔 구석구석을 비출 것이고, 우리는 하나님이 우리를 아시는 것처럼 우리 자신을 알게 될 것이다. 하나님의 사랑이 우리에게서 모든 죄책감과 처벌에 대한 공포를 벗겨 줄 것이고, 우리는 하나님이 우리를 사랑하시는 것처럼 우리를 사랑함은 물론이고 다른 사람들도 사랑하게 될 것이다. 우리는 우리의 죄를 용서해 주심은 물론이고 우리에게 해를 끼친 사람들의 죄도 용서해 주시는 하나님을 온전히 본받게 될 것이다. 우리가 하는 용서는 지금은 얼룩져 있지만 그날이 오면 찬란히 빛나게 될 것이다.

우리가 지금 용서하는 이유는 그날을 소망하기 때문이다. 우리에게 해를 끼친 행위를 용서하고 잊어버리는 것도 그날을 소망하기 때문이다. 5장에서 말했듯이, (죄를) "기억하지 않는 것"이야말로 용서의 완성이다. 흔히들 용서는 하되 잊지는 않으려고 한다. 다들 그렇게 한다. 책임을 물리지 않고, 죄책감을 벗겨 주기까지 하면서도, 잊지는 않으려고 한다. 종종 우리는 기억하지 않을 수 없다고 말한다. 상처가 너무 깊어서 잊을 수 없다고 말한다. 위험이 여전하니, 잊는 것은 그다지 현명한 일이 아니라고 말한다. 목격자들이 기억하고 있으니, 우리도 계속 기억할 수밖에 없다고 말한다.

하지만 우리는, 앞서 말한 대로, 손해를 잊고 최선의 경우에는 용서하고 잊어야 한다. 현실 세계에서는 가해자들을 보면서 그들의 가해행위를 잊는 경우가 드물고, 자기를 해친 것에 아랑곳하지 않고 잊기가 참으로 쉽지 않다. 그리고 그럴 수밖에 없다. 그러한 기억을 제대로 내려놓으려면, 온 세상이 새로워져야 할 것이다. 그러한 세상은 우리가 하나님을 사랑하고 하나님 안에서 서로 사랑하는 세상, 온갖 악행으로부터 보호받을 수 있는 세상, 없어지지 않고 영원히 지속되는 사랑의 세상일 것이다. 세상이 그런 식으로 바뀔 때에만, 우리는 가해자들의 가해행위를 기억하지 않게 되는 선물을 하나님으로부터 받게 되고, 그것을 가해자들에게 나눠 줄 수 있을 것이다. 그럴 때에만 용서가 완성되어 영원히 지속될 것이다.

한 무슬림의 커피 잔

이제까지 용서와 베풂을 다루면서 논의해 온 수많은 내용은 그리스도교적 신념에 기초한 것이다. 우리가 용서할 능력과 권한, 용서할 의무를 가지는 것은, 하나님께서 그리스도 안에서 용서하셨기 때문이다. 그리스도께서 우리 안에서 사시고 우리를 통해 용서하시니, 우리도 용서할 수 있다. 앞서 말한 대로, 용서는 매 단계마다 그리스도교적 신념의 날개를 타고 날아오른다. 그렇다면 그리스도교적 신념이 없으면 용서는 추락할 수밖에 없는 것인가?

그리스도를 믿는다고 고백하지 않은 사람들은 어쩌란 말인가? 유대인들이나 무슬림들은 어쩌란 말인가? 하나님을 전혀 믿지 않는 무신론자들은 어쩌란 말인가? 그들은 복수와 정의의 길만을 걸어야 하는 것인가? 그들에게는 용서의 길이 금지된 것인가? 당연히 그들도 용서할 수 있다. 그리고 그들은 눈에 띌 정도로 용서하는 사람들이다. 그리스도인이 아닌 사람들이 그리스도인들보다 더 잘 용서하는 경우가 있는 게 사실이다.

즐랏코 디즈다레비치는 보스니아 내전을 감동적으로 다룬 글에서, 사라예보에 거주하는 세 살배기 딸의 아버지 이야기를 전한다. 그 딸이 집 밖에서 놀다가 저격수의 총탄에 맞았다. 디즈다레비치는 이렇게 말한다.

그녀의 아버지가 사색이 되어 그녀를 병원으로 데려간다. 그녀는 출혈이 심해서 생사의 갈림길에서 헤매는 상태다. 체구가 컸던 그녀의 아버지는 그녀를 치료할 의사를 보고 나서야 눈물을 흘리기 시작한다. 그의 말하는 모습을 TV 카메라가 녹화한다. 그의 말 한 마디 한 마디는 휴머니즘을 다룬 금언집, 곧 힘없는 사람, 용서하는 사람의 명문집이라고 할 만하다. 그가 베푼 용서는 세 살배기 아이에게 총격을 가한 그 범죄자에게 베푼 용서가 아니라, 인간의 모든 욕구를 파괴하는 악에 사로잡혀 야수가 되어 버린 사람들에게 베푸는 용서였다. 그가 내뱉은 문장들 가운데 두 문장은 오늘이나 내일이 지나가도 오랫동안 없어지지 않고 우리의 생각을 따라다닐 것이다. 첫 번째 문장은, 불행에 시달리는 그 아버지가 익명의 저격수에게 커피 한 잔을 나누자고 하면서, 무엇이 그러한 짓을 저지르게 했는지를 사람처럼 말해 달라고 청하는 대목에서 터져 나온다. 그런 다음 그는 그러한 요청이 인간의 반응을 이끌어 내지 못하리라는 것을 알면서도 이렇게 말한다. "언젠가는 내 딸 아이의 눈물이 그를 느닷없이 사로잡을 것입니다."[22]

디즈다레비치 자신은 그 여자아이의 아버지가 말한 것에 견해를 같이 하지 않는 것 같다. 그는 그 아버지의 언사를 부끄러운 무력감과 비난받아 마땅한 무책임의 발로로 여기는 것 같다. 나는 이 자리에서 디즈다레비치와 논쟁을 벌일 생각이 없다. 어찌 보면, 본서 전체가 그러한 논쟁이라고 할 수 있기 때문이다. 나는 그 여자아이의 아버지에게 집중하고 싶다. 그는 무슬림이었던 것 같다. 그의 관용은 탁월한 것이었다. 용서하고자 하는 그의 바람은 또 어떠했던가! 그의 딸아이가 흘린 피는 다른 어떤 이유로 흘린 것이 아니라 재미 삼아 죽이는 자의 오락 때문에 흘린 것이었다. 하지만 그녀가 흘린 피조차도 그의 바람을 없애지 못했다!

이제껏 내가 예수 그리스도와 용서의 관계에 대해 이야기해 온 것을 놓고 볼 때, 타종교 신자들 편에서 베푼 용서를 어떻게 설명해야 할까? 첫 번째 대답은 다음과 같다. 모든 종교는, 폭력의 도움을 받아서 생겨난 종교조차도, 저마다 용서를 촉진하는 방법을 가지고 있다. 예컨대, 이슬람교에서 무슬림들은 알라의 자비를 끊임없이 구한다. 그리스도인들이 특별한 방식으로 용서한다고 말하면서, 타종교 신자들이 그들 나름의 방식으로 용서할 수 없다고 말하는 것은 있을 수 없는 일이다. 그리스도인들은 그리스도교 신앙에서 용서가 얼마나 두드러진 것인지를 아는 만큼, 타종교들에서 용서를 뒷받침하는 요소들을 두드러지게 하는 일에도 관심을 기울여야 한다.

타종교 신자들 편에서 베푼 용서를 어떻게 설명할 것인가라는 물음에 대한 두 번째 대답은 다음과 같다. 타종교 신자들에게 그리스도는 신앙고백의 대상도 아니고 경배의 대상도 아니며, 그들의 신념과 예배의식을 구체화하도록 지명된 분도 아니다. 2세기의 교부이자 순교자인 저스틴Justin Martyr은 "말씀의 씨앗들"이라는 표현을 자주 언급한다. 요한복음서 기자는 말씀, 곧 성 삼위의 두 번째 위격을 가리켜 "모든 사람을 비추는 참 빛"이라고 말한다(요 1:9). 확대해서 말하면, 말씀은 모든 사람을 고귀하게 하는 참된 선, 모든 아름다운 것 안에서 빛나는 참된 아름다움이라고 할 수도 있다. 순교자 저스틴은 그 말씀이 예수 그리스도 안에 온전히 들어 있으며, 동시에 온 세상에 흩어져 있으며, 그리스 철학자들, 경건한 현자들, 모든 고결한 사람들 속에도 산재해 있다고 생각한다.

그리스도교의 관점에서 볼 때, 타종교 신자들이 용서를 베풀고, 종종 감동적으로 용서하는 것은 결코 수수께끼가 아니다. 그들은 한분이신 말씀, 곧 그들 안에서 은밀하게 활동하시면서 베푸시고 용서하시는 하나님께 응답하고 있는 것이다. 하나님은 그들의 종교적 신념과 예배의식을 사용하실 수도 있고, 그들의 신념 및 예배의식과 무관하게 활동하실 수도 있다. 그들이 용서를 베푸는 것은 그 때문이다. 베푸시고 용서하시는 하나님은 그리스도인들 안에서도 그런 식으로 활동하신다. 하나님은 그리스도인들의 신념과 예배의식을 종종 사용하시지만 멀리하기도 하신다.

그럼에도 불구하고 수수께끼, 모호하고 알 수 없는 수수께끼는 여전히 남아 있다. 타종교 신자들이 어찌하여 용서하느냐가 수수께끼가 아니라, "경건하지 못한 사람들을 의롭다고 하시는 분을 믿는 사람들"(롬 4:5), "우리가 우리에게 죄지은 사람을 용서하여 준 것같이 우리의 죄를 용서하여 주시고" 하며 기도하는 사람들, 곧 그리스도인들이 어째서 용서를 잘 하지 못하느냐가 수수께끼다! 어떤 사람들은 그리스도교가 폭력적인 종교라고 말한다. 그렇지 않다는 것을 이 책이 보여주었으면 좋겠다.

그런데 우리들 가운데 상당수는 어찌 그리 쉽게 "검"을 드는 것인가? 어찌하여 우리는 십자가의 감화를 받아 용서해야 할 때에 앙갚음을 하는 것인가? 우리가 신앙의 확신과 하나가 되지 못해서 그런 것인가? 우리가 알맹이 없는 경건을 붙잡고, 우리에게 건네질 때 힘이 다 빠져 버린 신앙을 고수해서 그런 것인가? 우리가 유약한 시민 종교에 동의해서 그런 것인가? 예수 그리스도의 하나님이 "국가"라는 흉포한 신의 벌거벗은 몸을 가리는 반투명 옷에 불과해서 그런 것인가? 우리가 "자기"라는 이름의 신을 떠받들고, 베푸시고 용서하시는 하나님의 것을 파렴치하게 빼앗고, 그 다음에는 이웃의 것을 뻔뻔스럽게 빼앗고, 이웃이 우리의 것을 빼앗으려고 할 때에는 복수의 칼을 휘둘러서 그런 것인가?

    우리 믿음의 선조들 가운데 상당수는 탐욕을 부리거나 복수심에 불타다가 이루 말할 수 없는 고통을 겪었다. 우리가 아버지이건 어머니이건, 동료이건 친구이건, 이웃이건 나그네이건 간에, 우리는 어찌하여 그들보다 더 나아지지 못하는 것인가? 어찌하여 우리는 이기심에서 자기증여로 건너가게 하고, 복수에서 용서로 건너가게 하는 다리, 곧 하나님께서 놓으신 다리를 거부하는 것인가? 그것이야말로 우리를 전율하게 하는 수수께끼이자, 배은망덕한 사람들에게 베푸시는 하나님, 경건하지 않은 사람들을 용서하시는 하나님 앞에서 우리를 떨게 하는 수수께끼가 아닐 수 없다.

후주곡_ 한 회의론자와의 대화

"정말로 당신은 당신이 쓴 소재를 전부 다 믿습니까?" 하고 한 지인이 내게 물었다.

"소재라니! 어떤 소재를 말씀하시는 건가요?"

"베푸시는 하나님에 관해 당신이 말한 모든 것 말입니다. 당신은, 하나님이 베푸시는 것처럼 베풀어야 한다, 우리가 베푸는 것은 하나님이 우리를 통해 베푸시는 것이다, 사람은 하나님이 거주하시는 거룩한 장소가 되어야 한다, 사람은 하나님의 사랑에 공조할 때에만 완성된다고 말하는데, 그것은 종교 동화처럼 비현실적인 것 같습니다!"

나는 방어 자세를 취하면서 이렇게 말했다.

"나라면 소재라는 말을 쓰지 않겠습니다."

"폄훼하려는 뜻은 없습니다. 물론 당신의 부모님이 하신 일, 곧 저 병사를 용서하신 일은 아름다운 일입니다. 어린왕자처럼, 장미 한 송이를 보살피고, 그래서 별들을 사기 나른 모양으로 보기까지 하는 것은 아름다운 일인 것처럼 여겨집니다. 당신이 그리는 베풂과 용서의 삶이 아름답습니다……"

"당신도 알다시피, 그것은 내가 그린 것이 아닙니다."

"어쨌든 그것은 너무나 아름다워서 비현실적인 꿈처럼 여겨집니다. 영화 '인생은 아름다워 Life Is Beautiful'를 기억하시지요? 그 영화에는 강제수용소에 수용된 조슈에라는 한 아이가 등장합니다. 그 아이의 아버지는 수용소 안에서 이루어지는 모든 것이 하나의 정교한 게임이라고 속여, 아이가 정상적인 삶을 살고 있다는 환상을 심어 줍니다. 당신이 말하는 삶도 그런 식으로 아름답습니다. 하나의 정교한 계책 같습니다."

"당신이 무슨 말을 하시는지 알겠습니다만……."

"우리가 실제로 살아가는 모습을 보거나 생각해 볼 때, 사심 없는 베풂과 용서에 관한 모든 언설은 이치에 맞지 않는 것 같습니다. 우리는 베풂과 용서라는 게임을 하고 있지만, 그 게임은 가혹한 현실을 은폐하기 위해 고안된 것에 불과합니다. 다들 그 현실을 있는 그대로 보기를 두려워하거든요. 다들 자기의 이익을 극대화하는 데 골몰하고, 사회는 수단과 방법을 가리지 말고 그렇게 하라고 꼬드깁니다. 우리는 얻기 위해서 '베풀고', 우리에게 이익이 될 때에만 '용서합니다.' 있는 것은 온통 우리의 이유, 우리의 이익, 만족할 줄 모르는 우리의 자아뿐입니다. 우리는 닳고 닳은 사람들, 복잡한 골칫덩어리입니다. 우리는 생존과 번영을 위해 가끔은 다른 사람들의 도움을 받기도 하지만 대개는 다른 사람들을 희생시켜 부정 이득을 보고, 우리의 이기심을 '베풂'과 '용서'로 덮어 가리는 문제아들입니다."

그의 말에 나는 다음과 같이 말했다.

"당신이 우리를 발가벗기고 실오라기까지 다 벗겨 버리니, 우리가 볼품없는 사람이 되고 마는군요."

"하지만 그것이 우리의 본모습입니다! 당신이 이 책에서 말한 것은 장황한 거짓말, 위로가 되는 아름다운 거짓말입니다."

"거짓말이라니요? 듣기가 거북하군요……."

"잔인한 현실을 은폐하기 위해 어쩔 수 없이 하는 거짓말 말예요."

나는 반은 나 자신에게, 반은 그에게 말하는 심정으로 이렇게 말했다.

"고백하지만, 나는 가끔 캄캄한 한밤중에 일어나서 이런 생각을 하곤 합니다. '우리는 너나없이 이기주의자들인지도 몰라. 다른 사람들보다 조금은 상냥하고, 영리하게도 잠깐 동안은 이타주의자가 되지만, 실컷 먹고 헐떡이는 이기주의자들. 어쩌면 우리를 지은 것은 사랑이 아닐지도 몰라. 속임수로 가득한 우리 마음속에는 사랑이 없을지도 몰라. 사랑의 세계는 우리에게 한번도 주어진 적이 없을 거야. 우리는 어스레한 어둠에서 비롯되어 어스레한 어둠으로 되돌아가는 것인지도 몰라. 우리는 짧은 생을 살면서 자기만을 위하는 블랙홀일 거야.'"

"이제야 바른 말을 하시는군요. 그런데 어째서 이 책을 쓴 것입니까? 당신 자신을 편안히 잠재우고, 당신이 그리는 공상의 세계로 편안히 돌아가기 위해서인가요? 한바탕 유쾌한 꿈으로는 잔인한 현실을 없앨 수 없답니다!"

나는 보다 확신에 차서 말했다.

"세벽이 되면, 니는 롱아일랜드 해협 너머로 오렌지 빛깔의 거대한 태양이 솟아오르는 것을 보면서 이런 깨달음을 얻곤 합니다. '간밤에 나는 어둠의 음성에 끌렸던 거야!' 나의 아들 아론이 나의 침대로 기어올라와 커다란 눈망울로 나를 바라볼 때, 그가 내게 잊지 못할 미소, 장난기가 섞여 있으면서 동시에 부드러운 미소를 보낼 때, 그가 내 옆에 있는 베개에 머리를 누인 채 '아빠, 사랑해요' 하고 말할 때, 어떤 일이 일어나는지 아십니까? 그때 무슨 일이 일어나는지 아십니까? 그럴 때면 나는 이런 생각이 들더군요. '새벽 다섯 시 삼십 분에 잠든 나를 깨웠음에도 불구하고 나로 하여금 화낼 수 없게 만드는 저 미소는 깊이를 알 수 없는 우리의 이기심에서 나온 것이 아니야.'"

"당신이 당신의 아들을 사랑하고, 당신의 아들이 당신을 사랑하는 것은 감동적인 이야기입니다. 하지만 당신도 알다시피, 그런 '사랑'은 설명할 수 있는 사랑입니다……."

나는 다소 초조한 상태로 말했다.

"인간의 복잡한 경험을 단순한 원인으로 환원하여 설명하는 것을 말하는 거라면, 나 역시 그런 설명체계를 잘 알고 있습니다. 당신은 영리하고 게다가 생생한 상상력까지 갖추었으니, 모든 것을 다른 어떤 것으로 환원해 설명할 수 있을 것입니다. 그래요, 거의 모든 것을. 마르크스는 종교를 '억눌린 피조물의 한숨'으로 단순화했고, 니체는 도덕을 '약자들의 분노'로 단순화했으며, 프로이트는……."

"당신은 지금 사이비과학에 대해 말하고 있군요……."

"차이가 있다는 말에 동의합니다. 하지만 자연과학 역시 환원하여 설명합니다. 자연과학은 자신의 분야에서는 옳고 대단히 유용하지만, 일단 자신의 분야를 벗어나면, 현실을 일그러뜨리게 마련입니다."

"그렇지 않습니다. 자연과학은 빈틈없이 설명하고 기술합니다!"

"자연과학이 설명하고 나면, 아론의 미소는 온데간데없이 사라지고 말 것입니다. 과학적 설명으로 무장한 당신이 나를 바라보는 아론의 얼굴 사진을 찍는다면, 아론이 미소 짓고 있는 것과 똑같아 보이는데도 미소 짓지 않고 있는 것으로만 보일 것입니다. 당신의 눈에는 찡그린 얼굴만 보일 뿐, 미소는 보이지 않을 것입니다. 참된 미소는 자연과학이 알아낼 수 없는 의미의 우주 전체를 담고 있습니다. 그 미소의 실재는 내게 이렇게 말합니다. '이 세상은 스스로 존재할 수 없다. 그것은 대폭발과 함께 시작되어 스스로 존재하다가 커다란 탄식과 함께 사라지는 것이 아니다.'"

"그것으로 신의 존재가 증명된 것 같군요! 아론은 미소 짓는다, 그러므로 신은 존재한다! 멋진 논증이군요! 그것은 여러 책에 '볼프 박사의 신 존재 증명'으로 기록되겠군요!"

"당신은 내 말을 이해하지 못했군요. 신 존재 증명 같은 것이 아닙니다. 나는 신의 존재는 증명할 수 있는 것이 아니라고 생각합니다. 아론의 미소는 자연과학자의 '현실' 속에서는 하나의 틈과 같습니다. 아론의 미소는 다음과 같은 사실의 예증이라고 할 수 있습니다. 말하자면 당신이 언급한 '빈틈'이야말로 삶을 구성하는 최선이라는 것입니다. 그것은 실재의 참된 본성을 들여다보는 창窓이나 다름없습니다."

"당신은 확실히 그 미소 속에서 많은 것을 보고 있군요."

"볼 줄 알면, 당신은 단 한 차례의 미소 속에서도 많은 것을 보고 깜짝 놀라게 될 것입니다. 당신이 정말로 주의 깊게 보고 마음의 눈으로 본다면, 당신은 하나님을 '볼' 수도 있을 것입니다. 하나님은 아론의 미소 속에서 나를 보고 미소 지으십니다. 하나님은 수평선 너머로 갓 솟아오른 오렌지 빛깔의 태양 속에서도 빛나고 계십니다."

"당신은 미소가 당신에게 다음과 같이 말한다고 했습니다. '이 세상은 스스로 존재할 수 없어.' '~할 수 없어'라는 말은 너무 단정적인 말이 아닐까요?"

"'~하지 않을 수도 있어'로 해석하시기 바랍니다. 당신이 미소를 있는 그대로 받아들이면, 그 미소는 이렇게 말할 것입니다. '이 세상은 그냥 존재하는 것이 아닐 수도 있어.' 그 미소는 이렇게도 말할 것입니다. '이 세상은 하나의 선물일 거야. 우리의 존재는 저 미소 자체처럼 다른 어떤 이유로가 아니라 하나님의 기쁨을 위해 주어진 선물일 거야.'"

"당신이 밤중에 떠올린 어두운 생각들—과 내가 냉정하게 관찰하는 것들—이 진실이라면 어떻게 될까요?"

"글쎄요, 어떻게 될까요?"

"당신이 틀린 셈이 되는 것이지요."

"나는 올바른 삶을 살았습니다! 당신은 그 삶을 아름답다고 말했고요."

"아름답지만 거짓된 삶을 산 것입니다! 그래도 상관없다는 말인가요? 거짓된 삶이 선한 삶이라는 말인가요?"

"거짓된 삶이라고 생각하겠지만, 그것은 선한 삶, 대단히 선한 삶일 수 있습니다. 우리가 생각하는 것이 틀릴 수도 있으니까요. 하지만 정말로 거짓된 삶은 아무리 아름다워도 선한 삶이 될 수 없습니다. 당신과 내가 이 자리에서 논쟁하고 있는 것은 그 때문일 것입니다. 우리는 진실에 관해 논쟁하고 있습니다. 진실은 중요합니다. 하지만 나는 나의 삶이 틀렸다고는 생각하지 않습니다."

"'아무리 아름다워도'라고 말하시는 것을 보니, 당신은 의심을 품고 있군요."

"물론입니다. 하지만 내가 의심을 품는 것과, 이 아름다운 삶이 잘못되었다고 말하는 것은 별개의 문제입니다."

"당신은 의심 때문에 괴롭지 않나요?"

"물론 괴롭습니다. 하지만 그 괴로움은 내가 하나님과 같지 않아서 생기는 것입니다. 하나님은 아시고 의심하는 법이 없으십니다. 나는 믿고 의심합니다. 의심은 믿음의 반대가 아니라 믿음의 일부입니다. 게다가 나는 베푸시고 용서하시는 하나님의 존재를 의심하기만 하는 것이 아닙니다. 나는 그런 하나님께 이의를 제기하기도 하고, 때로는 소리를 지르기도 합니다. 이 세상을 보면, 베푸시고 용서하시는 하나님이 창조하신 것이라고 믿어지지 않는 때가 종종 있습니다. 나보다 다섯 살 위인 형의 머리가 으깨진 일을 생각하면, 하나님이 세상을 전혀 마음에 두지 않으신다는 생각이 들기도 합니다."

"당신은 나와 생각이 같군요!"

"나는 그렇게 생각하지 않습니다. 당신은 선하신 하나님을 믿을 때에만 이 세상에 있는 악에 맞서 싸울 수 있습니다. 그렇지 않으면 그 싸움은 무의미합니다. 나는 하나님과 씨름하고, 하나님께 따진답니다."

"그러면 '하나님, 내가 믿습니다. 믿음 없는 나를 도와주십시오'라고 해야겠군요."

"뿐만 아니라 '나의 영혼이 세상과 당신을 향해 화를 내거든, 나의 영혼을 도와주십시오'라고 기도하고, 무엇보다도 '그렇게 앉아 계시지만 말고, 무언가를 해주십시오!'라고 하십시오. 나는 그런 식으로 의심하고, 항의하고, 호소하고, 기도하고, 믿고, 그리고 사색합니다."

"맞아요. 사색이 당신의 일이지요. 당신이 사색하는 것에 대한 보답으로 예일 대학교에서 급료를 지급하지요."

"나는 대단히 운 좋은 사람이지만, 급료를 받기 때문에 사색하는 것이 아닙니다. 급료를 받음으로써 사색할 시간이 더 늘어나기는 하지만 말입니다. 나는 믿기 때문에 신앙에 대해 사색하는 것이고, 하나님을 믿는 믿음과, 그 믿음이 암시하는 생활방식을 옹호하는 것입니다. 앞서 말했듯이, 나는 하나님의 존재를 증명할 수 있다고는 생각하지 않습니다. 하지만 현실을 설명할 수는 있습니다. 현실을 설명하는 것은 두 가지 의미를 이해하는 것이나 다름없습니다. 하나는 당신이 관심을 가지고 있는 우주에 관한 '사실들'의 의미를 자연과학자가 설명하는 것만큼 잘 이해하는 것이고, 다른 하나는 베풀고 용서하는 것의 의미와, 아름다운 삶을 갈망하는 것의 의미를 제대로 이해하는 것입니다."

"당신은 이 책에서 그러한 설명을 제공하고 있지 않더군요."

"그럴 생각이 없었습니다. 다른 사람들이 그렇게 했으니까요. 나는 하나님과 함께하는 생활방식에 대해 설명하려고 했습니다. 말하자면 그러한 삶 내부에서 설명하는 것이지요. 나는 그러한 삶이 얼마나 일관되고, 얼마나 아름다운지를 드러내 보이고 싶었을 뿐입니다."

"그것으로는 나 같은 회의론자를 납득시키기 어려울 것 같군요."

"죄송하지만, 이 책은 당신을 위해서 쓴 것이 아니라, 나 자신을 위해서, 그리고 나 같은 사람들을 위해서 쓴 것입니다. 내가 쓴 책 대다수는 영적 훈련의 일환으로 나 자신을 위해서 쓴 것입니다. 사실을 말하자면, 그리스도교적 생활방식의 기초를 뒤흔드는 논쟁은 나를 괴롭히는 문제가 아닙니다. 논쟁은 결단코 나를 괴롭히는 문제가 아닙니다."

"당신의 아름다운 삶을 야금야금 갉아먹는 것이 있는지요?"

"그래요, 그럴듯한 논쟁보다 훨씬 게걸스러운 무언가가 있습니다."

"괴롭겠습니다."

"괴롭겠다고요? 괴로운지 아닌지는 잘 모르겠습니다. 그런 식의 표현은 너무나 심리적인 것 같습니다. 내가 말하려고 하는 것은 훨씬 깊은 문제입니다."

"깊은 문제라. ……당신네 신학자들은 늘 깊이 있는 것과 신비스러운 것들에 골몰하지요."

"겉만 대충대충 핥으며 살고 싶지는 않겠지요? 당신의 비위에 맞지 않더라도, 사랑의 신비나 악의 신비 같이 참된 신비에 당신의 마음을 열어 보십시오. 그러한 신비들이 없으면, 삶은 단조롭고 부실한 것이 되고 마니까요!"

"'부실한' 것이 되는지는 잘 모르겠습니다. 그러면 당신의 문제는 무엇입니까?"

"내가 '죄인'이라는 것입니다. 우리를 당혹스럽게 하는 용어이기는 하지만, 그리스도인들은 스스로를 그렇게 불렀습니다."

그가 깊이 생각하더니 이렇게 말했다.

"성서에서 읽은 기억이 나는군요. 아이 시절에 무슨 뜻인지도 모르고 '우리 회원들이 지켜야 할 율법'에 대해 읽었지요. 나는 그 구절을 들을 때면 언제나 섹스를 떠올렸습니다. 섹스를 하나님의 율법에 위배되는 것으로 여겼거든요. 또한 나는 '비참한' 사람, 불쌍한 죄인에 대해 언급한 대목을 읽기도 했습니다. 그런 대목이 바울의 문서 어딘가에 있는 게 맞지요? 당신네 사도 말입니다. 꽤 우울한 대목이었습니다."

"내가 죄를 언급하자마자 당신은 섹스를 떠올리는군요! 당신은 사도 바울이 죄의 덫에 걸린 것에 대해 말하는 대목이 우울하다고 생각하시는군요? 그게 사실입니까?"

"압니다, 알아요. ……죄가 섹스와 관계있는 것이 아니라, 자기 사랑과 관계있다는 것을요. 사도 바울의 말은 우리가 자기만 위하는 이기적인 동물이라는 점에서는 옳습니다. 하지만 우리가 이기적 동물이라는 이유로, 당신—이나 바울—이 우리를 비참한 사람이라고 일컬을 때에는 기분이 우울해지고 말더군요."

"언제 우울해지는지를 말씀드리지요. 싸움을 시작하기도 전에 패할 경우, 그때가 바로 우울해지는 때입니다. '우리는 언제나 이기적이고 앞으로도 그럴 것이다. 이기심에서 벗어나는 것은 불가능하다. 설령 가능하다고 해도, 그것은 우리를 해치거나 망가뜨릴 것이다'라고 생각해 싸울 생각조차 하지 않을 때, 그때가 바로 우울해지는 때입니다. 하지만 나의 관점에서 사태를 보면 어찌될까요? 나는 우리가 마음을 다해 하나님을 사랑하고, 이웃을 자기 몸처럼 사랑해야 한다고 생각합니다. 그것은 예수께서 명하신 것입니다. 나는 그것을 사랑이신 하나님, 베푸시고 용서하시는 하나님, 사랑을 위해 우리를 지으신 하나님, 우리를 완성하시는 하나님을 믿는 믿음과 단짝이라고 생각합니다. 내가 '괴로운' 것은, 사랑하지 않고 베풀지 않고 용서하지 않는 나 자신이 불쑥불쑥 보이기 때문입니다. 다른 사람들을 희생시켜 나 자신의 이익을 도모하며 기뻐하는 모습도 보이고요……."

"베풂과 용서에 관한 책 한 권을 쓰는 것으로 당신이 치료될 것이라고 생각하시는 건가요?"

"할 수만 있으면 그렇게 되기를 바랍니다! 유감스럽게도 나는 이 책보다 더 많은 것을 필요로 합니다. 나는 날마다 기도를 바치고, 성서 본문을 묵상하고, 침묵하는 것을 필요로 합니다. 나는 하나님 사랑과 이웃 사랑을 둘러싼 삶의 비전을 경축하는 동료 신자들의 공동체를 필요로 합니다. 나로 하여금 책임적인 사람이 되게 하는 친구를 필요로 하고, 나를 비추어 주어 이기심과 교만과 게으름을 물리치게 하는 아내와 아이들을 필요로 합니다. 덧없고 죄스러운 것을 여읜 새 사람, 전혀 새로운 세상을 필요로 합니다. 요컨대 나는 하나님을 필요로 합니다. 하지만 나는 한 권의 책도 필요로 합니다. 더 정확히 말하면, 나는 베풀고 용서하는 삶의 대강을 진술한 책이 필요합니다. 그래서 이 책을 쓴 것입니다."

"악마와 그 하수인들에 맞서 싸우겠다고 한 권의 책을 내세우다니, 살바도르 달리Salvador Dali가 상상으로 그린 그림에서('성 안토니우스의 시험The Temptation of St. Anthony'을 가리킴—옮긴이) 벌거벗은 성 안토니우스가 강력한 유혹들의 공격에 맞선답시고 빈약한 십자가를 들고 내세우는 것과 같은 격이로군요!"

"그 유혹들을 가져와 보세요. 내가 이 작은 책을 들고 그것들을 분쇄할 테니 말입니다. ……오늘 당신은 몹시 치근거리는군요. 당신은 내가 존경하는 영웅 가운데 한 사람, 모든 결점에도 불구하고 영웅임에 틀림없는 그가, 책의 성공을 두고 자축하는 사람들에게 어떻게 말했는지 아십니까? 루터는 그들에게 자신들의 귀를 만져 보라고 충고합니다. 그들이 자신들의 귀를 제대로 만지면, 자신들의 귀가 기다랗고 털이 복슬복슬한 당나귀 귀라는 것을 알게 되리라는 것이지요! 그는 책의 가치를 결정하는 것은 저자의 몫이 아니라고 생각했습니다. 책의 가치를 결정하는 것은 서점도 아니고, 상을 주는 위원회도 아니며, 좋은 책을 감별하는 사람도 아닙니다. 혹평이나 호평으로 책의 가치를 결정하는 분은 하나님이십니다. 참말이지 이 책은 내가 나 자신을 위해서 쓴 것입니다."

"악마와 싸우기 위해서요."

"또 그러시네. 내가 죄를 언급하기만 하면, 당신은 타락하고 마는군요."

"나는 죄와 악마가 당신네 그리스도인들을 노린다고 생각했는데요."

"그렇기는 해도 노골적으로 달려들지는 않습니다. 본론으로 돌아갑시다. 나는 「배척과 포용」을 쓰고 나서 신기한 경험을 했습니다."

"그게 뭔데요?"

"나는 그 책에서 무엇보다도 다음과 같이 주장했습니다. 말하자면 그리스도께서 우리를 포용하신 것같이, 우리도 우리의 원수를 포용해야 한다는 것입니다. 그런데 내가 그 책을 쓰자마자 내 삶에 한 '원수'가 나타났던 것입니다. 나는 용서하고 포용하기보다는 원래대로 되돌아가서 배척하려고 하는 성향이 내 속에 자리하고 있음을 알았습니다. 그때 나는 나 자신의 음성을 들었습니다. 그 음성은 이렇게 말했습니다. '하지만 너는 네 책에서 포용해야 한다고 주장했어.' 그 음성은 경건한 내 어머니께서 자주 이야기하시는 부드럽고 세미한 음성이었습니다."

"그것이 도움이 되던가요?"

"도움이 되더군요. 내가 실수하고 있음을, 내가 하나님과 나 자신에게 성실하지 못했다는 것을 일깨워 주더군요. 그 음성 덕분에 나는 달리 행동하기로, 나의 '원수'를 사랑하기로 결심했습니다."

"「배척과 포용」을 읽어 보지는 못했지만, 당신이 이 책에서 스케치한 삶도 나쁘지 않더군요."

"그렇다면 나는 이 책을 당신을 위해 쓴 셈이네요. 당신도 이 생활방식을 실험해 보는 게 좋을 겁니다."

"나는 하나님을 믿지 않습니다."

"하지만 당신이 좋아하는 게 하나님의 속성이든, 하나님의 상이든, 하나님의 비전이든 간에, 당신은 베푸시고 용서하시는 하나님을 좋아하잖아요?"

"하나님은 여느 신들과 마찬가지로 상당히 너그러운 신입니다. 하지만 나는 그런 신들을 믿지 못해서 고민입니다."

"이 생활방식을 실험해 보고 나서 믿으면 되잖아요."

그가 큰소리로 말했다.

"뭐라고요! 나는 이 생활방식의 모든 것이 하나님께 달려 있다고 생각했거든요. '하나님이 베푸시고 용서하시니 우리도 그렇게 해야 한다. 하나님이 베푸시고 용서하시니 우리도 그렇게 할 수 있다'고 말하지 않았습니까? 물론 우리 자신의 권리로 하는 것이 아니라, 하나님이 하시는 베풂과 용서를 흉내 내는 것이긴 하지만 말예요. 하나님을 치워 보십시오. 그러면 모든 것이 무너지고 말 것입니다. 내 말이 맞지요?"

"당신의 말이 옳아요. 하나님을 믿는 믿음만 그런 것이 아니라 모든 것이 하나님께 달려 있지요. 모든 것은 하나님이 우리의 삶 속에 현존하느냐에 달려 있습니다. 그리고 하나님은 우리가 믿든 안 믿든, 우리를 위해 현존하십니다."

"하나님은 사려 깊은 분이 아니시군요! 하나님은 사생활에 대해 조금도 알지 못하는 분, 당신이 홀로 있고자 할 때 홀로 있도록 내버려 두지 않는 분이신가요?"

"하나님께는 그럴 만한 이유가 있습니다. 하나님은 자신의 침실이 있는 상위 중산층 가정에서 자라지 않았거든요. ……그러니 당신의 바람들을 존중하지 않는 분으로 여기지 말고, 애인에게 배신당했음에도 불구하고 애인을 버리지 않고 오히려 장미 한 송이나 한 편의 시를 보내는 연인처럼 다정한 분으로 여기려고 노력해 보세요."

"하지만 애인이 연인의 구애 없이 살겠다는 뜻을 쪽지에 담아 보내오면, 연인은 애인이 홀로 있도록 내버려 두어야 합니다. 나는 하나님이 존재하지 않는다고 확신하는데, 나의 확신은 홀로 살겠다는 뜻을 담은 쪽지나 다름없습니다."

"그런가요? 어쨌든, 하나님은 별난 연인이십니다……."

"아주 별난……."

"하나님은 어디에나 계십니다. 하나님께서 믿지 않는 자들을 그대로 내버려 두시거나 그들의 삶에서 떠나시기가 어려운 것은 그 때문입니다. 사람은 특정한 시간에 한 장소에만 자리할 수 있지만, 하나님은 그렇지 않습니다. 당신과 나는 이 세상의 모든 사람이 그러하듯이 특정한 시간에 모든 장소에 있을 수 있는 것이 아니라 한 장소에만 있을 수 있습니다. 게다가 우리 안에 자리하고 계시면서 우리에게 생명을 주시는 하나님, 우리에게 숨과 심장박동을 잇따라 주시는 하나님이 아니 계시면, 당신과 나는 이곳이나 저곳에 있을 수 없습니다."

"골치 아픈 내용이네요!"

"알기 쉽고 단순한 하나님을 원하지는 않을 것입니다. 장담하건데, 그런 하나님은 우상으로 판명되고 말 테니까요."

"그렇기는 해도, 믿지 않는 자의 신분으로 하나님을 믿을 때에만 이해되는 삶을 산다는 것이 영 어색하게 여겨지는군요. 다른 사람의 구두를 신고 다니는 것처럼 말입니다."

"현재 파리에서 살고 있는 체코 출신 작가 밀란 쿤데라 Milan Kundera가 30년 전에 「우스꽝스러운 사랑 *Laughable Loves*」이라는 단편소설집을 냈습니다. 아시는지요? 몰라도 상관없습니다. 우리네 삶의 '무거움'과 '가벼움'을 다룬 것인데, 그가 「참을 수 없는 존재의 가벼움 *The Unbearable Lightness of Being*」에서 다룬 것과 주제가 같다고 할 수 있습니다. 그 책에 수록되어 있는 한 이야기에서('에드워드와 신 Edward and God'이 그 이야기의 제목이다—옮긴이) 주인공 에드워드는 자신이 진지하게 받아들일 수 있는 본질적인 것을 갈망하지만, '자신의 연애

사건들, 자신의 선생 노릇, 자신의 생각들'을 아무리 뒤적여 보아도 그것을 찾아낼 수 없었습니다."

"내가 하나님을 갈망한다고 말할 수는 없습니다."

"하지만 당신은 아름다운 삶을 갈망하는 것 같습니다. '아름다운 삶'이라는 표현을 당신이 꺼냈으니까요. 그리고 당신은 하나님만이 아름다운 삶을 주실 수 있다고 암시하기도 했고요. 어쨌든, 나는 당신이 바라는 것과, 쿤데라의 소설 속 주인공 에드워드가 바라던 것을 비교할 마음이 없습니다. 하지만 에드워드와 당신이 가깝다는 것은 분명합니다. 에드워드는 가끔 교회에 앉은 채 생각에 잠겨 둥근 천장을 올려다보곤 했습니다. 쿤데라는 그 이야기의 말미에서 이렇게 말합니다. '그럴 때에는 그를 내버려 두는 것이 좋다. 때는 오후, 교회는 정적에 휩싸인 채 텅 비어 있다. 에드워드는 좌석에 앉은 채, 하나님이 존재하지 않는다는 사실을 슬퍼하며 괴로워한다. 하지만 바로 그 순간, 그의 슬픔이 어찌나 컸던지, 그 슬픔의 밑바닥에서 하나님의 진짜 얼굴, 하나님의 살아 있는 얼굴이 불쑥 나타난다.'"[1]

"니체는 '신은 죽었다. 교회는 신의 무덤이다'라고 논평했는데, 쿤데라는 그 논평을 상연하고 있는 것이 아닐까요?"

"나도 같은 생각입니다만, 쿤데라와 니체의 관계를 논하려는 뜻은 아니었습니다……."

"당신은 내가 교회에 가서 앉기를 바라십니까?"

"교회 건물 속으로 들어가듯이, 당신이 좋아한다고 말하는 생활방식 속으로 들어가 보세요. 나는 당신이 그러한 생활방식에 잠기기를 바랍니다. 더 정확히 말하면, 그러한 생활방식의 내부를 잠시라도 답사해 보기를 바랍니다. 어쩌면 거기서 살아 계신 하나님을 발견할 수 있을지도 모르니까요. 논쟁의 끝에서가 아니라 참된 삶의 한복판에서 말입니다."

후기

전체의 결론을 쓰는 것이 좋겠지만, 본서와 관련해 다음 네 가지 사항을 언급하는 것으로 만족해야겠다.

첫째, 본서는 인간의 두 가지 주요 실천 과제인 베풂과 용서를 어떻게 이해하고 살아 낼 것인지를 고찰한다. 베풂과 용서는 그리스도교 신앙 전체를 신선한 시각으로 조망할 수 있게 하는 특수한 렌즈나 다름없다. 내가 글을 쓰는 것은 그리스도교 신앙의 옹호자로서 쓰는 것이다. 그러므로 본서는 독자를 그리스도교 신앙으로 초대하는 안내서라고 할 수 있다.

둘째, 본서는 그러한 안내서이면서 동시에, 그리스도교 사상가들 가운데 가장 독창적이고 가장 위대한 인물임에 틀림없는 사도 바울을 해석한 책이기도 하다. 사도 바울을 다룬 저작물들이 하늘에 떠 있는 별들만큼 널려 있고, 그를 제대로 해석하려면 어찌해야 하는지를 두고 신학자들과 철학자들 그리고 사회비평가들 사이에서 논쟁이 들끓고 있지만, 나는 그러한 논쟁들 가운데 그 어느 것도 다루지 않았다. 나는 사도 바울과 관련해 스스로 얻은 것을 제시했을 따름이다. 다만 대학교

수 사회에 대해 미안한 마음을 갖는 것은, 본서가 학문적인 책이 아니기 때문이다. 물론 그들은 나의 미안한 마음을 필요로 하지 않겠지만……. 나는 제3의 시각을 모색하기 위한 학문적 논쟁을 제쳐 두고, 바울이 품었던 비전의 내용을 내 나름대로 탐구하여, 그것이 오늘의 우리에게 얼마나 중요한 것인지를, 신학 지식이나 철학 지식이 거의 없는 독자들이 이해하기 쉽게 밝히려고 하였다.

셋째, 본서는 16세기의 위대한 종교개혁자 마르틴 루터의 저작을 읽은 결과물이기도 하다. 루터를 다룬 학문적 저작 역시 한 개인이 오를 수 없을 만큼 산더미를 이루고 있다. 나는 바울을 다룰 때와 똑같은 방식으로 루터를 다루었다. 나는 경합을 벌이는 여러 해석들을 다각적으로 검토한 뒤에 나의 견해를 제시했다. (학자들에게 암시를 주자면, 나의 견해는 여러 점에서 다르기는 해도 핀란드 식 루터 해석에 가장 가깝다고 할 수 있다.) 사도 바울에 대한 해석을 바탕으로 독자들을 그리스도교 신앙으로 초대하고, 아울러 위대한 종교개혁자의 저작을 읽고 그 결과물까지 제시하게 되었으니 일석이조가 아닐 수 없다. 루터는 그리스도교 신앙의 알짬을 개략적이기는 하지만 제대로 파악했다고 생각된다. 더 정확히 말하면, 세속적인 권력으로 개혁을 유지하는 데 관심을 기울인 루터가 그런 것이 아니라, 그리스도교 신앙을 새롭게 발견한 루터가 그랬다. 또한 루터는 사도 바울을 제대로 이해했다고 생각된다. 이 견해는 오늘날 인기 있는 견해가 아니지만, 인기가 신뢰도의 표지인 것은 아니다.

마지막으로, 본서는 변변찮은 신학 서적임에도 불구하고 캔터베리 대주교가 2006년 사순절 묵상집으로 선정하면서 영적 저작물에 속하게 되었다. 식사중에 주主요리와 샐러드를 따로 들고 싶어 하는 사람처럼, 자신의 영성과 신학을 따로 유지하고 싶어 하는 이들이 있다. 하지만 나는 그러고 싶지 않다. 신학적이지 않은 영성은 암흑 속에서 헤맬 수밖에 없고, 영적이지 않은 신학은 가장 중요한 내용을 결여하게 마련이기 때문이다. 어쨌든 나는 베풂과 용서에 관한 글을 쓰기 위해 신학적으로 사고하면서 영적인 훈련도 병행한 셈이다. 나는 독자들이 본서를 읽으면서 동일한 목표에 이르기를 바란다.

감사의 말

이 책을 내가 썼다고 말하면, 그것은 속이 빤히 들여다보이는 짓이 될 것이다. 구상과 준비와 구성은 내가 한 것이지만, 표면적으로만 그런 것이다. 본서에 수록된 내용 대다수는 내게 주어진 것들이었다. 나는, 사도 바울이 우리에게 상기시키듯이, 우리의 모든 것이 하나님으로부터 온 선물이라는 의미에서 그렇게 말하는 것이 아니다. 내가 이 책을 쓸 수 있었던 것은, 내가 교사들, 가족, 친구들, 학생들, 그리고 청중들로부터 영향을 받았기 때문이다. 내 것이라고 할 만한 것이 어디에서 끝나고, 다른 사람들에게서 온 것이 어디에서 시작되는지를 말할 수 없을 만큼 나는 많은 영향을 받았다.

나는 「배척과 포용」을 쓰고 나서 수많은 청중 앞에서 용서에 관해 강연했고, 베풂에 관해서는 예일 대학교에서 개최한 두 차례의 세미나에서 교수했다. (그 가운데 한 세미나는 하버드 대학교의 사라 코클리 Sarah Coakley 교수와 내가 하버드 대학교와 예일 대학교의 박사과정에 있는 학생들을 대상으로 해 공동으로 주관한 세미나였다.) 나는 베풂과 용서에 관해 세 교회에서 강연하기도 했다. 그 교회들은 다음과 같다. 코네티컷 주

길퍼드에 소재한 Christ Episcopal Church, 테네시 주 내슈빌에 소재한 Christ Church Cathedral, 코네티컷 주 뉴케이넌에 소재한 the Congregational Church. 또한 나는 여러 신학교와 단과대학에서도 본서의 내용을 주제로 삼아 강의했다. 그 학교들은 다음과 같다. 오하이오 주 애슐랜드에 소재한 Ashland Theological Seminary, 크로아티아의 오시예크에 소재한 Evangelical Theological Seminary, 캐나다의 토론토에 소재한 the Presbyterian College, 캐나다의 랭리에 소재한 Trinity Western University. 나는 본서에서 중요한 자리를 차지하고 있는 마르틴 루터를 잊지 않기 위해, 동료 교수 로널드 릿저스 Ronald Rittgers와 함께 예일 대학교에서 정기적으로 루터 강좌를 열고 있다. 나는 그 모든 무대에서 상당히 많은 것을 배웠고, 그것에 대해 감사하고 있다.

이 연구 과제를 수행하는 데에는 세 연구원의 도움이 컸다. 크리스 갠스키가 초기에 도움을 주었고, 피터 포레스트와 숀 라슨이 뒤를 이었다. 이 책의 편집자 수잔 리처드슨은 내가 혼자 쓸 때보다 더 좋은 책을 쓰고 다듬을 수 있도록 돕는 등 많은 일을 했다. 예일 대학교 부설 '신앙과 문화 연구소Center for Faith and Culture'에서 일하는 동료 교수 데이비드 밀러와 크리스 셔런, 그리고 나의 벗 신시아 메트로즈는 각자 다른 시각에서 나의 원고를 읽고 값진 비평을 제공해 주었다. 친구이자 학생인 린다 리서드 레이더를 특별히 언급해야겠다. 내가 그녀에게 원고를 건네면, 그녀는 매 페이지마다 자신의 번득이는 비평을 달아서 보내 주었다.

나는 이 책에서 현존 작가들을 다루지 않았다. 내가 대화 상대자로 삼은 사상가들은 수세기 전에 살았던 인물들이다. 물론, 나는 동시대인들에게서도 많은 것을 배웠다. 신학 일반에 관한 논쟁이나 선물 수여에 관한 논쟁에 종사하는 이들이라면, 내가 어느 대목에서 그들과 견해를 같이하고, 어느 대목에서 달리하는지를 알게 될 것이다. 나의 박사학위 지도교수이자 벗인 위르겐 몰트만Jürgen Moltmann은, 내가 종종 내 생각대로 함에도 불구하고, 사고방식과 사고 내용 면에서 지금도 여전히 나에게 영향을 미치고 있다.

　이와 같은 연구 과제를 수행할 때 가족이 어떤 역할을 하는지 정확히 알고 인정하는 것은 쉬운 일이 아니다. 이 책이 하나의 식물이라면, 나의 가족은 그것을 뒷받침하는 환경이라고 할 수 있을 것이다! 나는 나의 어머니 미라Mira 여사에게 베풂과 용서에 관해 많은 것을 배웠다. 어머니는 지금도 나를 위해 날마다 기도하신다. 나의 아내 주디Judy는 지난 25년 동안 신학적인 문제들과 관련해 나를 지지해 주고, 훌륭한 대화 상대가 되어 주었다. 사도 바울 전공자인 그녀는 이 책의 중심을 차지하고 있는 사람의 사상에 대해 많은 것을 알려 주었다. (그렇기는 하지만 사도 바울에 대한 나의 견해를 그녀의 것으로 여겨서는 안될 것이다.) 나는 이 책을 나의 두 아들에게 헌정한다. 이 책에서 그들을 자주 언급하였고, 그들에게 많은 빚을 졌기 때문이다. 그렇다, 빚을 졌다고 하는 게 옳을 것이다!

　이 책은 내가 썼지만, 그 일개와 내용은 여러 사람이 짜서 채워 넣은 것이다. 고맙게도 내가 이 책에 쓴 것들은 대부분 그들이 제공해 준 것들이다. 내가 마땅히 수용해야 하는데 그러지 않은 것이 있다면, 그들에게 용서를 구한다.

　이 책을 쓰도록 자극을 주고, 집필을 가능하게 해준 분들께 감사드린다. 노먼 맥러드 목사님은 내가 가정생활과 목회활동의 고락苦樂에

방해받지 않고 글을 쓸 수 있도록 주일학교 지하실에 있는 빈방을 말끔히 청소해 주셨다. 예일 대학교 신학부에서는 내가 2005년 한 해 동안 안식년 휴가를 보낼 수 있도록 배려해 주었다. 예일 대학교 부설 '신앙과 문화 연구소'의 동료들, 특히 연구소 전무 이사인 데이비드 밀러는 가급적 얼굴을 마주치지 않으려고 애쓰면서 열의와 힘을 다해 도와주었다.

릴리 재단Lilly Foundation에서는 내가 '삶의 길로서의 신앙Faith as a Way of Life'이라는 연구 과제를 수행할 수 있도록 보조금을 지급해 주었다. 그 다년 계약 과제는 동료 이사 크리스티안 셰런이 훌륭하게 수행해 온 과제였다(www.yale.edu/faith/initiatives/fwl을 보라). 그 과제에서 내가 맡은 주요 임무는 삶의 길로서의 그리스도교 신앙을 스케치하여 한 권의 책으로 묶고, 사람들을 그 길에 참여시키는 것이었다. 그러한 임무는 엄청난 것이어서 수많은 시행착오를 겪게 마련이다. 그 임무를 수행하기 위해 동원할 수 있는 가장 좋은 방법은, 신앙의 핵심에 가까운 두 가지 근본적인 실천 과제, 곧 베풂과 용서를 다룸으로써 신앙 일반을 설명하는 것이었다. 후한 보조금을 받고 안식년 휴가를 보내면서 본서의 집필을 마무리할 수 있었으니 실로 감사한 일이 아닐 수 없다.

끝으로, 로완 윌리엄스 대주교가 내게 2006년 사순절 묵상집을 집필해 달라고 청하셨으니, 실로 영예로운 일이 아닐 수 없다. 삶의 길로 초대하는 책, 신앙으로 초대하는 책을 사순절 묵상집으로 삼는 것도 괜찮겠다는 생각이 든다. 나는 독자들이 이 책을 통해 우리네 신앙의 처음이요 나중이신 그리스도, 곧 선물을 주시고 죄를 짊어지시는 그리스도의 신비 속으로 더 깊이 들어가기를 바란다.

주

전주곡_ 장미

1. Aristotle, *Nicomachean Ethics*, trans. H. Rackham. Loeb Classical Library (Cambridge, Mass.: Harvard UP, 1926), 483. (「니코마코스 윤리학」)
2. Robert Kuttner, *Everything for Sale*(New York: Alfred A. Knopf, 1996), 62-63.
3. Antoine de Saint-Exupéry, *The Little Prince*, trans. Richard Howard(San Diego: Harcourt, 2000), 71. (「어린 왕자」)

1장_ 하나님, 베푸시는 분

1. Fyodor Dostoyevsky, *The Brothers Karamazov*, trans. Constance Garnett(New York: The Modern Library, 1996), 397.
2. Gustave Flaubert, "A Simple Heart," in *Three Tales*, trans. A. J. Krailsheimer (Oxford: Oxford UP, 1991), 31, 36, 40.
3. Peter Shaffer, *Amadeus*, 여기서 언급한 대본은 모두 www.allmoviescripts.com/scripts/19645224413f31a892668d7.html에서 따온 것이다.
4. *Ibid.*, 196.
5. Nikos Kazantzakis, *The Greek Passion*, trans. Jonathan Griffin(New York: Simon and Schuster, 1953), 1.
6. Micheal Malone, *Handling Sin*(Naperville, Ill.: Sourcebooks Landmark, 2001), 521.
7. Karl Marx, "Economic and Philosophical Manuscripts," in *Karl Marx: Selected Writings*, ed. David McLellan, 2nd ed.(Oxford: Oxford UP, 2000), 94.
8. Martin Luther, *Luther's Works(LW)*, ed. Harold J. Grimm, vol. 31,(Philadelphia:

Fortress Press, 1957), 353.
9. Luther, *LW*, 31:57.
10. *Ibid.*
11. *Ibid.*
12. Karl Barth, *Church Dogmatics*, trans. G. W. Bromiley et al., vol. 11/12 (Edinburgh: T&T Clark, 1957), 142. (「교회교의학」 대한기독교서회)
13. Seneca, *On Benefits*, vol. 3, *Moral Essays*, trans. John W. Basore. Loeb Classical Library(Cambridge, Mass.: Harvard UP, 1935), 1.3.2-5.
14. Luther, *LW*, 22:26.
15. Luther, *LW*, 31:353.
16. Heiko A. Oberman, *Luther: Man Between God and the Devil*, trans. Eileen Walliser-Schwarzbart(New York: Image Books, 1992), 324.
17. Immanuel Kant, *The Metaphysics of Morals*, trans. Mary Gregor(Cambridge: Cambridge UP, 1996), 203.
18. Ralph Waldo Emerson, "Gifts", *The Logic of the Gift: Toward an Ethic of Generosity*, ed. Alan D. Schrift(New York: Routledge, 1997), 26.
19. George Appleton, ed., *The Oxford Book of Prayer*(Oxford: Oxford UP, 1989), 75.
20. Immanuel Kant, *Groundwork of the Metaphysics of Morals*, trans. Mary Gregor (Cambridge: Cambridge UP, 1998), 38.
21. Luther, *LW*, 31:57.
22. *Ibid.*, 371.
23. *Ibid.*, 368.
24. *Ibid.*, 371.

2장_ 어떻게 베풀어야 하는가

1. The Brothers Grimm, "The Turnip", *Grimm's Fairy Tales*, trans. E. V. Lucas, Lucy Crane, and Marian Edwards(New York: Grosset & Dunlap, 1945), 261. (「그림 동화」)
2. Natalie Zemon Davies, *The Gift in Sixteenth-Century France*(Madison: University of Wisconsin Press, 2000), 9.
3. C. S. Lewis, *The Lion, the Witch, and the Wardrobe*(New York: HarperCollins, 1950), 160. (「사자, 마녀, 옷장」 시공사)
4. Gotthold Ephraim Lessing, *Nathan the Wise*, trans. Ronald Schechter(Boston: Bedford/St. Martin's, 2004), 34. (「현자 나탄」 창작과비평사)
5. *Ibid.*, 36.

6. Étienne Gilson, *God and Philosophy*(New Haven:Yale UP, 1941), 49-50.
7. Seneca, *On Benefits*, trans. John W. Basore(Cambridge: Harvard UP, 2001), 2.1.2.
8. Luther, *LW*, 33:65.
9. Seneca, *On Benefits*, 3.15.4.
10. Martin Luther, *D. Martin Luther's Werke: Kritische Gesamtausgabe[WA]* (Weimar: H. Böhlau, 1883-) 36, 425.
11. Seneca, *Ibid.*, 1.3.2.
12. Augustine, *City of God*, trans. Henry Bettenson, intro. John O'Meara(London: Penguin, 1984), 872를 보라. (「하나님의 도성」)
13. Tom Wolfe, *I am Charlotte Simmons*(New York: Farrar, Straus and Giroux, 2004).
14. Ralph Waldo Emerson, "Gifts", *The Logic of the Gift: Toward an Ethic of Generosity*, ed. Alan D. Schrift(New York: Routledge, 1997), 26-27.
15. Luther, *LW*, 31:353.
16. Luther, *LW*, 14:106.
17. Lessing, *Ibid.*, 35.
18. Jacques Derrida, *The Gift of Death*, trans. David Wills(Chicago: University of Chicago Press, 1995), 68.
19. Ibid., 96.
20. 선물을 다룬 고전인 Marcel Maus, *The Gift: The Form and Reason for Exchange in Archaic Societies*, trans. W. D. Halls(New York: W. W. Norton, 2000)을 보라.
21. Luther, *LW*, 31:351.
22. Alexander Solzhenitsyn, "Matryona's House," *We Never Make Mistakes*, trans. Paul W. Blackstock(Columbia, SC: University of South Carolina Press, 1963), 100.
23. Jacques T. Godbout(in collaboration with Alain Caillé), *The World of the Gift*, trans. Donald Winkler(Montreal & Kingston: McGill-Queen's UP, 1998), 20.
24. Seneca, *Ibid.*, 2.18.5.
25. 예컨대 Robert Putnam, *Bowling Alone: The Collapse and Revival of American Community*(New York: Simon & Schuster, 2000), 120f를 보라.

3장_ 어떻게 베풀 수 있는가

1. Dale Carnegie, *How to Win Friends and Influence People*(Pocket Books: New York, 1981). (「데일 카네기 인간관계론」 씨앗을뿌리는사람) 나는 선물 증정에 대한 또 다른 이해를 위해 Godbout(with Alain Caillé), *The World of the Gift*, 79-80을 이용-

하였다.
2. Marilynne Robinson, *Gilead*(New York: Farrar, Straus and Giroux, 2004), 31.
3. Friedrich Nietzsche, *Thus Spoke Zarathustra*, in *The Viking Portable Nietzsche*, trans. and ed. Walter Kaufmann(New York: Viking, 1967), 201. (「차라투스트라는 이렇게 말했다」)
4. Luther, *LW*, 1:146.
5. 가인과 아벨의 이야기를 그런 식으로 읽은 대목을 살피려면, Miroslav Volf, *Exclusion and Embrace: Theological Reflections on Identity, Otherness, and Reconciliation* (Nashville: Abingdon Press, 1996), 92-98을 보라.
6. Luther, *LW*, 1:245.
7. Joseph Conrad, *Heart of Darkness*(New York: Dover Publications, 1990), 46. (「암흑의 핵심」 민음사)
8. *Ibid*.
9. Luther, *WA*, 7, 212.
10. Pierre Bourdieu, "Marginalia-Some Additional Notes on the Gift," *The Logic of the Gift: Toward an Ethic of Generosity*, ed. Alan D. Schrift(New York: Routledge, 1997), 232.
11. Luther, *LW*, 44:72-73.
12. Luther, *LW*, 31:46.
13. Karl Barth, *CD*, IV/2, 403.
14. Immanuel Kant, *Religion within the Boundaries of Mere Reason*, trans. Allen Wood and George di Giovani(Cambridge: Cambridge UP, 1998), 33-36을 보라.
15. 예컨대 Søren Kierkegaard, *Either/Or*, ed. and trans. Howard V. Hong and Edna H. Hong(Princeton: Princeton UP, 1987), 1,167-215,213. (「이것이냐 저것이냐」); Iris Murdoch, *The Black Prince*(New York: Penguin Classics, 1973), 192-236을 보라.
16. Kierkegaard, *Ibid.*, 212.
17. Søren Kierkegaard, *Works of Love*, ed. and trans. Howard Hong and Edna H. Hong(Princeton: Princeton UP, 1995), 281.
18. Ibid.
19. Ronald Sider, "The Evangelical Scandal," *Christianity Today*, April 2005, 70-73.
20. Anne Bingham, Dawn Carr, Catherine Hart, "CDW and the U.S. Market," Notre Dame Business Online: www.ne.edu/~ndbizmag/winter2005/southafrica_index.shtml을 보라.
21. Erich Fromm, *To Have or to Be?*(New York: Harper and Row, 1976), 16. (「소유냐 존재냐」)

22. Robert H. Gundry, *Matthew: A Commentary on His Literary and Theological Art*(Grand Rapids, Mich.: Eerdmans 1982), 102.
23. Lessing, 64.
24. Seneca, *On Benefits*, 1.4.5.
25. *Ibid.*, 2.4.2.
26. *Ibid.*, 2.1.2.
27. *Ibid.*, 1.1.7-9.
28. Fyodor Dostoyevsky, *The Brothers Karamazov*, trans. Constance Garnett(New York: The Modern Library, 1996), 58-59.
29. Luther, *LW*, 14:106.
30. Philip Hallie, *Lest Innocent Blood Be Shed: The Story of the Village of Le Chambon, and How Goodness Happened There*(New York: Harper & Rows, 1979), 20-21.
31. Luther, *LW*, 31:345.

간주곡_ 다니엘 형의 죽음
1. www.adamjthompson.com/thought/CreatingEthics.html.

4장_ 하나님, 용서하시는 분
1. Ernest Hemingway, "The Capital of the World," *The Complete Short Stories of Ernest Hemingway*(New York: Charles Scribner's Sons, 1987), 29.
2. Luther, *WA*, 47,590,6-8.
3. Luther, *LW*, 34:336.
4. Luther, *WA*, 47,590,9-10.
5. Philip Roth, *The Human Stain*(New York: Vintage Books, 2000), 242.
6. Lord Byron, *Don Juan: Cantos I & II. 1819*(New York: Woodstock Books, 1992), 15.
7. Roth, *Ibid.*, 315.
8. William Shakespeare, *Measure for Measure*, in *The Riverside Shakespeare*, ed. G. Blakemore Evans(Boston: Huton Mifflin Company, 1974), 560. (「자에는 자로」)
9. Kierkegaard, *Works of Love*, 296.
10. Luther, *WA*, 101,1,470.
11. Luther, *LW*, 51,92.
12. Kant, *Religion within the Boundaries of Mere Reason*, 88-89를 보라.
13. Luther, *LW*, 26:167.

14. *Ibid.*, 170.
15. Luther, *LW*, 31:349.
16. Luther, *LW*, 26:132-133.
17. *Ibid.*, 133.
18. Luther, *LW*, 31:352.
19. *Ibid.*, 127.
20. Luther, *LW*, 26:127.
21. Luther, *LW*, 21:153.
22. *Ibid.*, 150.

5장_ 어떻게 용서해야 하는가

1. Miroslav Volf, *Exclusion and Embrace: Theological Reflections on Identity, Otherness, and Reconciliation*(Nashville: Abingdon, 1996).
2. Carlos Eire, *Waiting for Snow in Havana*(New York, THe Free Press, 2003), 232.
3. Seth Mydans, "Cambodian Aesop Tells a Fable of Forgiveness," *New York Times*, 13 November 1997.
4. Eire, *Ibid.*, 51.
5. Luther, *LW*, 21:249.
6. Luther, *LW*, 31:306.
7. 그러므로 원죄설은 경험상 입증 가능한 기독교 교리가 아니다. 그것은 경험에 의해서는 결코 입증되지 않는다.
8. Luther, *LW*, 21:165.
9. Friedrich Nietzsche, *On Genealogy of Morals*, trans. Carol Dieth(Cambridge: Cambridge UP, 1994), 23-24.
10. www2.oprah.com/health_omag_200310_philweight_g.jhtml.
11. Sophocles, *Sophocles I: Oedipus the King*, 2nd edition, ed. David Grene and Richmond Lattimore, trans. David Grene(Chicago: University of Chicago Press, 1991), 14-15.
12. James C. McKinley Jr., "As Crowds Vent Their Rage, Rwanda Publicly Executes 22," *New York Times*, 23 December 1998.
13. Leo Tolstoy, *The Complete Works*, in Russian, vol. 53,(Moscow: Terra, 1992), 197. (내가 이것을 언급할 수 있게 된 것은, 예일 대학교에서 나와 함께 가르치는 동료 교수 블라디미르 알렉산드로프Vladimir Alexandrov 덕분이다.)
14. Lance Morrow, "'I spoke……as a brother'; a pardon from the Pontiff, a lesson in forgiveness for a troubled world," Time, 9 January 1984.

15. Shaffer, *Amadeus*, first scene.
16. Luther, *LW*, 45:283.
17. Vladimir Jankélévitch, *Forgiveness*, trans. Andrew Kelley(Chicago: The University of Chicago Press, 2005), 157.
18. Luther, *LW*, 21:153.
19. Seth Mydans, "Under Prodding, 2 Apologize for Cambodian Anguish", *New York Times*, 30 December 1998을 보라.
20. 혹자는 이렇게 이의를 제기할 수도 있을 것이다. "하나님은 용서하실 때, 무언가를 복구해 놓으라고 요구하지 않으십니다. 믿고 회개하면, 그것으로 끝입니다. 하나님이 용서하셨으니, 우리는 용서를 받아들이면 되는 것입니다. 용서는 보답을 요구하지 않는 선물입니다. 우리는 하나님께 아무것도 복구해 드릴 필요가 없습니다. 하나님이 용서하시는 것처럼 용서해야 한다면, 변상을 불필요한 것으로 여겨야 하지 않겠습니까?"

하지만 하나님과 관련하여 변상이 필요 없는 것은 어째서인가? 첫째, 우리가 죄를 지었다고 해서 하나님에게서 무언가를 빼앗은 것이 아니기 때문이다. 단지 하나님을 베푸시는 분으로 떠받들지 않았을 뿐이다. 하지만 우리는 믿음으로 말미암아 하나님을 베푸시는 분으로 떠받든다. 말하자면 우리가 하나님으로부터 모든 것을 받았음을 인정하는 것이다. 둘째, 우리가 하나님께 드릴 수 있는 것이 없기 때문이다. 우리가 가진 모든 것은 하나님으로부터 온 것이고, 하나님은 아무것도 필요로 하지 않으신다. 설령 하나님께 변상해 드릴 것이 있다고 해도, 우리는 하나님이 우리에게 끊임없이 베풀어 주시는 것을 가지고 변상할 수 있을 뿐이다. 하나님께 무언가를 변상해 드릴 필요가 없는 것은 그 때문이다. 하나님이 우리에게 바라시는 것은, 믿음으로 신성한 용서를 받고, 우리의 잘못을 인정하는 것이다.

우리의 잘못 때문에 피해를 입은 사람들과 관계를 맺는 것은 하나님과 관계를 맺는 것과 다르다. 첫째, 우리의 동료 인간에게 변상할 수 있는 능력이 우리에게 있기 때문이다. 우리는 우리의 것이 물건이든, 봉사의 손길이든, 금전이든 간에, 그것 가운데 일부를 떼어서 피해자들에게 줄 수 있다. 하나님께서 우리에게 주셨으니, 우리도 그들에게 줄 수 있는 것이다. 둘째, 다른 사람들에게 피해를 주는 것은 그들로부터 무언가—그들의 재산, 그들의 명성, 그들의 사랑하는 사람들—를 빼앗는 것이나 다름없기 때문이다. 우리가 불법적으로 빼앗은 것을 그대로 갚는 것은 당연한 일이다.

21. Luther, *LW*, 45:283.

6장_ 어떻게 용서할 수 있는가

1. Paul Simon and Derek Walcott, "Can I Forgive Him?" paul simon.com: www.paulsimon.com/lyrics/can_i_forgive_him.html.
2. Nicolai Hartmann, *Ethics III: Moral Freedom*, trans. Stanton Coit(London: George

Allen & Unwin, 1932), 272.
3. Luther, *LW*, 31:306.
4. *Ibid.*, 304.
5. *Ibid.*, 297.
6. *Ibid.*, 300.
7. *Ibid.*, 298.
8. Kazantzakis, *The Greek Passion*, 9ff.
9. *Ibid.*, 23.
10. Luther, *LW*, 31:367.
11. Anthony Trollope, *Orley Farm* (Oxford: Oxford UP, 1950), 63.
12. Victor Hugo, *Les Misérables*, trans. Lee Fahnestock and Norman MacAfee (New York: Signet Books, 1987), 106. (「레미제라블」)
13. Zlatko Dizdarevič, *Sarajevo: A War Journal*, trans. from the French Anselm Hollo, ed. from the original Serbo-Croatian Ammiel Alcalay (New York: Fromm International, 1993), 134.
14. Željko Vulkovič, *Ubijanje Sarajeva [The Killing of Sarajevo]* (Beograd: Kron, 1993), 134.
15. Luther, *LW*, 21:152.
16. Kierkegaard, *Works of Love*, 338.
17. *Ibid.*, 339.
18. *Ibid.*, 336.
19. *Ibid.*, 339.
20. Anne Lamott, *Plan B: Further Thoughts on Faith* (New York: Riverhead Books, 2005), 46.
21. *Ibid.*, 232.
22. Dizdarevič, *Sarajevo: A War Journal*, 15.

후주곡_ 한 회의론자와의 대화

1. Milan Kundera, *Laughable Loves*, trans. Susanne Rappaport (New York: Penguin, 1975), 240.

옮긴이의 글

한번 스쳐간 인연은 언젠가는 또 다시 만나게 되는 것인가? 1989년에서 1990년으로 이어지던 겨울, 나는 나의 모교(감리교신학대학교) 은사님의 소개로 미로슬라브 볼프의 책을 처음 접했다. 「노동의 미래—미래의 노동: 칼 마르크스의 노동개념에 대한 신학적 평가 *Zukunft der Arbeit-Arbeit der Zukunft: Der Arbeitsbegriff bei Karl Marx und seine theologische Wertung*」가 그것이다. 볼프가 튀빙겐 대학교에서 위르겐 몰트만 Jürgen Moltmann에게 사사하며 1986년에 박사학위 논문으로 제출한 것인데, 카이저 출판사와 그뤼네발트 출판사가 공동 출판하는 기초신학 연구서 Fundamentaltheologische Studien에 들어 있었다.

은사님의 적극적인 권유로 초벌 번역을 시작하여 1990년 5월에 마쳤던 것 같다. 부족한 독일어 실력을 가지고 끙끙대기도 했지만, 마르크스의 방대한 저작을 두루 섭렵하며 신학적 글쓰기를 전개하는 저자의 탄탄한 학문적 토대에 깊은 감명을 받기도 했다.

여담이지만 볼프는 위의 책을 통하여 내 아내와 나를 연결시켜 준 장본인이기도 하다. 물론 더 깊이 들어가면 하나님께서 내 아내와 나를 짝지어 주신 것이지만 말이다. 나는 1990년 2월에 감리교신학대학교를 졸업한 상태였고, 아내는 같은 해 3월에 같은 학교에 갓 입학한 새내기였다. 1990년 3월 초에 나의 부친께서 중년의 나이에 사고로 돌아가시고, 나는 하늘이 무너지는 슬픔 속에 있었다. 그러다가 모교를 찾았고, 그날 처음 아내가 내 눈에 들어왔다. 아내는 동료 새내기들에 둘러싸여 강의실로 향하는 중이었다. 첫눈에 반했다. 아담의 달뜬 고백이 생생하게 느껴지는 순간이었다. "이제야 나타났구나, 이 사람! 뼈도 나의 뼈, 살도 나의 살!"(창 2:23) 첫눈에 반했지만, 막상 다가갈 길이 막막했다. 졸업생이 신입생에게 접근하는 것은 실로 어렵고도 지난한 일이었다. 1개월여 기간 동안 주변을 서성이면서 속을 푹푹 끓이다가, 친한 후배를 통해서 그녀와 만남의 자리를 가질 수 있었다. 그 당시 아내는 이미 다른 선배들의 적극적인 구애행위에 염증을 느껴 그들을 기피하던 중이었다. 첫눈에 반했지만, 그런 사실을 꼭꼭 감추어야 했다, 아내가 기피하는 선배들처럼 되지 않으려면. 그저 공부하는 방법을 일러 주는 좋은 선후배 사이로 만나기로 했다. 나는 그 만남을 기회로 삼아서 전부터 번역해 오던 볼프의 책 원고 교정을 아내에게 부탁했고, 원고지 1,800매를 나누어 200-300매씩 아내에게 넘겼다가 돌려받을 때마다 아내와 데이트하는 기회를 가질 수 있었다. 그렇게 몇 차례 원고를 넘기고 돌려받는 가운데 원고 뭉치 밑에 아내가 손수 적어 보낸 엽서가 깔려 있었고, 나는 그 엽서를 받아들면서 비로소 아담의 고백이 내게서 구체적 현실이 되는 것을 확신할 수 있었다. 우리는 그로부터 4년간의 연애 끝에 결혼에 골인하였고, 지금까지 어깨를 나란히 한 채, 하나님께서 열어 보여주신 공동의 비전을 품고 전진하고 있다.

"중매는 잘하면 술이 석 잔이고 못하면 뺨이 세 대"라는 속담이 있다. 아름다운 사람을 만나서 행복의 샘물을 끊임없이 길어 올리며 살게 하였으니, 참말이지 볼프는 내게 중매를 더없이 잘 한 분이라고 할 수 있다. 그런데도 나는 볼프에게 술 석 잔은커녕 "감사하다"는 말 한마디 하지 못한 채 살고 있다.

10여 년의 세월이 흘러 또 다른 책 「베풂과 용서 Free of Charge: Giving and Forgiving in a Culture Stripped of Grace」의 모습으로 저자가 역자에게 다가왔으니, 이런 우연도 없지 싶다. 역자 후기의 형태이긴 하지만, 오래전부터 저자에게 하고 싶었던 감사의 말을 이 자리를 빌어서 전하고 싶다. "볼프 교수님, 당신의 책 덕분에 우리 부부가 행복의 샘물을 길어 올리게 되었고, 지금도 그러합니다. 감사합니다."

미로슬라브 볼프는 현現 크로아티아(구舊 유고슬라비아 연방에 속한 공화국 가운데 하나. 1991년 7월 세르비아계 연방과의 내전을 거쳐 1992년 1월 완전 독립을 쟁취하였다)의 오시예크에서 평화주의자인 오순절파 목사의 아들로 태어나, 수도 자그레브에 소재한 복음주의 신학교에서 문학사 B.A., 미국 캘리포니아의 파사데나에 소재한 풀러 신학교에서 문학석사 M.A., 독일 튀빙겐 대학교에서 신학박사 과정을 밟았다. 1989년에 미국으로 이주하여, 1991년부터 1998년까지 풀러 신학교 교수로 재직하였고, 현재 예일 대학교 신학부 Henry B. Wright 조직신학 교수 및 예일 대학교 부설 '신앙과 문화 연구소' 이사로 활동하고 있다.

그의 주된 관심사는 복수와 앙갚음을 부르짖는 세상 한가운데서 어떻게 신앙을 일상생활과 연결시킬 것인가, 어떻게 신앙을 폭력 문제(비폭력)와 연결시킬 것인가에 있다. 그는 폭력을 단죄할 뿐만 아니라,

"원수를 사랑하고 용서하라"는 그리스도의 명령은 누구나 예외 없이 지켜야 할 명령이라고 주장한다. 그의 또 다른 관심사인 종교 간의 대화도 여기에서 비롯된다고 할 수 있다.

볼프가 비폭력에 관심을 기울이게 된 것은 1990년대 초반에 크로아티아와 세르비아 사이에서 발발한 내전을 지켜보는 아픔을 겪으면서부터였다. 그는 이렇게 말한다.* "나의 고국이 점령당하는 사태가 발발하였을 때, 나는 내 안에서 폭력의 격랑이 이는 것을 느꼈습니다. 나는 그리스도인으로서 어떻게 행동해야 할지 정확히 알지 못했습니다. 그때부터 나는 우리가 그리스도인으로서 폭력 사태를 어떻게 생각해야 하는가, 난폭한 세상 한가운데에서 그리스도교 신앙이 영향을 미치려면 어찌해야 하는가라는 물음을 중요시하기 시작했습니다. 그리스도교 전통의 핵심에는 다음과 같은 자극이 자리하고 있습니다. 말하자면 원수는 포용하고, 영접하고, 친구로 만들라고 존재한다는 것입니다."

그는 화해가 얼마나 어려운 일인지 잘 알고 있으며, 개인들보다는 국가들 사이에서 화해를 도모하는 것이 훨씬 어렵다는 것도 잘 알고 있다. 그럼에도 불구하고 그는 화해가 구 유고슬라비아 연방에서 일어날 수 있다고 생각하며, 미국인들과 이슬람 테러리스트들 사이에서도 화해가 이루어지기를 바란다. "나는 협상의 과정을 이런 식으로 생각합니다. 이를테면 우리는 상대방의 눈으로 우리 자신을 보고, 상대방은 우리의 눈으로 자신을 보는 것입니다. 이 과정은 대단히 중요합니다. 나는 정치가 그런 식으로 이루어진다고 생각합니다."

* 여기에 실린 볼프의 말은 인터넷 주간지인 'Religion & Ethics Newsweekly' 2004년 2월호에 실린 것을 우리말로 옮긴 것이다. http://www.pbs.org/wnet/religionandethics/week731/profile.html 을 참조하기 바란다.

또한 그는 종교 간의 대화, 특히 그리스도교와 이슬람교의 대화와 화해가 대단히 절박하며, 종교 간의 차이가 상호 존중을 저해해서는 안 된다고 말한다. "……나는 당신과 내가 어떤 사안을 두고 견해가 일치하지 않는다고 해도, 우리가 대단히 좋은 이웃이 될 수 있으며, 서로 친구가 될 수 있다고 믿고 싶습니다. 우리는 뿌리 깊은 삶의 문제들과 관련하여 견해를 같이하지 않아도 서로 평화롭게 살 수 있습니다. 왜냐고요? 타종교들은 평화로운 삶을 살고 서로 다른 사람들을 사랑할 것을 권면하는 나름의 내적 자원을 가지고 있기 때문입니다." 무엇보다도 그는 폭력에 대한 첫 번째 반응은 평화를 창출하는 것이 되어야지, 앙갚음이 되어서는 안된다고 주장한다.

본서는 제목이 시사하는 것처럼 "베풂과 용서"를 깊이 있게 다룬 책이다. 볼프는 은혜 없는 문화 속에서, 복수와 앙갚음이 난무하는 세상 속에서 베풂 및 용서와 관련하여 있을 수 있는 여러 가지 오해들을 하나하나 격파해 가면서, 하나님께서 하시는 것처럼 베풀고, 하나님께서 하시는 것처럼 용서하려면 어찌해야 하는지를 차근차근 제시한다. 또한 그는 베푸시는 하나님, 용서하시는 하나님이 어떤 하나님인지를 성서적 전거(바울 서신)와 신학적 전거(마르틴 루터의 저작)를 제시하면서 구체적으로 그려 보이고, 우리가 그런 하나님을 본받아야 한다고 말한다.

그는 우리가 베풂과 관련하여 하나님의 도구가 되어야 함을 역설한다. "우리는 모든 것을 하나님으로부터 받는다. 뿐만 아니라 우리는 우리의 선한 의지와 힘과 노력으로 하나님의 선물 창고에서 선물을 받아서 일부를 다른 사람들에게 건네기도 한다……. 우리가 무언가를 소유하여 남에게 베푸는 이유는, 하나님이 베풀어 주시기 때문이다. 그러나…… 다른 사람들에게 베풀려고 하는 우리의 선한 의지, 다른 사람들에게 베푸는 우리의 능력, 다른 사람들에게 베풀기 위해 기울이는 우리의 노력조차도 하나님의 것이다……. 우리가 베푼다면, 그것은 우리가 다른 사람들에게 그리스도로서 베푸는 것이다. 선물의 수여자이신 그리스도께서 우리 안에서 움직이고 계시기 때문이다. 우리가 베풀 때, 베푸는 이는 그리스도시다……. 우리는 하나님의 손에 들린 도구들이다."

또한 그는 우리가 하는 용서가 하나님이 하시는 용서의 메아리가 되어야 함을 주문한다. "우리가 하는 모든 용서는 불완전할 수밖에 없다. 그러므로 우리가 하는 용서를 우리 자신의 행위로 여기지 않고, 하나님이 하시는 용서에 참여하는 것으로 여기는 것이 중요하다. 우리가 하는 용서는 흠투성이지만, 하나님이 하시는 용서는 완전무결하다. 우리가 하는 용서는 잠정적이지만, 하나님이 하시는 용서는 궁극적이다. 우리가 하는 용서는 어정쩡하고 임의적이지만, 하나님이 하시는 용서는 거침없고 결정적이다. 우리는 용서할 때 부적절한 판단과 교만으로 가해자에게 잘못하기 쉽지만, 하나님은 정의와 참된 사랑으로 용서하신다. 우리가 하는 용서로 하여금 하나님이 하시는 용서를 맑게 비치게 하고, 우리가 하는 용서를 끊임없이 바로잡아 가는 수밖에 도리가 없다. 우리가 하는 용서는 하나님이 하시는 용서의 메아리로서만 가능하기 때문이다."

볼프는 두 아이를 입양하기까지 겪은 자신의 가슴 아픈 이야기, 아들(볼프의 형)을 죽음에 이르게 한 병사에게 용서를 베푼 자기 부모님 이야기, 유고슬라비아 내전의 와중에 사람들 사이에서 이루어진 구체적인 화해와 용서의 이야기, 다양한 문학작품과 영화 이야기를 뒤섞고 곁들여, 자칫 건조해지기 쉬운 내용 전개에 활력과 생동감을 불어넣는다. 그리하여 그는 깊은 호소력과 설득력을 갖춘 내용 전개로 읽는 이의 마음을 사로잡는다.

이야기가 길어졌다. 아무쪼록 본서를 통해서 많은 사람들이 하나님으로부터 오는 온갖 선물을 누리기만 하는 것이 아니라 이웃에게로 흘려보내는 도관導管의 역할과, 하나님이 하시는 용서의 메아리 역할을 충실하게 감당함으로써 저마다 하나님 현존의 거룩한 징표가 되었으면 하는 마음 간절하다.

끝으로 귀한 책을 소개해 주고 아름답게 만들어 주신 출판사에 진심으로 감사를 드린다.

2008년 봄
여수 돌산 갈릴리 바닷가에서
김순현